V&R

Lutherjahrbuch

Organ der internationalen Lutherforschung

Im Auftrag der Luther-Gesellschaft herausgegeben von
Helmar Junghans
Professor em. an der Universität Leipzig

74. Jahrgang 2007

Vandenhoeck & Ruprecht

ISBN 978-3-525-87439-4
ISSN 0342-0914
©Vandenhoeck & Ruprecht, Göttingen 2008
Printed in Germany. Alle Rechte vorbehalten. Das Werk einschließlich seiner Teile ist urheberrechtlich geschützt. Jede
Verwertung außerhalb der engen Grenzen des Urheberrechts-
gesetzes ist ohne Zustimmung des Verlages unzulässig und
strafbar. Das gilt insbesondere für Vervielfältigungen, Übersetzungen, Mikroverfilmung und die Einspeicherung und Verarbeitung in elektronischen Systemen.
Layout: Institut für Kirchengeschichte
der Theologischen Fakultät Leipzig
Gesamtherstellung: Hubert & Co., Göttingen

Anschriften

der Mitarbeiter: Prof. Dr. Albrecht Beutel, Erich-Greffin-Weg 37, D-48167 Münster; Akademischer Mitarbeiter Dr. Michael Beyer, Pfarrhaus, D-04668 Schönbach; Professor Dr. Berndt Hamm, Drosselweg 12, D-91080 Uttenreuth; Professor em. Scott H. Hendrix, 1196 Fearrington Post, 46 Caswell, Pittsboro, NC 27312 USA; Professor em. Dr. Helmar Junghans, Gletschersteinstraße 37, D-04299 Leipzig; Professor Dr. Heiner Lück, Mozartstraße 23, D-06114 Halle; Professor Dr. Martin Petzoldt, Hermundurenstraße 20, D-04159 Leipzig; Professor Dr. Wolfgang Ratzmann, Institut für Praktische Theologie, Otto-Schill-Straße 2, D-04109 Leipzig;

für Rezensionsexemplare, Sonderdrucke, Mitteilungen sowie Anfragen: Theologische Fakultät, Institut für Kirchengeschichte, Abt. Spätmittelalter und Reformation, Otto-Schill-Straße 2, D-04109 Leipzig (Tel. 0341-9735436, FAX 0341-8616821; E-mail: Lutherjahrbuch@uni-leipzig. de; junghans@uni-leipzig.de);

der Geschäftsstelle der Luther-Gesellschaft in der Leucorea: Collegienstraße 62, D-06886 Lutherstadt Wittenberg (Tel.: 03491-466233; Fax: 03491-466278; E-Mail: info@luther-gesellschaft.de; www.Luther-Gesellschaft.de).

Nachdem die Auseinandersetzung über eine deutsche Rechtschreibreform zum Abschluss gekommen ist, verwendet das »Lutherjahrbuch« ab Jahrgang 74 (2007) die 2006 beschlossene Rechtschreibung in der von der Dudenredaktion empfohlenen Form, das heißt unter Bevorzugung der von ihr gelb markierten Wörter.

Das »Lutherjahrbuch 2007« enthält am Anfang fünf Referate, die auf dem Luther-Seminar »Gott danken, loben und bitten bei Martin Luther« der Luther-Gesellschaft vom 12. bis 14. Mai 2006 in Leipzig gehalten wurden.

Die *Abkürzungen* der »Lutherbibliographie 2007« werden im ganzen »Lutherjahrbuch 2007« verwendet. Den Abkürzungen für die *Lutherausgaben* liegt »Kurt Aland: Hilfsbuch zum Lutherstudium. 4. Aufl. Bielefeld 1996« zugrunde; StA verweist auf »Martin Luther: Studienausgabe. B; L 1979 ff«; BSLK auf »Die Bekenntnisschriften der evangelisch-lutherischen Kirche/ hrsg. vom Deutschen Evangelischen Kirchenausschuß im Gedenkjahr der Augsburgischen Konfession 1930. 2 Bde. GÖ 1930« und Nachdrucke.
Die Abkürzungen für *biblische Bücher* und die *Zeichensetzung bei Stellenangaben* folgen dem »Novum testamentum graece« von Eberhard Nestle.
Die *Anordnung der Rezensionen* folgt der Systematik der »Lutherbibliographie«

In memoriam Günther Wartenberg

Von Michael Beyer

Nach einer, nur wenige Wochen zuvor als tödlich erkannten Krankheit vollendete sich in den Vormittagsstunden des 9. Juli 2007 das Leben von Günther Wartenberg ein knappes Jahr vor dem Eintritt in den Ruhestand. Nach menschlichem Ermessen hätte der Ruhestand für den unermüdlich tatkräftigen Kirchenhistoriker im Vorfeld des Leipziger Universitätsjubiläums 2009, des Melanchthon-Gedenkens 2010 und des Reformationsjubiläums 2017 den Abschluss von laufenden wissenschaftlichen und wissenschaftsorganisatorischen Aufgaben sowie gewiss auch neue Projekte bereitgehalten. Seine lange, kollegiale und immer von Freundlichkeit und Fürsorge geprägte Tätigkeit im Institut für Kirchengeschichte der Theologischen Fakultät der Universität Leipzig, dem er seit den 70er Jahren verbunden war, ist beendet. Wartenberg erhielt 1992 eine Professur für Kirchengeschichte und versah seit 1997 in der Nachfolge von Helmar Junghans und dessen Lehrer Franz Lau (1907-1973) einen Lehrstuhl, dessen traditionelle Verbundenheit mit der allgemeinen wie der sächsischen kirchenhistorischen Reformationsgeschichtsschreibung und der Lutherforschung bis ins 19. Jahrhundert reicht.

Günther Wartenberg, der sich selbst weniger als ausgesprochenen Lutherforscher, sondern eher als Reformationshistoriker bezeichnet hätte, hat sich durchaus um die Lutherforschung verdient gemacht. Neben mehreren Beiträgen, die Luthers Verhältnis zu sächsischen Fürsten in der Reformationszeit erhellen, veröffentlichte er eine kommentierte Ausgabe von deutschen und lateinischen Briefen des Reformators in moderner deutscher Übersetzung (L; Wiesbaden 1983). Der Lutheredition und der Lutherphilologie ist Wartenberg bis zum Ende treu geblieben. Die ersten drei Bände der Berliner bzw. Leipziger Martin-Luther-Studienausgabe (StA) hat er bis 1983 mit herausgegeben. Er war Mitherausgeber der Leipziger Lateinisch-Deutschen Luther-Studienausgabe (LDStA; vgl. unten LuB 2007, Nr. 29 f). Die »Lutherbibliographie«, deren Mitbearbeiter er von 1976 bis 1984 war, hat er weiter unterstützt und dafür gesorgt, dass die bibliographische Dokumentation der internationalen Lutherforschung an der Leipziger Universität fest verankert ist. Der Luther-Gesellschaft war Wartenberg als Mitglied verbunden. Die Arbeit ihres Leipziger Bezirks förderte er bereitwillig durch die Bereitschaft zur Kooperation mit der Leipziger Arbeitsgruppe der Arbeitsgemeinschaft für Sächsische Kirchengeschichte.

Seit den siebziger Jahren kam in Wittenberg bzw. anderen Lutherorten auf dem Gebiet der DDR jährlich der Theologische Arbeitskreis für Reformationsgeschichtliche Forschung (TARF) – ein Forum der internationalen Luther- und Reformationsforschung – zusammen. Wartenberg hat sich früh daran beteiligt und war seit 1996 Mitglied und Sprecher des Leiterkreises. Seit dem Sechsten Internationalen Kongress für Lutherforschung 1983 in Erfurt nahm Wartenberg an dessen Tagungen teil, wurde 1997 auf dem Heidelberger Kongress zum Mitglied des Fortsetzungsausschusses berufen und zugleich mit dessen Vorsitz betraut. Die Kongresse in Kopenhagen 2002 und in Canoas, Brasilien 2007, hat er maßgeblich mit vorbereitet.

Günther Wartenberg wurde am 17. Mai 1943 in Nordhausen am Harz als zweiter Sohn einer provinzsächsischen Pfarrerfamilie geboren und schon in jungen Jahren mit den kirchenhistorischen und prosopographischen Interessen seines Vaters vertraut. Nach dem Abitur 1961 strebte er ein Studium der Geschichte an, was dem Pfarrerssohn in der DDR verweigert wurde. Daher studierte er in Leipzig Theologie, wo er in die von Lau begonnene und von Junghans fortgeführte quellennahe Forschung hineinwuchs. Auf Anraten der Theologischen Fakultät, die Theologen als Sprachlektoren einstellen wollte, nahm er als Zweitstudium die Klassische Philologie auf. Wartenberg konnte es 1968 nach dem Theologiestudium erfolgreich abschließen und 1969 seine philosophische Dissertation »Der Soldat in der griechisch-hellenistischen Komödie und in den römischen Komikerfragmenten« verteidigen. Das Thema spiegelte nicht etwa Wartenbergs Affinität zum Soldatentum wider, sondern war Teil eines Akademieprojekts gewesen. Wegen seiner Verweigerung, sich freiwillig zum Dienst in der Nationalen Volksarmee der DDR zu verpflichten, hätte er beinahe die Zulassung zum Theologiestudium verwirkt. Seit 1970 gehörte Wartenberg zu den Bearbeitern der Edition »Politische Korrespondenz des Herzogs und Kurfürsten Moritz von Sachsen«, die bereits 1896 begonnen worden war und die er gemeinsam mit Johannes Herrmann und Christian Winter im Jahre 2005 abschließen konnte.

Da es in der DDR an Neutestamentlern fehlte, übertrug ihm die Theologische Fakultät Leipzig angesichts seiner altphilologischen Ausbildung 1983 eine Dozentur für Neues Testament, ohne dass er seine kirchenhistorischen Forschungen aufgeben musste. Diese Lehrverpflichtung kam ihm als Prediger zugute, der 1985 von der Evang.-Luth. Landeskirche Sachsens ordiniert wurde und regelmäßig im Universitätsgottesdienst predigte.

Seine 1982 angenommene Habilitationsschrift entstand im jahrelang erworbenen und durch Editionsarbeit geschärften Blick auf die Quellen und wurde unter dem Titel »Landesherrschaft und Reformation: Moritz von Sachsen und die albertinische Kirchenpolitik bis 1546« (Weimar; Gütersloh 1988) veröffentlicht. Sie setzt bei der evangelischen Bewegung im albertinischen Sachsen und der antireformatorischen Kirchenpolitik Herzog Georgs des Bärtigen (1471, 1500-1539) an und verfolgt die albertinische Kirchenpolitik über Herzog Heinrich den Frommen (1473, 1539-1541) bis zu Herzog Moritz (1521, 1541-1553) am Vorabend des Schmalkaldischen Krieges. Es gelang dem Autor, die Sicht auf den lange nur unter rein politischem Aspekt betrachteten Herzog Moritz nachhaltig zu verändern. Die einseitig auf die Ernestiner als den wahren Lutheranern abgestellte Betrachtungsweise wurde hinterfragt. Wartenberg hat in dieser und weiteren Arbeiten ein Moritzbild gezeichnet, in dem ein zwar lutherkritischer, aber der Reformation gegenüber persönlich aufgeschlossener und sie unterstützender Fürst der späteren Generation in der komplizierten reichspolitischen Situation seinen eigenen Weg suchte.

Ähnlich wie Herzog Moritz stand auch Philipp Melanchthons Wirken in Wittenberg nach 1547 unter dem der pro-ernestinischen Kirchengeschichtsschreibung geschuldeten Verdacht des Verrats an Luthers Reformation. Hier wie dort hat eine mit der Moritzedition zusammenhängende, geduldige Quellenarbeit zur Neubewertung und damit zu dem modernen, gerechteren Melanchthon-Bild beigetragen. Wartenberg, der 1991 als Melanchthon-Preisträger der Stadt Bretten geehrt wurde, hat das Melanchthon-Jubiläum 1997 mit zahlreichen Projekten begleitet und war Mitherausgeber der zweibändigen Ausgabe »Melanchthon deutsch« (L 1997). Bei der Organisation der im Rahmen des Zentrums für Reformationsgeschichte und Lutherische Orthodoxie der Leucorea-Stiftung in Wittenberg seit 2000 stattfindenden Frühjahrstagungen hat er sich in Gemeinschaft mit Irene Dingel, Mainz, für die lange als Desiderat beklagte Erforschung weiterer Mitreformatoren Luthers eingesetzt. Die Ergebnisse der Tagungen hat er als Mitherausgeber der »Leucoreastudien zur Geschichte der Reformation und der Lutherischen Orthodoxie« seit 2002 herausgebracht.

Viele weitere Arbeitsfelder des Verstorbenen können hier nicht einmal aufgezählt werden. Es sei wenigstens erwähnt, dass er von 1990 bis 1992 und 2000-2004 als Dekan der Theologischen Fakultät sowie von 1991 bis 1997 als Prorektor wesentlich zur Neugestaltung der Universität Leipzig beitrug. Tatkräftig verbunden war er – seit 1994 als Vorsitzender – mit der Arbeitsgemeinschaft für Sächsische Kirchengeschichte. Die wissenschaftliche Beschäftigung mit den Diaspora-Kirchen hat er in den letzten Jahren im Leipziger Verein für Evangelische Diaspora immer stärker als sein Anliegen entdeckt. Die Babeş-Bolyai Universität in Cluj-Napoca (Klausenburg) hat ihm 2003 dafür die Würde eines Ehrendoktors verliehen. Er hat sich stets in der Kontinuität des Leipziger reformationsgeschichtlichen Lehrstuhls, nicht zuletzt als später Schüler Franz Laus verstanden. Daher organisierte er in Zusammenarbeit mit der Theologischen Fakultät in der Sächsischen Akademie der Wissenschaft zu Leipzig am 22. Juni 2007 eine »Ehrung anlässlich seines 100. Geburtstages«, die eine längst fällige Anerkennung von Laus Tätigkeit als Landessuperintendent der sächsischen Landeskirche von 1945 bis 1947 brachte. Im abschließenden Vortrag – seiner letzten öffentlichen Rede – würdigte Wartenberg Lau als »Professor der Universität Leipzig«.

Biografie: Rüdiger Lux [Dekans der Theologischen Fakultät Leipzig]: Zum Gedenken Günther Wartenberg. ThLZ 132 (2007), 1162 f; Helmar Junghans: In memoriam Günther Wartenberg. In: Die sächsischen Kurfürsten während des Religionsfriedens von 1555 bis 1618/ hrsg. von Helmar Junghans. L 2007, 10-12.

Bibliographie: Günther Wartenberg 1969 bis 2002/ zsgest. von Markus Hein. In: Günther Wartenberg: Wittenberger Reformation und territoriale Politik: gesammelte Aufsätze/ hrsg. von Jonas Flöter; Markus Hein. L 2003, 313-320.

Bild: Ein Leben für Wissenschaft, Universität und Kirche: Nachruf für Prof. Dr. Dr. Günther Wartenberg. Universität Leipzig (2007) Heft 5 (Oktober), 41.

Verdanktes Evangelium

Das Leitmotiv in Luthers Predigtwerk[1]

Von Albrecht Beutel

»Wir können Gott kein größeres noch besseres Werk tun noch einen ed-
leren Gottesdienst erzeigen, als ihm zu danken.«[2] Dieses Prinzip seiner
Theologie formulierte Martin Luther 1530 in Auslegung des 118. Psalms.
Allein in der Haltung fröhlicher Dankbarkeit schien ihm der Mensch dem
Inbegriff dessen, was er von Gott empfangen hat, auf angemessene Weise
entsprechen zu können. Dieser Inbegriff dessen, was Gott dem Menschen
schenkt, war für Luther das heilige Evangelium. Im Glauben an das Wort
Gottes vermöge der Mensch dann auch alles, was er selbst ist und hat, als
Gaben des Evangeliums zu erkennen.[3] »[...]; denn wyr auch nichts anders
mugen got geben«, sagte Luther in einer Predigt über Mt 21, »denn lob und
danck, syntemal das ander alles wyr von yhm empfangen«.[4]
    Dank für das Wort Gottes, verdanktes Evangelium also: Darin liegt das
Leitmotiv von Luthers lebenslanger Predigtarbeit. Und eben davon soll
jetzt eindringend die Rede sein. In das monumentale Predigtwerk Luthers
einzudringen, dafür gibt es nun freilich ganz verschiedene Wege. Die meisten von ihnen sind gut gebahnt und ansehnlich frequentiert. Wer sich in
der Lutherforschung ein wenig auskennt, der weiß: über Luthers Predigten

---

1 Vorgetragen am 12. Mai 2006 auf dem von der Luther-Gesellschaft in Leipzig veranstalteten Seminar »Gott danken, loben und bitten bei Martin Luther«. Für die Drucklegung
wurde der Text geringfügig überarbeitet und um die notwendigen Anmerkungen ergänzt.
Einige Teile dieses Beitrags wurden bereits vorauslaufend erprobt in Albrecht BEUTEL:
Caput doctrinae Christianae: zu Luthers Predigt vom 13. Dezember 1528. In: Wegmarken
protestantischer Predigtgeschichte: homiletische Analysen/ hrsg. von Albrecht Beutel;
Volker Drehsen. TÜ 1999, 9-26.
2 WA 31 I, 76, 8f: »Sintemal wir konnen gegen Gott kein grosser noch besser werck thun,
noch edlern Gottes dienst erzeigen, denn yhm zu dancken, [...]«
3 WA 42, 516, 33. 36-40.
4 WA 10 I 2, 61, 2-6.

wurde schon vieles – darunter vieles Richtige – gesagt und geschrieben. Doch bleiben die meisten dieser Beiträge seltsam steril und abstrakt: Sie reihen allgemeine Beobachtungen umsichtig aneinander, garnieren sie mit allerhand wohlfeilen Sprüchen aus dem unerschöpflichen Kanzelwerk des Reformators und lassen darüber die Andacht zum Unbedeutenden und den Reiz des Konkreten doch zumeist vermissen.

Mir dagegen schiene es ratsam, nicht immer gleich auf das Ganze gehen zu wollen, sondern einmal umgekehrt beim kleinsten der Teile, aus denen das Ganze zusammengesetzt ist, zu beginnen. Dieser kleinste Teil ist eine einzelne Predigt – je beliebiger, desto besser! Lassen Sie uns darum, durchaus exempli causa, die Predigt ein wenig genauer ansehen, die Luther am 13. Dezember 1528 über den für den 3. Sonntag im Advent vorgegebenen Predigttext Mt 11, 2-10, der die Anfrage des Täufers und Jesu Antwort über den Täufer berichtet, in seiner Wittenberger Stadtpfarrkirche gehalten hat. Die Predigt ist in drei Versionen überliefert: einer – wohl nicht unmittelbaren – Nachschrift Georg Rörers (1492-1557),[5] ferner in einer Nürnberger und Kopenhagener Handschrift, die beide als nachträgliche Bearbeitungen einer nicht bekannten Nachschrift entstanden sind.[6] Aufgrund dieser Quellenlage ist der Nachschrift Rörers eindeutig der Vorzug zu geben.

I Geschichtlicher Ort

Einen repräsentativen Einblick in die Predigtpraxis Luthers[7] erlaubt diese Predigt nicht zuletzt darum, weil sie in keiner Weise spektakulär ist: weder hinsichtlich der biographischen Situation des Predigers noch in ihrem theologischen Gehalt noch in bezug auf die Situation der Gemeinde. Ihr besonderer homiletischer Reiz liegt gerade darin, dass sie eine ganz normale,

---

5 Zur Bedeutung Georg Rörers für die Überlieferung der Predigten Luthers vgl. Gerhard EBELING: Evangelische Evangelienauslegung: eine Untersuchung zu Luthers Hermeneutik. (M 1942). 3. Aufl. TÜ 1991, 18-20; zur allgemeinen Orientierung vgl. Bernhard KLAUS: Georg Rörer. ZBKG 26 (1957), 113-145.

6 Vgl. die detaillierte Beschreibung der Überlieferungssituation in WA 27, IX-XXIV.

7 Die wichtigste Literatur zu Luthers Predigtarbeit ist zusammengestellt in Albrecht BEUTEL: Predigt VIII. Evangelische Predigt vom 16. bis 18. Jahrhundert. TRE 27 (1997), 309, 13-40; vgl. zuletzt Hellmut ZSCHOCH: Predigten. In: Luther Handbuch/ hrsg. von Albrecht Beutel. TÜ 2005, 315-321.

durchschnittliche Sonntagspredigt ist. Es legt sich nahe, ihrer historisch-homiletischen Analyse vorausgehend zunächst das geschichtliche und biographische Umfeld zu erhellen, in dem sie steht. Von ihm findet sich in der Predigt selbst nahezu keine brauchbare Spur. Das ist einerseits als ein Ausdruck predigtpraktischer Kontinuität zu bewerten, bezeugt andererseits aber auch die Professionalität des Predigers Luther, der zwischen seinen verschiedenen Funktionen und Rollen durchaus zu unterscheiden verstand.

Im Dezember 1528 war Luther bis an die Grenze seiner Leistungsfähigkeit mit Arbeit belastet. Das war für ihn nicht ungewöhnlich, sondern bezeichnet eine ihn spätestens seit 1517 bis zu seinem Tod 1546 begleitende Normalität. Gleichwohl mag es einem interpretierenden Nachvollzug der Predigt förderlich sein, sich die einzelnen Faktoren, soweit sie bekannt sind, in aller Kürze vor Augen zu führen.

In persönlicher Hinsicht hatte sich Luthers Verfassung nach einer Phase schwerster Anfechtungen, die ihn seit Anfang Juli 1527 heimsuchten, wieder leidlich stabilisiert.[8] Allerdings war die familiäre Situation wohl auch im Dezember noch überschattet vom Tod der am 3. August verstorbenen Tochter Elisabeth.[9] Luthers Frau Katharina stand im fünften Monat einer erneuten Schwangerschaft, aus der am 5. Mai 1529 die Tochter Magdalena hervorgehen sollte. Die häuslichen Verhältnisse waren – über die üblichen Besucher und Gäste hinaus – dadurch beschwert, dass Luther seit dem 16. Oktober drei aus einem Freiberger Kloster entflohene Nonnen bei sich aufgenommen hatte. Eine von ihnen, Ursula von Münsterberg (1491/95 - nach 1534), legte zu Jahresende über ihre »Christliche Ursach des Verlassens des Klosters zu Freiberg« literarische Rechenschaft ab, wozu Luther wahrscheinlich im Dezember 1528 ein freundliches Nachwort verfasste.[10]

---

8 Vgl. dazu die sorgfältige Darstellung und Deutung bei Gerhard EBELING: Luthers Seelsorge: Theologie in der Vielfalt der Lebenssituationen an seinen Briefen dargestellt. TÜ 1997, 364-446.

9 »Defuncta est mihi filiola mea Elisabethula; mirum quam aegrum mihi reliquerit animum paene muliebrem, ita misericordia eius moveor; quod nunquam credidissem antea, sic paternos animos mollescere in prolem«, schrieb Luther am 5. August 1528 an Nikolaus Hausmann; WA Br 4, 511, 3-6 (1303).

10 WA 26, (623) 628-633.

Die akademischen Verpflichtungen lassen sich für diesen Monat nicht genau rekonstruieren. Zu vermuten ist, dass Luther in seiner Vorlesung über den Propheten Jesaia[11] fortfuhr und parallel dazu auch die Übertragung dieses Buches für die Deutsche Bibel vorantrieb. Andere literarische Aufgaben kamen hinzu. So brachte Luther Anfang Dezember unter Beigabe eines Vorworts[12] eine Neuedition des Matthias Hütlin zugeschriebenen »Liber vagatorum« unter dem Titel »Von der falschen Bettler Büberei« heraus. Im selben Monat verfaßte er auch eine Vorrede zur deutschen Übersetzung von Melanchthons Kolosser-Kommentar,[13] in der er die zwischen ihnen herrschende komplementäre Differenz höchst feinsinnig und insofern durchaus selbstironisch beschrieb.[14] Daneben war Luther vermutlich auch noch im Dezember mit der am 9. Oktober begonnenen Ausarbeitung der Schrift »Vom Kriege wider die Türken«[15] befaßt, deren Erscheinen sich dann bis in den April 1529 verzog.[16] Überdies war Luther dieser Tage in eine mit den sog. Packschen Händeln in Zusammenhang stehende literarische Fehde mit Herzog Georg von Sachsen verstrickt, die ihm, unterstützt, aber auch beansprucht von Kurfürst Johann von Sachsen,[17] zur Abfassung einer

11 WA 25, (77) 87-401; 31 II, 1-585.

12 WA 26, 638 f.

13 WA 30 II, 68 f.

14 »Ich bin dazu geboren, das ich mit den rotten und teuffeln mus kriegen und zu felde ligen, darumb meiner bücher viel stürmisch und kriegisch sind. Ich mus die klötze und stemme ausrotten, dornen und hecken weg hawen, die pfützen ausfullen und bin der grobe waldrechter, der die ban brechen und zurichten mus. Aber M. Philipps feret seuberlich und still daher, bawet und pflantzet, sehet und begeust mit lust, nach dem Gott yhm hat gegeben seine gaben reichlich«; WA 30 II, 68, 12 - 69, 1.

15 WA 30 II, (81) 107-148.

16 Die Drucklegung hatte zwar noch im Oktober 1528 begonnen, war dann aber steckengeblieben, nachdem der erste Teil des Manuskripts in der Druckerei verloren gegangen war. Zu vermuten ist, daß Luther etwa im Dezember 1528 die verlorenen Teile noch einmal neu ausgearbeitet hat; vgl. dazu die druckgeschichtlichen Hinweise in WA 30 II, 96.

17 Vgl. die an Luther gerichteten Schreiben von Kurfürst Johann vom 2. Dezember 1528 – WA Br 4, 619 (1362) – sowie des kursächsischen Kanzlers Gregor Brück vom 4. Dezember 1528; WA Br 4, 620 (1363). Die vom Kurfürsten erbetene Revision eines Briefentwurfs an Herzog Georg ist von Luther vermutlich am 12. oder 13. Dezember erarbeitet worden und ging am 14. oder 15. Dezember an Georg ab; vgl. dazu WA 30 II, 5. Eine geringfügig abweichende Datierung bietet Heinrich BORNKAMM: Martin Luther in der Mitte seines

Schrift »Von heimlichen und gestohlenen Briefen«[18] veranlaßt hat. Ende November 1528 war Luther zwar von der Arbeit als Visitator des Amtes Wittenberg entbunden worden, doch werden die niederschmetternden Erfahrungen, die er im Zuge der kursächsischen Visitation machen muss-te,[19] ihn auch noch im Dezember beschwert und umgetrieben haben. In unmittelbarem Zusammenhang damit steht ebenso die dritte Reihe der Katechismuspredigten, deren überwiegender Teil in den Monat Dezember fiel, wie die Arbeit am Großen – und wohl auch schon am Kleinen – Ka-techismus, die er in diesen Tagen vorantrieb.

Zu alledem kommt, was soeben schon anklang, eine wahrhaft atembe-raubende Predigtverpflichtung. Aufgrund der ihm aufgebürdeten Vertretung des 1528/29 nach Braunschweig dienstverpflichteten Johannes Bugenhagen (1485-1558) mußte Luther neben den regulären Sonntagspredigten, zu denen im Dezember die weihnachtlichen Festpredigten hinzutraten, die Reihen-predigten (R) über J 16-20 (samstags) und Mt 11-15 (mittwochs) – letztere nur fragmentarisch überliefert – ausrichten, dazu die Katechismuspredigten (K), die ihn im Dezember allein schon zwanzigmal auf die Kanzel führten, biswei-len viermal an einem Tag. Insgesamt hat Luther im Dezember 1528 mindes-tens[20] 34 verschiedene Predigten konzipiert und gehalten. Das nachfolgende homiletische Kalendarium mag diesbezüglich zur Übersicht helfen:

Di., 1. 12.:	2. Gebot (WA 30 I, 61-64) (K)	
	3. Gebot (WA 30 I, 64-66) (K)	
Do., 3. 12.:	4. Gebot (WA 30 I, 66-72) (K)	
Fr., 4. 12.:	5. Gebot (WA 30 I, 72-75) (K)	
	6. Gebot (WA 30 I, 75-77) (K)	

Lebens: das Jahrzehnt zwischen dem Wormser und dem Augsburger Reichstag/ aus dem Nachlaß hrsg. von Karin Bornkamm. GÖ 1979, 550.

18 WA 30 II, (1) 25-48.

19 »Ceterum miserrima est vbique facies Ecclesiarum, Rusticis nihil discentibus, nihil scientibus, nihil orantibus, nihil agentibus, nisi quod libertate abutuntur, nec confiten-tes, nec communicantes, ac si religione in totum liberi facti sint«, klagt Luther Anfang Dezember 1528 in einem Brief an Spalatin; WA Br 4, 624, 8-11 (1365). Ähnliche Klagen finden sich vielfach in Luthers Briefen vom November 1528.

20 Unterstellt man, daß Luther auch im Dezember 1528 die Reihenpredigten über Mt 11-15 regelmäßig, d. h. an jedem Mittwochvormittag, fortgesetzt hat, wäre auch noch für den 2., 16., 23. und 30. Dezember eine Predigt anzusetzen, wodurch sich die Zahl der in diesem Monat gehaltenen Predigten auf 38 erhöhte.

Sa., 5. 12.:	J 18, 10 f (WA 28, 245-254) (R)
So., 6. 12.:	L 21, 25 ff (WA 27, 445-454)
Mo., 7. 12.:	7.-10. Gebot (WA 30 I, 77-84) (K)
	Beschluß der Gebote (WA 30 I, 84 f) (K)
Mi., 9. 12.:	Mt 13, 24-30 (WA 52, 828-839) (R)
Do., 10. 12.:	1. Artikel (WA 30 I, 86-88) (K)
	2. Artikel (WA 30 I, 88-90) (K)
	3. Artikel (WA 30 I, 91-94) (K)
Sa., 12. 12.:	J 18, 12-14 (WA 28, 255-268) (R)
So., 13. 12.:	Mt 11, 2-6 (7-10) (WA 27, 454-464)
	Nu 31 (WA 25, 515-517)
Mo., 14. 12.:	Vaterunser (WA 30 I, 95-97) (K)
	1. Bitte (WA 30 I, 98-100) (K)
	2. Bitte (WA 30 I, 100 f) (K)
	3. Bitte (WA 30 I, 101 f) (K)
Di., 15. 12.:	4. Bitte (WA 30 I, 103 f) (K)
	5. Bitte (WA 30 I, 105 f) (K)
	6. Bitte (WA 30 I, 106 f) (K)
	7. Bitte (WA 30 I, 108 f) (K)
Do., 17. 12.:	Taufe (WA 30 I, 109-116) (K)
Sa., 19. 12.:	Abendmahl (WA 30 I, 116-122) (K)
	J 18, 15-18 (WA 28, 268-276) (R)
So., 20. 12.:	J 1, 19 ff (WA 27, 465-473)
Do., 24. 12.:	Mt 1, 18 ff u. L 1, 26 ff (WA 27, 474-486)
Fr., 25. 12.:	L 2, 1 ff (WA 27, 486-496)
	L 2, 15 ff (WA 27, 497-509)
Sa., 26. 12.:	L 2, 15 ff (WA 27, 509-518)
	J 1, 1 ff (WA 27, 518-528)
So., 27. 12.:	J 1, 1 ff (WA 27, 528-540)

In dieser biographischen Konstellation hat die Predigt, die Luther im Hauptgottesdienst des 3. Adventssonntags 1528 hielt, ihren geschichtlichen Ort.

II Homiletische Gestalt

1 Konturen

Wie allenthalben in der homiletischen Praxis Luthers, ist auch die Predigt vom 13. Dezember 1528 schnörkellos und elementar. In ihrer inneren und äußeren Form durchaus gestaltet, ist sie doch frei von überflüssigem rhetorischem Beiwerk und raffinierter Tektonik. Die Predigt weist eine klare, wohldurchdachte Gliederung auf. Zwei Hauptteile von annähernd gleichem Umfang werden von einer sehr kurzen Einleitung und einem applikativen Schlußteil umrahmt.

Der Einleitungsteil, darf man der Rörer'schen Nachschrift trauen, bleibt denkbar knapp: Luther knüpft an die Predigt des vergangenen Mittwochs an, die ebenfalls einer matthäischen Perikope gewidmet war[21] – woraus man mit einigem Erstaunen schließen könnte, das Predigtpublikum des Wochen- und Hauptgottesdienstes sei damals annähernd identisch gewesen! Danach nennt Luther die vorgesehene zweigliedrige Disposition, die er, wenn auch in eigener, über den biblischen Wortlaut hinausführender Akzentuierung, der Perikope entnimmt: erstens die Anfrage Johannes des Täufers an Christus, zweitens die an Johannes gerichtete Antwort Christi.

Wie die Einleitung, ist auch die Durchführung der Predigt von holzschnittartiger Luzidität. Der erste Hauptteil (454-461)[22] nennt den Skopus des ersten Textteils in direktem Zitat (Mt 11, 3 b) und bringt ihn sogleich auf seinen theologischen Punkt: »das hat die meinung, das Johannes seine Junger zu Christo wil weisen und von sich keren« (454, 12 - 455, 2). Das Thema des ersten Hauptteils ist damit benannt. Was darauf noch folgt, ist nicht die Entfaltung eines komplexen Gedankengangs, vielmehr die erläuternde Ausführung der bereits zu Anfang genannten Pointe. Dabei erweist sich der Textskopus zugleich als der Skopus des eigenen Christseins: »das ist das heubtstuck doctrinae Christianae, ut in illo hereamus« (455, 9 f). Zwei Hindernisse stehen diesem »heubtstuck« entgegen: zum einen, von innen kommend, »die naturlich posheit«, dergemäß der Mensch selbstherrlich das Gottsein Gottes ignoriert und dadurch in Hochmut oder aber in Verzweiflung gestürzt wird. Zum andern, von außen kommend, die Unterweisung der Gelehrten (doctores) und Religiosen (Monachi), die

---

21 Die einleitende Bemerkung Luthers »Hoc Euangelium hab ich praeterito tempore am mitwoch uberflussig gnug gehandelt und gepredigt« – WA 27, 454, 8 f – könnte vermuten lassen, er habe in der Wochenpredigt vom 9. Dezember ebenfalls über Mt 11, 2-6 (7-10) gepredigt. Da nun aber für diesen Tag eine Reihenpredigt über Mt 13, 24-30 bezeugt ist – WA 52, 828-839 –, dürfte sich das einleitende »hoc Euangelium« vom 13. Dezember nicht auf dieselbe Perikope, sondern wohl nur auf dasselbe biblische Buch beziehen.

22 Die nachfolgend in den fortlaufenden Text eingefügten Seiten- und Zeilennachweise beziehen sich auf den Abdruck der Predigt in WA 27, 454-464.

die Menschen an ihre eigenen Werke anstatt an Christus verweisen. In der Durchführung dieses Gedankens operiert Luther mit der Antithese von natürlicher Vernunft[23] und evangelischem Glauben. Allerdings kommt dabei als Antipode des Glaubens nicht etwa die Vernunft als solche ins Spiel, vielmehr die in ihrem Autonomiestreben befangene, dem Licht des Evangeliums sich verschließende und darum durch den äußeren Schein der Wirklichkeit verblendete Vernunft: Während die sich autonom gebärdende Vernunft von der materialen Gestalt der Werke, die Johannes und andere Heilige vollbringen, sich blenden läßt, vermag die durch das Licht des Evangeliums erleuchtete Vernunft zu erkennen, dass Johannes mit seinen Werken nicht ein exemplum geben wollte, sondern es ihm allein »umb sein predigampt zu thun« war (458, 3 f). Ironischerweise führt Luther nun sogar die evangelisch erleuchtete ratio gegen die selbstherrlich verblendete ratio ins Feld[24]: Auch wenn sie auf die äußere Gestalt der Werke hereinfalle, müsse sie doch zugeben, dass es ein größeres Werk sei zu heilen als Wasser zu trinken (457, 6 f), dass die Arbeit einer Hausfrau mehr gelte als die des Hilarius (457, 14 - 458, 1), ja dass die Werke des Hilarius im Grunde von jedem Schurken imitiert werden können (457, 12 f) und dass, wenn der Grad der Heiligkeit von der Kargheit des Essens abhinge, die zeitgenössischen Soldaten den Täufer an Heiligkeit noch überträfen (457, 7 f). In dieser Hinsicht erkennt nun Luther eine genaue Entsprechung von biblischer und eigener Situation. Auch unsere Vernunft läßt sich durch die äußere Gestalt der Werke blenden und verkennt darum den Wert der unscheinbaren Werke wie beispielsweise der Kindererziehung oder der tätigen Nächstenliebe: »das ist nichts, das scheint nichts« (457, 14). Darin liegt denn auch, damals wie heute, das wesentliche Hemmnis des Glaubens: »Es ist difficillimum aus uns sundern zu bringen den schein« (458, 8 f). Zum Beschluss dieses ersten Teils wiederholt Luther das »heubtstuck [...], das wir uns selber verlassen et Christo hereamus« (459, 3 f), und sucht zu einem rechten Umgang mit den Heiligen anzuleiten: Nicht ihre äußere Erschei-

---

23 Zu Luthers Verständnis der Vernunft vgl. Gerhard EBELING: Lutherstudien. Bd. 2: Disputatio de homine. Teil 3: Die theologische Definition des Menschen: Kommentar zu These 20-40. TÜ 1989, 208-229.

24 Das Motiv der »ratio contra rationem« bei Luther wäre einer sorgfältigen Untersuchung wert.

nungsweise soll man sich zum Vorbild nehmen, sondern ihren Glauben an Christus. Schließlich bündelt er das Anliegen in die »Summa Summarum: crede in Christum, omnia exempla sanctissimorum non sunt satis, etiam Iohannis« (461, 1-3).

Der zweite Hauptteil der Predigt beginnt abermals mit der Zitation des entscheidenden biblischen Referenztextes (Mt 11, 4), dessen Sachgehalt Luther wiederum auf den theologischen Punkt bringt und damit zugleich als das Thema des eigenen Christseins kenntlich macht. Die Heilungswunder, auf die Christus verweist (Mt 11, 5), verpflichten uns nicht zu einer anmaßenden imitatio Christi, wohl aber zu einem den Werken Christi analogen heilenden Handeln: »Nostra opera sunt, ut serviamus proximo« (462, 4). Als Kriterium der Christlichkeit menschlichen Handelns führt Luther eine prinzipielle ethische Unterscheidung ins Feld. Ausschlaggebend sei nicht die materiale Gestalt der Werke, sondern deren intentionaler Gehalt[25] – ob sie aus Eigennutz oder aber um Gottes und des Nächsten willen geschehen.[26] Zur Veranschaulichung dient ihm abermals die Pädagogik: Zwar erziehen ihre Kinder gleichermaßen Heiden und Christen, doch ist dort die Selbstsucht – »Er wil ehr, rhumb, nutz da von« (462, 10f) –, hier aber der »timor dei« das handlungsleitende Motiv.[27] Entscheidet sich nun aber die Christlichkeit menschlichen Handelns an dessen intentionalem Gehalt, verliert die materiale Gestalt des Handelns jede identifikatorische Funktion: Nicht in spektakulären, »scheinenden« Sonderwerken äußert sich christlicher Glaube, vielmehr in der unscheinbaren Ausübung dessen, was allgemein als notwendig und gut gilt. Luther exemplifiziert dieses ethische Prinzip anhand eines Vergleichs von Nonne und Hausfrau: die

---

25 »Non inspice nomen operis, sed naturam und eigenschaft operis i. e. das den armen zu gut geschehen et proximo mendico«; WA 27, 462, 4-6.

26 »Si vero facis tibi non zu rhum, sed zu lob et ehr deo et proximo ⌊et⌋c. an den wercken sol man spuren, ubi Christiani«; WA 27, 463, 1 f.

27 Die Wendung »timor dei« verweist auf die von Luther im November 1528 gewonnene Erkenntnis, eine Erfüllung des ersten Gebots – dass das erste Gebot den thematischen Hintergrund der gesamten Predigt abgibt, bedarf keiner Erwähnung – drücke sich nicht allein im Gottvertrauen, vielmehr in der Bipolarität von »timor et fiducia« aus; vgl. dazu Albrecht Beutel: »Gott fürchten und lieben«: zur Entstehungsgeschichte der lutherischen Katechismusformel. In: Ders.: Protestantische Konkretionen: Studien zur Kirchengeschichte. TÜ 1998, 45-65.

ratio hält, durch den »Schein« geblendet, jene für heilig, während doch in Wahrheit die Hausfrau viel heiliger ist, indem sie die ihr obliegenden schlichten Werke nicht um des eigenen Vorteils, sondern um Christi und des Nächsten willen vollbringt (463, 16-20).

Eine applikative peroratio beschließt die Predigt. Man könnte sagen: Nach der Lehre folgt nun die Ermahnung, nach doctrina und exemplum der usus. Jedoch geht dieser letzte Abschnitt in materialer Hinsicht nicht mehr über das Gesagte hinaus, wie denn auch der usus des »heubtstuck[s]« von Anfang an mit im Blick war. Jetzt aber, in der knappen peroratio, wird die Anwendung des Hauptstücks konkret: Luther webt es in die konkrete Situation seiner Gemeinde hinein. Die Zäsur zwischen Haupt- und Schlussteil deutlich markierend, wendet er sich mit der ausdrücklichen Aufforderung an die Gemeinde, sie möge das, was er erklärend dargelegt hat, nun auch einübend sich zu eigen machen: »Moneo vestram dilectionem, ut exerce-atis in istis operibus« (464, 1 f). Als Beispiel solcher Konkretion zieht er den »gemeinen Kasten« heran. Angesichts der in Wittenberg offenbar gut funktionierenden öffentlichen Armen- und Krankenfürsorge könnte sich die Gemeinde von der Pflicht zu tätiger Nächstenliebe entlastet fühlen. Jedoch auch ein geordnetes Staatswesen bedeutet gegenüber den guten Werken, die das Christsein aus sich hervorbringt, keinen Dispens. Vielmehr bleiben die Glieder der Gemeinde gehalten, in ihrer Sorge für die kirchlichen Diener und für die Familien nicht zu erlahmen. Indem jeder Einzelne nicht aus Eigennutz, sondern um Christi und des Nächsten willen zur Aufrechterhaltung der äußeren Ordnung beiträgt, leistet er einen unscheinbaren, aber notwendigen christlichen Dienst.

2 Strukturen

Luthers Predigt vom 13. Dezember 1528 ist ein typisches Beispiel seiner homiletischen Praxis. Insofern könnte es reizvoll sein, sie nun zu seiner übrigen Predigtarbeit und darüber hinaus zu seiner gesamten Theologie ins Verhältnis zu setzen. Doch ginge bei solcher systematisch-theologischen Ordnungsarbeit gerade das Proprium seines Kanzeldienstes verloren.[28] Die

28 Luthers Predigten als eine formlose Anhäufung »systematischen« Materials behandelt und ihre beiden homiletisch konstitutiven Relationen, nämlich den Bezug auf einen konkreten biblischen Text sowie auf eine konkrete Gemeindesituation, fast durchweg

Erforschung der Predigtgeschichte als eigenständige Spielart der Kirchengeschichte hat eben darin ihr Recht, dass sie in den überlieferten Predigten nicht, jedenfalls nicht in erster Linie, das theologisch Typische, sondern das situativ Besondere herausarbeitet. Demgemäß soll nun die Predigt Luthers nicht ideen- oder theologie- oder auslegungsgeschichtlich, auch übrigens nicht werkimmanent interpretiert, vielmehr in ihrer Individualität ernstgenommen und darum als ein konkreter homiletisch-rhetorischer Vollzug theologischer Popularisierungsarbeit kenntlich gemacht werden. Dabei mag es ratsam sein, die homiletisch-rhetorischen Strukturen der Predigt anhand der drei klassischen homiletischen Relationen, nämlich des Verhältnisses von Prediger und Text, Prediger und Gemeinde sowie Text und Gemeinde herauszuarbeiten. Dabei müssen jeweils einige knappe Hinweise genügen.

2.1 Prediger und Text

Kennzeichnend für den Prediger Luther ist sein unmittelbarer und zugleich souveräner Umgang mit dem biblischen Text. Der Wortlaut der Perikope bleibt durchgängig präsent. Die beiden Hauptteile der Predigt setzen jeweils mit der wörtlichen Rezitation des einschlägigen Referenztextes ein, und auch in der Durchführung bleibt Luther dicht am biblischen Text: durch direkte Einspielungen (»textus dicit« [455, 4])[29] ebenso wie durch anspielende Paraphrase,[30] mitunter auch durch die Zitation thematisch oder kontextuell benachbarter Bibelworte.[31] Freilich gebraucht Luther die Perikope nicht als eine unantastbare, Verehrung fordernde Ikone, vielmehr als eine lebendige Textwelt, in die er einkehrt, in der er lebt und aus der sich sein Predigen speist. Das äußert sich in einem überraschend souveränen Aus- und Fortspinnen des biblischen Wortlauts, das ihn wie selbstverständlich in die Sprecherrolle Christi hineinschlüpfen läßt, sodass er, was Christus gemeint hat, ganz unbekümmert in der 1. Person Singularis expliziert (461, 6). Zugleich spinnt er den biblischen Gesprächsfaden fort, indem er die in der

außer Acht gelassen zu haben, bezeichnet den entscheidenden methodischen Fehler der Untersuchung von Ulrich ASENDORF: Die Theologie Luthers nach seinen Predigten. GÖ 1988.

29 Ein zitierender Nachweis erübrigt sich.

30 Vgl. die Anspielung auf Mt 3, 4; WA 27, 457, 8.

31 Vgl. die Zitation von Mt 6 (WA 27, 462, 18); Mt 25 (462, 17); J 1, 27 (456, 14); J 3, 30 (456, 14).

Perikope nicht überlieferte Reaktion des Täufers auf den Bericht seiner von Christus zu ihm zurückkehrenden Jünger in direkter Rede fingiert: »har [i. e. ha!], nu wirds sichs, ob got [will], schicken, credent eius operibus, ipsi vident« (456, 15 f). Auch das weitere Verhalten der Johannes-Jünger hat Luther auf der Kanzel einfühlsam imaginiert (461, 9 f). Indem Luther den biblischen Wortlaut nicht als ein unnahbares Gegenüber verehrt, sondern als eine für ihn und alle Christen offenstehende Textwelt bewohnt, trägt er zugleich die eigene homiletische Situation in diese biblische Textwelt ein. So macht er die eigene Welt auf die Textwelt hin transparent. Luthers Predigthörer werden zu Zeitgenossen des Täufers und Christi, weil das im biblischen Text traktierte Problem zugleich das eigene Glaubenspro-blem und infolgedessen die im Text gebotene Problemlösung zugleich von aktuell-situativer Gültigkeit ist, freilich nicht im Sinne einer naiven geschichtlichen Parallelisierung, sondern als die Wahrnehmung einer fi-guralen Entsprechung, die nur als ein Glaubensurteil aussagbar ist: »puto vos begreiffen [i. e. einbezogen] in Euangelio« (464, 4).

Auf diese Horizontverschmelzung von biblischer und eigener Wirklich-keit zielt denn auch die Predigtarbeit Luthers: nicht als eine ungeschichtlich-biblizistische Engführung der eigenen Situation, vielmehr als eine biblische Horizonterweiterung von welt- und geschichtsumspannendem Zuschnitt.

2.2 Prediger und Gemeinde

Es gehört zu den ältesten Fehlurteilen über die Predigtweise Luthers, sie als formlos und unrhetorisch misszuverstehen. Zwar ist darin immerhin soviel richtig, dass Luther in der Tat jeden äußeren Glanz und jede gelehrte Eitelkeit meidet. Doch wäre es töricht zu meinen, sein Predigen sei vom Einfluß der ihm spätestens seit dem Trivium vertrauten Rhetorik unberührt geblieben. Gerade die holzschnittartige Elementarität seines Predigtstils ist von rhetorischer Dignität.[32] Die Predigt vom 13. Dezember 1528 liefert dafür ein treffliches Beispiel.

Rhetorische Gestaltungskraft hatte sich bereits darin gezeigt, dass Luther sich in die handelnden Personen der Perikope hineindenkt und die von ihnen wahrgenommene Rolle ganz unbekümmert aus- und fortspinnt. Darin äußert sich der szenisch-dialogische Grundzug seines Predigens, der

---

32 Vgl. Birgit Stolt: Martin Luthers Rhetorik des Herzens. Tü 2000, 62-83.

im vorliegenden Beispiel auf unterschiedliche Weise zum Ausdruck kommt. Nachdem er anhand etlicher Beispiele dargelegt hat, dass die von der Kirche als Heilige Verehrten nicht wegen ihrer exempla, sondern wegen ihrer fides Verehrung verdienen, wendet sich Luther im Namen der Gemeinde in direkter Anrede an sie: »Merckt vos sancti illud punctum, [...]« (460, 2). Desgleichen kann Luther die Intention der Propheten (456, 11 f), aber auch das Selbstverständnis heidnischer Kinder (462, 14 f) oder eine in der Gemeinde vermutete irrige Meinung (464, 6) in der Ich-Form zur Darstellung bringen. Neben die szenische Ausgestaltung treten andere rhetorische Elemente, durch die Luther die intentionale Ausrichtung seiner Predigt unauffällig, aber wirkungsvoll steigert, so die emphatische Reduplikation,[33] die rhetorische Frage[34] oder das schlichte, aber einprägsame Wortspiel[35].

Besonders aufschlußreich für das Verhältnis des Predigers zu seiner Gemeinde ist eine Analyse der von Luther meisterhaft, wenn auch wohl intuitiv komponierten Pronominalstruktur. Beide Hauptteile der Predigt werden durch die Bewegung vom »wir« hin zum »du« dominiert. Der erste Hauptteil beginnt mit dem in ausnahmsloser Konsequenz gebrauchten »wir« – bzw. »man«, »einer«, »jeder« –, in das Luther sich und die Gemeinde als in derselben homiletischen Situation stehend zusammenschließt. Erst am Ende des Abschnitts, nachdem der Sachgehalt hinreichend erklärt worden ist, individualisiert sich das gemeinschaftliche »wir« in ein unvertretbares »du«: »*Du* mußt Christus haben!«[36]. Angebahnt hatte sich dieser Wechsel bereits dadurch, dass auch schon in die »wir«-Passage singularische Imperativformen eingestreut waren: »Vide, wie es dem Johannes ghet« (458, 6 f) und »crede in Christum« (461, 2).

Ganz analog verfährt Luther im zweiten Hauptteil der Predigt. Abermals dominiert anfangs das gemeinschaftliche »wir«, nun allerdings schon sehr viel früher von singularischen Imperativsätzen überlagert, die deutlich

---

33 »Noli me inspicere, durt yn illum«; WA 27, 456, 12. Dieses Stilmittel findet sich öfter bei Luther – vgl. z.B. WA 30 I, 133, 14 (Erklärung des ersten Gebots im Großen Katechismus) und müßte in einer noch zu schreibenden Studie zu Luthers Rhetorik berücksichtigt werden.

34 »Num debemus etiam sanare ut Christus hic? Non«; WA 27, 462, 2 f.

35 »Nemo Christianus inde dicitur, quod gerit cappam [et]c., sed quod heret et credit in eum qui dicitur Christus«;WA 27, 455, 10 f.

36 »oportet Christum habeas« (459, 4 f – Hervorhebung A. B.).

machen, dass das »wir« nicht ein ununterscheidbares Kollektivum bezeichnet, sondern eine Versammlung von Individualitäten. »Du«-Formen begegnen jetzt v. a. in applikativen Konditionalsätzen: »Quando vides virum maritum, [...]« (462, 6) oder »Si vero facis tibi non zu rhum, [...]« (463, 1) oder »Wen du solt ein matronam domus comparare Nonnae [...]« (463, 16 f). Bemerkenswert ist in dieser Hinsicht zumal eine Formulierung des zweiten Hauptteils, in der Luther am Beispiel des kindlichen Gehorsams eine falsche von der rechten Intention unterscheidet, freilich nicht im Sinne zweier gleichwertiger Alternativen, vielmehr so, dass das, was »wir« von Natur aus zu tun geneigt sind, dem gegenübergestellt wird, was »ich« gemäß dem Evangelium zu tun gehalten bin.[37] Der Glaube an Christus individualisiert den natürlichen Menschen zu einer unverwechselbaren und unvertretbaren Person.[38]

In der kurzen, applikativen peroratio ändert sich die Pronominalstruktur grundlegend. Jetzt tritt der Prediger Luther als ein »Ich« der Gemeinde gegenüber[39]: »Moneo vestram dilectionem, [...]« (464, 1), »puto vos begreiffen in Euangelio« (464, 4), »nescio, an sine peccato« (464, 8). Die Solidarität des Predigers mit seiner Gemeinde wird dadurch nicht aufgekündigt, weil die Ich-Ihr-Struktur durch die Wir-Du-Struktur der beiden Hauptteile fundiert bleibt. Zudem kontinuiert sich auch in der peroratio das »wir« des natürlichen Menschen, in welches das »ich« und »du« des Glaubens jederzeit abzugleiten bedroht sind und aus dem »wir« zu einer eigenen, individuellen Wahrnehmung des Christlichen befreit werden sollen.

2.3 Text und Gemeinde

Luthers homiletische Praxis zielt auf ein evangeliumsgemäßes Verhältnis von Text und Gemeinde. Doch wäre es angesichts der konkreten Predigtsituation des 13. Dezember 1528 verfehlt, davon zu reden, die Predigt wolle dieses Verhältnis allererst stiften. Vielmehr arbeitet Luther in der

---

37 »Non ideo: si inobedientes sumus, exhereditabit nos parens, ut gentiles solent filii cogitare. Sed ideo: das ich got daryn diene, mein parentibus zu gefallen et praesertim got zu lieb« (462, 14-16 – Hervorhebungen A. B.).

38 Zu Luthers Personbegriff vgl. Ebeling: Lutherstudien 2 III, 177-207.

39 Das Ich des Predigers kam vorher nur in dem technischen Verweis des ersten Satzes (454, 8) sowie am Ende des zweiten Hauptteils in der Wendung »puto plures hic esse cives« (463, 2 f) zur Sprache.

Kontinuität seiner Wittenberger Predigtarbeit daran, die Wechselwirkung zwischen Text und Gemeinde zu kräftigen und zugleich anhand des einzelnen Perikopentextes zu konkretisieren. Insofern stellt Luthers Predigen einen fortwährenden Lehr- und Lernprozeß dar, der die Gemeinde in die biblische Textwelt integrieren und dadurch instand setzen soll, den Horizont des eigenen Lebens und Glaubens auf den biblischen Glaubens- und Lebenshorizont hin zu transzendieren. So gesehen, betrifft das meiste von dem, was soeben zum Verhältnis von Prediger und Text sowie von Prediger und Gemeinde festgestellt worden ist, immer auch schon das Verhältnis von Text und Gemeinde.

Indessen kommt ein weiterer Aspekt noch hinzu. Anhand der von Luther mehrfach gebrauchten Wendung, der Perikopentext biete »das heubtstuck doctrinae Christianae« (455, 9 f), kommt man ihm auf die Spur. Die Wendung wäre falsch verstanden, wollte man ihr entnehmen, Luther habe die Perikope Mt 11, 2-6 (7-10) als das Zentrum der biblischen oder neutestamentlichen Überlieferung interpretiert. Was Luther in dieser Predigt als »heubtstuck« oder »caput doctrinae« auszeichnet, benennt nicht ein neu entdecktes theologisches Prinzip, wie denn in der gesamten Predigt nicht ein einziger Gedanke begegnet, der nicht auch schon in den vorausgehenden Predigten und Schriften Luthers vielfältig nachweisbar wäre. Am allerwenigsten geht es dem Prediger Luther um theologische Originalität. Vielmehr versteht und gebraucht er die Predigt als das entscheidende, weithin konkurrenzlose Popularisierungsmedium, durch das theologische Erkenntnis und Einsicht vermittelt und eingeübt werden soll. »Moneo vestram dilectionem, *ut exerceatis* [...]« (464, 1), heißt es ausdrücklich zu Beginn der peroratio.

»Caput doctrinae«, »heubtstuck doctrinae«: Davon ist oft in den Predigten Luthers die Rede, und oft genug in unterschiedlicher Hinsicht. Allein schon dadurch verbietet sich die Vermutung, es könne damit ein einzelnes dogmatisches Lehrstück gemeint sein, das er aus dem Kreis der anderen loci herausheben will. Vielmehr meint Luther in den unterschiedlichen Hinsichten mit »caput doctrinae« immer dasselbe: die Person Jesu Christi, genauer: den dankbaren Glauben an ihn. »Es ist als [i. e. alles] darumb zu thun, ut corde et fide Christo hereamus« (455, 8 f). Das »crede in Christum« (461, 2) muß jedes einzelne dogmatische Lehrstück begleiten können.

Im übrigen steht, was Luther hier als »das heubtstuck doctrinae Christianae« ausgibt, in dieser Form nicht schon im Text. Vielmehr hat er den konkreten Perikopentext auf die Grundsituation des Menschen vor Gott hin durchsichtig gemacht: auf das Gegenüber von »homo reus« und »deus iustificans«.[40] Der Mensch ist Sünder und bedarf der Rechtfertigung, er will auf sich selber bauen und soll doch allein Christus anhängen. Diese Grundbewegung von der Sünde zur Gnade, vom Gesetz zum Evangelium, von der Selbstherrlichkeit zur Nachfolge Christi bezeichnet den Tenor der gesamten Predigtarbeit Luthers.[41] Auf höchst feinsinnige Weise hat sie sich in der Textgestalt der hier zu interpretierenden Predigt manifestiert. Das »*ist* das heubtstuck doctrinae Christianae«,[42] hält Luther zu Beginn des ersten Hauptteils fest, um der Verblendung des natürlichen Menschen die evangelische Wahrheit entgegenzustellen. Dann aber, sobald das gemeinsame »wir« in das individuelle »du« überzugehen sich anschickt, verwandelt sich auch das konfessorische »est« in ein werbend-mahnendes »sit«: »Nostrum unser heubtstuck *sit*, das wir uns selber verlassen et Christo hereamus.«[43] Diese Zuspitzung der fides historica auf die fides apprehensiva hat Luther nirgendwo bündiger zum Ausdruck gebracht als in der ungefähr zeitgleich zu dieser Predigt entstandenen Wendung, mit der er im Kleinen Katechismus den zweiten Artikel des Glaubens erklärt: »Ich gläube, daß Jesus Christus, wahrhaftiger Gott vom Vater in Ewigkeit geborn und auch wahrhaftiger Mensch von der Jungfrauen Maria geborn, sei mein HERR, [...]«[44]

---

40 »Cognitio dei et hominis est sapientia divina et proprie theologica, Et ita cognitio dei et hominis, ut referatur tandem ad deum iustificantem et hominem peccatorem, ut proprie sit subiectum Theologiae homo reus et perditus et deus iustificans vel salvator«; WA 40 II, 327, 11 - 328, 2. Vgl. Jack E. BRUSH: Gotteserkenntnis und Selbsterkenntnis: Luthers Verständnis des 51. Psalms. TÜ 1997, v. a. 126-136.

41 Vgl. die berühmte Darstellung des auf den gekreuzigten Christus deutenden Predigers Luther in der Predella des 1547 in der Wittenberger Stadtkirche aufgestellten Cranach-Altars; eine knappe, aber genaue Beschreibung findet sich in: DIE DENKMALE DER LUTHERSTADT WITTENBERG/ bearb. von Fritz Bellmann; Marie-Luise Harksen; Roland Werner. Weimar 1979, 176 f. Abb. 167.

42 WA 27, 455, 9 f (Hervorhebung A. B.).

43 WA 27, 459, 3 f) (Hervorhebung A.B.)

44 BSLK, 511, 23-26 ≙ WA 30 I, 249, 7-11; vgl. dazu Albrecht PETERS: Kommentar zu Luthers

III Theologische Relevanz

Die Einsichten, die die historisch-homiletische Analyse der Predigt vom
13. Dezember 1528 erbracht hat, nötigen nicht dazu, das von der neueren
Forschung erarbeitete Bild von Luthers Predigtverständnis und Predigtpraxis grundlegend zu revidieren. Aber sie verleihen ihm Farbe und Anschau-
lichkeit und untermauern dadurch seine Plausibilität. Die vorgeführte
Predigtanalyse bestätigt denn auch auf exemplarische Weise die vier
Merkzeichen, durch die – in erweiternder Aufnahme einer von Emanuel
Hirsch geprägten Triade[45] – die Predigtweise Luthers als biblisch, zentral,
antithetisch und konkret charakterisiert worden ist.[46]

Biblisch ist die Predigtweise Luthers insofern, als sie sich durchgängig
ihres Quellgrunds vergewissert und darin den hermeneutischen Grundsatz
»scriptura sacra sui ipsius interpres«[47] homiletisch konkretisiert. Dieser
biblische Grundzug ist näherhin dadurch bestimmt, dass Luther die Bibel
niemals zu einer übergeschichtlichen Autorität hypostasiert, der gegenüber
nur noch blinde Unterwerfung und distanzierte Verehrung möglich sein
kann, sondern sie als den Erfahrungs- und Sprachraum christlichen Glaubens wahrnimmt, in den man jederzeit einkehren und in dem der Glaube
das ihm gemäße Denken, Sprechen und Leben einüben kann.[48]

Zentral ist die Predigtweise Luthers insofern, als sie die in Christus
verkörperte Mitte der Schrift zugleich zum exklusiven »heubtstuck«
evangelischer Predigt erhebt: »Man kan sonst nicht[s] predigen quam de
Iesu Christo et fide. Das ist generalis scopus.«[49] Die grandiose christo-
zentrische Monotonie, von der Luthers Predigtarbeit geprägt ist, verkehrt

Katechismus/ hrsg. von Gottfried Seebaß. Bd. 2: Der Glaube: das Apostolicum. GÖ 1991,
   92-174.
45 Emanuel HIRSCH: Luthers Predigtweise. Lu 25 (1954), 1-23; vgl. dazu Hans Martin MÜL-
   LER: Homiletik: eine evangelische Predigtlehre. B; NY 1996, 64 f.
46 Beutel: Predigt VIII, 297, 40 - 298, 7 f.
47 Vgl. W. MOSTERT: Scriptura sacra sui ipsius interpres: Bemerkungen zum Verständnis
   der Heiligen Schrift durch Luther. LuJ 46 (1979), 60-96.
48 Vgl. Albrecht BEUTEL: »Scriptura ita loquitur, cur non nos?«: Sprache des Glaubens bei
   Luther. In: Ders.: Protestantische Konkretionen: Studien zur Kirchengeschichte. TÜ
   1998, 104-123.
49 WA 36, 180, 10 f (1532).

sich niemals in Monomanie, weil sie seine homiletische Praxis nicht als ein abstraktes Prinzip dominiert, sondern sich in der Besonderheit des jeweiligen Predigttextes sowie der jeweiligen Predigtsituation auf immer neue Weise konkretisiert.

Antithetisch ist die Predigtweise Luthers insofern, als sie nicht allein der polemischen Auseinandersetzung mit den äußeren Gegnern Raum gibt, sondern die Predigt zugleich als Teil des kosmisch-eschatologischen Kampfes um den von Gott und dem Teufel beanspruchten Menschen begreift. Die von Luther oft gebrauchten dramatisch-dialogischen Formelemente sind niemals nur ein Ausdruck unverbindlicher rhetorischer Spielerei, vielmehr geradezu ein Musterbeispiel für die von ihm postulierte Kongruenz von Sprache und Sache.

Konkret ist die Predigtweise Luthers schließlich insofern, als sie den Predigthörern die Welt der Bibel unmittelbar zu vergegenwärtigen sucht und so deren menschliche Lebensgeschichte auf die biblische Heilsgeschichte hin transparent werden läßt. Konkret ist die Predigt Luthers darin, dass sie der individualisierenden Kraft des christlichen Glaubens einen Entfaltungsraum bietet: Indem der Prediger Luther seinen Hörer unablässig in die biblischen Denk- und Sprachformen einübt, leitet er ihn dazu an, sich aus der Anonymität des natürlichen Menschen in eine unverwechselbare und unvertretbare Person, und das heißt: aus dem »wir« in ein »ich« zu konkretisieren.

Verdanktes Evangelium: Dieses Leitmotiv seiner Predigtarbeit hat Luther nicht jedesmal wortgetreu wiederholt, sondern in höchst eindrücklicher Variationsbreite in den jeweiligen Predigtsituationen konkretisiert. In der Wahrnehmung dieser Aufgabe nicht müde zu werden, vielmehr ein Leben lang treu und unbeirrt fortzufahren, darin lag für Luther das Ethos seines pastoralen Berufs. Die Dankbarkeit für das Evangelium galt ihm als die einzige Gott gemäße Lebenshaltung des Christen. Darum sei der Schlüsselsatz, mit dem wir eingesetzt haben, am Ende noch einmal zitiert: »Wir können Gott kein größeres noch besseres Werk tun noch einen edleren Gottesdienst erzeigen, als ihm zu danken.«

Martin Luthers Betbüchlein

Von Michael Beyer

I Begriff, Inhalt, Forschungsgeschichte

Was ist Luthers Betbüchlein? Wer mit Luthers Biografie vertraut ist, weiß, dass Luther sehr häufig und intensiv gebetet hat.[1] Vielen mag auch der Begriff »Luthers Hausgebete« etwas sagen, also der Morgen- und Abendsegen sowie die Tischgebete aus dem Kleinen Katechismus.[2] Verlage bringen in Abständen kleinere Sammlungen mit Luthergebeten auf den Büchermarkt, die sich für tägliche Andachten eignen.[3] Nach Luthers Tod wurden seine Gebete systematisch aus seinen Schriften gesammelt, rubriziert und in teilweise sehr umfänglichen Ausgaben immer wieder neu verlegt. Kurt Alands »Hilfsbuch zum Lutherstudium« bietet auf über drei Spalten Fundorte zu Luthergebeten, die mit Lutherliedern gekoppelt oder bestimmten Anlässen gewidmet sind bzw. andere liturgische Gebrauchstexte begleiten.[4]

1 Vgl. etwa Ingetraut LUDOLPHY: Luther als Beter. Lu 33 (1962), 128-141; Vilmos VAJTA: Luther als Beter. In: Leben und Werk Martin Luthers von 1526 bis 1546: Festgabe zu seinem 500. Geburtstag/ im Auftrag des Theologischen Arbeitskreises für Reformationsgeschichtliche Forschung hrsg. von Helmar Junghans. B; GÖ 1983, 279-295; ein Forschungsbericht zu Luthers Beten jetzt bei Mathias MIKOTEIT: Theologie und Gebet bei Luther: Untersuchungen zur Psalmenvorlesung 1532-1535. B; NY 2004, 49-57.

2 Frieder SCHULZ: Die Hausgebete Martin Luthers. (1983). In: Albrecht Peters: Kommentar zu Luthers Katechismen. Bd. 5: Die Beichte, die Haustafel, das Traubüchlein, das Taufbüchlein/ mit Beiträgen von Frieder Schulz; Rudolf Keller; hrsg. von Gottfried Seebaß. GÖ 1994, 191-204.

3 So z. B. HEUTE MIT LUTHER BETEN: eine Sammlung von Luthergebeten für die Gegenwart/ hrsg. von Frieder Schulz. Gütersloh 1978; GEBETE MARTIN LUTHERS: eine Gebetshilfe/ hrsg. von Hans-Joachim Kandler. 2., unv. Aufl. Bielefeld 1983; Martin LUTHER: Das Handwerkszeug des Christen: Gebete. M; ZH; W; S 1991; DERS.: Wie man beten soll: Martin Luther als Beter/ hrsg. von Gerhard Schittko. Gießen; BL 1996 u. a.

4 Kurt ALAND: Hilfsbuch zum Lutherstudium. 4. Aufl. Bielefeld 1996, 76-78 (232).

Es wäre also nur logisch, anzunehmen, dass wir es bei Luthers Betbüchlein mit einer auf Luther selbst zurückgehenden Sammlung von Gebeten zu tun haben, die dem Eigengebrauch entstammten und vom Reformator für so gut befunden wurden, dass er sie einem weiteren Publikum zugänglich machte. So einfach verhält sich die Sache indes nicht. Zwar enthält dieses Büchlein durchaus Gebete, aber es scheint sich darin nicht zu erschöpfen. Und es gibt die frühe Fassung dieses Büchleins mit relativ wenigen Stücken,[5] die über die Jahre hin mehr und mehr aufgefüllt wird. Die gerade einmal fünf Stücke der in Wittenberg bis etwa 1525 erschienenen Ausgaben sind rasch aufgezählt:

1. Luthers Vorwort
2. »Eine kurze Form der 10 Gebote, des Glaubens und des Vaterunsers« (von 1520)
3. ein kommentiertes »Ave Maria«
4. eine Gruppe von Psalmen, nämlich der 12., 67., 51., 103., 20., 79., 25. und 10. Psalm
5. der Titusbrief.

Wieso hat Luther die Aneinanderreihung dieser Stücke als »Betbüchlein« verlegen lassen?

Wer sich schnell weiter vergewissern will, geht heutzutage »online« und beauftragt eine Internet-Suchmaschine, nach dem Begriffspaar »Luther« UND »Betbüchlein« zu suchen. Das Ergebnis bietet reichlich Stoff zum Nachdenken: Bei Google etwa finden sich gegenwärtig mehr als 900 Einträge,[6] von denen die meisten tatsächlich auf Luthers Betbüchlein verweisen. Aber gleichzeitig findet man sich konfrontiert mit der schon sprichwörtlichen neuen Unübersichtlichkeit des Mediums Internet. All diesen Einträgen auch nur kurz nachzugehen, ist sehr zeitaufwendig. Viele von ihnen entstammen buchhändlerischem Interesse, einige verweisen auf antiquarisch zu erwerbende Drucke des späten 16. Jahrhunderts. Nützlich

---

5 Die Titelblätter der ersten bis dritten Auflage des »Betbüchleins« differieren in den Angaben des Inhalts; danach hatte Luther zunächst nur die Stücke 1 bis 3 als »Betbüchlein« geplant, erweiterte jedoch noch während des Druckes der ersten Auflage zweimal deren Inhalt, zunächst um die Psalmengruppe und dann noch einmal um den Titusbrief; vgl. WA 10 II, 338-340. 354.

6 Letzte Internetrecherche: September 2007.

sind die Links auf freie, elektronische Fassungen von Wörterbüchern der deutschen Sprache bzw. des Mittelhochdeutschen mit ihren Notierungen des Begriffs »Betbüchlein« bzw. der Vorformen. Eine Vielzahl aller Hinweise reproduzieren jedoch ein problematisches Zitat aus der Schrift »Von den Juden und ihren Lügen« aus dem Jahr 1543, in dem Luther ein jüdisches »Betbüchlein« erwähnt.[7] Viel geringer ist dagegen die Anzahl anderer zur Sache gehörigen Lutherzitate. Hier handelt es sich um Verweise, in denen Luther selbst einen Bezug auf sein Betbüchlein herstellt. Ein elektronisches Faksimile einer der zahlreichen Druckausgaben des Werkes war über die genannte Suchanfrage nicht zu ermitteln;[8] Teiltexte aus dem Betbüchlein finden sich kaum.[9]

Was also ist Luthers Betbüchlein? Gemessen an den äußeren Kriterien einer Veröffentlichung wie z. B. die Anzahl der Drucke, der Nachdrucke und Übersetzungen in andere Sprachen sowie die die äußere Gestalt des Büchleins verändernden Beigaben von Illustrationen und Überarbeitungen durch Luther selbst oder andere, ist das »Betbüchlein« ein publizistischer und für das Druckgewerbe ohne Zweifel auch finanzieller Erfolg gewesen. Bisher sind 48 Ausgaben nachgewiesen, die zu Lebzeiten Luthers verlegt

7 »[…], das man jnen nehme alle jre Betbüchlin und Thalmudisten [jüdische Rechtssammlung und deren rabbinische Kommentierung], darin solche Abgötterey, lügen, fluch und lesterung geleret wird«; WA 53, 523, 30 f.

8 Über die Homepage der Stiftung Luthergedenkstätten in Sachsen-Anhalt in Lutherstadt-Wittenberg – www.martinluther.de – gelangt man zu einer vollständigen Netzversion der nur noch in zwei Exemplaren nachgewiesenen, illustrierten Nürnberger Ausgabe von 1527 – Josef BENZING: Lutherbibliographie: Verzeichnis der gedruckten Schriften Martin Luthers bis zu dessen Tod/ bearb. in Verbindung mit der Weimarer Ausgabe unter Mitarb. von Helmut Claus. Bd. 1. Baden-Baden 1966, 152 (1294); Josef BENZING; Helmut CLAUS: Verzeichnis der gedruckten Schriften Martin Luthers bis zu dessen Tod. Bd. 2: Mit Anhang: Bibel und Bibelteile in Luthers Übersetzung 1522-1546. Baden-Badfen 1994, 112 (1294) –, von der auch ein Reprint vorliegt: Martin LUTHER: Ein seer gůt vn[d] nützlichs Bettbüchleyn. ym 1527. Jar/ hrsg. und komm. von Elfriede Starke. L 1983. [152] Bl.: Ill. & Beil. (Kommentar. 91 S.).

9 Die bereits erwähnte Schrift »Eine kurze Form der 10 Gebote, …« findet sich auf einer dänischen Web-Site: – http://www.martinluther.dk/gebet20.html – in deutscher – nach der Erlanger Lutherausgabe – und dänischer Sprache, wobei ein Link zu entsprechenden Abschnitten von Julius KÖSTLIN: Martin Luther: sein Leben und seine Schriften. 5., neubearb. Aufl., nach des Verfassers Tod fortges. von Gustav Kawerau. Berlin 1903, führt, deren erster Band fast vollständig auf der gleichen Homepage im Netz steht.

wurden;[10] bis zum Ende des 16. Jahrhunderts erschienen mindstens weitere 11 Ausgaben.[11] Es kam zuerst 1522 in Wittenberg in der unruhigen Zeit zwischen Luthers Rückkehr von der Wartburg und der Ausgabe des Septembertestaments heraus. Die Wittenberger Version veränderte sich unter sechs von Luther beeinflussten Redaktionen bei fast gleich bleibendem Kernbestand in 23 Jahren, umfasste anfänglich 40 Blatt, brachte es schließlich auf etwa 300 und erschien auch in lateinischen, niederdeutschen, dänischen und niederländischen Ausgaben. Dieser Bucherfolg der frühen Reformation mit seiner langen und erfolgreichen Rezeptionsgeschichte beansprucht in der Internet-Suchmaschine nur wenige Prozent der »Luther« UND »Betbüchlein«-Einträge. Unser Befund, dass Luther kaum mit einer seiner tatsächlich anschlussfähigen Veröffentlichungen wahrzunehmen ist, sondern nur über ein einziges Zitat, in dem eher zufällig der Begriff »Betbüchlein« auftritt, tangiert zumindest am Rande die Frage nach einer, der europäischen Traditionen adäquaten Bildung inmitten der Wissens- und Kompetenz-Gesellschaft, die nicht zuletzt hervorgerufen wurde durch die Medienrevolution um die Wende vom 20. zum 21. Jahrhundert und die das 21. Jahrhundert weithin bestimmen dürfte. Immerhin steht dieser Befund in einer interessanten Parallele zur Bildungsoffensive der frühen Reformationszeit. Denn diese stand mit der damaligen Medienrevolution durch den Buchdruck, nicht zuletzt durch Luther und die anderen Wittenberger, mit dem Betbüchlein, dem Gesangbuch, der Bibelübersetzung sowie dem Großen und Kleinen Katechismen in einem unauflösbaren inhaltlichen Zusammenhang.

Innerhalb der neueren Lutherforschung beginnt mit der Edition des Betbüchleins in WA 10 II im Jahr 1907[12] eine eher unspektakuläre, obgleich bis in die jüngste Zeit recht kontrovers verlaufende Forschung, die es verdient, zumindest in ihren Hauptaussagen dargestellt zu werden.

Die beiden Editoren der – man muss es hervorheben – genialen, wenn auch viele Wünsche offen lassenden Teilausgabe des Betbüchleins in der Weimarer Lutherausgabe – *Ferdinand Cohrs* (1864/65-1933) und *Alfred Göt-*

---

10 Vgl. Benzing: Lutherbibliographie 1, 150-154 (1273-1318); 2, 111 f (hinzugekommen: Nr. 1284a. 1297a).

11 Laut Recherche im digitalen »Verzeichnis der im deutschen Sprachbereich erschienenen Drucke des 16. Jahrhunderts (VD 16)« – http://www.vd16.de.

12 WA 10 II, (331) 375-501. 515 f; 59, 70-78.

ze (1876-1946) – haben durch ihre Ausgabe diese Forschung eigentlich selbst begonnen. Hervorzuheben ist dabei die – modernen Transformationsvorstellungen zwischen Spätmittelalter und Reformation vorauseilende – Sicht von Cohrs, der die historisch-theologische Einleitung verfasste[13] und die Verbindungen zwischen Luther und der überaus reichen spätmittelalterlichen Gebetbuchtradition hervorhob. Diese Kontinuität erschloss sich ihm aus dem Vergleich des Inhalts von Luthers Betbüchlein mit den von ihm verbal aufs Äußerste kritisierten und praktisch veränderten Vorgängern.[14] Cohrs stellte angesichts des Anwachsens des Betbüchleins sogar eine noch weiterreichende Kontinuität fest, insofern sich Luthers Betbüchlein – gemessen an seiner inhaltlichen Vielgestaltigkeit – den verabscheuten römischen zuletzt wieder angenähert habe. Luther habe in der schließlich auch bebilderten Wittenberger Ausgabe von 1529 »wohl im ganzen erreicht gesehen, was er 1522 zunächst provisorisch begonnen hatte«.[15]

Paul Althaus d. Ä. (1861-1925), der die »evangelische Gebetsliteratur im Reformationsjahrhundert« untersuchte, kam 1914 anhand des Betbüchleins zu folgender Überzeugung: Luthers Bedeutung bestünde in Bezug auf die evangelischen Gebetbücher eher in einem gebetspraktisch orientierten »Gebetsunterricht«, weniger in der Schaffung bestimmter Gebetstexte. Aus der Lektüre von Luthers Vorwort zum Betbüchlein hob Althaus das Gewicht des Vaterunsers für Luthers Gebetsunterricht hervor und betonte aufgrund jenes Textes, das eigentlich »die Bibel das Gebetbuch des Christen« gewesen sei, deren gesamter Inhalt zum freien, aus dem Herzen kommenden Gebet anreize.[16]

Frieder Schulz (1917-2005), der 1967 im Zusammenhang mit einer Edition der Luthergebete deren umfangreiche Bibliografie vorlegte und ihre Wirkungsgeschichte beschrieb, hat in einem kurzen Abschnitt seiner

13 Vgl. WA 10 II, V.
14 Vgl. WA 10, 331-337; zur mittelalterlichen Gebetsliteratur und Frömmigkeit vgl. auch Traugott KOCH: Johann Habermanns »Betbüchlein« im Zusammenhang seiner Theologie: eine Studie zur Gebetsliteratur und zur Theologie des Luthertums im 16. Jahrhundert. TÜ 2001, 1-15.
15 Vgl. WA 10 II, 341 f.
16 Vgl. Paul ALTHAUS d. Ä.: Zur Charakteristik der evangelischen Gebetsliteratur im Reformationsjahrhundert. (1914). In: Ders.: Forschungen zur evangelischen Gebetsliteratur. GÜ 1927, 11-15.

Einleitung offensichtlich die Althaussche These von der Bedeutung des Vaterunsers sowie vom Gebetsunterricht aufgenommen. Ich lasse Schulz hier selbst zu Worte kommen, weil er neben seiner These in aller Kürze einiges Material zum Ursprung und dem sich verändernden Inhalt von Luthers Betbüchlein vorlegt. Schulz war am Beginn seiner Arbeit

> »geneigt, zunächst einmal Luthers Betbüchlein durchzuprüfen, weil ja ein Gebet-buch herkömmlich eine Sammlung formulierter Gebete enthält. Aber Luthers Betbüchlein enttäuscht diese Erwartung. Es enthält im Gegensatz zu Spalatins Betbüchlein von 1522, das wahrscheinlich Luther zur Herausgabe eines eigenen Betbüchleins veranlaßt hat, keine Gebetsformeln, sondern biblische Texte, Psalmen und Paraphrasen der drei Hauptstücke des Katechismus, später auch Sermone über das Leiden Christi, über Beichte, Abendmahl und Taufe sowie über die Bereitung zum Sterben. Das Betbüchlein erweist sich somit eher als Einführung in den Glauben. Was das Beten anlangt, so wollte Luther die verbreiteten Gebetbücher aus der spätmittelalterlichen Tradition durch eine evangelische Gebetslehre ersetzen. Diesem Ziel dient der Sermon vom Gebet und die Auslegung des Vaterunsers in Gebetsform. In der Vorrede ermahnt er denn auch die Leser, sich an das Vaterunser als das ›gemeine, einfältige christliche Gebet‹ zu gewöhnen in der Gewißheit, ›daß ein Christenmensch überflüssig [d. h. über das Notwendige hinaus] gebetet hat, wenn er das Vaterunser recht betet, wie oft er will und welches Stück er will‹.«

Im Rahmen seines Forschungsgegenstandes hebt Schulz die Vaterun-serparaphrasen des Betbüchleins hervor »als Gebetslehre und Anstoß zu weiterem Beten«. Insofern sind diese Paraphrasen »auch weiterhin ein Grundstock der Luthergebetbücher geblieben«, mit denen sich die For-schung »als eine Schule des privaten Betens« zu beschäftigen habe.[17]

Markus Jenny (1924-2001) hat 1983 im Zusammenhang mit seiner Rekonstruktion des Wittenberger Gesangbuchs von 1529 darauf verwie-sen, dass es »offenbar bisher niemandem aufgefallen« sei, »dass in diesem Jahre 1529 in Wittenberg unter Luthers Namen drei Werke in wesentlich derselben Ausstattung und mit stark verwandter Zielrichtung erschienen sind: das Betbüchlein, die beiden Katechismen und das Gesangbuch«. Die Bildausstattung von Betbüchlein, Gesangbuch und Kleinem Katechismus entstammten weitgehend der gleichen Quelle und wären von denselben Druckstöcken abgedruckt. Die Katechismen seien sowenig Lehrbücher für

---

17 Vgl. Frieder SCHULZ: Die Gebete Luthers: Edition, Bibliographie und Wirkungsgeschichte. GÜ 1967, 15 f.

den Religionsunterricht wie das Betbüchlein eine Sammlung von Gebeten. »Das Betbüchlein«, so Jenny, »ist ein umfassendes kleines Vademecum der christlichen Glaubensverwirklichung«. Mit Betbüchlein, Gesangbuch und den Katechismen, die sich wohl äußerlich ähneln, aber keineswegs systematisch aufeinander abgestimmt gewesen wären, würde »von drei Seiten her auf eine eindringliche Weise dasselbe betrieben: Unterweisung im Glauben, […]«, die in Wittenberg als Notwendigkeit im Gefolge der vorangehenden Visitationen erkannt worden sei. Jenny hat schließlich alle drei Werke gewürdigt als bewusst eingesetzte Instrumente für den Aufbau lebendiger Gemeinde.[18]

Martin Brecht nahm 1998 eine vorsichtige Revision vor und hob den Charakter des Betbüchleins als eines Gebetbuchs wieder stärker ins Bewusstsein. Zwar tradierte er die bis dahin vorherrschende Auffassung vom Betbüchlein als eines – das ist jetzt meine Bezeichnung – zumindest defizitären Gebetbuchs. Denn er erkannte die Vaterunserparaphrasen und die Psalmen als »die einzigen wirklichen Gebete im Betbüchlein« an. Aber gleichzeitig machte er gegenüber Schulz eine weiterführende Überlegung geltend, für die er sich auf Luthers eigene, z.B. in seinen Briefen erkennbare Gebetspraxis berufen konnte: Luther habe für sich selbst täglich und auch gemeinsam mit seinen Kindern die Zehn Gebote, den Glauben und das Vaterunser gebetet. Daraus hat Brecht abgeleitet: »Für Luther war das Rezitieren dieser Katechismusstücke Beten, wichtig zur Selbsterkenntnis und als Anregung, mit Gott zu reden. Der Zusammenhang von elementarem Glaubensinhalt und Gebet wird hier erkennbar.«[19]

Brechts Überlegungen sind im Jahre 2002 von der schwedischen Germanistin *Birgit Stolt* auf eindrucksvolle Weise weitergeführt worden. Die Abfolge Dekalog, Credo, Vaterunser erscheint in ihrer Deutung direkt als

18 Markus JENNY: Luthers Gesangbuch. In: Leben und Werk Martin Luthers …, 312. 320 f.

19 Martin BRECHT: »und willst das Beten von uns han«: zum Gebet und seiner Praxis bei Martin Luther. In: Die frühe Reformation in Deutschland als Umbruch: wissenschaftliches Symposion des Vereins für Reformationsgeschichte 1996/ in Gemeinschaft mit Stephen E. Buckwalter hrsg. von Bernd Moeller. GÜ 1998, 275-278; vgl. ebd, 288: »Stärker als bisher wird man den Zusammenhang des Gebets mit dem, was man als elementare Katechismusfrömmigkeit Luthers bezeichnen könnte, beachten müssen, wie er durch das Vaterunser hergestellt wird. Einerseits ist damit in vieler Hinsicht ein Neuanfang in der Gebetsfrömmigkeit gemacht worden, andererseits sind gerade schlichte und einfache Elemente der Gebetspraxis beibehalten worden.«

»Katechismusgebet«, womit die Frage im Untertitel ihres Beitrages, ob es sich beim »Rezitieren« des Katechismus um schlichtes »Pensumaufsagen oder [um ein] Gebet des Herzens mit Gott« handele, bereits vorentschieden ist.[20] Folglich wäre das Betbüchlein – geradeso, wie von seinem Autor benannt – ein Gebetbuch. Birgit Stolt war zunächst davon ausgegangen, in Luthers Betbüchlein eine, seiner Bibelübersetzung analoge, »zum Herzen sprechende Sprache« vorzufinden – und sie erlebte dabei eine Enttäuschung, ähnlich wie alle diejenigen, die dort das sich formal als Gebet ausweisende Gebet weitgehend vermissen. Wie sie dann doch zum »Katechismusgebet« kam, kann hier nicht ausgebreitet werden. Kurz aber soviel: Wer mit der Absicht zu beten das Eingangswort des traditionell auswendig gelernten und bereits auch altkirchlich als Gebet verstandenen Dekaloges zitiert: »Ich bin der Herr, dein Gott«, der lässt zu, dass sich ein Gespräch anbahnt, in dem Gott das erste Wort hat: Ich bin der Herr, dein Gott! und der somit den Beter in eine von ihm dominierte Ich-Du-Beziehung zieht, der diesen dann am Dekalog entlang zu Sündenerkenntnis und -bekenntnis führt. Im zweiten Gesprächschritt, dem Credo, spricht der Beter – übrigens mit allen Christen gemeinsam – zu Gott und realisiert dabei gleichzeitig das Gottes-Ich des Dekalogs dankbar als trinitarische, sich ihm im Heilsgeschehen zuwendende Kraft. Im dritten Schritt, dem von Christus gelernten Gebet an den Vater, führt der einführende Lobpreis: »Vater unser, der du bist im Himmel«, das nun auch ganz persönlich und gefühlsintensiv geführte Gespräch auch formal als Gebet fort und endet im bestätigenden »Amen«. Dekalog, Credo und Vaterunser als Dreischritt verstanden erfüllen so in ihrem Übergang vom Rezitieren zum Beten eine Gebetsdefinition Luthers, »das das wesen und natur des gebets sey nichts anders dan ein auffhebung des gemuts ader hertzen tzu got«.[21]

Traugott Koch hatte bereits im Jahr zuvor – innerhalb seines Habermann-Buches mit seinem großen Abschnitt über »Luthers reformatorisches Verständnis des Gebetes«[22] – auf das, an den Worten des Katechismus bzw.

20 Birgit STOLT: Zum Katechismusgebet in Luthers »Betbüchlein« (1522): Pensumaufsagen oder »Gespräch des Herzens mit Gott«? In: Das Gebet/ hrsg. von Friedrich-Otto Scharbau. Erlangen 2002, 67-83.
21 Vgl. Stolt: Zum Katechismusgebet ..., 69-80; WA 2, 85, 9 f.
22 Koch: Johann Habermanns »Betbüchlein« ..., 19-132.

der Psalmen, insbesondere aber am Vaterunser ansetzende und sich dem biblischen Text gleich gestaltende Beten hingewiesen.[23] Allerdings geschah das ebenfalls nicht unter unserer Fragestellung nach dem besonderen Charakter des Betbüchleins.

Johannes Schilling hat das Betbüchlein im »Luther Handbuch« unter dem Gesichtspunkt einer Gattungseinteilung von Luthers literarischem Werk zurecht den »Erbauungsschriften« zugewiesen und es in seinen vielfältigen Bestandteilen sowie wirkungsgeschichtlich ausführlich beschrieben. Schilling findet zwar keine Gebete, wohl aber ein katechetisches Buch vor und würdigt es in seiner Entwicklung zu einer Sammlung erbaulicher Schriften.[24]

Was also ist Luthers »Betbüchlein«? Die einander interdisziplinär ergänzenden, jedoch auch teilweise miteinander konkurrierenden Deutungen entlassen uns zunächst in eine gewisse Ratlosigkeit. Die Antipoden der

---

23 Vgl. z. B. Koch: Johann Habermanns »Betbüchlein« ..., 63. 131. – Koch hat eindrückliche Textinterpretationen aus Luthers einschlägigen Schriften gewonnen, dabei jedoch festgestellt, dass Luthers konkreter Bet-Unterricht seiner reformatorischen Botschaft von der Befreiung des Menschen aus der Sünde nicht vollkommen adäquat sei. Angelpunkte dabei sind Luthers Erhörungsgewissheit und sein »Biblizismus«, die zwar in der betend geführten Kommunikation des Menschen mit Gott in Bezug auf die geistliche Errettung des Menschen funktionieren würden, nicht zureichend aber im Bereich der weltlichen Nöte, was Luther zwar selbst bemerkt, aber letztlich nicht aufgelöst habe. Diese durchaus interessante systematisch-theologische Diskussion verteilt sich über den ganzen langen Abschnitt und erschwert zuweilen die Unterscheidung, was Luther damals meinte und Koch heute von ihm will. Dass Luther aus dem Beten entlang des Gotteswortes die Erhörungsgewissheit ableitet, auch die gewiss vordergründig trügerische im Blick auf einen glücklichen Ausgang aus irdischen Nöten, das ist evident. Aber die geistliche Befreiung durch die Rechtfertigung des Sünders in eine Analogie zu einer gewissen Befreiung aus irdischen Nöten zu setzen, verkennt, dass Luthers eine klare Anschauung vom Ziel des ganzen, innerlichen sowie leiblichen, Menschen im Horizont des Sieges durch den auferstandenen Christus über die Welt hat: seine Befreiung von ihr in der fortschreitenden Abtötung des Fleisches in den Nöten der Welt. Aber: Luther hat den Menschen nie nur als einsamen Beter gesehen, sondern in einer Gemeinschaft von Betern, der Kirche, die untereinander eine überaus starke consolatorische Kraft entwickeln, die irdischen Nöte miteinander teilen und im Lichte der Rechtfertigung füreinander eintreten.

24 Johannes SCHILLING: Erbauungsliteratur. In: Luther Handbuch/ hrsg. von Albrecht Beutel. TÜ 2005, 302 f.

Deutungen sind wohl Althaus d. Ä. und Schulz, die den gesamten Inhalt des Betbüchleins und seine Intention der Glaubenslehre zuweisen, und Birgit Stolt, die gerade die drei das Betbüchlein anführenden katechetischen Stücke im Sinne echter Gebete bzw. wirklichen Betens versteht. Dazwischen liegen Überlegungen, die das »Betbüchlein« der katechetisch orientierten Erbauungsliteratur ohne eigentliche Gebete zuweisen, es als »Vademecum des Glaubens« verstehen bzw. den Gebetsschul-Gedanken aufnehmen, dem Beispielgebete zur Seite stehen. Ein Durchgang, bei dem ich mich auf die fünf Grundteile des frühen »Betbüchleins« beschränken muss, wird eine Antwort versuchen.

II Die fünf Grundstücke des Betbüchleins
1 Die Einleitung zum Betbüchlein

»Vnter andern viel schedlichen leren unnd buchlin, da mit die Christen verfuret unnd betrogen unnd untzehlich mitzglawben auffkommen sind, acht ich nicht fur die wenigsten Die bettbuchlin, darynnen ßo mancherley iamer von beychten und sunde tzelen, Szo unchristliche narheyt ynn den gepettlin tzu gott unnd seynen heyligen, den eynfelltigen eyngetrieben ist [...] Eynß heyst Hortulus anime, das ander Paradißus anime und ßo fort an, das sie woll wirdig weren eyner starcken, gutter reformacion oder gar vertilget weren, wilchs urteyll ich auch felle ubir die Passional odder legenden bucher, darynnen auch viel tzusatzs der teuffel eyngeworffen. Nu aber ich die tzeytt nicht habe und myr solche reformacion alleyne zu viel ist, will ichs auff diß mal bey dißer ermanung lassen bleyben, biß das got tzeyt und gnade gibt. Und yn des zum anfang diße eynfeltige Christliche form und spiegel die sund tzuerkennen unnd tzu beten fur hallten nach den tzehen gepotten und dem vatter unßer«.[25]

Gegen Gebetbücher und ihren Gebrauch ist also nach Luther grundsätzlich nichts einzuwenden, nur die vorhandene Gebets- und Andachtsliteratur ist arg kontaminiert. Hier ist – wenn die Bücher nicht gleich gänzlich vernichtet werden sollen – »Reformation« vonnöten. Diese Rückführung auf eine vertretbare, vielgestaltige Grundform, kann Luther derzeit nicht leisten. Dekalog, Glaube und Vaterunser müssen zusammen mit ihren Auslegungen fürs Erste genügen. Und Luther greift dafür auf eine zwei Jahre zuvor erschienene Schrift zurück. Vor allem an das Vaterunser, »diß

---

25 WA 10 II, 375, 3-17

gemeyne eynfelltige Christlich gepett«, soll man sich »gewehnen«, und alle Gebete meiden, die irgendwie mit Ablass und Versprechungen, die aufgrund von finanziellen Leistungen gegeben werden, verbunden sind. Denn wer beständig das Vaterunser betet, erfährt: »yhe mehr und lenger man es treybt, yhe susser und lustiger es wirt.«[26]

2 Eine kurze Form der 10 Gebote, des Glaubens und des Vaterunsers[27]

2.1 Die Einleitung zum Katechismusgebet

»Das ist nit on ßonderliche ordenung gottis geschehen, das fur den gemeynen Christen menschen, der die geschrifft nicht leßen mag, vorordenet ist zu leren und wißen die tzehen gepott, den glawben unnd vater unßer, ynn wilchen drey stücken furwar alles was ynn der schrifft stett unnd ymer gepredigt werdn mag, auch alles was eym Christen nott tzu wissen, grundlich und ůbirflussig begriffen ist und mit solcher kůrtze und leychte vorfasset, das niemant clagen noch sich entschuldigen kan, es sey tzuuil odder tzu schweer tzu behallten, was yhm nott ist tzur selickeyt.«[28]

Es ist nichts weniger als die ganze Heilige Schrift, die man mit dem Katechismus erfasst; seine Kenntnis ist konzentrierte Bibelkenntnis; seine Worte zu wissen, sie sich vergegenwärtigen zu können, ist Schriftvergegenwärtigung. Der schlichte, ungebildete Christ muss den Katechismus deshalb auswendig lernen, weil hier die drei Dinge miteinander verbunden sind, über die sich ein Menschen im Hinblick auf seine Seligkeit unbedingt Rechenschaft geben muss: Zuerst: Er muss wissen *Was* er tun und lassen soll. 2. Wenn er einsieht, dass er es nicht aus seinen eigenen Kräften tun und lassen kann, muss er wissen, *woher* er es nehmen, suchen und finden soll, *damit* er das Geforderte tun und lassen kann. 3. muss er wissen, *wie* er es suchen und holen soll.[29] Diese allgemeine Aussage wird in einem zweiten Gedankengang am Beispiel einer Krankenheilung durch Anamnese und therapeutischen Einsatz von Medikamenten konkretisiert:

»Gleych als eynem krancken ist zum ersten nott, das er wisse, was seyn kranckeyt ist, was er mag odder nit mag thun odder lasszen. Darnach ist nott, das er wissze,

26 WA 10 II, 376, 7-9.
27 Die wenigen Veränderungen gegenüber der Ausgabe von 1520 siehe WA 10 II, 338.
28 WA 10 II, 376, 12-19
29 WA 10 II, 376, 19-24.

wo die ertzney sey, die yhm helffe datzu, das er thun unnd lassen mug, was eyn gesunder mensch. Zum dritten mussz er seyn begeren, das suchen und holen odder bringen lasszen.«[30]

In einem dritten, abschließenden Schritt verbindet Luther die allgemeine Anamnese-Therapie-Überlegung mit dem eingangs vorausgesetzten katechetischen Lernprozess, der die Zielrichtung der ganzen Heiligen Schrift als anklagendes und rettendes Gotteswort auf Heilung hin erfassen soll: die Erkenntnis der Grundkrankheit des Menschen, die ihn von der Seligkeit trennt (Sünde), das Medikament (Gnade) und sein Fundort (Glaube) sowie die Aneignung des Medikaments in der demütigen Haltung vor Gott (Gebet):

> »Alßo leren die gepot den menschen seyn kranckheyt erkennen, das er sihet und empfindet, was er thun und nit thun, lasszen und nit lassen kan und erkennet sich eynen sunder und boßen menschen. Darnach helt yhm der glawb fur und leret yhn, wo er die ertzney, die gnaden finden sol, die yhm helff frum werden, das er die gepott halte. Und tzeygt yhm gott und seyne barmhertzickeyt ynn Christo ertzeygt und angepotten. Zum dritten leret yhn das vater unßer, wie er die selben begeren, holen und zu sich bringen soll, nemlich mit ordenlichem, demütigem trostlichem gepett, ßo wirts yhm geben, und wirt alßo durch die erfullung der gepot gotis selig. Das sind die drey dingk yn der gantzen schrifft.«[31]

Formal gesehen hat Luther in dieser kurzen Einleitung einen rhetorischen Beweis für die Gültigkeit seiner nun folgenden Ausführungen geführt. Der dreiteilige Katechismus, der alles enthält, was über Gott und Mensch im Verhältnis zu Gebot und Gebotserfüllung gesagt und gewusst werden muss, erfüllt seine Aufgabe, indem er den Menschen zu seinem eigenen und zugleich schriftgemäßen, erhörungsgewissen Beten kommen lässt, seinem geschöpfgemäßen Antworten auf Gesetzt und Evangelium in einem neuen Gehorsam.

2.2 Der Katechismus als Gebet

Die Vorstellung Birgit Stolts, dass das Betbüchlein entgegen seines äußeren Anscheins von Anfang an als ein Gebetbuch konzipiert sei, ohne Zweifel, jedoch ein Gebetbuch der besonderen Art,[32] leuchtet aufgrund der folgenden Ge-

---

30 WA 10 II, 376, 24 - 377, 3.
31 WA 10 II, 377, 4-13.
32 Siehe oben Seite 35 f.

staltung weitgehend ein. Es bietet zunächst die drei herkömmlich wichtigsten Katechismusstücke in kurzen Sätzen, jeweils hinein verwoben in einen Kommentar an, der sich beim Dekalog zum Sündenspiegel und schließlich zur Darstellung des neuen Gehorsams weitet,[33] beim Credo in einen großen Lobgesang[34] und beim Vaterunser in formal korrekte Gebetsparaphrasen.[35]

Die aufmerksame Lektüre der ineinander verwobenen Katechismustexte und ihrer Kommentare entfaltet eine ganz eigene Stimmung, die sich auch dann einstellen dürfte, wenn die reinen Texte aus dem Gedächtnis abgerufen werden. Sie regen in Erinnerung an vorausgehende Lektüre zum Mitdenken, Mitbeten an, insofern die, die mitbeten wollen, Luthers Einstimmung in das Beten, seine auch persönlich geübte Gebetsschule nachvollziehen: Selbst dann, wenn einem eigentlich nicht nach Beten zumute ist und also entsprechende Worte fehlen, wird der Katechismus verbal vergegenwärtigt. Im Rezitieren entfaltet sich das Katechismusgebet.

Zunächst vollzieht sich die Einstimmung am ersten Gebot des *Dekalogs* als Beginn eines Gesprächs mit Gott auf der Ebene von Schöpfer und Geschöpf. Bleibt diese Grund-Relation entlang der folgenden Gebote gewahrt, entsteht eine neue Perspektive auf das eigene, aber allgemeinmenschliche Elend in der Verfallenheit an die Sünde. Die ganz persönliche Zustimmung zu dieser Perspektive ist – noch als Seufzen – selbst Gebet. Denn das Gespräch mit Gott in seiner ständigen Rückbindung an die Grundrelation von Schöpfer und Geschöpf, von Anruf und Antwort, ist seitens des Menschen ein Beten in der Furcht des Herrn und – weil der Katechismus weitere Perspektiven eröffnet – in der Hoffnung auf den Vater.

Das Beten des *Glaubens* enthält im ersten Artikel all dies wieder und fügt dem Gespräch mit dem zweiten und dritten Artikel die Perspektive von Erlösung und Heiligung hinzu. Den Glauben betend nachzuvollziehen, ohne aus der Grundrelation des Dekaloggebetes heraus zu fallen, das ist das Glauben schlechthin.

Das *Vaterunser* als von Jesus selbst gebotene Grundform des Gebets überhaupt beginnt zunächst erneut als Kontaktaufnahme Gottes mit dem Menschen: »Vater unser im Himmel!« Dann aber führt das Gespräch Gottes

33 Vgl. WA 10 II, 377, 14 - 388, 18.
34 Vgl. WA 10 II, 388, 19 - 395, 8.
35 Vgl. WA 10 II, 395, 9 - 407, 7.

mit dem Menschen entlang der sieben, von Christus selbst gebotenen Grundbitten – hier nun mit zahlreichen konkreten Beispielen paraphrasiert – in eine ganz individuelle Gebetspraxis hinein, die jedoch aufgrund der Umhegung durch die Heilige Schrift zugleich eine allgemeine, der ganzen christlichen Gemeinde gemeinsame Gebetspraxis ist.

Aus dem Katechismus entsteht durch die fortgesetzte Lektüre seiner Stücke – die ja nichts als Heilige Schrift enthalten – sowie der Kommentare eine auf der Heiligen Schrift gründende, unmittelbare Kommunikation mit ihrem Autor, dem Schöpfer aller Dinge, der Gesetzgeber, Erlöser und dazu noch die Vermittlung seines Wirkens selbst ist. Was ist das anderes als Beten?

3 Das kommentierte Ave Maria – ein besonderes Stück von Luthers Gebetsreformation

Luther, der ein Betbüchlein ausgehen lässt, in das er auch das Ave Maria einrückt, macht nach einer kurzen Vorrede und im Anschluss an die Wiedergabe von dessen Wortlaut deutlich: Bei »Gegrussest seystu Maria, voll gnaden, der herr ist mit dyr, gebenedeyet bistu unter den weyben und gebenedeyet ist die frucht deynes leybs, Jhesus Christus. Amen« handele es sich gerade nicht um ein Gebet. Dieser Satz rede von nichts anderem als von Gottes Lob und Ehre. Seiner Struktur nach käme das Ave Maria den ersten Worten des Vaterunsers gleich: Denn auch »Vater unser im Himmel« sei kein Gebet im Sinne der dann folgenden sieben Bitten, sondern sei reiner Ausdruck des Lobes und der Ehre, die Menschen Gott zukommen lassen, und zwar deshalb, weil »er unßer vatter und ym hymel sey«. Aber wie es Luther in der »Meinung« zu den ersten Worten des Vaterunsers selbst ausführt, so erklärt er auch das Gotteslob des Ave Maria in doppelter Weise für anschlussfähig: Zuerst im Sinne einer Betrachtung, in der Menschen von der Gnade erzählen, die Maria von Gott erfuhr. Hieran darf sich jedoch ein »wunsch« des Betrachters, also ein Gebet anschließen. Allerdings kann dieses Gebet nicht an Maria selbst gerichtet werden, sondern an Gott, den man etwa darum bitten kann, dass alle Menschen Maria als die von Gott beschenkte verstehen und achten lernen. In der kurzen Hinführung zum Text des Ave Maria hatte Luther bereits deutlich erkennen lassen, dass es nicht darum ginge, dass ein Mensch »seyn trawen unnd tzuversicht stelle auff die mutter gottis odder yhr verdienst«.

42

Diese Zuversicht gebühre nur Gott und sei selbst der »eynige hohe gotis dienst«. Maria sei nur ein Instrument für Preis und Dank Gott gegenüber. Maria loben und lieben heißt, einen Menschen loben und lieben, der von Gott aus lauter Gnade ohne Verdienst mit Gütern beschenkt ist – geradeso wie Maria es selbst im Magnifikat ausgedrückt habe. Der Stellenwert des Marienlobes im erneuerten Ave Maria entspricht nach Luther dem Staunen machenden Lob des Schöpfers angesichts seiner gesamten Schöpfung, an das sich ein Gebet um Teilhabe an ihr anschließt.[36]

Ein kurzes Beispiel aus einem herkömmlichen Mariengebet mit einem deutlichen Anklang an das Ave Maria am Ende soll den Unterschied zu Luthers Umgang mit diesem Text herausstellen:

> »O maria, eyn erleuchterin, die do geborn hat das ewig liecht aller welt, erleucht meyn vnwissen vnd vnbekantniß, das ich armer sunder nit gang in die finsterniß des ewigen todes. O maria, eyn fursprecherin aller ellenden menschen, biß mein fursprecherin an meinem letsten end vor dem strengen vrteyl gottes vnd erwirb mir die gnad vnd die frucht deynes leibes iesum cristum. Amen.«[37]

Die Einbindung des Ave Maria in Luthers Perspektive in das neue Betbüchlein zeigt zuerst Luthers scharfe *Kritik* an der hergebrachten, das Heil gerade gefährdenden Form des Betens. Zugleich aber ist Luthers Einbindung ein *Gebetsunterricht* für diejenigen, die Schwierigkeiten mit einem allzu schnellen und abrupten Wechsel der bisher gewohnten religiösen Formen haben, die aber durchaus bereit sind, ihre Frömmigkeit neuen Inhalten zu öffnen. Wohl nicht zu Unrecht entsteht der Eindruck eines Kontrastprogramms Luthers zu den reformatorischen Veränderungen in Wittenberg Ende 1521 / Anfang 1522 in Luthers Abwesenheit. Deren Gesetzlichkeit und Härte gegenüber äußeren Formen hatte Luther in seinen Invokavitpredigten scharf zurückgewiesen, weil sie unschlüssige Mitchristen eher abstießen als anzogen. Luther bot mit dem neu gedeuteten Ave Maria im Betbüchlein – das ja nur wenige Wochen nach dem Ende der Wittenberger Bewegung vorgelegen haben dürfte – auch ein Lehrstück für seinen evangelischen Umgang mit herkömmlichen Frömmigkeitsformen: Neben aller Deutlichkeit in der Sache, d. h. Maria ist nicht Himmelskönigin, aber wie jeder Christenmensch durch den Glauben Gottes Kind, steht Luthers deutliches

---

36 Vgl. WA 10 II, 407, 8 - 409, 22.
37 Zitiert nach WA 10 II, 337.

Bemühen, alteingefahrene und tief internalisierte Frömmigkeitsübungen von Christen im gewohnten Umfeld allmählich neu zu orientieren. Luthers Hinweis auf die biblische Maria und ihr Magnifikat, auf die Magd, deren Niedrigkeit Gott angesehen habe,[38] bietet wie nebenher ein kleines, aber überaus gewichtiges Signal dafür, was er unter einer »Reformation« der alten Betbücher verstanden haben wollte: ihre Rückführung auf die Heilige Schrift und deren betende Aneignung. So ist es auch nicht verwunderlich, dass das neue Ave Maria – zumindest während Luthers Lebzeiten – ein fester Bestandteil des teilweise wieder reduzierten, teilweise immer mehr erweiterten Betbüchleins geblieben ist.[39]

4 Ausgewählte Psalmen

Luthers deutsche Psalmenauswahl[40] kann die Verbindung zum Spätmittelalter nicht verbergen. Allerdings verändert er durch die Überschriften so vollkommen die seinerzeit damit verbundene Gebetsausrichtung, dass man mit Fug und Recht von einer »Reformation« sprechen kann. So wird bei dem zuerst abgedruckten Ps 12, dessen Gebetsanliegen in der Verschonung vor Anfechtungen durch andere Menschen und deren Bekehrung bestand, ein Gebet um die »erhebung des heyligen Euangelions«. Der nächste, Ps 67, bittet nicht mehr um reichen Ernteertrag, sondern um die Zunahme des Glaubens. Die folgenden Psalmen sind in ihrer Bete-Richtung bei Luther ebenfalls vollkommen verändert worden: der Bußpsalm 51 dient zur Reflexion über die Erbsünde und ihre Folgen und ist nicht nur nützlich »zusprechen für sel und leyb«. Ps 103 dankt für mancherlei Wohltaten Gottes; zuvor diente er zur Heiligenverehrung. Ps 20 steht für ein Gebet um gutes Regiment und weltliche Obrigkeit anstelle eines an die zwölf Apostel. Ps 79 richtet sich bei Luther gegen die Feinde des Evangeliums und der christlichen Gemeinde und dient nicht mehr dazu die »unschuldigen Kindlein« – also die Opfer des Bethlehemitischen Kindermordes durch Herodes[41] – um Fürbitte für das Seelenheil anzurufen. Ps 25 erbittet

---

38 Vgl. WA 10 II, 407, 11-14.
39 Vgl. die beiden Übersichten in WA 10 II, 366-369.
40 Vgl. WA 10 II, 410, 1 - 425, 4, und herangezogene Aussagen aus dem deutsch-lateinischen »Psalterium cum apparatu« – das seit mindestens 1494 gedruckt wurde – WA 10 II, 339.
41 Vgl. LEXIKON DER CHRISTLICHEN IKONOGRAPHIE/ ... hrsg. von Wolfgang Braunfels. Son-

Ergebung in vielerlei Anfechtung, schließlich soll man mit Ps 10 gegen den Antichrist und sein Reich beten, nicht aber einfach allgemein um Gottes Gnade. Diese Neuerung ist nicht zufällig, sie offenbart jedenfalls eine deutliche Abfolge und auch eine Rangordnung: Evangelium, Glaube, Erbsünde, Dank für Lebensgrundlagen, weltliche Ordnung, gegen die Unterdrückung des Evangeliums, Ergebung in das Leid, gegen den Antichrist.

Durch die beiden Psalmen am Anfang der Reihe lässt sich übrigens auch eine Interaktion mit Luthers Kirchenlieddichtung herstellen,[42] die 1524 beginnt. Am Psalmlied zu Psalm 12: »Ach Gott, vom Himmel sieh darein und lass dich des erbarmen« erfolgt eindrücklich eine polemische Zuordnung durch den erwähnten Wechsel in der Überschrift. Denn die Bitte um die «erhebung des heyligen Euangelions» ist zugleich die Bitte um den Schutz vor Anfechtungen durch diejenigen, die das Evangelium unterdrücken. Am deutlichsten wird das in Strophe 3:

> »Gott wollt aus rotten alle lar,
> die falschen scheyn uns leren!
> Da zu yhr zung stoltz offenbar
> spricht: trotz wer wills uns weren!
> Wyr haben recht und macht alleyn,
> was wyr setzen, das gilt gemeyn.
> Wer ist der uns solt meystern?«[43]

Luthers Lied zu Psalm 67 »Es wolle Gott und gnädig sein und seinen Segen geben« nimmt – weil genau am Psalmtext entlanggehend – in der dritten Strophe den Dank – anstelle der alten Bitte – für die Früchte des Feldes auf. Aber das gesamte Lied steht gleichzeitig unter dem Gesichtspunkt, den Luther 1522 seiner neuen Psalmüberschrift gegeben hatte: Bitte um Zunahme des Glaubens, und zwar in der Gemeinde und auf dem ganzen Erdkreis.[44]

---

derausgabe. Bd. 8: Ikonographie der Heiligen: Meletius bis Zweiundvierzig Märtyrer. Register. Rom; FR; BL; W 2004, 512 f.

42 WA 10 II, 339 f.

43 WA 35, 416, 8-14 – vgl. den heute gebräuchlichen, teilweise erheblich veränderten Text: »Gott wolle wehren allen gar, / die falschen Schein uns lehren, / dazu ihr Zung stolz offenbar / spricht: »Trotz! Wer will's uns wehren? / Wir haben Recht und Macht allein, / was wir setzen, gilt allgemein; / wer ist, der uns sollt meistern?«; Evang. Gesangbuch, Nr. 273, 3.

44 Vgl. WA 35, 418 f; Evang. Gesangbuch, Nr. 280.

Die reformatorischen Psalmlieder bieten analog zum Ave Maria einen weiterer Hinweis auf die Absichten, die Luther mit dem Betbüchlein verbunden hat. So deutlich wie nötig beseitigte er mit der Veränderung der Überschriften z. B. die Ausrichtung der Psalmen auf die Heiligenverehrung und ersetzte traditionelle Assoziationen mit den Psalmtexten ähnlich wie beim Katechismus durch reformatorische Grundaussagen. Zugleich wirkte

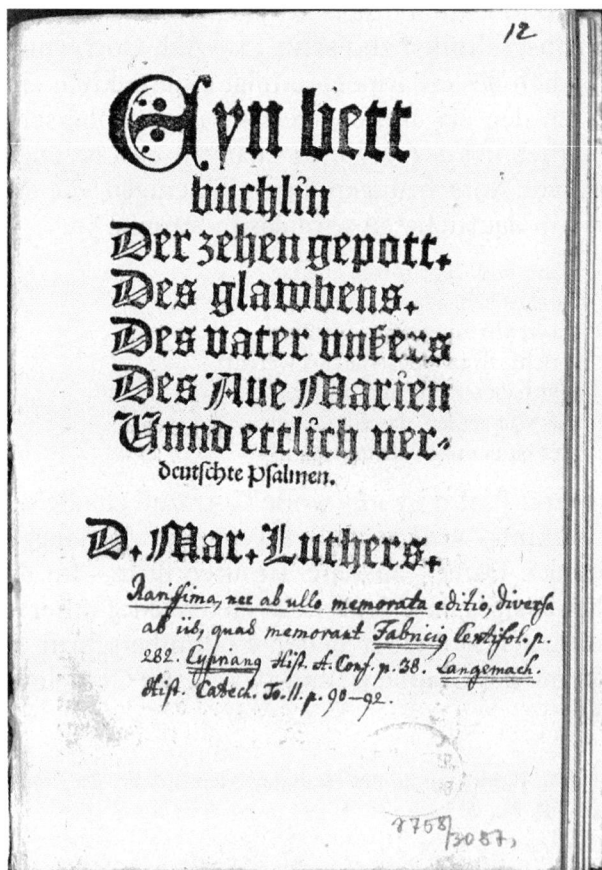

Martin Luther: Eyn bettbuchlin ... Wittenberg: Johann Rhau-Grunenberg, 1522, Titelblatt
Josef Benzing: Lutherbibliographie. Baden-Baden 1966, 150 (1274)
(Lutherstadt Wittenberg, Lutherhaus)

er mit großer Vorsicht auf die überkommene Frömmigkeit ein, wenn er die bekannten, biblischen Gebetstexte in den Zusammenhang mit der katechetischen Annäherung an das rechte Beten brachte.

5 Der Titusbrief

Was soll der Titusbrief in einem Betbüchlein? Der Untertitel, den der dritte Wittenberger Druck des Betbüchleins von 1522 auch in das Titelblatt aufgenommen hat, gibt die Zielrichtung vor: »eyn Christlich lebe[n] tzu vnterrichten«.[45] Die paränetischen Abschnitte der drei Kapitel des Briefes können mit Luthers Ständevorstellung verbunden werden, machen also dem Christen biblisch gegründet hinreichend klar, dass er in weltlichen Verhältnissen mit ihren Abhängigkeiten lebt und hier sein Christsein erfüllen muss. Die Bischofsordnung hebt auf evangeliumsgemäßes Handeln und funktionierende Gemeindeorganisation ab und dürfte Luther auch als Unterweisung der Gemeinde über ihre legitimen Ansprüche gegenüber den Inhabern des Predigtamtes verstanden haben. Zwei Perikopen aus dem Titusbrief fanden 1522 Eingang in Luthers Weihnachtspostille.[46] Besonders angetan war Luther von Tt 3, 4, den Worten vom unverdienten Erscheinen der Freundlichkeit und Leutseligkeit Gottes und ihrer Folgen für die Seligkeit der Christen. In der ganzen Heiligen Schrift habe er keine lieblicheren Worte gefunden;[47] was sollte man daher anderes tun, als Gott Lob, Ehre und Dank abzustatten, nicht zuletzt durch Nächstenliebe in Wort und Tat.[48]

III Beobachtungen in Luthertexten im Umkreis des Betbüchleins

Luther redet relativ wenig über sein Betbüchlein. Aber an dem Wenigen bzw. Äußerungen Dritter lassen sich einige Beobachtungen machen, die das Umfeld dieses Büchleins ein wenig erhellen.

Anfang 1523, also nicht lange nach dem Erscheinen des Betbüchleins, musste Luther mehrfach auf Anfragen zu einem Spezialfall des Gebets antworten. Es handelte sich um die Anbetung Christi im Sakrament. Eine

---

45 WA 10 II, 355.
46 WA 10 I 1, 18-58; 95-128.
47 Vgl. WA 10 I 1, 101, 24 - 102, 5.
48 Vgl. WA 10 I 1, 102,8 - 103, 6.

der Anfragen – und zwar eine sehr dringliche – kam von Markgraf Georg von Brandenburg-Ansbach-Kulmbach (1484, 1527-1543),[49] der sich in Prag aufhielt, und war ausgelöst durch eine deutsche Ausgabe des Katechismus der Böhmischen Brüder, der dieser Form der Anbetung eine klare Absage erteilte. Die Antwort an Markgraf Georg schloss Luther in die Form eines brüderlichen, auch andere Differenzen aufzeigenden Sendbriefs an die Böhmischen Brüder ein, in die Schrift »Von Anbeten des Sakraments des heiligen Leichnams Christi«,[50] und er beschied in Briefen auch andere Fragesteller der Sache nach immer gleich: Christus, der gekommen sei, zu dienen, nicht aber sich dienen zu lassen, habe, obwohl er wahrhaftiger Gott war, weder Anbetung eingefordert oder geboten noch sie verhindert oder verdammt. Vonseiten Christi gebe es also kein Gebot, und diese Freiheit beziehe sich auch jetzt auf seine Anbetung im Sakrament. Diese Frömmigkeitsübung wie ihr Unterlassen sei darum keine Sünde und jedermann frei gestellt.

> »Drumb laßt anbeten, wer da will, und nicht anbeten, wer da nicht will und machet weder Sünde noch Ketzerei draus auf beiden Seiten!« Worauf es ankomme, sei der Glaube: er »sei das rechte Anbeten, daß ich gläube, es sei daselbs sein Fleisch und Blut, fur mich gegeben und vergossen, da bleibt bei. Das ist auch genug, das ander sei alles frei. Es gilt itzt im Geist und Wahrheit (das ist: im Glauben) anbeten, an allen Orten. Es macht sie das äußerlich anbeten irre, weil sie nicht wissen, was Anbeten ist.«[51]

Markgraf Georg, der Luther zu verstehen gegeben hatte, dass er ihn in Gesprächen mit anderen stets verteidigte, hatte nicht nur wegen der Anbetung Christi im Sakrament nachgefragt, sondern wollte unter anderem ebenfalls darüber unterrichtet werden, ob es stimme, was jene anderen als Luthers Äußerungen zum Gebrauch von Betbüchern erzählten, nämlich dass »es [...] nit vonnoten [sei], in Betbuchlein ze beten [...]«. Und drängend setzte der Markgraf hinzu, Luther solle ihm schriftlich antworten, »[...] damit wir wissen mogen, was wir glauben sollen, dann wir schier verirrt drin sein, und wissen nit, wo hinaus«.[52] Der Markgraf hatte im Januar 1523

---

49 Vgl. WA Br 3, 9, 50f (568, Cedula).
50 WA 11, (417) 431-456.
51 WA Br 2, 628f (555), bes. 629, 19-21. 24-28; vgl. 628, 1-24 (554, Anhang)
52 WA Br 3, 9, 48 - 10, 61 (568).

Luthers Betbüchlein anscheinend noch nicht selbst einsehen können, denn dann wäre er detaillierter auf Luthers Vorwort mit der Ächtung der herkömmlichen Betbücher eingegangen, hätte vielleicht neue Fragen gestellt und sich nicht auf das Hörensagen zurückziehen müssen. Aber seine dringliche Aufforderung lässt erahnen, welches Gewicht dem reformatorischen Eingriff in die bisherige Gebetspraxis gläubiger Menschen zukam und wie nötig Luthers Betbüchlein für die breite Etablierung einer neuen Frömmigkeitspraxis gewesen ist.

Aber Luther hat Georg von Brandenburg indirekt doch auf seine Frage nach dem Beten mit Betbüchern geantwortet, und zwar in deutlicher Nähe mit dem Gebetsverständnis des Zum-Beten-Kommens, wie es das Betbüchlein hervorbringen will. Luther tat das innerhalb des erwähnten Sendbriefs »Von Anbeten des Sakraments …«. Dieser enthält nämlich eine kurze, geschlossene Abhandlung zur Unterscheidung von äußerlichem und geistlichem »Anbeten« sowie von »Anbeten« und »Beten« bzw. weitergehende Differenzierungen des verbalen Umgangs des Menschen mit Gott. Ohne jetzt näher auf diese komplizierten, weil kontextuell auf das Anbeten Christi im Sakrament abgestellten, philologischen Unterscheidungen näher eingehen zu können, will ich eine Beobachtung weitergeben: In Luthers Text besteht eine Übereinstimmung zwischen dem geistlichem Anbeten und dem als »Mundwerck« bezeichnetem – in Rezitieren, Bitten, Flehen, Fürbitte, Lob und Dank unterschiedenes – Beten. Dieser Übereinstimmung entspricht, wie mir scheint, grundsätzlich das praktische, lernend anzueignende Beten im »Betbüchlein«. Ich will das abschließend mit einem Zitat deutlich machen:

> »Anbeten ist nicht eyn werck des munds wie das beten, bitten und flehen. Denn beten heysst eygentlich die wort des gepetts her zelen wie die psalmen und vater unser. Aber bitten heyst, wenn ich ynn und mit solchem gepet odder wortten meyne nott und sache fur trage, die selbige nenne und deutte, als wie das vater unser der selben bitte sieben ynn sich hatt ⌊et⌋c. Flehen ist, wenn ich gott ym gepett und uber der bitte [hinaus] ermane durch etwas, das groß fur yhm gilt als durch seyn barmhertzickeyt, namen, ehre, warheyt odder durch Christum ⌊et⌋c. Darnach ist noch furbitt fur andere und lob und dancksagung. Diß alles ist mundwerck.
>
> Anbetten ist der keyns, denn es ist nicht mundwerck, ßondern des gantzen leybs werck, […] [das] »beyde gott und menschen ertzeygt wirtt.
>
> Auß dißem euserlichen anbetten magstu nu mercken, was Christus heysse eyn recht geystlich anbeten, Nemlich eyn ehrbietung oder neygen des hertzen, damit du dich von grund deyns hertzen ertzeygist und bekennest als seyn unterthenige creatur.

Daraus du denn sihest, das solchs anbeten nichts anders mag seyn denn der glawbe oder yhe des glawbens hỏhistes werck gegen gott. Denn solchs hertzlich neygen, buecken, ehrbietung, bekenntnis oder wie es nennen wilt, vermag niemandt ym hertzen tzu thun gegen gott, er halte denn on alles wancken Gott fur seynen herrn und vatter, von dem er alles gutts habe und haben werde, durch wilchen er on allen verdienst von allen sunden und ubel erlost und behalten werde.«[53]

IV Zusammenfassung

Luthers »Betbüchlein« stellt sich mir dar als ein gebets-praktischer, also ein im Gebets-Vollzug lernend anzueignender Gebetsunterricht. Kurz gesagt: Beten will betend gelernt sein, aber des eigenen Betens kann man nur betend innewerden. Damit wäre sogar eine gewisse Harmonisierung der oben dargebotenen Darstellungen von Althaus bis Stolt hergestellt, die ja selbst das lehrhafte Element im Betbüchlein hervorgehoben hatte.

Wenn es letztlich um – lebenslanges – Betenlernen durch Gebet ging und sich dies selbst am katechetischen Lernstoff realisieren ließ, dann konnten – wie beim »Betbüchlein« im Verlauf seiner Editionsgeschichte unter Luthers Regie geschehen – auch die durch vorreformatorischen Missbrauch beschädigten Formen wie volkstümliche Bilder oder auch vorformulierte Gebete wieder Einzug halten. Die Voraussetzung dafür war lediglich, das »Mundwerk« immer im Rahmen der geistlichen Anbetung einzusetzen. Die von Cohrs in seiner Einleitung zum »Betbüchlein« in der Weimarer Lutherausgabe erwähnte rein formale Annäherung an die alten römischen Betbücher[54] entsprach durchaus den Tatsachen. Aber diese Annäherung war mittlerweile ungefährlich, weil das Betbüchlein bereits mit seinem Kernbestand von 1522 die Reformation der Betbücher innerhalb der langen Gebetstradition der Kirche gesichert hatte.[55]

53 WA 11, 445, 25-35; 446, 11-22.
54 Siehe oben Seite 33.
55 Dieser Beitrag wurde auf dem Luther-Seminar »Gott danken, loben und bitten bei Martin Luther« der Luther-Gesellschaft am 12. Mai 2006 in Leipzig vorgetragen.

Gott danken, loben und bitten im Alltag bei Martin Luther[1]

Von Helmar Junghans

Das Thema zielt auf den Alltag, genauer gesagt auf das Verhalten des Menschen zu den Dingen des Alltags. Diese Dinge gehören – trinitarisch gesprochen – zur Schöpfung, nicht zur Erlösung oder zur Heiligung, obwohl beide auch in unser Verhalten zu den alltäglichen Dingen hineinwirken. Daher wenden wir uns zuerst den alltäglichen Wohltaten Gottes zu. Da sie Folge von Gottes Schöpfungswerk sind, ist Gottes Art und Weise seines Schaffens und unsere rechte Antwort darauf zu betrachten. Aber nicht nur das, sondern es geht schließlich darum, welchen Stellenwert Luther Gott danken und loben in seiner Theologie zuweist.

I Die alltäglichen Wohltaten Gottes

Im Herbst 1531 ist Martin Luther bei dem ihm befreundeten kursächsischen Erbmarschall Hans Löser auf Schloss Pretzsch an der Elbe zu Gast. Dieser nimmt Luther auf die Jagd mit. Luther legt aber nicht eine Armbrust auf eine wilde Sau oder ein scheues Reh an, sondern er bleibt im Jagdwagen sitzen und nimmt die schändliche Undankbarkeit der verdammten Welt aufs Korn.[2] Dafür legt er Psalm 147 zugrunde,[3] um seinerseits Gott für seine Wohltaten zu ehren und zu danken. Er hat die Hoffnung, dass sich noch ein oder zwei Christen finden, die mit ihm loben und singen, sodass nicht nur Undankbarkeit und Verachtung zu finden sind.[4] Als Inhalt dieses Psalms nennt er »lob und danck für die leibliche wohltat Gottes«, also für die Dinge des Alltags.

---

1 Dieser Beitrag wurde auf dem Luther-Seminar »Gott danken, loben und bitten bei Martin Luther« der Luther-Gesellschaft am 13. Mai 2006 in Leipzig vorgetragen.
2 WA 31 I, 432, 13-19.
3 Ps 147 der Vulgata entspricht Ps 147, 12-20 der hebräischen und damit der Lutherbibel.
4 WA 31 I, 432, 18-21.

Die Aufforderung am Anfang des Psalms »*Preise Jerusalem den HERRN, Lobe Zion deinen Gott*« empfindet Luther als eine Anklage. Für ihn ist es eine große Schande, dass diejenigen, die täglich von Gott mit Wohltaten überschüttet werden, zum Danksagen angespornt werden müssen. Und noch viel schändlicher findet er es, dass denen, die täglich alle Wohltaten Gottes gebrauchen, ihr Wohltäter genannt werden muss. Sie nehmen die großen Gaben an als kämen sie von selbst oder verdankten sie diese nur ihrer Arbeit, ihrem Fleiß und ihrer Weisheit, sodass sie Gott nicht zu danken brauchten. Daher folgert Luther:

> »So schendlich lebt kein thier nicht, auch keine saw nicht, als die welt lebt. Denn eine saw kennet doch die fraw oder magd, von welcher sie die trester⁵, kleyen und gestrod⁶ zu fressen krigt, leufft jr nach und schreiet sie an. Aber die wellt kennet und achtet Gott gar nichts, der jr so reichlich und uberschwenglich wohltut, schweige denn, das sie jm dafur dancken und loben soll.«⁷

1 Gott gewährt Schutz

Aus dem Psalmwort »*Denn er macht feste die riegel deiner thor*« zieht Luther den Schluss, dass der Psalmist als erste Wohltat den Schutz aufzählt, der den Bürgern ermöglicht, »sicher und still« in ihrer Stadt zu wohnen.⁸ Dabei kann Luther die Mentalität der 2000 Jahre vor ihm lebenden Jerusalemer leichter nachempfinden als wir. Denn Luther wohnt hinter einem seit 1526 aufgeführten Befestigungswall. Täglich werden die Stadttore geschlossen. Trotzdem bleibt er nicht bei der Sicherheit stehen, welche die geschlossenen Stadttore bewirken. Er sieht vielmehr das Wort »Riegel« in der Funktion einer Synekdoche verwendet, sodass es nur einen Teil eines viel umfassenderen Sachverhaltes bezeichnet. Danach zielt hier das Wort »Riegel« auf »alles ander auch, was da hilfft den Schutz halten«: gutes Regiment, gutes Stadtrecht, gute Ordnung, ernsthafte Strafen, fromme, treue und weise Herren.⁹

5 Treber, Rückstände aus der Bierherstellung.

6 Stroh; DEUTSCHES WÖRTERBUCH/ hrsg. von Jacob Grimm und Wilhelm Grimm. Bd. 4 I 2: Gefoppe-Getreibs. Nachdruck der Ausgabe L 1897. GÜ 1991, 4258; nach WA 18, 199, Anm. 1: Futter für die Sau, Molke.

7 WA 31 I, 434, 4-9.

7 WA 31 I, 434, 18-20.

9 WA 31 I, 435, 7-11.

Mit dem Psalmwort betont Luther, dass Schutz und Sicherheit eine Gabe Gottes sind, nicht das Ergebnis menschlichen Verstandes und menschlicher Tatkraft.[10] Er bekräftigt dies mit dem Hinweis, dass viele befestigte Städte zerstört wurden, die als uneinnehmbar galten, angefangen von Babylon bis Rom. Es hält nichts, was Gott nicht hält.[11]

2 Gott gibt Glück und Segen

Aus dem Psalmwort »*Und segnet deine kinder drinnen*« leitet Luther die zweite Wohltat Gottes ab: das Glück, dass eine Stadt gedeiht.[12] Er zieht zur Bekräftigung Ps 127, 3 heran: »Siehe, Kinder sind eine Gabe des Herrn.« Indem er behauptet, »Kinder« meine hier nicht nur die Kinder einer Familie, sondern auch die Kinder der Stadt, unabhängig von Geschlecht, Alter und Beruf, schließt er alle Bewohner einer Stadt in das Glück ein.[13]

Für Luther ist es ein von Gott gewirkter Segen, dass eine Stadt gut bevölkert ist. Und in diesen Segen schließt er alles ein, was zur Erhaltung der Einwohnerschaft notwendig ist: Haus, Hof, Geld, Kleidung, Vieh, Frau, Kinder, Gesinde, Handwerker und Handel. Sie alle sind erforderlich, damit die Stadt täglich zunimmt. Mit dieser Aufzählung führt Luther vor Augen, für wie viele Dinge Gott zu danken ist. »Aber wie viel sind wol leute jn solcher stad, die Gott fur solchen segen und glück danken? Ja, wie viel sind jr, die da erkennen, das es Gottes segen und gaben sind?«[14]

Ganz konkret wirft Luther die Frage auf: Wie viele Wittenberger haben Gott für den Faulbach und den Frischbach (Rischebach) gedankt, die sie mit Wasser versorgen. 1531 hatte Wittenberg noch keine Wasserleitung, sondern nur Brunnen, aber eben diese zwei Bäche, welche die Stadt vom Nordosten bzw. Osten bis zum Schlosstor im Westen durchflossen.[15]

Indem Luther die alltäglichen Dinge im Leben einer Familie und einer Stadt als Gaben Gottes herausstellt, für die es Gott zu danken gilt, wertet er diese Dinge auf und kritisiert damit die spätmittelalterliche Frömmig-

10 WA 31 I, 435, 14-16.
11 WA 31 I, 435, 14-23.
12 WA 31 I, 437, 20-22.
13 WA 31 I, 437, 25-30.
14 WA 31 I, 437, 31 - 438, 2.
15 Burkhart RICHTER: Wittenberger Röhrwasser: ein technisches Denkmal aus dem 16. Jahrhundert. Wasserversorgung Wittenbergs von früher bis heute. Wittenberg s. a., 9-13.

keit, die das asketische Leben als ein höheres Christsein, den Mönchsstand höher als den Ehestand und das Berufsleben ansah und dadurch nicht nur auf Gaben Gottes verzichtete, sondern sie verachtete.[16]

3 Gott schafft Frieden

Die dritte Wohltat entnimmt Luther dem Psalmwort *»Er schafft deinen grentzen friede«*. Er bezieht den Frieden nicht nur auf die Sicherheit und das Glück einer Stadt, sondern auch auf das Land ringsum, sodass man sicher sich bewegen, ackern, pflanzen, weiden und sich betätigen kann. Dazu gehören für Luther gute, treue Nachbarn.[17] Das sei schon daran zu erkennen, was ein Bauer einem anderen, ein Bürger einem anderen, ein Fürst und ein König einem anderen an Schaden und Leid bereiten kann.[18] Gute, treue Nachbarn sind notwendig, um eine Stadt zu erhalten, weil Gewalt auf Dauer nicht ausreicht. Das zeige der Untergang großer Weltreiche. Daher lehre Cato (234-149), man solle sich darum mühen, dass unsere Nachbarn uns lieb haben und uns wohlgesonnen sind, »das helffe wol zur narung«.[19]

---

16 Vgl. Johannes SCHWANKE: Creatio ex nihilo: Luthers Lehre von der Schöpfung aus dem Nichts in der Großen Genesisvorlesung (1535-1545). B; NY 2004, 168-173.

17 WA 31 I, 439, 17-20.

18 WA 31 I, 439, 21-26.

19 WA 31 I, 440, 16-18. Erasmus von Rotterdam erörterte in seinem Kommentar zu dem Sprichwort »Ne bos quidem pereat, vicinus si improbus absit / Niemals ginge ein Rind verloren, wäre kein schlechter Nachbar vorhanden« nicht nur den Schaden, den eine böse Nachbarschaft bringt, sondern behandelte vor allem den Nutzen einer guten Nachbarschaft. Er empfahl, einen bösen Nachbarn durch Entgegenkommen in einen guten zu verwandeln. Dabei berief er sich auf Catos Rat: »Vicinis bonus esto.« Erasmus betonte, Cato habe deshalb zu dem Rat, zu den Nachbarn gut zu sein, hinzugefügt, der Leser sollte nicht zulassen, dass die Familie etwas versieht, weil es nicht genüge, gegen das Unrecht des Nachbarn maßvoll zu sein. Er zitierte Cato weiter, welche Förderung durch seine Nachbarn derjenige erfährt, der von ihnen gerne gesehen wird; Desiderius ERASMUS VON ROTTERDAM: Opera omnia. Abt. 2, Bd. 7: Adagiorum chilias quarta/ hrsg. von R. Hoven. Amsterdam; ... 1999, 235, 3-5; 236, 18-20; 237, 53-61 (3401) ≙ COLLECTED WORKS OF ERASMUS. Bd. 36: Adages 4 III 1 to 5 II 51 (1)/ übers. und erl. von John N. Grant; Betty I. Knott; hrsg. von John N. Grant. Toronto; Buffalo; London 2006, 128-130; Marcus Porcus CATO: De agri cultura/ hrsg. von Antonius Mazzarino. 2. Aufl. Leipzig 1982, 12, 17 - 13, 3 (VI / 4). Wenn auch nicht feststellbar ist, ob Luther diesen Erasmuskommentar kannte, dokumentiert er doch eine Catorezeption unter zeitgenössischen Humanisten, der Luthers Ausführungen entsprachen.

Zur antiken Weisheit fügt Luther die alttestamentliche aus Jesus Sirach hinzu: »Drei Dinge gefallen mir, die Gott und den Menschen wohlgefallen: wenn Brüder eins sind und die Nachbarn sich lieb haben und wenn Mann und Frau gut miteinander umgehen.«[20]

Obgleich Luther nicht ausführen will, wie man Nachbarn günstig stimmen kann, erwähnt er doch, was Heiden und Vernunft raten: Geduldig sein und nicht streng urteilen und vergelten, wenn sie uns Leid antun, sondern durch die Finger sehen und sich mit Worten und Werken freundlich erweisen. Die Heilige Schrift lehre ja auch, den Nächsten, auch den Feind, zu lieben. Luther geht es aber mehr darum, Friede im Land und gute Nachbarn auch bei den erforderlichen eigenen Anstrengungen als Gabe Gottes zu begreifen.[21]

Luther fragt anklagend: »Wo sind aber nu leute [...], die Got fur solche gabe des friedes dancken? Ja, wo sind sie, die es für Gottes gaben erkennen und nicht dazu noch verachten?« Er sieht vielmehr Leute, die meinen, der Friede sei erblich und sie könnten gegen Gott und Menschen tun und lassen, was sie wollten. Er findet die Bauern in der Friedenszeit übermütig und anspruchsvoll geworden und behauptet drastisch:

> »Es iucket sie die haut so fast [sehr] wie einer saw zur schlachtung gemestet, als wolten und kondten sie der guten tage nicht lenger leiden noch tragen, lassen auch nicht ab, bis der Fleisch hawer uber sie kome und mache worste draus.«[22]

Wie kommt Luther zu einer so grimmigen Vermutung? In Luthers Zeit fand eine starke Preissteigerung statt. Als Luther 1511 nach Wittenberg kam, kostete ein Wittenberger Scheffel Hafer 2 Gr. 4 Pfg., als er die vorliegende Auslegung abfasste, stieg der Preis besonders kräftig auf 5 Gr., 6 Pfg. an. Das bedeutete also eine Steigerung innerhalb von 20 Jahren auf 236%! Wenn auch nicht der Preis aller Produkte so kräftig stieg – 1 Pfund Rindfleisch kostete 1519 4,5 Pfg. und 1538 9 Pfg. –, klagten die Käufer doch über eine allgemeine Teuerung. Da Luther so wenig wie seine Zeitgenossen einen Überblick über die europäische Wirtschaftsentwicklung hatte, sah er die Ursache der Preissteigerung einseitig in der Habgier der Bauern und des Adels, also der Grundherren. Ihre Habgier war aber für die allgemeine Teuerung nicht allein verantwortlich, sondern Münzverschlechterung,

20 Sir 25, 1 f; WA 31 I, 440, 16-21.
21 WA 31 I, 440, 27 - 441, 20.
22 WA 31 I, 441, 21-30.

Zustrom von Edelmetall, Mangel an Waren und Bevölkerungszunahme wirkten sich aus. Diese Entwicklung verführte aber doch dazu, dass Grundherren und Bauern Getreide, Fleischer Fleisch und Handwerker Produkte zurückhielten, um später einen höheren Preis zu erzielen.[23]

Den Junkerlein vom Adel, besonders den »verzagten Scharhansen« – das heißt den heillosen Raufbolden – wirft er vor, dass sie Gott nicht für den Frieden danken, den sie genießen, sondern sich auf ihre Waffen verlassen. Auch hier befürchtet er, dass Gott den Frieden entziehen werde, damit sie lernen, dass Gott es ist, der Frieden schafft.[24]

Unter diesen Frieden sind aber auch alle anderen Güter zu rechnen, die zum Frieden gehören, wie z. B. die Gesundheit des Leibes, der vor Pest, Wasser, Feuer, Gift und allerlei Plagen bewahrt bleibt.[25] Allerdings erkennen erst die Kranken, was ein »gesund auge, eine gesunde hand, fuß, bein, heubt, nase, finger haben«, und erst die Bedürftigen, was »brod, kleid [Kleidung], wasser, feur, haus haben«, für eine Wohltat und Gnade ist.[26]

4 Gott gibt das tägliche Brot

Aus dem Psalmwort Gott »settiget dich mit dem besten weitzen« entnimmt Luther als Wohltat Gottes »das liebe tegliche brot«. Gott ist es, der reichlich Korn und Früchte auf dem Feld und das, was zum Essen und Trinken notwendig ist, gibt. Er gibt es aber nicht nur reichlich, sondern auch von auserlesener Qualität. Jedes Jahr wächst so viel, dass noch übrigbleibt, wenn Gott gnädig ist und nicht strafen will. Für die Habsucht ist es freilich nicht genug, denn »wenn das erdreich eitel[27] korn und das wasser eitel wein und die berge eitel gold weren, künden sie doch nicht einen geitzigen menschen ersettigen, wenn ers gleich alles allein hette.«[28]

Wiederum wirft Luther die Frage auf: Wer glaubt, dass Korn, Wein und alle Früchte Gaben Gottes sind? Stattdessen schlemmen und brassen die Zeitgenossen und versuchen, möglichst viel Geld damit zu verdienen.

23 Edith Eschenhagen: Wittenberger Studien: Beiträge zur Sozial- und Wirtschaftsgeschichte der Stadt Wittenberg in der Reformationszeit. LuJ 9 (1927), 78-87, bes. 82-85.
24 WA 31 I, 441, 33 - 442, 32.
25 WA 31 I, 442, 33 - 443, 6.
26 WA 31 I, 70, 22-25.
27 nichts als, nur
28 WA 31 I, 443, 12-24.

Wir aber sollen lernen, dass Gott das Korn wachsen lässt, dass unsere notwendige und mit Fleiß zu betreibende Arbeit seinen Segen zum Gedeihen braucht. Sehr konkret rät er, dass wir angesichts eines Ackers oder Kornfeldes Gottes Güte und Macht erkennen sowie denken und damit loben sollten:

> »o du liebes korn, wie aus reicher milden gûte gibt dich uns Gott so vol auff. Aber auch wie mit grosser gewalt behüt er dich von der stunde an, wenn du geseet bist, bis tu auff den tisch komest, wie gar durch unzelige fahr alles unglücks bistu kommen.«[29]

Luther weiß, dass den Menschen diese Sicht meist abgeht und daher auch der Dank an Gott ausbleibt. Darum erläutert er die Brotbitte im Vaterunser mit den Worten: »Gott gibt täglich Brot auch wohl ohn unser Bitte allen bösen Menschen, aber wir bitten in diesem Gebet, daß er uns erkennen lasse und mit Danksagung empfahen unser täglich Brot.«[30]

II Die creatio continua ex nihilo

Die bekannteste Aufzählung Luthers der leiblichen Wohltaten Gottes ist die im Kleinen Katechismus zum ersten Artikel des »Apostolischen Glaubensbekenntnisses«:

> »Ich gläube, daß mich Gott geschaffen hat sampt allen Kreaturen, mit Leib und Seel, Augen, Ohren und allen Gelieder, Vernunft und alle Sinne gegeben hat und noch erhält, dazu Kleider und Schuch, Essen und Trinken, Haus und Hofe, Weib und Kind, Acker, Viehe und alle Güter, mit aller Notdurft [notwendigen Bedarf] und Nahrung dies Leibs und Lebens reichlich und täglich versorget, wider alle Fährlichkeit beschirmet und für allem Ubel behüt und bewahret, und das alles aus lauter väterlicher, göttlicher Güte und Barmherzigkeit, des alles ich ihm zu danken und zu loben und dafür zu dienen und gehorsam zu sein schüldig bin; das ist gewißlich wahr.«[31]

Luther hat diesen ersten Artikel unter den Leitbegriff »Schöpfung« gestellt.[32] Erst ein Blick auf seine Schöpfungslehre lässt die Grundlage für seine Aufforderung, Gott zu danken, recht verstehen. Luther übernahm die

29 WA 31 I, 444, 16-21.
30 BSLK, 513, 39-43 ≙ WA 30 I, 304, 2-6.
31 BSLK, 510, 33 - 511, 8 ≙ WA 30 I, 292, 10 - 294, 5.
32 BSLK, 510, 28 ≙ WA 30 I, 292, 4 f.

Lehre von der creatio ex nihilo. Sie wurde bereits in der zweiten Hälfte des 2. Jahrhunderts von den christlichen Apologeten formuliert. Diese widersprachen damit der Behauptung hellenistischer Philosophen, dass aus nichts nichts werden kann. Sie brachten damit biblische Aussagen zur Geltung, wonach – wie es Johannes Schwanke in seiner Dissertation »Creatio ex nihilo« ausgedrückt hat – »Schöpfung eine freie und souveräne Machthandlung Gottes ist, die zur Folge hat, dass das Geschöpf bleibend von seinem Schöpfer abhängig ist«.[33] Luther hat diese Lehre nicht nur aus der christlichen Tradition übernommen, sondern ihr in seiner Theologie eine zentrale Bedeutung zugewiesen, sodass er an vielen Stellen auf sie zugreift.

Aus Luthers Erklärung des ersten Artikels sind unter dem Gesichtspunkt der creatio ex nihilo drei Dinge besonders zu verfolgen: Gottes tägliches Erhalten und tägliche Fürsorge, Gottes Alleinwirken und des Menschen Mitwirken sowie Gehorsam und Ungehorsam.

1 Gottes tägliches Erhalten und tägliche Fürsorge

In der mittelalterlichen Scholastik spielten Gottesbeweise eine erhebliche Rolle. Wilhelm Ockham (um 1285-1347) bestritt, dass sich Gottes Existenz vom Nachweis, dass er die Ersturssache der Schöpfung war, demonstrieren lasse. Denn der Nachweis einer Ersturssache beweise ja nicht, dass diese noch existiere. Anders verhalte es sich bei der Erhaltung der Schöpfung. Denn solange etwas bestehe, werde es von etwas anderem erhalten. Alles was erhalte, sei wirkend. Verfolge man die Kette der Erhaltenden zurück, gelange man zu einem Erhaltenden, das selbst nicht erhalten wird. Das sei das Erstwirkende im Erhalten, das existieren muss. Das ist aber der die Schöpfung erhaltende Gott.[34] Für unser Thema ist wichtig, dass der Theologe, der die philosophische und theologische Schule des Spätmittelalters prägte, in der Luther ausgebildet wurde, das Schöpfung erhaltende Wirken Gottes hervorhob.[35]

---

33 Schwanke: Creatio ex nihilo, 44.

34 Vgl. Helmar JUNGHANS: Ockham im Lichte der neueren Forschung. B; HH 1968, 221-225; GUILLELMUS DE OCKHAM: Brevis summa libri Physicorum. Summulae philosophiae naturalis et Quaestiones in libros Physicorum Aristotelis/ hrsg. von Stephanus Brown. St. Bonaventure, N. Y. 1984, 767-769 (quaestio 136).

35 Zur Identität von Schöpfung und Erhaltung bei Luther vgl. Schwanke: Creatio et nihilo, 141-148, wo auch bei Ockham und Gabriel Biel (vor 1410-1495) sowie Johann von

Die Betonung von Gottes erhaltendem Wirken bedeutet aber keine Abwertung von Gottes Erschaffung der Welt. Als Luther 1510/11 Erfurter Studenten die Sentenzensammlung des Petrus Lombardus (1095/1100-1160) erläutert, notiert er: »Denn die Erhaltung ist immer ein neues Anfangen. ›Erhalten‹ ist aber fortwährendes Schaffen. Und Erhaltung ist ununterbrochene Schöpfung, daher schafft Gott bis heute.«[36] Ohne Unterlass erweist Gott täglich guten und bösen Menschen Wohltaten.[37] In seiner letzten Vorlesung fasst Luther zusammen: »Wir Christen wissen aber, das bei Gott schaffen und erhalten dasselbe ist.«[38] Diese Gleichsetzung bedeutet, dass auch das Erhalten wie das Schaffen ex nihilo geschieht und zwar durch Gottes Wort.

Mit dem Psalmwort Ps 147, 15 »*Er sendet seine rede zur erden, Sein wort leufft schnel*« sieht Luther die goldene Methode angezeigt, »durch welche Got alle solche wolthat ausrichtet und gibt«. Es geht um sein Schöpferwort »Es geschehe«, denn sein »reden odder sprechen ist so viel als schaffen«.[39] Mit seinem Wort lässt es Gott grünen, wachsen und den Weizen reifen. Mit seinem Wort schafft er Frieden, gibt er einer Stadt Glück und Schutz.[40] Und er schafft und erhält alles ex nihilo:

> »Denn zu gleich, als ym anfang aller Creaturn er die welt ausz nichts schuff, davon er schepffer und almechtig heysset, szo bleibt er solcher art zu wircken unvorwandelt, unnd sein noch alle seine werk bisz ansz ende der welt alszo gethan, das er ausz dem, das nichts, gering, voracht, elend, tod ist, etwas, kostlichs, ehrlich [Ehrenvolles], selig und lebendig macht, [...]«[41]

2 *Gottes Alleinwirken und des Menschen Mitwirken*

Wenn aber Gott selbst täglich alles aus dem Nichts in vollkommener Unabhängigkeit schafft, was hat dann das Tun der Menschen für einen Sinn? Das erörtert Luther gleich bei der ersten Wohltat: Wenn Gott es ist, der

Staupitz (um 1468-1524) die Betonung der Erhaltung durch den Schöpfer benannt ist; aaO, 141 f, Anm. 10; 147, Anm. 50.

36 WA 9, 66, 30-33.
37 WA 31 I, 68, 19-21; 69, 31 - 70, 21.
38 WA 43, 233, 24 f.
39 WA 31 I, 445, 1-5. 21 f; zur erhaltenden Gegenwart des göttlichen Schöpferwortes vgl. Schwanke: Creatio ex nihilo, 148-153.
40 WA 31 I, 445, 37 - 446, 8.
41 WA 7, 547, 1-5.

Schutz und Sicherheit gibt, was braucht es dann menschlicher Anstrengungen? Luthers Antwort lautet: Gott kann zwar alles selbst bewirken, aber er will es nicht. Daher müssen die Bürger ihre Stadt befestigen, gute Ordnung und gutes Stadtrecht schaffen. Die Menschen müssen auf dem Feld, im Garten, in der Stadt und im Haus tätig sein. Mann und Frau müssen zusammenkommen, um Kinder hervorzubringen.[42] Kranke sollen Apotheken, Ärzte, die medizinische Wissenschaft, Hilfe und Rat nutzen, aber sich nicht auf sie allein verlassen, sondern Gott bitten: »HERR Gott, gib du gnad und friede hie zu, wir haben das unser gethan.«[43] Für Luther sind die Menschen Larven bzw. Masken Gottes. So wie ein Schauspieler sich hinter eine Maske verbirgt und agiert, so wirkt Gott hinter Menschen verborgen durch sie.[44]

Hier stoßen wir auf eine Grundstruktur in Luthers Theologie, die seit seiner ersten Psalmenvorlesung vorhanden ist und die er mit einer Eigentümlichkeit der hebräischen Sprache in Verbindung bringt. Diese hat nicht nur aktive und passive Formen, wie wir es von vielen Sprachen kennen, sondern auch kausative. Auf »trösten« angewendet gibt es nicht nur Formen, die mit »ich tröste« und »ich werde getröstet«, sondern auch mit »ich lasse trösten« zu übersetzen sind. Luther verwendet diesen Grundgedanken in seiner Schriftauslegung. Manchmal legt er Stellen auch kausativ aus, wo es die grammatische Form nicht fordert, aber der Sachverhalt.[45] Er hat dadurch immer auch den Verursacher dessen im Blick, was Menschen tun und erreichen. Und dieses ist bei den Wohltaten Gott, bei den Schandtaten der Teufel. Daher führt er am Anfang der Auslegung von Psalm 147 die »schendliche undankbarkeit« gegenüber allen Gnaden und Gütern Gottes und deren Missbrauch auf den Teufel zurück.[46]

Luther wendet sich aber nicht nur gegen diejenigen, die meinen, sie könnten alles Gott überlassen, die »faule müssig genger« sind, sondern auch gegen diejenigen, die so vermessen sind, dass sie meinen, es komme nur

42 WA 31 I, 435, 24 - 436, 19.
43 WA 31 I, 443, 6-11.
44 WA 31 I, 436, 7 - 437, 2.
45 Siegfried RAEDER: Das Hebräische bei Luther untersucht bis zum Ende der ersten Psalmenvorlesung. Tübingen 1961, 32 f. 35-42.
46 WA 31 I, 432, 13-18.

auf ihren Fleiß, ihre Geschicklichkeit und ihre Klugheit an. Daher ist dies die richtige Mitte: Weder faul und müßig sein, noch sich auf eigene Arbeit verlassen, sondern arbeiten und doch alles von Gott erwarten.[47] Mit dem Begriff »richtige Mitte« hat Luther einen Grundgedanken aus der »Nikomachischen Ethik« des Aristoteles aufgenommen. Dieser ging davon aus, »dass alles, was irgendwie einen Wert darstellt, seiner Natur nach durch ein Zuviel oder Zuwenig zerstört werden kann«. Diese Erkenntnis wendete er auch auf das sittliche Verhalten an. So beschrieb er die Tapferkeit als richtige Mitte zwischen Feigheit und sinnlosem Draufgängertum.[48] Luther war die »Nikomachische Ethik« nicht nur durch sein Studium vertraut, sondern auch durch seine Lehrtätigkeit, denn er hatte sie 1508/09 Wittenberger Studenten erläutert.[49] Er leitet aber sein zusammenfassendes Urteil nicht aus der Lehre des Aristoteles ab, sondern dafür hat er gute biblische Gründe. So zitiert er 1 K 3, 7: »So ist nun weder der pflanzt noch der begießt etwas, sondern Gott, der das Gedeihen gibt.« Darin wird nicht nur Gottes Handeln als das Entscheidende ausgesagt, sondern auch menschliches Tun einbezogen.

Trotzdem bleibt Gottes tägliches Schaffen unabhängig, denn er schafft ja eben ex nihilo. Deshalb ist jeder »Augenblick [...] unverdientes Geschenk Gottes, freie Gabe, Leben und Sein *sola gratia*.«[50] Für denjenigen, der das wahrnimmt, gibt es aber nur eine Reaktion: Gott danken und loben. Darin besteht das rechte Annehmen der Gaben, mit denen wir umgehen.

3 Gehorsam und Ungehorsam

»Warlich, Wer nicht kann odder wil Gotte das Gratias sprechen, der wird nimer mehr umb Gottes willen alles thun und leiden.«[51] Mit dieser Behauptung zeigt Luther einen Zusammenhang zwischen Gott danken und dem

47 WA 31 I, 437, 12-14.

48 ARISTOTELES: Ethica Nicomachea 2, 2; DERS.: Opera/ hrsg. von Immanuel Bekker. Bd. 2. 2., unv. photomech. Nachdruck der Ausgabe Berolini 1831. Berolini 1970, 1104 a f ≙ DERS.: Nikomachische Ethik/ übers. und komm. von Franz Dirlmeier. 10., gegenüber der 6., durchges., unv. Aufl. B 1999, 30 f.

49 Adalbero KUNZELMANN: Geschichte der deutschen Augustiner-Eremiten. Teil 5: Die sächsisch-thüringische Provinz und die sächsische Reformkongregation bis zum Untergang beider. Würzburg 1974, 462.

50 Schwanke: Creatio ex nihilo, 142.

51 WA 31 I, 433, 14-16.

allgemeinen Verhalten des Menschen gegenüber Gott auf. Er fragt: Wenn wir diesen leichten Gottesdienst – das heißt, Gott loben und danken – nicht tun, wie können wir dann die schwereren Gottesdienste ausüben: die Zehn Gebote halten und um Gottes willen alle Übel erdulden sowie Leib und Leben, Gut und Ehre einsetzen?[52]

Die Undankbarkeit bleibt aber nicht ohne Folgen. Gott gibt der Stadt Schutz und Sicherheit, aber niemand dankt ihm dafür. Stattdessen wird alles aufs mutwilligste missbraucht, der Obrigkeit Gehorsam verweigert sowie untereinander betrogen.[53] Gott gibt alle Dinge des täglichen Lebens, das bewegt aber die Empfänger dieser Gaben nicht zum Danken, sondern dazu, dass Gottes Wohltaten verachtet und gegenüber Gott und dem Nächsten missbraucht werden. Die Undankbaren sind stolz auf ihre eigenen Leistungen und hoffärtig dazu. Sie nützen ihre Nachbarn aus, betrügen, übervorteilen und täuschen sie. Sie treiben ihren Mutwillen, bis Gott ihnen Krieg oder einen Tyrannen schickt, welche den Segen hinwegnehmen, sodass die Stadt verelendet. Dann erst begreifen ihre Einwohner, welche Gaben Gottes vorher vorhanden gewesen sind.[54]

III Der Vorrang des Dankens

Es steht also außer Zweifel, dass für Luther viele Menschen und auch Christen strafwürdig undankbar sind, dass er zum täglichen Danken auffordert und ermuntert. Aber welchen Stellenwert erhält bei ihm Gott danken im Kontext der christlichen Existenz und seiner Theologie?

1 Spontanes Beten und formulierte Gebete

Aus den täglichen Stundengebeten seiner Mönchszeit wusste Luther, wie das Hersagen von Gebeten zur äußerlichen Gewohnheit werden kann. Darum hat er dieses Gebete Hersagen mehrfach kritisiert.[55] So stellte er

52 WA 31 I, 433, 4-16.
53 WA 31 I, 434, 31 -435, 2.
54 WA 31 I, 438, 8-18.
55 In seiner Auslegung von Ps 118 forderte Luther auf, die Wörter »Freundlich« und »Seine güte« nicht oberflächlich zu lesen, »wie die Nonnen den Psalter lesen odder wie die Chorherrn und Chorschüler solche feine wort blöken und heulen jnn jhren kirchen«; WA 31 I, 69, 20-23. Im Großen Katechismus schrieb Luther: »Das ist aber yhe war: was

speziell auch bei dem Psalm 147 fest: Dieser wird täglich von allen Geist-lichen in den Kirchen »zerheult und zerplerrt«, bleibt aber seinem Inhalt nach unbekannt und unverstanden, sodass man Gottes Gaben nicht erkennt und Gott nicht dankt.[56]

Luther wollte vorrangig zu spontanem Beten anleiten. Als am 26. Mai 1538 ein ersehnter Regen niederging, forderte er sofort mit höchster Freude auf: »Ach, last vns vnserm lieben Herrn Gott dancken, dan itzundt giebt er vns viel hundert tausent gulden werdt. Jtzundt regnets eitel [lau-ter] korn, weitzen, haber, gerste, wein, kraut, zwiebeln, graß, milch.«[57] Dieses konkrete Aufzählen der Wohltaten Gottes gehört für Luther zum täglichen Danken.

Obwohl Luther also um die Gefahr eines gedankenlosen Betens aus-formulierter Texte wusste, hat er doch in seinem Kleinen Katechismus 1529 Hausgebete eingefügt, die über die lutherische Kirche hinaus bis in die Gegenwart nachwirken.[58] Es handelt sich um den Morgen- und den Abendsegen sowie Gebete vor und nach den Mahlzeiten. Luther hat diese Gebete als Hilfe für Hausherrn formuliert, die Hausgenossen zum Beten anzuleiten. Sie sind Bestandteil von Luthers Bestreben im Kleinen Kate-chismus, der großen Unwissenheit in Glaubensdingen in den Gemeinden abzuhelfen. Sie sollten also nicht das spontane Beten ablösen, sondern dazu beitragen, es in rechter Weise auszuüben.

man bisher fur gebete gethan hat, geplerret und gedönet ynn der kyrchen etc, ist frey-lich kein gebete gewesen«; WA 30 I, 193, 29 f ≙ BSLK, 663, 33-36. Er erklärte: »Denn wir verwerffen mit nichte das gebete, sondern das lauter [reine] unnütze geheule und gemurre verwerffen wir, [...]«; WA 30 I, 197, 35 f ≙ BSLK, 670, 11-15.

56 WA 31 I, 434, 9-14.

57 WA TR 5, 554, 17-20 (6238).

58 Frieder SCHULZ: Die Hausgebete Luthers. In: Albrecht Peters: Kommentar zu Luthers Katechismen. Bd. 5: Die Beichte. Die Haustafel. Das Traubüchlein. Das Taufbüchlein/ mit Beiträgen von Frieder Schulz; Rudolf Keller; hrsg. von Gottfried Seebaß. GÖ 1994, 191-204.

Das »Evangelische Gesangbuch« enthält Luthers Morgensegen und Abendsegen (Nr. 815. 852) sowie Gebete vor Tisch (Nr. 833.1-2). Luthers Morgensegen hat mehrfach ganz oder teilweise Morgenliedern als Vorlage gedient, von denen einige ebenfalls im »Evangelischen Gesangbuch« zu finden sind: »Aus meines Herzensgrunde« (EG 443), »Gott des Himmels und der Erden« (EG 445), »Die helle Sonn leucht' jetzt herfür« (EG 437) und »Lobet den Herren, alle die ihn ehren« (EG 447).

Der Morgensegen beginnt mit den Worten: »Ich dancke dir, mein himlischer Vater, durch Jhesum Christ, deinen lieben Son, das du mich dise nacht fur allem schaden und fahr behut hast, [...]« Dieses Gebet beginnt also mit einem Dank. Entsprechend beginnt der Abendsegen: »Ich dancke dir, mein himlischer Vater, durch Jhesum Christ, deinen lieben Son, das du mich diesen tag gnediglich behut hast, [...]« Das Tischgebet vor dem Essen beginnt mit Ps 145, 15 f: »Aller augen warten auff dich, HERR, Und du gibst jn jhre speise zu seiner zeit, Du thust deine hand auff und settigest alles, was lebet, mit wolgefallen.« Das Tischgebet beginnt also mit der Wahrnehmung, dass die Speisen Gottes Gaben sind, ehe um den Segen für die Beter und die Gaben gebetet wird.[59] Die Danksagung nach dem Essen eröffnet wiederum ein Psalmwort, nämlich Ps 136, 1: »Dancket dem HERRN, denn er ist freundlich Und seine gute weret ewiglich, [...]« Auf weitere Psalmverse folgt: »Wir dancken dir, HERR Gott Vater, durch Jhesum Christ, unsern HERRN, fur alle deine wolthat, [...]«[60]

Luther hat diese Gebetstexte nicht neu geschaffen, sondern aus einer Gebetstradition geschöpft, die schon die Kirchenväter begründet haben. In der Karolingerzeit hat sie bereits Wendungen ausgebildet, die sich bei Luther wiederfinden.[61] Aber Luther hat aus dieser lateinischen Tradition bewusst ausgewählt, einen formvollendeten und einprägsamen deutschen Text gestaltet und ein zentrales Anliegen seiner Theologie in den Glaubensvollzug hineingebracht: Der Christ soll sich täglich die Wohltaten Gottes bewusst machen und seine Gebete mit Danken für konkrete Dinge beginnen.

2 Glaubenserkenntnis und Danken

Wie eng Theologie und Beten für Luther zusammenhängen, hat Matthias Mikoteit in seiner 2004 erschienenen Dissertation »Theologie und Gebet bei Luther« deutlich gemacht, der er Luthers Psalmenvorlesung von 1532 bis 1535 zugrunde legte. Ihm geht es besonders um die kerygmatische Gestalt des Lobens und Dankens, um ein das Evangelium sich selbst bewusst machendes und anderen verkündendes Loben und Danken. Aber er

---

59 WA 30 I, 393, 4 - 394, 1; 394, 13-15; 395, 1-3; 396, 2-5 ≙ BSLK, 521, 25-28; 522, 10-13; 522, 31-34; 523, 6-9.
60 WA 30 I, 396, 8-17 ≙ BSLK, 523, 14-28.
61 Schulz: Die Hausgebete Luthers, 193-197. 201 f.

beachtet auch das Danken und Loben für Gottes Wohltaten im Alltag. Dafür zieht er Luthers Auslegung von Ps 127 heran, dessen Thema Luther in der »gubernatio politica et oeconomica«, also in der Leitung der politischen, häuslichen und wirtschaftlichen Dinge sieht. Er findet dabei reichlich Lebenssituationen, die ihn zum Loben und Danken herausfordern.[62]

Luther verwendet dabei das von Aristoteles begründete Vier-Ursachen-Schema, das zwischen Wirkursache (causa efficiens), Materialursache (causa materialis), Formursache (causa formalis bzw. instrumentalis) und Zweckursache (causa finalis) unterscheidet. Während die Materialursache sich auf die Materie als Möglichkeit einer Sache bezieht, betrifft die Form-ursache bzw. werkzeugliche Ursache die gestaltende Kraft, also z. B. das menschliche Handeln an einer Sache. Luther stellt nun fest, dass der Psalmist im Unterschied zu allen antiken Autoren das politische, häusliche und wirtschaftliche Handeln unter dem Gesichtspunkt des Glaubens behandelt.[63] Der Heilige Geist lässt die Wirkursache und die Zweckursache der politischen, häuslichen und wirtschaftlichen Dinge erkennen: Gott allein hat sie hervorgebracht. Wir sind nur – aber auch – Werkzeug, Mitarbeiter. Die Zweckursache aber ist die Erkenntnis, dass es eine Gabe Gottes ist, die der Gnade, dem Reich und Verehrung Gottes dient.[64] Indem die rechte Erkenntnis der Wirk- und Zweckursache aus dem Glauben entsteht, wird Gott danken und loben zum Ausdruck von Glaubenserkenntnis.[65] Glaube und Dankbarkeit gehören also eng zusammen, ebenso wie Unglaube und Undankbarkeit.[66]

Wenn aber der Umgang mit den alltäglichen Dingen zur Glaubenserkenntnis führt, dass es sich um Gaben Gottes handelt, muss im Gebet Gott danken und loben einen besonderen Stellenwert einnehmen. Luther hat das auch ausgesprochen. Bereits in seiner ersten Psalmenvorlesung erklärte er: »Lerne auch du die rechte Weise zu beten und zu lehren: Vor dem Bitten sage Dank, vor dem Lehren bitte, [...]«[67] In seiner Anleitung »Eine einfäl-

---

62 Mikoteit: Theologie und Gebet ..., 182. 216.

63 WA 40 III, 202, 7-15.

64 WA 40 III, 210, 10 - 211, 11.

65 Vgl. Mikoteit: Theologie und Gebet ..., 215.

66 Mikoteit: Theologie und Gebet ..., 283-288.

67 WA 55 II, 656, 362 f: »Disce et tu modum orandi et docendi, Quia ante orationem gratias age. Et ante doctrinam ora; tunc rite procedis, vt iste psalmus fecit.« Dieser Satz ist in der

tige Weise zu beten für einen guten Freund« – die er auf dessen Bitten für seinen Barbier Peter Beskendorf († 1538) verfasst hat – beschreibt er 1535 sein Vorgehen als ein »vierfaches gedrehtes krentzlin« in der Weise, dass er jedes der Zehn Gebote erstens als eine Lehre annimmt, die über das Gebotene und das, was Gott von ihm fordert, unterrichtet, zweitens eine Danksagung anschließt, drittens Beichte und Bekenntnis seiner Sünden folgen läßt und danach viertens seine Bitten vorbringt.[68] Auch hier lässt Luther auf die Wahrnehmung des Inhaltes eines Gebotes unmittelbar die Danksagung folgen.

Luther hielt auch in schwierigen Lebenslagen am Vorrang der Danksagung fest. Er dankte Gott, dass sein Vater im Glauben gestorben war.[69] Als seine dreizehnjährige Tochter Magdalena entschlafen war, scheute er sich nicht, das Schluchzen und Seufzen von ihm und seiner Frau über ihren Verlust seinem Freund Nikolaus von Amsdorf (1483-1565) zu bekennen, obwohl sie – wie er schrieb – »nichts anderes als fröhlich danken sollten für einen solchen glücklichen Übergang und ein so seliges Ende«.[70] In dieser Spannung zwischen dem Wissen um seine Pflicht zum Danken und sein Unvermögen dazu in tiefer Traurigkeit findet er einen Ausweg. Er bittet seinen Freund: »Danke daher Du Gott an unserer Stelle. Denn er hat in Wirklichkeit ein großes Werk an uns getan, der unseren Leib so verherrlicht hat.«[71] Auch als er seinen eigenen Tod herannahen spürt, beginnt Luther sein letztes Gebet im Glauben mit einem Dank:

> »O mein Himlischer vater, ein Gott und vater unsers Herrn Jhesu Christi, du Gott alles trostes, ich dancke dir, das du mir deinen lieben Son Jhesum Christum offenbart hast, an den ich gleube, den ich geprediget und bekant hab, den ich geliebet und gelobet hab, […]«[72]

Edition WA 55 gesperrt gedruckt, das bedeutet, dass er in Luthers Scholienheft mittels Unterstreichung hervorgehoben ist.

68 WA 38, 364, 28 - 365, 4.

69 WA TR 1, 470, 14-18 (1933).

70 WA Br 10, 149, 21-23 (3794), Luther an Nikolaus von Amsdorf am 23. September 1542 aus [Wittenberg]; vgl. Helmar JUNGHANS: Martin Luthers letzte Jahre. Lu 67 (1996), 128-130 ≙ DERS.: Spätmittelalter, Luthers Reformation, Kirche in Sachsen: ausgewählte Aufsätze/ hrsg. von Michael Beyer; Günther Wartenberg. L 2001, 245-247.

71 WA Br 10, 150, 28-30 (3794).

72 WA 54, 491, 21-25.

Diese Beispiele mögen genügen, um Mikoteits Behauptung über Luthers Gebete als zutreffend zu akzeptieren: »Das Loben und Danken geht in der Regel dem Bitten voran.«[73]

3 Der schenkende Gott und der empfangende Mensch

Die Vorrangstellung des Danksagens ist in Luthers Theologie ganz grundsätzlich verankert, wie schon Karl Holl (1866-1926) in seinem grundlegenden und viel beachteten Vortrag »Was verstand Luther unter Religion?« zum Reformationsjubiläum 1917 feststellte. Da Luther »auf der Anschauung von der Alleinwirksamkeit Gottes« fuße, bestehe für ihn die Religion vorrangig im Empfangen, was im Beten das Danken als »das ausdrückliche A n e r k e n n e n , das bewußte Bejahen des von Gott Geschenkten« zur Folge habe.[74] Diese Betonung von Gottes Alleinwirksamkeit ist uns bei dem Hervorbringen und Erhalten der Schöpfung ex nihilo deutlich vor Augen getreten. Sie ist aber auch für seine Lehre von der Rechtfertigung des Gottlosen und ebenso für seine Lehre von der Heiligung der Sünder zentral, das heißt für Gottes Schaffen des neuen Menschen ex nihilo.[75] Aber diesen Zusammenhang zwischen Gottes Gaben in Erlösung und Heiligung sowie das Gott Danken und Loben der Empfangenden einerseits und ihre damit verbundene Hinwendung zum Nächsten andererseits können wir nicht weiter verfolgen, obgleich diese Beziehung für das Verständnis der christlichen Existenz von herausragender Bedeutung ist.[76]

Luthers Erklärung des Ersten Artikels endet mit den Worten: »[...], des alles ich ihm zu danken und zu loben und dafür zu dienen und gehorsam zu sein schüldig bin; das ist gewißlich wahr.« Es sollte deutlich geworden sein, wie sehr Gott danken und loben für Luther integraler Bestandteil des Christseins ist. Aber es wäre ziemlicher Krampf, wenn das nur aus Pflicht geschähe. Das brächte uns um die Frucht des Dankens, das heißt, um ein Leben im Glauben, in tiefem Vertrauen auf Gottes Allmacht und Liebe

---

73 Mikoteit: Theologie und Gebet ..., 260.
74 Karl HOLL: Was verstand Luther unter Religion? In: Ders.: Gesammelte Aufsätze zur Kirchengeschichte. Bd. 1: Luther. 7. Aufl. TÜ 1948, 85-87; Mikoteit: Theologie und Glaube ..., 48 f. 264 f.
75 Vgl. Schwanke: Creatio ex nihilo, 268.
76 Vgl. hierzu Mikoteit: Theologie und Glaube ..., 265-280.

voller Zutrauen auf seine Hilfe, um die Freude über Gottes Gaben, die es zu entdecken gilt, und um die Befreiung von Ängsten und Zukunftssorgen, ja sogar um ein gesünderes Leben. Naturwissenschaftler sind dabei, die Zusammenhänge zwischen Immunsystem, Nervensystem und Psyche aufzuspüren. Sie haben dafür eine neue Wissenschaft begründet: die Psychoneuroimmunologie. Ergebnisse aus ihr sind schon bis in die Beilage »Prisma« der »Leipziger Volkszeitung« vorgedrungen:

> »Dankbarkeit ist ein Schlüssel zu Zufriedenheit und Gesundheit. [...] Wer es schafft, seiner Erkrankung einen Sinn abzuringen und dafür dankbar zu sein, erlebt trotz Krankheit mehr Lebensqualität, hat bessere Heilungs- und Überlebenschancen.«[77]

Luther prangert an, dass wir schon in Klagen ausbrechen, wenn auch nur ein Bein wehtut oder eine Pustel auftritt, und darüber die vielen Wohltaten Gottes vergessen. Wir sollten daher in geringen Übeln erkennen, dass Gott sie uns schickt, damit wir seine Güte und Wohltaten »jnn anderen unzeligen stücken sehen und erkennen«.[78] Und darauf kommt es an: Es geht nicht darum, alles schönzureden, was nicht schön ist. Luthers Werke, Briefe und Tischreden bezeugen seine entschiedene, manchmal auch drastische Kritik ohne Schonung vom Papst bis zum Dorfpfarrer, von den Fürsten bis zu den Bauern und auch – wie wir sahen – bis zu allen undankbaren Menschen, einschließlich Christen. Es geht aber darum, zuerst die Gaben Gottes wahrzunehmen, die Relation zwischen den Gaben und den Beschwernissen zu erkennen, sich an den Wohltaten Gottes zu erfreuen und ihm für diese zu danken, um ihn dann auch um seine Hilfe zu bitten, und zwar täglich in allen Nöten, die wir fühlen und die uns und andere heimsuchen.[79] Wer Gott für seine Gaben dankt, erhält auch den rechten Blick, ihren Missbrauch zu erkennen, dagegen aufzutreten und ihre rechte Verwendung zu fördern. Er wird ein zentrales Anliegen Luthers in Ps 103, 1 f ausgedrückt finden und einstimmen:

> »Lobe den Herrn, meine Seele,
>   und was in mir ist, seinen heiligen Namen!
> Lobe den Herrn, meine Seele,
>   und vergiß nicht, was er dir Gutes getan hat.«

77 Sabine SCHONERT-HIRZ: Dankbarkeit – Tugend, die gesund erhält. Prisma (2006) Nr. 16, 42.
78 WA 31 I, 73, 24 - 74, 31.
79 WA 30 I, 197, 6-15 ≙ BSLK, 668, 46 - 669, 12; WA 38, 365, 10-18.

Martin Luthers Vaterunserlied –
theologisch und musikalisch betrachtet[1]

Von Martin Petzoldt

I Wie Luthers Lied verstanden wird

Wie viele seiner populären Texte hat sich das Vaterunserlied Luthers schon verschiedene Deutungen und Inanspruchnahmen gefallen lassen müssen. Einige wesentlich erscheinende Deutungen seien aus einer vorhandenen Zusammenstellung[2] übernommen und kurz kommentierend vorgestellt:

Da wird davon gesprochen, dass es sich um des Reformators sozialstes Lied[3] handele, was allzu großzügig an den sozialen Implikationen des Vaterunsers selbst vorbeizuschauen scheint. Doch in einer gewissen Verlängerung dieser Kennzeichnung befindet sich die Kritik, dem Lied gehe das »eschatologische Verständnis des Herrengebetes«[4] ab; das mag auf sich beruhen und jenen Erkenntnissen ausgesetzt werden, die sich bei der Betrachtung der erklärten Bitten des Katechismus und der Strophen Luthers zeigen werden.

Mehr seinen allgemeinen Charakter betont die Feststellung, es sei ein um Behütung bittendes Gebetslied,[5] wenn auch damit die Spezifik des Vaterunsers wie auch Luthers Auslegung nicht wirklich erkannt werden; womöglich ist mit dieser Kennzeichnung auch der unzweifelhaft vorhandene Grundtextcharakter des Vaterunsers gemeint und nicht das sehr allgemeine Motiv der Behütung.

---

1 Vorgetragen am 13. Mai 2006 auf dem von der Luther-Gesellschaft in Leipzig veranstalteten Seminar »Gott danken, loben und bitten bei Martin Luther«.

2 Wichmann VON MEDING: Luthers Gesangbuch. HH 1998, 170.

3 Theophil BRUPPACHER: Gelobet sei der Herr: Erläuterungen zum Gesangbuch der evangelisch-reformierten Kirchen der deutschsprachigen Schweiz. BL 1953, 69.

4 Markus JENNY: Die beiden Weisen zu Luthers Vaterunser-Lied. Jahrbuch für Liturgik und Hymnologie 61 (961), 115.

5 Friedemann HEBART: Die Bedeutung des Vaterunsers für Luthers Theologie des Gebets. Luther 55 (1984), 112-127.

Demgegenüber wird in einer anderen Beurteilung auf das wesentliche poetologische Element aufmerksam gemacht, welches sich auch bei anderen Liedern des Reformators finde, es handele sich um einen symmetrisch gebauten, litaneiverwandten Text, der um Strophe 5 herum angeordnet sei.[6] Der Grundtextcharakter des Vaterunsers mache das Lied zugleich für Alltag und für Sonntag brauchbar.

Eine lange Zeit, und zwar seit der Reformation bis in das 20. Jahrhundert, wurde das Vaterunserlied Luthers auch als Katechismuslied bezeichnet und geführt.[7] Die ältere Gesangbuchtradition in Deutschland – noch bis in das 19. Jahrhundert – kannte die ausdrückliche Rubrik »Katechismuslieder«, deren bevorzugter Ort der Anwendung im Gottesdienst – neben ihrer de-tempore-Benutzung – die Feier des heiligen Abendmahls war. Auf diesen Zusammenhang pointiert aufmerksam zu machen, erscheint unter Bedingungen der Abwertung des Katechetischen als Unterrichtsmethode ausdrücklich geboten. Das führt nicht nur zu der Aufgabe, die Spezifik der Auslegung Luthers im Kleinen Katechismus mit der in seinem Lied zu vergleichen, sondern auch dazu, sich der Bedeutung des Liedes als Katechismuslied, also als Dichtung mit pädagogischem Zweck bewusst zu werden. Denn das Singen von Liedern vereinte in der reformatorischen Bewegung, die von Wittenberg ausging, beides, den gemeinsam dargebrachten Lobpreis Gottes mit dem pädagogischen Anliegen der Einprägung von wesentlichen Inhalten.

Dazu gehört insbesondere auch der musikalische Status, dem Johann Sebastian Bach (1685-1750) dem Lied innerhalb seines Werkes einräumte. Nicht nur sind von Bedeutung die Verwendung einzelner Strophen innerhalb seines Kantaten- und Oratorienwerkes – die eher gering ausfallen –, sondern auch innerhalb seines Orgelwerkes. Hier wiederum ragen besonders die Bearbeitungen im »Dritten Theil der Clavier Vbung« von 1739[8] heraus, einem Sammelwerk, das m. E. zutreffend als »Orgelgottesdienst«

6 Wichmann VON MEDING: Luthers Lied vom Vaterunser: Waffe aus Weise und Wort. ZThK 93 (1996), 500-537.

7 Walter BLANKENBURG: Geschichte der Melodien des Evangelischen Kirchengesangbuchs: ein Abriß. GÖ 1957, 59-62.

8 Dazu insgesamt Albert CLEMENT: Der dritte Teil der Clavierübung von Johann Sebastian Bach: Musik, Text, Theologie. Middelburg 1999.

bezeichnet[9] werden kann. Sind Bachs Teile der Klavierübung formal als Sammlungen von Werken für Instrumente mit Klaviatur zu bestimmen, so wirft diese Publikation von 1739 deshalb immer erneut berechtigte Fragen auf, weil sie einen in sich geschlossenen Ablauf sichtbar werden lässt, der nicht an seiner möglichen liturgischen Realität zu messen[10] ist. Vor allem aber darf der Zeitpunkt der Veröffentlichung nicht unberücksichtigt bleiben; denn dass Bach diese Sammlung im Herbst 1739 herausbringt, verweist unzweideutig auf die Feier des Gedenkens der Einführung der Reformation Luthers in Sachsen 200 Jahre zuvor, die sowohl zu Pfingsten wie auch am Reformationstag 1739 begangen wurde. Wenn wir auch sonst keine Kenntnis von einem figuralmusikalischen Beitrag Bachs zu dieser Gelegenheit haben, so macht doch die Sammlung einen durch und durch appellativen Eindruck der Erinnerung an Luther[11] und sein Reformationswerk, insbesondere in seiner zentralen Bedeutung für den Gottesdienst.

Hinzu tritt neben den Eindruck des genannten geschlossenen Ablaufs der Sammlung die Beobachtung, dass Bach im Rahmen von Präludium und Fuge Es-Dur[12] eine Anordnung von Messe- und Katechismusgesängen nach einem Muster vorsieht, welches ein Ineinander von zwei Ordnungen erkennen lässt, nämlich ausdrücklich die Ordnungen von Messe – soweit sie im Leipziger Gottesdienst der Dienstzeit Bachs regelmäßige Bedeutung hatte – und Katechismus. Diesem Eindruck wird auch durch die kaum erklärbare Funktion der vier Duette[13] in einem solchen Zusammenhang

9 Richtig mag sein, wie Clement: Der dritte Teil ..., 4 und 336, feststellt, dass der Begriff »Orgelmesse« nicht von Wilhelm Ehmann (1904-1989) erstmalig gebraucht worden ist.

10 Insofern fühle ich mich von Clement nicht nur falsch verstanden – Clement: Der dritte Teil ..., 4 f mit den Anmerkungen 17-25 auf den Seiten 336 f –, sondern es geht auch die ganze Diskussion um gemachte Bezeichnungen dieses Werkzyklus' Bachs solange an der Sache vorbei, solange reale liturgische Verhältnisse unterstellt werden. Das ist jedoch bisher so nie zum Ausdruck gebracht worden.

11 Auf die ausdrückliche Einbeziehung des Liedes Luthers »Aus tiefer Not schrei ich zu dir« zum 130. Psalm als Katechismuslied zum sechsten Hauptstück anstelle des traditionellen »Erbarm dich mein, o Herre Gott« von Erhardt Hegenwald (ngw 1523-1541), einer Dichtung zum 51. Psalm, sei aufmerksam gemacht, da es die These von der appellativen Bedeutung der Sammlung unterstützt.

12 BWV 552, 1 und 2.

13 BWV 802-805.

kein Abbruch getan, da es sich bei dem genannten Ineinander der beiden unterstellten Ordnungen von Messe und Katechismus um einen teilweise unvollständigen – was die Gesamtheit des »Ordinarium missae« betrifft – und im Ganzen fiktiven Zusammenhang handelt.

In diesem Zusammenhang jedenfalls findet sich Bachs interessanteste Beschäftigung mit dem Vaterunserlied Luthers in den beiden Bearbeitungen BWV 682 und 683.

II Zur Auslegung des Vaterunsers durch Luther im Kleinen Katechismus von 1529 und im Lied von 1539

Ein erster vergleichender Blick auf den Kleinen Katechismus und auf das Vaterunserlied Luthers zeigt, dass beide Texte eine dem Gebetstext nach identische Absicht der Gliederung vermitteln: Anrufung und Beschluss rahmen die sieben Bitten ein. Im Lied sind die Strophen 1 und 9 als Rahmen zu verstehen, während die Strophen 2 bis 8 je einer der sieben Bitten gewidmet sind. Während im Kleinen Katechismus in katechetischer Manier Inhalt und Bedeutung der insgesamt neun Abschnitte mit der üblichen Frage »Was ist das?«[14] erfragt werden – zuzüglich mit der Frage »Wie geschicht das?« zu den drei himmlischen Bitten und mit der Frage »Was heißt denn täglich Brot?« zur Brotbitte –, lässt sich im Vaterunserlied in jeder Strophe eine unterscheidende Tendenz feststellen. Diese unterscheidende Tendenz kann sich auf ein abzuwehrendes falsches Verständnis – im Rahmen z. B., wenn davor gewarnt wird, nicht nur mit dem Mund zu beten, im Glauben nicht zu zweifeln – oder auf die Bitte um Abwehr eines Zustandes beziehen, der der geäußerten Bitte widerspricht: Behütung vor falscher Lehre, Zerbrechen der Gewalt des Satans, gegen den menschlichen Widerwillen, gegen Sorge und Geiz.

Hinzutreten weitere Merkmale: Der Kleine Katechismus von 1529 will als »drittes Hauptstück« im Zusammenhang der anderen Grundtexte des christlichen Glaubens gehört, gelesen und verstanden werden. Demgegenüber wird das Lied 1539 – »Das Vater unser kurtz Ausgelegt, unnd jnn Ge-

---

14 Der Katechismustext wird aus DIE BEKENNTNISSCHRIFTEN DER EVANGELISCH-LUTHERISCHEN KIRCHE/ hrsg. im Gedenkjahr der Augsburgischen Konfession 1930. 2., verb. Aufl. GÖ 1955, 512-515, entnommen.

sang weise gebracht, ...«[15] – als »Auslegung« verstanden und nachfolgend
mit zwei Collectae aufs Vaterunser mit jeweils zwei Versikeln komplettiert,
d. h. in eine gottesdienstliche Struktur einbezogen.

Im Folgenden soll keine neue Deutung angestrebt, sondern mit Hilfe
von Übereinstimmungen und Differenzen der Auslegungen Luthers im
Kleinen Katechismus und im Vaterunserlied eine theologische Analyse
versucht werden, die in Beziehung zu setzen ist zu den Choral bearbei-
tenden Werken dieses Liedes, die wir von Bach besitzen. Zunächst folgt
der Vergleich beider Bearbeitungen Luthers im Kleinen Katechismus und
im Vaterunserlied, gegliedert nach den neun Abschnitten des Kleinen
Katechismus und der neun Strophen des Vaterunserliedes. Im Anhang ist
der Abdruck des Liedes nach dem Dresdner Gesangbuch 1725/1736 beigegeben, das zur Zeit Bachs in Leipzig leitenden Charakter hatte; dieser
Abdruck ist mit biblischen Verweisen versehen, die in dem Textvergleich
in Auswahl eine wesentliche Rolle spielen werden:

1 Anrufung

Der Kleiner Katechismus bezeichnet die Anrufung »Vater unser, der Du
bist im Himmel« als Lockung zum Glauben, Gott sei unser Vater und wir
seine Kinder; deshalb sollen wir Menschen aus dieser Verhältnisbestim-
mung heraus ihn »mit aller Zuversicht ... bitten«. Interessant bei einem
eher pädagogischen Text, wie dem Katechismus, erscheint der Beginn,
der das Mittel der Lockung, nicht die Erwartung und Pflicht zum Einsatz
bringt. Die Entstehung des Glaubens wird dabei deutlich als Ergebnis
der Erzeugung freiwilliger Bereitschaft gedacht und nicht als Folge von
lehrhafter Indoktrination. Die Hervorhebung Gottes vor allem in seinem
Vatersein bezeichnet ihn als »rechte[n] Vater« und glaubende Menschen
als »seine rechte[n] Kinder«. Im Hintergrund steht dabei nicht nur der
Gedanke des Vertrauenkönnens wie ein Kind, der insbesondere von Jesus
bekannt gemacht und demonstriert wurde;[16] auch die Erfahrungen un-

---

15 LUTHERS GEISTLICHE LIEDER UND KIRCHENGESÄNGE. Vollst. Neued. in Erg. zu
Bd. 35 der Weimarer Ausgabe/ bearb. von Markus Jenny. Köln; Wien 1985, 295.
»Das Vater vnser / kurtz vnd gut ausgelegt / vnd in gesang weise gebracht«,
Geystliche Lieder/ mit einer neuen vorhede D. Mart. Luth. ... Leipzig: Valentin Babst,
1545, Nr. 17.

16 Mt 18, 2 f

rechten Vaterseins und unrechten Kindseins, die heute nicht selten zum kritischen Argument gegen die Vateranrede Gottes gemacht wird, spielen eine überraschend aktuelle Rolle.

Das Vaterunserlied sieht in der Anrufung ein Merkmal der Gleichheit der Beter vor Gott, was die Beter als Geschwister untereinander und als Gemeinschaft von Betern vor Gott meint. Sie bilden im Gebet eine Gemeinschaft, der wiederum eine Form des Betens unterstellt und erbeten wird, bei der Mund und Herz beteiligt sind. Bemerkenswert daran ist, dass glaubenden Menschen bestimmte Merkmale des Betens in Erinnerung gerufen und dem eigenen Nachdenken übergeben werden: die geschwisterliche Gleichheit der Menschen vor Gott als Beter und die Erkenntnis, dass Gott ein Gott ist, der das einzelne wie auch das gemeinschaftliche Beten der Menschen will. Die geschwisterliche Gleichheit betender Menschen vor Gott hat ihren Ursprung in Jesu eigener Gottesbeziehung: Als seine Familie, Mutter und Brüder, mit ihm reden wollen, verweist er auf seine Jünger, sie seien seine Mutter und Brüder, und meint damit diejenigen, die den Willen Gottes tun.[17] Luther fügt eben dieses Verständnis sogar in deutlicher Bezugnahme die Strophe ein: Indem Gott der Vater »das Beten von uns han« will, erfüllt sich im Beten der »Brüder«, der Geschwister Jesu, der Wille Gottes.

Heraushebung und Betonung des Glaubens, die für den Kleinen Katechismus insgesamt wichtig ist, behält Luther im Vaterunserlied der Beschluss-Strophe vor, während die Anrufungsstrophe glaubende Menschen als Sänger des Liedes voraussetzt. Wichtiger erscheint ihm, wie zu sehen ist, im Vaterunserlied die besondere Form der Gemeinschaft der Betenden vor Gott und ihre Wahrhaftigkeit beim Beten.

2 Die erste Bitte

Im Kleinen Katechismus setzt nun in der bekannten Struktur – »Was ist das? Wie geschicht das?« – die Erklärung der ersten Bitte ein, Gottes Name sei an sich selbst heilig, aber wir bitten, dass er auch bei uns heilig werde. Die Frage, wie das geschehen könne, bezieht das Heiligen des Namens Gottes auf die reine Lehre des Wortes Gottes und einem danach bestimmten Leben. In ausdrücklicher Unterscheidung dazu wird um Behü-

---

17 Mt 12,49

74

tung vor denen gebeten, die anders lehren und leben. Das Bedenken der Heiligkeit des Namens Gottes lässt eine Wort-Gottes-Theologie entstehen, die zugleich in dem Namen Gottes ausreichenden Ausdruck findet. Luther fügt in die Antwort auf die Geschehensfrage zwei Gebetsformeln zur Reinhaltung des Wortes und für ein entsprechendes Leben ein: »des hilf uns, lieber Vater im Himmel« und als Bitte vor Entheiligung »da behüt uns für, himmlischer Vater«.

Die zweite Strophe des Vaterunserliedes befindet sich in enger Nachbarschaft zu der Auslegung des Kleinen Katechismus. Auch sie bezieht das Heiligen des Namens Gottes auf die Reinhaltung seines Wortes und auf das entsprechende Leben, »Daß wir auch leben heiliglich« und der Würde des Namens Gottes entsprechend. Auch die Bitte um Behütung vor »falscher Lehr« hat bereits im Kleinen Katechismus seine Vorlage, der aber neu sich die weitere Bitte um Bekehrung des verführten Volks anschließt. Auch hier wird der Gedanke der Heiligung des Namens Gottes mit der Reinerhaltung des Wortes Gottes unmittelbar gleichgesetzt. Das Leben in Heiligung meint ein Leben gemäß der Würde des Namens Gottes. Ein neuer Ton entsteht in der Liedstrophe durch die Zeile »Nach deinem Nahmen würdiglich«; sie assoziiert Jesu Aufforderung an seine Jünger, den Vater in seinem [Jesu] Namen zu bitten,[18] was so in der Auslegung des Kleinen Katechismus noch nicht vorkam. Ebenso erfährt der dritte Gedanke eine Verschärfung, indem nicht mehr nur um Behütung vor Entheiligung gebetet wird, sondern die tatsächliche Existenz falscher Lehre unter dem »arm, verführte[n] Volck« zum Anlass der Bitte um Bekehrung desselben wird.

3 Die zweite Bitte

Im Kleinen Katechismus wird nun wieder als Eingang zur Erklärung der Bitte festgestellt, dass das Kommen des Reiches Gottes zwar durch Gottes Willen gesichert ist, dass aber diese Bitte sich auf das Kommen des Reiches zu uns bezieht. Diese applikative Verstärkung sorgt für eine intensive Nähe des Gesagten. Gottes Reich werde sich dadurch ereignen, dass der Vater uns seinen Heiligen Geist gibt, was Glaube an sein Wort durch seine Gnade ebenso bewirke wie auch göttlich zu leben, und zwar zeitlich und ewig. Luther vollzieht eine ähnliche Gleichsetzung wie zur ersten Bitte; war es

18 J 16,23

dort Name und Wort Gottes gewesen, so ist es hier Reich Gottes und das Verleihen des Heiligen Geistes. Das Kommen des Reiches Gottes meine nichts anderes als die Befähigung durch den Heiligen Geist zu erhalten, dem Wort Gottes durch seine Gnade zu glauben und auch danach zu leben. Der Heilige Geist ist gleichsam Kraft und Fähigkeit zugleich, überhaupt christlich glauben und leben zu können.

Die dritte Strophe des Vaterunserliedes orientiert sich spürbar am Rahmen der Auslegung aus dem Kleinen Katechismus, eben an dem, was »Reich Gottes« alles umfasst: ein Ereignis »zu dieser Zeit Und dort hernach in Ewigkeit«. Doch dann folgen neue Akzente: Luther greift das Bild vom Beiwohnen des Heiligen Geistes auf[19] und seiner Wirkung durch seine Gaben. In Luthers Pfingstlied nach dem lateinischen »Veni creator spiritus« von 1524 wird auf Is 11, 2 Bezug[20] genommen, auf die siebenfältigen Gaben des Geistes; hier aber erscheinen sie verallgemeinert nach 1 K 12, 4 als »Gaben mancherley«. In den letzten beiden Zeilen bezieht sich die unterscheidende Tendenz auf die Bitte um Zerbrechen der Gewalt des Satans. Im »Reich Gottes« mag Luther ein Kontinuum sehen, das »hier und dort« umschließt; wie das allerdings geschieht, kann nur für das »Hier« beschrieben[21] werden. Dabei legt der älter gewordene Luther 1539 spürbar mehr Wert auf die Erhaltung der Kirche, als der Form des Reiches Gottes »hier«; das war in der Auslegung des Kleinen Katechismus noch nicht ausdrücklich formuliert worden. Die Bitte um Erhaltung der Kirche muss einhergehen mit der Bitte um das Zerbrechen der Satansgewalt, was in durchaus eschatologischer Dimension zu verstehen ist.

4 Die dritte Bitte

In der Auslegung der dritten Bitte im Kleinen Katechismus wird jetzt offen zum Ausdruck gebracht, was bisher schon unterschwellig zu bemerken war: Es ist Gottes gnädiger, guter Wille, der die Heiligung seines Namens und die Ankunft seines Reiches bei uns möglich werden lässt. Und dieser Wille soll ebenso im Himmel wie auch auf Erden geschehen. Mit dieser

19 2 T 1, 14
20 Evangelisches Gesangbuch 126, Strophe 4.
21 Es sieht so aus, als ob Jenny mit der von ihm festgestellten enteschatologisierenden Tendenz des Vaterunserliedes solche Stellen meint, vgl. oben bei Anm. 4.

Bitte schließen die drei sogenannten »himmlischen Bitten«, wie man gern im Katechismusunterricht des 16. bis 18. Jahrhunderts[22] sagte, ab. Eigentlich hatte Luther mit seiner zusammenfassenden Bemerkung zur zweiten Bitte bereits den erklärten Sachverhalt vorweggenommen. Deshalb nimmt er jetzt ausführlich Bezug auf alle widergöttlichen Äußerungen, die bei glaubenden Menschen dafür sorgen, dass Gottes Wille verhindert wird: Das sind die Willensäußerungen des Teufels, der Welt und des Fleisches. Doch setzt er dem jetzt eine positive Äußerung des Willens Gottes entgegen: Durch seinen Willen stärkt uns Gott und »behält« uns fest in seinem Wort und Glauben bis ans Ende. Dieses »Behalten« korrespondiert mit dem »Erhalten« der Kirche, das 1539, wie wir schon feststellten, Teil des abschließenden Gebets zur zweiten Bitte des Vaterunserliedes – 3. Strophe – sein wird.

In vielen Auslegungen wird dieser Strophe des Vaterunserliedes eine zentrale Bedeutung in Luthers Vaterunserverständnis zugemessen. Sie dürfte auch die am meisten wiederholte Strophe des gesamten Vaterunserliedes sein, wenn es im 17. und 18. Jahrhundert um die Auswahl von Liedstrophen für Kirchenmusiken und Kantaten ging. So finden wir sie z. B. in Bachs Johannespassion am Schluss der dort nur verkürzt vorhandenen Gethsemaneszene.[23] Das weist auf ihre Besonderheit hin: Gegenüber dem Kleinen Katechismus geht sie auf Geduld im Leiden und auf Gehorsam ein, um dann mit der in der Auslegung des Kleinen Katechismus bekannten Verhinderung allen bösen Rats und Willens zu schließen. Dass Geduld sich im Leiden und dass Gehorsam gegenüber Gott sich sowohl in Liebe als auch im Leid zeige, sieht Luther offenbar als Zeichen des Geschehens des Willens Gottes bei uns an. Insofern wirken abzuwehrende widergöttliche Willensäußerungen nicht erst in eigensinnigen und eigenwilligen Aktionen, sondern bereits in der fehlenden Bereitschaft zum Leiden um Gottes Willen.

---

22 Vgl. dazu Johann OLEARIUS: Biblische Erklärung. Teil 5: Darinnen das gantze Neue Testament ... vorgestellet wird. Leipzig 1681, 759, der in seiner Auslegung zu J 16, 23 von den ersten drei Bitten des Vaterunsers als von dem »himmlischen Triangul« und von den vier folgenden Bitten als von dem »irrdischen qvadrat« redete.

23 BWV 245, Satz 5.

5 Die vierte Bitte

Im Kleinen Katechismus antwortet Luther noch ein letztes Mal bei der ersten der vier sogenannten »irdischen Bitten«, die sich dem täglichen Brot zuwendet, auf die Frage nach der Bedeutung – »Was ist das?« – mit jenem bisher üblichen katechetischen und einübenden Gedanken, Gott gebe zwar auch ohne unsere Bitte allen Menschen tägliches Brot, doch richte sich die Bitte insbesondere darauf, dass Gott uns das erkennen lasse und dass wir unser tägliches Brot mit Danksagung empfangen. Luthers Interesse macht sich dann außerordentlich intensiv an der Frage fest: »Was heißt denn täglich Brot?« Die Vielgestaltigkeit der Antwort umfasst alles, »was zur Leibesnahrung und -notdurft gehört«, also in unserer Sprache Speisen, Getränke, Kleidung, Häuser und Wohnungen, Tiere, Erdboden, Einkommen, Besitz, Familie, Mitarbeiter, Dienstgeber, Politiker, alle äußeren Bedingungen natürlicher, politischer, gesundheitlicher, pädagogischer und moralischer Art, aber auch Freunde und Nachbarn. Der theologische Aspekt verbleibt allein bei der Bedeutung – »Was ist das?« – des täglichen Brotes: Dieses soll der Mensch erkennen als Gottesgabe und den Empfang des Brotes als Aufforderung zur Dankbarkeit gegenüber Gott wahrnehmen. Die Aufzählung dessen, was tägliches Brot heißt, kommt gleichsam aus dem »weltlichen« Bereich; es handelt sich um das Vorhandene, von dem aber jeder Mensch weiß, dass es schmerzlich fehlen oder in sein Gegenteil verkehrt sein kann.

Die fünfte Strophe des Vaterunserliedes lässt in den ersten beiden Zeilen noch den Beginn der Formulierung des Kleinen Katechismus erkennen: »Alles, was zur Leibesnotdurft und -nahrung gehört«. Indem aber faktisch aus dem Begriff »Notdurft« das Verbum »bedürfen« herausgelöst wird, lässt Luther das Jesuswort »Euer himmlischer Vater weiß, dass ihr das alles bedürfet«[24] anklingen. Damit stehen stärker als im Kleinen Katechismus die grundsätzliche Bedürftigkeit des Menschen und seine Abhängigkeit und fehlende Autonomie im Blick. Charakteristisch für die weiteren Zeilen sind die politischen, sozialen, gesundheitlichen und ökonomischen Elemente des Lebens. In »gutem Frieden stehn« meint hier sehr viel mehr als nur die Abwesenheit von Krieg. Zwei Beispiele für abwesenden Frieden werden genannt: Sorge und Geiz, beide wohl auf dem Hintergrund des Gleichnisses

---

24 Mt 6,32b

vom reichen Kornbauern gedacht.²⁵ Auffällig gegenüber dem Kleinen Katechismus ist die starke Bemühung Luthers, ohne auch nur einen expliziten theologischen Gedanken die Situation des Menschen »ohne Brot« aufzuzeigen – die Beziehung zu Gott manifestiert sich implizit, eben ausschließlich durch die Gebetsimperative »gieb« und »behüt«. In allen anderen Strophen gibt es zumindest die ausdrücklichen Anrufungen Gottes, des Herrn, und das Erbitten eines aktiven Tuns Gottes, was hier äußerst deutlich zurücktritt.

6 Die fünfte Bitte

In der Auslegung der fünften Bitte des Kleinen Katechismus bezeichnet Luther Vergebung der Sünden als »Nichtansehen« und mag damit wohl die Schwierigkeit von Vergebung überhaupt meinen; denn Sünden können nicht ungeschehen gemacht werden, auch wenn sie vergeben werden. Sie nicht mehr ansehen, meint dann nicht Verdrängen, sondern sie in ihrem Wert marginalisieren. Dass Gott unsere Sünden nicht ansehen wolle, möge sich in seiner Bereitschaft zeigen, alle diese genannten Bitten nicht zu versagen. Wohl – so Luther – sind wir Menschen der Erfüllung der Bitten nicht wert, gleich gar nicht haben wir ihre Erfüllung »verdient«. Wenn Gott Bitten erfüllt, so ist das immer ein Handeln aus Gnade, gerade sein vergebendes Handeln kann nur so verstanden werden. Dasselbe soll auch in dem Verhalten zum schuldigen Mitmenschen gelten. Also nicht das vergebende Handeln Gottes selbst wird durch Luther zum Vorbild für das Verhalten zum Mitmenschen gemacht – das kann der Mensch nicht –, sondern Gottes Einstellung zu einem Gegenstand, der nicht getilgt werden kann, wird thematisiert. Das ist allen Nachdenkens wert; Schulden vergeben wird, wie in einem parallelismus membrorum, prädiziert durch »gerne wohl tun [denen], die sich an uns versundigen«.

Die sechste Strophe des Vaterunserliedes versucht auch von der Wirkung der vergebenen Sünden zu sprechen: Sie sollen »uns nicht betrüben mehr«. Dem Schuldiger zu vergeben, läuft dann darauf hinaus, ihm gegenüber in Liebe und Einigkeit zum Dienen bereit zu sein. Der Grundgedanke aus der Erklärung des Kleinen Katechismus – Gottes dienende und darin gnädige Einstellung gegenüber dem sündigen Menschen – bleibt erhalten, wird nur etwas anders gefasst. Wenn Luther sogar sagen kann, man solle dem

25 L 12, 16-21

Schuldiger seine »Schuld und Fehl vergeben gern«, dann könnte das leicht als eine völlig unerfüllbare Erwartung missverstanden werden. Doch darin ist sie erfüllbar, dass sie an die Veränderungsfähigkeit meiner Einstellung zu meinem Schuldner appelliert.

7 Die sechste Bitte

In seiner Erklärung der sechsten Bitte im Kleinen Katechismus hält Luther eingangs ausdrücklich fest, dass Gott nicht versucht, und er kehrt damit zu jener Formulierung zurück, mit der er bis zur vierten Bitte immer zuerst Gottes freies – auch von unserem Gebet unbeeindruckt bleibendes – gnädiges und gutes Handeln festgestellt hatte. Aber es gehe um die in der Welt, durch den Teufel, ja sogar durch uns selbst entstehenden Versuchungen; es handelt sich dabei um Betrugshandlungen und Verführungen, die ihr Entstehen »Mißglauben, Verzweifeln und ander große Schande und Laster« verdanken. Solche Versuchungen können nicht verhindert werden; doch für den Fall, dass sie uns erreichen, zielt die Bitte auf Behütung und Bewahrung durch Gott; solche Bewahrung meint, dass wir »endlich gewinnen und den Sieg behalten«, womit eine eschatologische Dimension einbezogen wird. Noch mehr als bei der Erklärung der fünften Bitte beschäftigt Luther hier die Frage, die sonst auch aus seiner Genesisvorlesung bekannt ist, wie sich Gottes allmächtiges schöpferisches Handeln zur Versuchlichkeit des Menschen verhält. Für die Entstehung der Versuchung macht er nicht nur den Teufel, sondern auch »die Welt und unser Fleisch« verantwortlich. Dieser Versuchlichkeit endgültig zu entkommen, ist dem Menschen erst bei Gott selbst möglich.

Im Vaterunserlied redet die siebente Strophe weder vom Teufel, noch von der Welt oder vom Fleisch, die Versuchung entstehen lassen. In der verallgemeinernden Ursache des »bösen Geistes« bedient sich Luther einer weisheitlichen Kategorie, die gleichzeitig einen personifizierenden Wert hat: In Prv 4, 27 heißt es: »Wanke weder zur Rechten noch zur Linken, wende deinen Fuß vom Bösen.« Im Hebräischen wird das Wort רָע verwendet, das auf Sachen und Gegenstände ebenso Anwendung findet wie auf Menschen, Gesinnungen, Unglück und Veranlassungen zum Bösen. In älteren Auslegungen wird in רָע auch einfach der Mangel an Gutem gesehen. Die restlichen Zeilen lehnen sich an die Gedanken von E 6, 1-17 an, die ausdrücklich die aktive Mithilfe bei der Abwehr des Bösen und seiner Versuchung unterstellt; die Gewissheit zum Widerstand kommt aus dem Glauben, aus dem Trost des Heiligen Geistes. Luther mag zur Formulierung vom bösen Geist gefunden haben, weil er womöglich sein Lied doch symmetrisch gebaut hat; der sechsten Bitte steht demnach die zweite gegenüber, wo es ausdrücklich um den guten, den Heiligen Geist und seine Gaben geht. Und schließlich lässt er die siebente Strophe mit dem Hinweis auf den Trost des Heiligen Geistes enden.

8 Die siebente Bitte

Im Kleinen Katechismus 1529 konzentriert sich Luther bei der siebenten Bitte auf die gleichen Inhalte wie in seiner Liedstrophe von 1539. Vorangestellt ist der Gedanke, diese Bitte sei gleichsam eine »Summa« alles Betens. In der Folge dominiert das Wort »erlösen«, was für Luther einen endgültigen Klang hat und deshalb in Verbindung steht mit dem Vater im Himmel und mit »seinem Himmel«, der »diesem Jammertal« entgegensteht.

Bei aller Übereinstimmung setzt Luther in der Strophe des Vaterunserliedes die Akzente doch ein wenig anders: Das »Übel« ist sowohl eine Sache von Zeit und Welt wie auch eine Sache des »ewigen Todes«. Deshalb ist hier die Bitte um ein seliges Ende angebracht, das nun nicht durch das Bild vom Aufnehmen in den Himmel – wie im Kleinen Katechismus –, sondern durch das Bild vom Aufnehmen der Seele in die Hände Gottes nach Ps 31, 6 beschlossen wird.

9 Beschluss

Ebenfalls übereinstimmend konzentrieren sich beide Auslegungen im Kleinen Katechismus 1529 und im Vaterunserlied 1539 auf das »Amen« und lassen die Doxologie unbeachtet. Solchen Betens soll ich gewiss sein, das bedeutet »Amen«. Gott selbst hat das Beten geboten, was sich auf die Äußerung Jesu Mt 6, 9a – »Darum sollt ihr also beten« – bezieht, und er hat sein Erhören verheißen.[26]

Im Vaterunserlied betont die neunte Strophe ausdrücklich die Bewahrheitung des Glaubens und die Ausschließung alles Zweifels am Erbetenen, wie Sir 7, 10 sagt: »Wenn du betest, so zweifle nicht.« Was im Kleinen

---

26 So u. a. J 16, 24c

Katechismus noch als Intention zu spüren ist, wird jetzt formuliert. Den Beschluss wählt Luther in Aufnahme von L 5, 5 und J 16, 24: »Auf dein Wort«, sagt Petrus, und »Bittet in meinem Namen«, sagt Jesus.

III Bachs Rezeption des Liedes und seiner Bedeutung

1 Vokale Bearbeitungen

Erstaunlich ist, dass sieben z. T. sehr umfangreiche und ausgesprochen anspruchsvolle Bearbeitungen für Orgel unter Bachs Namen überliefert sind, während vokale Bearbeitungen der Luthermelodie durch Bach mehrheitlich auf andere Liedtexte bekannt sind:

Wir kennen nur zwei vierstimmige Sätze zu Strophen des Vaterunserliedes, einen in der Johannespassion[27] sowie einen einzeln überlieferten Satz.[28] Auf den zuerst genannten Satz wird noch im Zusammenhang mit den Bearbeitungen für Orgel zurück zu kommen sein.

Von mehrstimmigen Sätzen auf andere Texte kennen wir aus dem Jahr 1723 den Schlusschoral der Kantate »Es reißet euch ein schrecklich Ende hin«,[29] siebente Strophe des Liedes »Nimm von uns, Herr, du treuer Gott« aus dem Jahr 1584 von Martin Moller (1547-1606).

Das genannte Lied von Moller – »Nimm von uns, Herr, du treuer Gott« – ist es auch, das Grundlage für die Choralkantate[30] zum 10. Sonntag nach Trinitatis 1724 ist.[31] Hier beschäftigt Bach sich in mehreren Sätzen mit der zugrunde liegenden Liedmelodie »Vater unser im Himmelreich«, jedoch in deutlicher Abhängigkeit von dem neuen Liedtext: Chorsatz 1 ist eine motettische Komposition mit eigenständigem Instrumentalsatz, die ganz nach dem nun unterlegten Text der ersten Strophe des Mollerschen Liedes gearbeitet ist. Anhalt an der Liedmelodie haben der Solosatz 3, ein rezitativischer Choraltropus für Sopran und Continuo; der Ariensatz 4, eine

27 BWV 245, Satz 5 (Strophe 4).
28 BWV 416 (Strophe 1).
29 BWV 90, Satz 5.
30 BWV 101.
31 Vgl. dazu die Kommentierung der Kantate in Martin PETZOLDT: Bach-Kommentar: theologisch-musikwissenschaftliche Kommentierung der geistlichen Vokalwerke Johann Sebastian Bachs/ musikwissenschaftliche Beratung: Don O. Franklin. Bd. 1: Die geistlichen Kantaten des 1. bis 27. Trinitatis-Sonntages. S; Kassel 2004, 224-236.

leidenschaftlich-konzertante Arie für Bass (vivace), die dazu teils vokal, teils instrumental sämtliche Choralzeilen zitiert (andante), sodass es zu jenem für Bach eigentümlichen Dialogisieren zwischen Arientext und dem nur durch die Melodie präsenten Text der Strophe 4 des Liedes kommt; dann der Rezitativsatz 5 für Tenor und Continuo, der wieder als Choraltropus gearbeitet ist; dann folgt ein als Duett für Sopran und Alt ausgearbeiteter Ariensatz 6 im Sicilianorhythmus; mit dem vierstimmigen Schlusschoral, Satz 7, beendet Bach seine Kantate.

Auch der Schlusschoral der Kantate »Herr deine Augen sehen nach dem Glauben«[32] für den gleichen Sonntag des Folgejahres nutzt die Melodie, nun auf zwei Strophen des Liedes »So wahr ich lebe, spricht dein Gott« von Johann Heermann (1585-1647).

2 Orgelbearbeitungen

Um so bedeutender sind die Orgelbearbeitungen des Vaterunserliedes, die unter Bachs Namen überliefert sind, die im Folgenden aufgeführt und kurz charakterisiert werden. Dabei kann es sich nicht um eingehende Studien handeln, sondern um den Versuch, Typisches zu nennen und zu vermitteln:

1. Unter BWV-Nummer 760 wird eine Manualiter-Bearbeitung überliefert, die sich aber schon seit Längerem als Komposition Georg Böhms (1661-1733) herausgestellt hat, jenes Thüringers, der 1701 in Lüneburg möglicherweise Bachs Orgellehrer gewesen ist. Es handelt sich um eine dreistimmige Bearbeitung, die einen spielerischen Umgang mit der stark verzierten Melodie im Sopran aufweist, ein Charakteristikum, das solchen Choralbearbeitungen die Bezeichnung »Böhmscher Typus« eingebracht hat.

2. Eine zweite Bearbeitung, gezählt als BWV 761, wird ebenfalls Georg Böhm zugewiesen; sie ist vierstimmig und auf Manual und Pedal zu spielen. Da sie jede Liedzeile vorimitiert, den cantus firmus unverziert im Bass erklingen lässt und die Imitationen der Oberstimmen in verspielter Manier mit mehrfacher Wiederholung einzelner Elemente darbietet, wird sie einem anderen Typus, nämlich dem Pachelbelschen, zugewiesen.

3. Erst mit BWV 762, einer vierstimmigen Bearbeitung für Manual und Pedal, befinden wir uns verhältnismäßig sicher auf dem Boden Bachschen Schaffens. Es handelt sich wohl um ein frühes Werk aus Bachs Arnstädter

---

32 BWV 102.

bzw. Mühlhäuser Zeit, womöglich um das früheste Werk Bachs zu diesem Lied. Jede Zeile wird vorimitiert, dann folgt jeweils die reich verzierte Choralzeile im Sopran. Die Bearbeitung erinnert wegen der ebenfalls stark verzierten Melodie an die Bearbeitungen Georg Böhms. Da die zweite und dritte Zeile des Liedes fast ohne Zwischenspiel nahe beieinander erklingen, erscheint die Bearbeitung an der ersten Strophe des Vaterunserliedes entwickelt: »Der du uns alle heissest gleich Brüder seyn, und dich ruffen an«. Damit ist das inhaltliche Motiv der geschwisterlichen Gleichheit betender Menschen vor Gott betont, wovon im Zusammenhang mit dem Verständnis Luthers gesagt wurde, dass diese Gleichheit ihren Ursprung in Jesu eigener Gottesbeziehung hat: In Mt 12,49 bezeichnet er seine Jüngern als diejenigen, die den Willen Gottes tun; diese seien seine Mutter und Brüder, seine Familie. Indem Luther eben dieses Verständnis in die Strophe einfügte – Gott der Vater wolle so »das Beten von uns han« – erfülle sich im Beten der »Brüder«, der Geschwister Jesu, der Wille Gottes. Nach diesem zusammenhängenden Mittelteil, der auch in der Taktanzahl die Mitte ausmacht – Takte 13-17 –, weicht die Begleitung dem vorimitierenden Modell aus, um im Vorlauf der letzten Melodiezeile nochmals darauf zurück zu kommen.

4. Aus einer nur wenig späteren Zeit – also Mühlhausen oder Weimar um 1708 – stammt die Manualiter-Bearbeitung, die als BWV 737 geführt wird. Sie ist vierstimmig und vermittelt einen ruhigen und selbstverständlichen Eindruck, was auch an den Text der ersten Strophe des Liedes denken lässt. Nur die erste Zeile wird knapp vorimitiert, während die weiteren Zwischenspiele mit dem als Kontrapunkt erfundenen Material arbeiten; dadurch fließen die Begleitstimmen der im Sopran vorgetragenen Melodie mit wenigen Durchgängen in ruhigem Zeitmaß dahin.

5. BWV 636 ist relativ gut datierbar; als Eintragung im Orgelbüchlein darf eine Entstehung um 1715 unterstellt werden. Die Bearbeitung ist für Manual und Pedal bestimmt, vierstimmig mit cantus firmus im Sopran. Bach schreibt ein Vorspiel nach der Art, die auch sonst im Orgelbüchlein üblich ist: Der fast völlig unverziert vorgetragenen Melodie in Vierteln sind motivgeprägte Bewegungen unterlegt, die in vergleichbarer Weise sich durch jede der unteren Stimmen ziehen. Da jede der Unterstimmen einbezogen ist, kommt eine Art selbständiges Trio zustande. Das typische Bewegungsmotiv kann mit jeweils 7 oder aber auch nur mit 3 Sechzehnteln

einsetzen und geht dann anschließend in ruhige Achtel über. Doch sind die Sechzehntelbewegungen so verteilt, dass nie mehr als zwei Stimmen gleichzeitig an ihnen beteiligt sind. So zieht sich eine geschlossene Sechzehntellinie durch das gesamte Stück. Die genannte Faktur als Trio, das der in regelmäßigen Vierteln verlaufenden Melodie unterlegt ist, legt den Gedanken an den Willen des dreieinigen Gottes nahe.

Hinzu tritt mit der chromatisch ansetzenden Achtelbewegung in der dritten Melodiezeile noch ein weiteres auffälliges Merkmal, das noch deutlicher als das beobachtete Trio eventuell auf einen bestimmten Inhalt verweist. Die einzige Zeile aller 9 Strophen, die mit einem solchen klagenden, lamentierenden Passus zu verbinden ist, ist die dritte Textzeile der 4. Strophe: »Gib uns Geduld in Leidenszeit«. Zwar lässt Bach diese Zeile auch in Dur enden, doch erinnert die Bearbeitung sehr an den bekannten Satz 5 der Johannespassion,[33] wo ebenso diese charakteristische chromatische Linie bei der dritten Text- und Melodiezeile im Bass – mit einer korrespondierenden Ausführung im Tenor – zu hören ist. Im Zusammenhang mit der vergleichenden Auslegung der dritten Bitte war festgestellt worden, dass Geduld sich im Leiden und Gehorsam zu Gott sich sowohl in Liebe als auch im Leid zeige, was Luther als Zeichen des Geschehens des Willens Gottes bei uns ansieht. Dem entspricht auch der Sinn, dem dort der Aktion des Petrus beigemessen wird, nämlich die fehlende Bereitschaft zum Leiden um Gottes Willen, wenn diese Strophe als Abschluss der Gethsemaneszene zum Einsatz kommt.

6. Damit gelangen wir zu BWV 682, jener nach den Bearbeitungen zum Glaubenslied Luthers zuerst platzierten Bearbeitung im »Dritten Theil der Clavier Vbung« von 1739. Bach überschreibt sie mit »à 2 Clav. et Pedal e Canto fermo in Canone«, womit das musikalische Programm eines Inhalts in kürzester Fassung wiedergegeben wird, wie zu sehen ist. Die äußeren Merkmale dieses Stückes sind folgende: Wieder – wie 1715 – begegnen wir einem Triosatz, der aus dem Material der ersten Zeile gebildet wird; zu ihm gehört eine ruhige Achtelbewegung im Bass, die aber mit drei Achteln auftaktig einsetzt bzw. immer einmal wieder unterbrochen wird und erneut im Auftakt beginnt. Schaut man sich das immer wiederkehrende Thema des Trios genauer an, so kann man drei Elemente entdecken: nach

---

33 BWV 245.

der stark verzierten Wiedergabe der ersten Zeile – erstes Element – setzt eine Aufwärtsbewegung ein, die durch den lombardischen Rhythmus gekennzeichnet ist – zweites Element –; wenn diese Bewegung die Oktave erklommen scheint – was aber nicht zustande kommt –, wird eine Fortsetzung durch den nun notwendigen Kontrapunkt zu der einsetzenden zweiten Stimme des Trios gebildet – drittes Element –. Clement nennt ihn einen »Kontrapunkt von großem Ambitus«.[34] Dieses Triomusizieren dauert an bis in Takt 12 die erste Stimme der im Oktavkanon zwischen erster und vierter Stimme geführten Melodie einsetzt, die zweite Kanonstimme folgt Takt 14. Das ist ein wesentlicher Unterschied zu 1715, wo Bach die Melodie allein führte.

Es kann hier nicht der Ort sein, die musikalische Analyse weiter zu betreiben. Sie ergibt deutlich nachvollziehbar einen Zusammenhang, den Clement überzeugend mit dem Text von Strophe 4 verbunden sieht.[35] Deutlich ist aber schon geworden, welch einen musikalischen Zusammenhang Bach schafft, dessen Inventionalität einen theologischen Text zur Voraussetzung hat; doch geschieht dies nicht im Sinne einer ausschmückenden vokalen Textvertonung, sondern mit dem Ziel, Spannungen und Relationen zu musikalisieren. Hier sind es die theologischen Inhalte des Willens Gottes und des gegenläufigen Tuns allen Fleischs und Bluts, wie Luthers vierte Strophe sehr plastisch zum Ausdruck bringt. Erinnert sei an die bereits oben in Beziehung gesetzte Petrusexistenz aus der Gethsemaneszene der Passion: Geduld zeigt sich im Leiden, und Gehorsam gegenüber Gott zeigt sich sowohl in Liebe als auch im Leid, was Luther offenbar als Zeichen des Geschehens des Willens Gottes bei uns ansieht. Insofern – so sagten wir oben – wirken abzuwehrende widergöttliche Willensäußerungen nicht erst in eigensinnigen und eigenwilligen Aktionen, sondern bereits in der fehlenden Bereitschaft zum Leiden um Gottes Willen.

7. Nun folgt im »Dritten Theil der Clavier Vbung« eine zweite Bearbeitung, von Bach mit »alio modo manualiter« überschrieben. Sie steht im ⁶/₈-Takt – dem ³/₄-Takt des Vorgängerstücks verwandt – und ist vierstimmig; sie trägt den cantus firmus in der ersten Stimme vor und hat keine Zwischenspiele. Von der Bearbeitung ist gesagt worden, sie trage einen flehenden Charakter, die freien Stimmen werden durch abwärts verlaufende

34 Clement: Der dritte Teil ..., 181.
35 Clement: Der dritte Teil ..., 194-203.

Sechzehntelketten gebildet, die nicht selten aus Tönen der Melodie ihren Ausgangspunkt nehmen; außerdem kontrastiere die Bearbeitung ihrer Vorgängerin.[36] Diese zuletzt genannte Beobachtung wird nicht selten zum Ausgangspunkt der Deutung gemacht, denn das kontrastierende Verhältnis könne man auf das der ersten drei Bitten zu den vier folgenden beziehen: Steht bei den himmlischen Bitten die Anrede Gottes – »Geheiliget werde Dein Name«, »Dein Reich komme« und »Dein Wille geschehe, …« –, so kontrastiere diesem Anredecharakter in den vier folgenden irdischen Bitten der Hinweis auf uns Menschen: unser täglich Brot, unsere Schuld, wir in Versuchung, unser Böses. Mit den Gedanken des Liedes im Verhältnis zu der Auslegung Luthers im Kleinen Katechismus verbunden, heißt das zu erkennen, wessen der Mensch grundsätzlich bedürftig ist, seine Abhängigkeit. Indem aber faktisch aus dem Begriff »Notdurft«, das in der Auslegung des Kleinen Katechismus Verwendung findet, im Lied – Strophe 5 – das Verbum »bedürfen« herausgelöst wird, lässt Luther das Jesuswort »Euer himmlischer Vater weiß, dass ihr das alles bedürfet«[37] anklingen: »Brot« gilt als umfassendstes Mittel für alles, was man zum Leben braucht, bestimmt das, wessen der Mensch bedürftig ist, grundsätzlich bedürftig bleibt. Gott kommt, wenn er das Beten hört, zu Hilfe. In der unmittelbar angesprochenen fünften Strophe nennt Luther anschließend alle politischen, sozialen, gesundheitlichen und ökonomischen Elemente des Lebens, deren der Mensch alltäglich bedürftig bleibt. Mag damit eine Konzentration geschehen, die womöglich als Reduzierung missverständlich ist, so werden doch mit der vierten Bitte / fünften Strophe die lebenswichtigen Elemente des Lebens zusammenfassend genannt und in ihrer Breite eingeleitet – fünfte bis siebente Bitte –. Alles, was zur Deckung der menschlichen Bedürftigkeit erbeten wird, kommt von Gott: Wenn gelegentlich die abwärts laufenden Sechzehntelskalen mit dem Motiv der Engel in Verbindung gesehen[38] wurden, so verweist ein solcher Eindruck doch bereits auf die Richtung des »Von oben«. So erscheint es konsequent, Bach bei seiner Manualiter-Bearbeitung mit der Beachtung der fünften Strophe beschäftigt[39] zu sehen.

36 Vgl. dazu Clement: Der dritte Teil …, 207.
37 Mt 6, 32b
38 Genannt durch Clement: Der dritte Teil …, 205-206.
39 Dem widerspricht grundsätzlich nicht Clements Deutung, in BWV 683 den Zusammen-

Bach versteht seine beiden Bearbeitungen im »Dritten Theil der Clavier Vbung« offensichtlich als spezielle Repräsentanten des Vaterunsers: BWV 682 mit deutlichem Bezug auf Strophe 4 und die dritte Bitte »Dein Will gescheh, Herr Gott, zugleich auf Erden wie im Himmelreich«; BWV 683 mit deutlichem Bezug auf Strophe 5 und die vierte Bitte »Gib uns heut unser täglich Brot und was man darf zur Leibesnot«. Die Ausrichtung von BWV 682 erscheint deutlich von der dritten Bitte auf die ersten drei Bitten, die himmlischen Bitten, bezogen; von BWV 683 von der vierten Bitte auf alle weiteren Bitten, die irdischen Bitten, bezogen. Auch wenn in der ausführlichen und auch von uns öfter zitierten Arbeit von Clement eine ausgesprochen detailfreudige Deutung vorgelegt wird, sollte nicht vergessen werden, dass solche Deutung immer den Hintergrund hoher Übereinstimmung zwischen musikalischem Wollen und musikalischem Hören voraussetzt. Zumindest die Kenntnis der beiden Vaterunser-Auslegungen Luthers, die von uns herangezogen wurden, muss unterstellt werden. Dazu sollte dieser Beitrag dienen.

Um die behandelten Zusammenhänge anschaulich darzubieten, folgt im Anhang noch eine tabellarische Übersicht. In der ersten Spalte ist der biblische Hintergrund benannt und in der zweiten der Text von Luthers Vaterunserlied dargeboten. Die dritte Spalte enthält den Text des Vaterunsers, der zum Teil in den Anmerkungen vervollständigt werden musste, da die Satzspiegelbreite dafür nicht ausreichte. Die vierte Spalte benennt die Gliederung.

hang der vier irdischen Bitten in den Strophen 5 bis 8 einschließlich der Beachtung der Amen-Strophe bearbeitet zu sehen, vgl. Clement: Der dritte Teil ..., 207-211.

Anhang

Martin Luther, Vater unser im Himmelreich, 1539;
Fassung Dresdner Gesangbuch 1725/1736

Mt 6,9b	[1] **Vater Unser im Himmelreich,**	Vater unser im Himmel,	Anrufung
Mt 12,49b	**Der du uns alle heissest gleich**		
Mt 12,49b	**Brüder seyn, und dich ruffen an,**		
vgl. Mt 6,9a	**Und willst das Beten von uns han,**		
Ps 17,1; Mt 15,8	**Gieb, daß nicht bet allein der Mund,**		
Ps 44,22	**Hilff, daß es geh aus Herzens=Grund.**		
Mt 6,9c	[2] **Geheiligt werd der Nahme dein,**	Geheiligt werde dein P[1]	1. Bitte
J 15,20d	**Dein Wort bey uns hilff halten rein,**		
E 4,24	**Daß wir auch leben heiliglich,**		
J 16,23; Kol 1,10a	**Nach deinem Nahmen würdiglich,**		
vgl. Mt 16,12	**Behüt uns, HERR, für falscher Lehr,**		
Jr 24,7	**Das arm verführte Volck bekehr.**		
Mt 6,10a	[3] **Es komm dein Reich zu dieser Zeit**	Dein Reich komme,	2. Bitte
Ps 145,13a	**Und dort hernach in Ewigkeit.**		
2 T 1,14	**Der Heilge Geist uns wohne bey**		
1 K 12,4	**Mit seinen Gaben mancherley.**		
Ap 12,12c	**Des Satans Zorn und groß Gewalt**		
J 17,11b	**Zerbrich, für ihm dein Kirch erhalt.**		
Mt 6,10b	[4] **Dein Will gescheh, Herr Gott, zugleich**	Dein Wille geschehe	3. Bitte
Mt 6,10b	**Auf Erden wie im Himmelreich.**	wie im Himmel so auf Erden,	
Sir 2,4	**Gib uns Geduld in Leidenszeit,**		
vgl. H 5,8f	**Gehorsam sein in Lieb und Leid;**		
R 9,28; 1 K 15,50a	**Wehr und steur allem Fleisch und Blut,**		
1 K 15,50a	**Das wider deinen Willen tut!**		
Mt 6,11	[5] **Gieb uns heut unser täglich Brodt,**	Unser tägliches Brot [2]	4. Bitte
Mt 6,32b	**Und was man darff zur Leibes=Noth,**		
Ps 121,7a	**Behüt uns für Unfried und Streit,**		
Mt 24,7c	**Für Seuchen und für theurer Zeit,**		
Sir 28,11b; 50,25b	**Daß wir in gutem Frieden stehn,**		
vgl. L 12,15a	**Der Sorg und Geizes müßig gehen.**		

1 Geheiligt werde dein Name,
2 Unser tägliches Brot gib uns heute

89

Mt 6,12a	[6] **All unsre Sünd vergieb uns HErr,**	Und vergib uns[3]	5. Bitte
vgl. Ps 38,5b	**Daß sie uns nicht betrüben mehr,**		
Mt 6,12b	**Wie wir auch unsern Schuldigern**	wie auch wir … unsern[4]	
Mt 6,12b	**Ihr Schuld und Fehl vergeben gern,**	vergeben	
1 P 4,10	**Zu dienen mach uns all bereit**		
E 4,2-3	**In rechter Lieb und Einigkeit.**		
Mt 6,13a	[7] **Führ uns, HErr, in Versuchung nicht,**	Und führe uns nicht[5]	6. Bitte
Prv 4,27b; E 6,12c	**Wenn uns der böse Geist anficht,**		
Prv 4,27a; 2 K 6,7b	**Zur lincken und zur rechten Hand,**		
E 6,13b	**Hilff uns thun starcken Widerstand,**		
E 6,16	**Im Glauben fest und wohl gerüstt,**		
E 6,17	**Und durch des Heilgen Geistes Trost.**		
Mt 6,13b	[8] **Von allem Ubel uns erlös,**	Sondern erlöse uns[6]	7. Bitte
E 5,16	**Es sind die Zeit und Tage bös,**		
H 2,15	**Erlös [uns] von dem ewgen Tod,**		
Ps 85,5; Sir 1,13	**Und tröst uns in der letzten Noth,**		
Mt 24,13	**Bescher uns alln ein seligs End,**		
Ps 31,6	**Nimm unsre Seel in deine Händ.**		
Mt 6,13; Ap 3,14	[9] **Amen, das ist, es werde wahr,**	Amen.	Beschluss
L 17,5	**Stärck unsern Glauben immerdar,**		
Sir 7,10	**Auf daß wir ja nicht zweifeln dran,**		
Sir 7,10	**Was wir hiermit gebeten han,**		
L 5,5c; J 16,24a	**Auf dein Wort in dem Nahmen dein,**		
Mt 6,13	**So sprechen wir das Amen fein.**		

3 Und vergib uns unsere Schuld
4 wie auch wir … unsern Schuldigern
5 Und führe uns nicht in Versuchung,
6 Sondern erlöse uns von dem Bösen.

Danken, loben und bitten in Luthers Deutscher Messe und in heutigen lutherischen Agenden[1]

Von Wolfgang Ratzmann

I Zum Thema

Das Thema dieser Tagung heißt: Gott danken, loben und bitten bei Martin Luther. Das klingt zunächst wie ein ehrenwertes kirchenhistorisches und theologiegeschichtliches Thema. Doch der Programmzettel macht deutlich, dass es nicht nur um die Historie als solche geht und gehen soll, sondern dass die kirchenhistorische Thematik – Luthers Gebetspraxis und Gottesdienstvorschläge – wohl auch mit unseren gegenwärtigen Fragen, Erfahrungen und Lebenseinstellungen verbunden werden kann und soll.

Die Veranstalter gehen von einem problematischen Lebensgefühl vieler Einzelner und der Gesellschaft aus, in der Unzufriedenheit, Undankbarkeit und eine überzogene Anspruchshaltung dominieren. Anhand der Beschäftigung mit Luther wollen die Veranstalter deshalb zeigen, dass der biblisch bezeugte Glaube nicht unzufrieden, sondern dankbar macht und dass im christlichen Glauben eine Basis gegeben ist, »ein von Dank erfülltes Lebensgefühl zu gewinnen«.[2]

Freilich: Ist das nur ein theologischer Anspruch, eine unbewiesene christliche Ideologie? Oder lässt sich das in irgendeiner Weise belegen? Dienen denn beispielsweise die Gottesdienste dazu, eine solche dank-

EGB Evangelisches Gottesdienstbuch: Agende für die Evangelische Kirche der Union und für die Vereinigte Evangelisch-Lutherische Kirche Deutschlands/ hrsg. von der Kirchenleitung der Vereinigten Evangelisch-Lutherischen Kirche Deutschlands und im Auftrag des Rates von der Kirchenkanzlei der Evangelischen Kirche der Union. B; Bielefeld; Hannover 2000.

1 Dieser Beitrag ist zunächst als Vortrag auf dem Luther-Seminar »Gott danken, loben und bitten bei Martin Luther« der Luther-Gesellschaft am 14. Mai 2006 in Leipzig vor der Feier von Luthers Deutscher Messe in der Nikolaikirche gehalten worden.

2 Programm der Tagung.

bare Lebenseinstellung zu erlangen? Oder sind sie ganz anderen Zielen verpflichtet? Ist der lutherische Gottesdienst damals und heute ein Ort des Dankens und Lobens? Vermittelte er damals, vermittelt er heute Ausdrucksformen für Lobpreis und Anbetung? Oft gehen wir heute enttäuscht und eher deprimiert aus evangelischen Gottesdiensten heraus. Woran mag das liegen? An der Ordnung – oder an anderen Faktoren? Ist unser Gottesdienst zugleich auch ein Ort der Bitte? Haben in ihm die realen Sorgen und Nöte der Menschen einen Ort? Oft scheint der Gottesdienst weit weg zu sein vom Lebensalltag. Werden wir tatsächlich ermutigt, im Gottesdienst das, was uns überfordert, Gott zu überlassen, um so unverkrampft für das sorgen zu können, was wir tun können? Wenn es so wäre, strömten dann nicht viel mehr Menschen sonntäglich in unsere Kirchen?

Wer Gottesdienste nach ihrer Wirkung befragt, begibt sich auf ein relativ modernes, zugleich aber auch etwas abschüssiges Feld liturgiewissenschaftlicher Analyse. Wir haben inzwischen gelernt, dass Gottesdienste nicht nur eine Textangelegenheit darstellen, sondern dass es sich bei ihnen um rituelle Handlungsfolgen und damit um eine bestimmte Art von »Inszenierungen«[3] handelt, deren Wirkung von vielen Faktoren abhängt, nicht nur vom Wortlaut der gesprochenen Texte:

– von den in ihnen handelnden Personen und von deren nonverbalen oder verbalen Signalen – also z. B. von der Stimme und Körperhaltung des Liturgen;
– von der musikalischen Kunstfertigkeit und Stimmung des Organisten und von der Art, wie eine Gemeinde die Lieder mitsingt;
– von den Räumen mit ihren Farben und Gerüchen, von der jeweiligen intimen und freundlichen oder erhabenen und festlichen Atmosphäre einer Kirche, in der Gottesdienst gefeiert wird;
– natürlich von den Worten des Predigers, die ja nicht amtlich durch Ordnungen geregelt sind, und von der persönlichen Art, die er dabei an den Tag legt usw.

Aber es geht zweifellos auch um etwas, das kirchenamtlich geregelt ist: nämlich um die Abfolge der liturgischen Sequenzen, wie sie in den Agenden festgeschrieben ist. Sie sind für den Charakter eines Gottes-

---

3 Vgl. Michael MEYER-BLANCK: Inszenierung des Evangeliums: ein kurzer Gang durch den Sonntagsgottesdienst nach der Erneuerten Agende. GÖ 1997.

dienstes zweifellos bedeutsam. Aber es ist gut zu wissen, dass zwar von ihnen viel, aber beileibe nicht alles abhängt, was einen Gottesdienst atmosphärisch bestimmt.

Wir wollen in diesem Beitrag Gottesdienstordnungen miteinander vergleichen: Luthers Ordnung der Deutschen Messe und ausgewählte lutherische Agenden der Gegenwart. Wir wollen dabei keinen formalen Vergleich aller Einzelheiten vornehmen, sondern uns auf markante Zeichen konzentrieren und auf die möglicherweise in ihnen sichtbar werdende innere Logik, auf das der jeweiligen Ordnung zugrundeliegende Paradigma des Glaubens, das hier dominiert, soweit sich das erkennen lässt. Wir fragen: Ist der lutherische Gottesdienst ein Ort für Lobpreis und Bitte und taugt er damit als Quelle eines dankbaren Lebensgefühls? Wir wollen dieser Frage nachgehen anhand von Luthers Deutscher Messe und im Blick auf drei lutherische Agenden der Gegenwart: im Blick auf das Evangelische Gottesdienstbuch (EGB), die Agende der Lutheraner in Nordamerika und die der ungarischen Lutheraner. Am Ende sollen einige Konsequenzen stehen, die sich uns nahelegen.

II Luthers Gottesdienstkonzeption

Martin Luther ging eher zögernd auf die Aufgabe zu, gottesdienstliche Ordnungen zu entwerfen.[4] Dafür hatte er vor allem einen theologischen Grund: Er fürchtete, dass durch autoritative Formulare die Freiheit des Evangeliums eingeschränkt würde. Die Gemeinden und Regionen sollten lieber selbst bestimmen, wie sie ihren Gottesdienst evangeliumsgemäß feiern konnten. Dennoch konnte sich Luther auf Dauer nicht dem Druck entziehen, er möge Vorschläge ausarbeiten. Freunde baten ihn – wie z. B. der Zwickauer Pfarrer Nikolaus Hausmann (1478/79-1538) –, vermutlich ebenso der Kurfürst Johann der Beständige (1468, 15525-1532). Immer wieder wurde er im Blick auf neue lokale Ordnungen um seinen konkreten Rat gefragt. Und die Zeichen mehrten sich, dass es zu eigenmächtigen radikalen Entscheidungen und zu chaotischen Zuständen in Sachen Gottesdienst kommen könnte.[5]

4 Vgl. dazu Martin BRECHT: Martin Luther. Bd. 2: Ordnung und Abgrenzung der Reformation 1521-1532. Lizenzausgabe. B 1989, 123-138. 246-253.
5 Brecht: Martin Luther 2, 148-172.

Der erste Entwurf Luthers, die lateinische Messe,[6] folgte in vielem noch stark dem spätmittelalterlichen Messformular. Nur die schlimmsten Missbräuche wurden hier korrigiert: Texte, die massiv von der Messopfervorstellung und von der Heiligenverehrung geprägt waren. Alles, was man evangelisch integrieren konnte, wurde belassen. Die reformatorische Predigt rückte ins Zentrum des vorsichtig erneuerten Gottesdienstes, und die Kommunion erfolgte in beiderlei Gestalt. Aber schon zur Zeit ihrer Veröffentlichung forderten einflussreiche Kräfte eine entschiedenere Gottesdienstreform, in der viel stärker die liturgischen Prinzipien der Reformation zum Ausdruck kommen würden. Man forderte eine deutsche Messe. Luther schreckte zunächst davor zurück – auch weil er nicht einfach eine schlichte Übersetzung der lateinischen Texte und eine naive Übernahme der gregorianischen Melodien für sinnvoll hielt, sondern weil er an eine solche Aufgabe hohe ästhetische Ansprüche stellte: Es sollte eine wirkliche deutsche Messe sein, in welcher der deutsche Text und die überlieferte Musik eine auch ästhetisch überzeugende neue Einheit bilden würden. Ende September 1525 ging Luther, unterstützt von zwei kurfürstlichen Musikern – einer davon ist der spätere Torgauer Kantor Johann Walther (1496-1570) – ans Werk und entwarf Texte, Abläufe und ordnete ihnen bestimmte Melodien zu. Ende Oktober 1525, schon einen Monat später, wurde die neue Ordnung in Wittenberg erprobt und bald darauf veröffentlicht.[7]

Welchen Stellenwert haben Dank, Lob und Bitte in Luthers Deutscher Messe? Bietet sie dafür ausreichend Raum? Motiviert sie dazu? Oder schränkt sie eher ein, Gott dankend oder bittend zu begegnen?

1 Zunächst zum Vorwort

Vom Danken, Loben und Bitten ist im Vorwort keine Rede. Vielmehr geht es Luther zunächst noch einmal darum herauszustellen, dass sein liturgisches Formular keinesfalls als einziges gelten solle, als »nöttig gesetz«,

---

6 Martin LUTHER: Formula missae et communionis pro ecclesia Vuittembergensi, WA 12, (197) 205-220; veröffentlicht – zugleich mit der Übersetzung von Paul Speratus (1484-1551) – auch in der Sammlung EVANGELISCHER GOTTESDIENST: Quellen zu seiner Geschichte. 2., völlig neubearb. Aufl./ hrsg. von Wolfgang Herbst. GÖ 1992, 17-49.

7 Martin LUTHER: Deutsche Messe und Ordnung Gottesdiensts, 1526; WA 19, (44) 72-113 ≙ Evangelischer Gottesdienst, 69-87.

sondern eher als eine Hilfe für diejenigen gedacht sei, die auf der Suche sind nach einer sachgerechten und dem Nächsten hilfreichen Ordnung. Dabei stehen Luther vor allem diejenigen vor Augen, »die noch Christen sollen werden odder stercker werden«, insbesondere die »eynfeltigen«, also die einfachen Leute, und die junge Generation, die täglich in der Schrift geübt und erzogen werden sollen.[8] Deshalb geht der Reformator in der Vorrede zunächst noch einmal auf das bleibende Recht der lateinischen Messe als Gottesdienstform ein, auch um der die Sprachen lernenden Jugend willen. Außerdem findet sich hier der berühmte Nebengedanke Luthers von einer dritten Art, Gottesdienst zu feiern durch diejenigen, die »mit ernst Christen wollen seyn«.[9] Und schließlich mündet das Vorwort ein in eine Anleitung zum Katechismusunterricht, den Luther mit der Deutschen Messe eng verflochten sieht. Luther verfolgt also mit seiner Ordnung ein stark glaubenspädagogisches Anliegen.

2 Nun zur Ordnung selbst

Der Gottesdienst beginnt mit einem deutschen Psalm oder einem geistlichen Lied. Ihm folgt das dreimalige Kyrie, kein Gloria, das auch in der römischen Messe zu Fastenzeiten entfiel, und unmittelbar danach das Kollektengebet. Dann wird im 8. Psalmton die Epistel gesungen. Luther hat für sie wie für den Eingangspsalm und viele andere Stücke genaue Notenangaben mit ausgeführten Beispielen beigefügt. Ihr schließt sich wieder ein deutsches Gemeindelied an, das vom Chor angeführt wird. Dann folgt das Evangelium nach dem 5. Ton, den Luther kreativ auf den erzählerischen deutschen Text angewendet hat. Anschließend wird als Credo das Glaubenslied Luthers »Wir glauben all an einen Gott« gesungen. Dann folgt die Predigt, möglicherweise auch in der Gestalt der Verlesung einer Postille, d.h. einer im Druck erhältlichen Textauslegung. Ihr schließt sich eine »öffentliche Paraphrase des Vaterunsers und Vermahnung« derer an, die zum Sakrament gehen wollen. Eher indirekt erwähnt Luther, dass das u. U. von der Kanzel aus geschehen könnte, wie »die alten« – nach der

---

8 Martin LUTHER: Vorrede zur Deutschen Messe; WA 19, 72, 6; 73, 15. 18 ≙ Evangelischer Gottesdienst, 70.

9 Martin LUTHER: Vorrede zur Deutschen Messe; WA 19, 75, 5 ≙ Evangelischer Gottesdienst, 71.

Tradition des spätmittelalterlichen Pronaus – dort ja auch das Gemeinsame Gebet und das Vaterunser gesprochen hätten.[10] Es schließen sich die Einsetzungsworte an. Luther empfiehlt die Ausspendung des Brots unmittelbar nach dem Brotwort und die des Weins unmittelbar an das Weinwort. Das deutsche Sanctus –»Jesaja dem Propheten das geschah« –, das Agnus Dei – »Christe, du Lamm Gottes« – und einige andere Abendmahlslieder können während der Ausspendung gesungen werden. Der Gottesdienst geht mit Schlusskollekte und Segen zu Ende.

Was fällt dieser Abfolge auf? Luther greift radikal in die bis dahin übliche Struktur der Abendmahlsliturgie ein. Er tilgt hier alles, was ihn an den spätmittelalterlichen Kanon erinnert, den er für gänzlich von der Messopfervorstellung verderbt hält. Er streicht damit auch die eucharistischen Gebete, und zwar hier schon die Präfation, die vom Priester laut vorgetragen, und das Hochgebet, das damals nur still gesprochen wurde, das aber dennoch ebenso einen Ort für das Gotteslob und für den Dank darstellte. Und er entfernt gleichermaßen die im Hochmittelalter stark zugenommenen Interzessionen innerhalb des Kanons und damit die hier gebotenen Gelegenheiten für Bittgebete.

Heißt das nicht: Luthers Deutsche Messe ist von der Anlage her eher ungeeignet, Ort des gemeinsamen Lobens und Dankens und der gemeinsamen Bitte zu sein? Auf den ersten Blick scheint das so zu sein. Ganz offenkundig verfolgt Luther mit dieser Ordnung primär ein anderes, nämlich ein glaubenspädagogisches Motiv, wie es im Vorwort zur Deutschen Messe unmissverständlich herausgestellt wird, sodass das Anliegen, den Gottesdienst als Ort des Gebets zu gestalten, demgegenüber weit zurücktritt.

Dabei schätzt er das Gebet, das Lob- und Dankgebet – die Eucharistie – und das gemeinsame Bittgebet im Prinzip sehr. An anderen Stellen vertritt er durchaus die Meinung, dass das Abendmahl Eucharistie sei, so wie Jesus selbst ja für Brot und Wein Gott gedankt habe.[11] Und ebenso macht er sich andernorts stark für die Verheißung, die auf dem gemeinsamen Fürbittgebet liegt. Im Sermon »Von den guten Werken« schreibt Luther beispielsweise, dass das gemeinsame Gebet ganz wichtig sei, »das

10 WA 19, 96, 29-33.
11 Vgl. z. B. Martin LUTHER: Ein Sermon von dem neuen Testament, das ist von der heiligen Messe, 1520; WA 6, (349) 353-378, bes. 368, 26 - 369, 19.

aller krefftigst, umb wilchs willenn wir auch zusammen kummenn«. Deshalb würde die Kirche auch ein Bethaus genannt, indem die Not Gott vorgetragen und er um Gnade angerufen würde.[12] Die Grobstruktur dieser Ordnung scheint solchen Intentionen in der Tat nicht zu entsprechen. Sie verfolgt ein anderes Hauptanliegen.

Aber das bedeutet nicht, dass damit die Frage nach Bitte, Gotteslob und Dank in der Deutschen Messe wirklich schon abschließend, nämlich eher negativ, beantwortet ist. Es sind ja vor allem zwei Sprachhandlungen, in denen in besonderer Weise Dank, Lob und Bitte ihren Platz haben: nämlich in den verschiedenartigen Gebeten und in den Liedern. Inwiefern bieten sie Raum für Lob, Dank und Bitte? Wir blicken noch einmal in die agendarische Ordnung und nehmen dabei zwei Texte als Beispiele genauer in Augenschein:

Beispiel 1: Die Deutsche Messe beginnt entweder mit einem deutschen Gemeindelied – 1525 lagen schon eine ganze Reihe solcher Lieder vor, nicht zuletzt solche aus Luthers Feder, die der Reformator als eine Art deutschen Psalms versteht – oder man beginnt mit einem gesungenen Psalm. Dabei bietet der Autor als Muster nicht nur wenige Psalmverse, eingerahmt in eine Antiphon, sondern einen ganzen Psalm, und zwar ausdrücklich einen lobpreisenden Psalm an:

> »Ich wil den herrn loben alle zeyt,
> Seyn lob sol ymerdar ynn meynem munde seyn.
> Meyne seele sol sich rhůhmen des herrn,
> Das die elenden hôren und sich frewen.
> Preyset mit myr den herrn
> Und last uns miteynander seynen nhamen erhôhen. [...]«[13]

Es dürfte kein Zufall sein, dass in dieser Ordnung ein langer Lobpreis-Psalm beispielhaft für den Introitus vorgesehen ist. Offensichtlich muss man für die Dimension des Lobpreises gerade die verschiedenen musikalischen Stücke wahrnehmen, zumal die Musik nicht nur als neutrales Transportmittel zu verstehen ist, um lobpreisenden Texten Ausdruck zu verschaffen, vielmehr ist sie als solche als lobpreisende, Gott rühmende Sprache zu verstehen.

---

12 Martin Luther: Von den guten Werken, 1520; WA 6, (196) 202-276, bes. 238, 10f.
13 WA 19, 81, 1-11.

Zum anfang aber singen wyr eyn geystlichs lied / odder eynen deudschen Psalmen ynn primo tono auff die weyse wie folget.

Ich wil den herrn loben alle zeyt / Seyn lob sol ymerdar ynn meynem munde seyn. Meine seele

sol sich rhümen des herrn / Das die elenden hö-ren vnd sich frewen. Preyset mit myr den herrn

Vnd lasst vns miteynander seynen nahmen erhö-hen, Da ich den herren sucht / antwort er myr vnd errettet

vnd errettet mich aus aller meyner furcht .

Wilche auff yhn sehen / werden erleucht / Vnd

yhr angesicht wird nicht zu schanden. Da dieser

elende rieff / höret der herr / Vnd halff yhm aus

allen seynen nöten. Der engel des herrn lagert

sich ymb die her / so yhn furchten / Vnd hilfft yhn

aus. Schmeckt vnd seht / wie freundlich der herre ist / wol

Martin Luther: Deudsche Messe vnd ordnung Gottisdiensts. Wittemberg: [Michael Lotter], 1526 (Lutherstadt Wittenberg, Lutherhaus)

Beispiel 2: Auch das sich anschließende Kollektengebet bietet Raum für Anbetung und Lobpreis. Luther hat ja bekanntlich keine freien Eingangsgebete vorgeschlagen, sondern viele formal relativ strenge römische Kollekten übersetzt und übernommen. Offensichtlich lag ihm daran, mit ihnen ein hilfreiches Muster anbieten zu können, anhand dessen der Christ angemessen beten lernt. Die in der Deutschen Messe vorgeschlagene Formulierung lautet:

> »Almechtiger Gott, der du bist eyn beschutzer aller die auf dich hoffen, an [ohne] welchs gnad niemand ichts [etwas] vermag noch etwas fur dyr gild, lasse deyne barmhertzigkeit uns reychlich widderfarn, auff das wyr durch deyn heyliges eyngeben dencken was recht ist, und durch deyne krafft auch dasselbig volbringen umb Jesus Christus unsers herrn willen. Amen.«[14]

Mit diesen strengen Formulierungen folgt Luther der traditionellen römischen Struktur dieser Gebete. Die Gottesanrede ist von anamnetischen Aussagen geprägt, mit denen Gott zugleich gelobt und gepriesen wird. Und ihnen schließt sich eine Bitte an: »auff das wyr«. Gerade in den formal strengen Kollekten kommen Lobpreis und Bitte eng zusammen. Das gilt übrigens in gleicher Weise auch für die formal ganz ähnlich konzipierte Schlusskollekte vom Ende der Messe mit dem auch uns noch sehr geläufigen Text:

> »Wyr dancken dir, almechtiger herr gott, das du uns durch dise heylsame gabe hast erquicket und bitten deyne barmhertzigkeyt, das du uns solchs gedeyen lassest zu starckem glauben gegen dir und zu brinstiger liebe unter uns allen, umb Jhesus Christus unsers herrn willen. Amen.«[15]

Es ist also offenkundig, dass Lobpreis und Dank in den Liedern und auch in streng formulierten Mustergebeten ihren Platz hatten.

Aber dennoch: Wie soll man unter der Perspektive der Bitte, des Dankens und Lobens die eigentümliche Lösung Luthers verstehen, von der Predigt plötzlich in eine Abendmahls- und Beichtvermahnung überzugehen und diesen dann unmittelbar die Verba Testamenti mit Kommunion anzuschließen? Wird damit nicht gerade an einer ganz zentralen Stelle des Gottesdienstes – nämlich beim Abendmahl – Bittgebet und Dank an Gott strukturell ausgeschlossen? Wir versuchen, uns in Luthers Entscheidung hineinzudenken. Was könnten seine Motive sein?

14 WA 19, 86, 15 - 87, 2 ≙ Evangelischer Gottesdienst, 78.
15 WA 19, 102, 8-11 ≙ Evangelischer Gottesdienst, 86.

– Er stellte wohl nicht zufällig die beiden biblischen Grundtexte heraus, die für sein Glaubens- und Gottesdienstverständnis zentral waren: das Vaterunser – das Urbild christlichen Betens –, und den Einsetzungsbericht, den er als Konzentration des ganzen Evangeliums und deshalb als »Hauptstück« der Messe versteht.[16] Er will beide Texte in seinem Entwurf besonders stark machen: das Vaterunser, indem er es paraphrasiert und damit dessen inhaltlichen Reichtum zu entfalten sucht, den Einsetzungsbericht, indem er laut vorgetragen und – auf den Evangelienton gesungen – als Verheißung der Gemeinde zugesprochen wird.

– Wie kann es aber geschehen, dass aus einem Gebet – vor allem aus dem Vaterunser, aber auch aus dem gesamten eucharistischen Gebetszusammenhang – ein uns so ganz anders anmutender Sprechakt einer Vermahnung gemacht wird? Der Heidelberger Theologe Frieder Schulz (1917-2005) – einer der wenigen liturgiehistorischen Experten in der evangelischen Theologie der Gegenwart – hat auf diese Frage u. a. unter Verweis auf die damalige dialogische Gebetspraxis geantwortet, wie sie vor allem im oberdeutschen Predigtgottesdienst üblich war. Dabei schloss sich an Gebetsaufforderungen, man könnte auch sagen: Gebetsvermahnungen – »Bittet für … um …« –, das gemeinsame Sprechen des Vaterunsers an.[17] »Der Wechsel im modus dicendi (Anrede an die Gemeinde bzw. an Gott) ist« – ganz anders als nach unserem Empfinden – »lediglich eine Schwerpunktverlagerung innerhalb eines komplexen Gebetsgefüges.«[18] Ähnlich will wohl auch die Vaterunserparaphrase in Luthers Gottesdienstordnung nicht zu einem späteren Gebet nach dem Gottesdienst auffordern, sondern selbst, das Vaterunser entfaltend, zugleich einen betenden Mitvollzug der Gemeinde ermöglichen. Deshalb leitet der Liturg den Text so ein, dass er die Gemeinde zum Mitbeten auffordert:

16 Luther: Ein Sermon von dem neuen Testament, …; WA 6, 355, 21 - 356, 2.
17 Frieder SCHULZ: Das Gebet. In: Handbuch der Liturgik: Liturgiewissenschaft in Theologie und Praxis der Kirche/ hrsg. von Hans-Christoph Schmidt-Lauber; … 3., vollst. neu bearb. und erg. Aufl. GÖ 2003, 742-762, bes. 742 f. 751 f.
18 Frieder SCHULZ: Luthers liturgische Reformen. In: Ders.: Synaxis: Beiträge zur Liturgik; zum 80. Geburtstag des Autors/ im Auftr. der Evang. Landeskirche in Baden hrsg. von Gerhard Schwinge. GÖ 1997, 51 f.

»Lieben freunde Christi, weyl wir hie versamlet sind ynn dem namen des herrn, seyn heyliges testament zu empfahen, So vermane ich euch auffs erste, das yhr ewr hertze zu got erhebt, mit mir zu beten das vater unser, wie Christus unser herr geleret und erhorung trostlich zugesagt hat.

Das Gott unser vater ym hymel uns seyne elende kinder auff erden barmertziglich ansehen wollte und gnade verleyhen, das seyn heyliger name unter uns und in aller welt geheyliget werde durch reyne, rechtschaffne lere seynes worts Und durch brunstige liebe unsers lebens, Wollte gnediglich abwenden alle falsche lere und boses leben, darynn sein werder name gelestert und geschendet wird. [...]«[19]

In der späteren evangelischen Praxis hat sich diese Struktur, wie wir wissen, freilich nicht durchsetzen können.

– Die Entscheidung Luthers für die Paraphrase des Vaterunsers und die sich anschließende Abendmahlsvermahnung – »Zum andern vermane ich euch ynn Christo, das yhr mit rechtem glauben des testaments Christi warnehmet und allermeist die wort, darynnen uns Christus sein leyb und blut zur vergebung schenkt, ym hertzen feste fasset, das yhr gedenckt und dankt der grundlosen liebe, die er uns bewysen hat, [...]«[20] – ist, so radikal die Veränderung gegenüber der überlieferten Messform anmutet, dennoch nicht ohne jeglichen Bezug auf die Sakramentsfeier als Eucharistie mit ihren anamnetischen, doxologischen und epikletischen Elementen. Darauf haben nicht zuletzt römisch-katholische Liturgiewissenschaftler aufmerksam gemacht.[21] So ist es z. B. kein Zufall, dass Luther bei der Einleitung zur Vaterunser-Paraphrase vom »Erheben der Herzen« spricht. Hier und vor allem in den für die Feier unverzichtbaren Abendmahlsliedern der Gemeinde tauchen – in einem anderen Sprachmodus und allerdings in einer starken anamnetischen Konzentration auf das Versöhnungsgeschehen durch Christus am Kreuz – manche Formulierungen des Lobpreises und Dankes oder der Bitte um Gottes Kommen im Geist

19 WA 19, 95, 22-31.
20 WA 19, 96, 20-23.
21 Vgl. Friedrich Lurz: Die Feier des Abendmahls nach der Kurpfälzischen Kirchenordnung von 1563; ein Beitrag zu einer ökumenischen Liturgiewissenschaft. S; B; Köln 1998, bes. 455-466; Reinhard Messner: Die Meßreform Martin Luthers und die Eucharistie der Alten Kirche: ein Beitrag zu einer wissenschaftlichen Liturgiewissenschaft. Innsbruck; W 1989, 198-206.

wieder auf, die in der römischen Messe vom Priester laut oder leise vorgetragen wurden, so wenn der »grundlosen liebe« Christi gedankt wird, oder wenn es in dem von Luther besonders empfohlenen Lied heißt, dass »Gott [...] gelobet und gebenedeiet« sei.[22]

Wie sind Luthers Entscheidungen einzuschätzen? Von welchen Hauptintentionen ist der Gottesdienst seiner Deutschen Messe geprägt? Luther geht es sicher nicht zuerst darum, mit ihr eine Ordnung für Lobpreis und Bitte zu konzipieren. Im Vordergrund steht vielmehr die Konzentration des Gottesdienstes auf die Zusage und auf die sakramentale Zueignung des Versöhnungsgeschehens in Christus. Deswegen streicht er radikal alle über-lieferten Formulierungen, die dieses einmalige Opfer Jesu Christi für uns liturgisch verdunkeln und den Gottesdienst zum Gott wohlgefälligen Werk machen konnten. Und deswegen untersetzt er die zentralen liturgischen Vollzüge mit erklärenden und vermahnenden Passagen. Er will damit nicht in Frage stellen, dass der Gottesdienst Ort von Lobpreis und Bitte ist, wie z. B. seine Lieder zeigen. Aber es geht ihm zentral darum, den Hauptgrund allen Lobpreises zu vergegenwärtigen: nämlich Gottes Kommen in Chris-tus, Gottes schon geschehene Versöhnung in Christus. Diese Mitte des Gottesdienstes entsprach Luthers eigenem reformatorischem Erleben und seiner eigenen reformatorischen Überzeugung. Sie entsprach wohl auch der Erwartung vieler Menschen, angesichts der eigenen bewussten Sünd-haftigkeit im Gottesdienst Gott als den gnädigen Gott zugesprochen und zugeeignet zu bekommen.

Wirkungsgeschichtlich ist es freilich ein Problem dieser Ordnung, dass ihre starke glaubenspädagogische Ausrichtung den lutherischen Gottes-dienst immer wieder auch daran hindern konnte, sich als Fest und Feier, aber auch als Ort von Anbetung und lebendiger Spiritualität zu entfalten, vor allem als sich seit der nachreformatorischen Zeit spürbare Akzentver-lagerungen des Gottesdienstes vom Zuspruch der Sündenvergebung hin zur Einschärfung von Buße und Gesetz entwickelten. In einem solchen Gottes-dienst – man denke an die altprotestantische Ständegesellschaft – hatten Buß- und Bittgebete zwar ihre innere Plausibilität, gerade in Kriegs- und anderen Krisenzeiten; aber demgegenüber mussten Lobpreis und Dank stärker zurücktreten, auch wenn die Gemeindelieder und die evangelische

---

22 Vgl. WA 19, 96, 23; 99, 9: Evangelisches Gesangbuch, Lied 214 .

Kirchenmusik überhaupt für einen gewissen Ausgleich sorgten. Insofern ist es nicht verwunderlich, dass der lutherische Gottesdienst zu anderen Zeiten und unter anderen Bedingungen nicht nur die Ordnung der Deutschen Messe revitalisiert, sondern auch andere Impulse aufgenommen hat.

III Dank, Lob und Bitte in heutigen lutherischen Agenden

Welchen Intentionen folgen heutige lutherische Agenden? Worin unterscheiden sie sich von Luthers Ordnung? Welchen Raum gewähren sie dem Dank, dem Gotteslob und der Bitte? Kann man es ihnen zutrauen, dass sie in ihrer jeweiligen Form ein »von Dank erfülltes Lebensgefühl« befördern helfen?

Wir wollen uns bei der Darstellung auf drei gegenwärtige Gottesdienstbücher beschränken, nämlich

- auf die Grundform I aus dem Evangelischen Gottesdienstbuch, welche die VELKD zu ihrer kirchenrechtlich verbindlichen Gottesdienstform gemacht hat,
- auf das »Lutheran Book of Worship«, die Agende der lutherischen Kirchen in den USA und Kanada von 1978,
- und auf die relativ junge Agende der Lutheraner Ungarns, erschienen in Budapest 1996.

1 Evangelisches Gottesdienstbuch

Etwa seit der Jahrtausendwende 1999/2000 haben die meisten deutschsprachigen evangelischen Landeskirchen eine neue Agende, das Evangelische Gottesdienstbuch (EGB), eingeführt. Auch die acht lutherischen Landeskirchen in Deutschland haben dieses Buch, und zwar darin primär die Grundform I, die sich von der westlichen Messtradition herleitet, als ihre gültige Agende anerkannt, wobei es zugleich zusätzliche lokale Ausführungsbestimmungen für die einzelnen Landeskirchen gibt. So ordnet beispielsweise die sächsische Landeskirche einzelne Singweisen drei Liturgien zu, die zu bestimmten Zeiten des Kirchenjahrs verwendet werden. Worin liegen Gemeinsamkeiten und Unterschiede zwischen dem Raum und den Formen für Bitte, Lob und Dank in Luthers Deutscher Messe und in dieser neuen deutschen Agende? Ich beschränke mich auf vier Gesichtspunkte:

1.1 Fürbittgebet

Das EGB schließt sich strukturell in der Abfolge von der Predigt bis zur Kommunion nicht an das Modell der Deutschen Messe an, sondern nimmt eher die später üblich gewordene evangelische Tradition auf, dass anstelle der Vaterunser-Paraphrase ein ausführliches Fürbittengebet gesprochen wird. Für dieses Fürbittengebet werden beispielhafte Mustertexte angeboten, mit denen stärker dialogisch gestaltete Gemeindegebete empfohlen werden und die das traditionelle monologische Fürbittgebet, allein vom Liturgen gesprochen, relativieren und korrigieren sollen. Das EGB verfolgt damit zwar auch gewisse liturgiedidaktische, genauer: gebetserzieherische Tendenzen – wie Luther –, stellt aber Gebetsmodelle an die Stelle von Gebetsbetrachtungen und -mahnungen. Die direkte Bitte im Blick auf aktuelle Nöte und Anliegen hat damit einen festen Platz im heutigen evangelischen Gottesdienst.

1.2 Abendmahl als Eucharistie

Das EGB, gestützt auf die neuere liturgiewissenschaftliche Diskussion und in bewusst ökumenischer Offenheit, hat die eucharistische Dimension des Abendmahls wiederentdeckt und empfiehlt deshalb die Einordnung der Verba Testamenti in einen eucharistischen, also lobpreisenden Gebetszusammenhang als Erste Form der Abendmahlsliturgie (!). Dieser Vorschlag – der übrigens in Agende I auch schon enthalten, dort aber als »Form II« eingeordnet war – stimmt mit der üblichen Praxis in den meisten lutherischen Gemeinden Deutschlands zwar nicht überein, und gegen das Verständnis des evangelischen Abendmahls als Eucharistie haben sich inzwischen auch maßgebliche kritische Stimmen aus der akademischen Theologie gewandt.[23] Aber er eröffnet für Lobpreis und Dank – anders als in der Deutschen Messe – weitere liturgische Räume.

1.3 Das Verständnis von Agende

Ein dritter Unterschied hängt mit dem Verständnis von Agende bzw. Gottesdienstordnung zusammen. Während Luther um der »Einfältigen« willen trotz seiner generellen Bereitschaft zur Vielfältigkeit der gottesdienstlichen

---

23 Vor allem Dorothea WENDEBOURG: Den falschen Weg Roms zu Ende gegangen?: zur gegenwärtigen Diskussion über Martin Luthers Gottesdienstreform und ihr Verhältnis zu den Traditionen der Alten Kirche. ZThK 94 (1997), 437-467.

Ordnungen mit der Deutschen Messe eine einheitliche Lösung vorschlug, will das EGB Mut machen und Hilfe dabei leisten, dass Gottesdienste von bestimmten Anlässen her liturgisch unterschiedlich akzentuiert sein sollten. Dabei denkt das EGB nicht nur an bestimmte Zielgruppen – Familien, Frauen … – oder geprägte Feste des Kirchenjahres mit bestimmten Formen – Christvesper, Karfreitagsgottesdienst … –, sondern auch an das Anliegen, ganze Gottesdienste stärker vom Anliegen des als Dankes und Lobpreises bzw. der Bitte bestimmen zu lassen. Dafür bietet das EGB Strukturierungshilfen an.[24]

1.4 *Die Inhalte von Dank, Lob und Bitte*

Im EGB findet sich an manchen Stellen nicht nur eine deutlich veränderte Sprache, mit der man die strikte Orientierung an der lutherisch-klassischen Tradition aufbrechen wollte. Auch die Gründe, Gott zu danken oder zu bitten, können sich im Vergleich zu Luthers Zeit sehr verändern. Ich nenne nur Beispiele:

– Bewusst neu konzipierte Kollektengebete versuchen es strikt zu vermeiden, Gott im Gebet wie einen mächtigen Feudalherren anzureden. Sie begnügen sich mit sparsamen, oft eher spröden und kaum mehr bildhaften Anreden – »Gott«, »Jesus Christus«, »unser Gott« – oder sie nehmen Anleihen bei der poetischen Sprache der Psalmen – »Gott, du Quelle des Lichts …«[25] – Viele solcher Anreden enthalten ein doxologisches Moment: Gott wird nicht nur angeredet, sondern zugleich dafür gepriesen, dass er nicht nur »der ewige Gott« ist oder der »Schöpfer Himmels und der Erde«, sondern auch, dass wir ihn als »Balsam unserer Seele«[26] empfinden oder mit ihm als »zärtliche Nähe« rechnen dürfen, der uns Menschen mit unserem verborgenen oder offensichtlichen Leid sieht.

– Wer heute Gott bittet, darf die Menschen nicht von ihrer eigenen Verantwortung entlasten. Deshalb bemüht man sich in den Bittgebeten, nicht alle Aktivität zugunsten unserer Welt ausschließlich von Gott zu erwarten, sondern ebenso die gestalterischen Fähigkeiten

---

24 Vgl. die Ausformungsvarianten A 2 oder A 3 und die Variante D 2; EGB, 40. 49.

25 EGB, 301.

26 EGB, 373.

des Menschen für sein Wohl und das Wohl der Welt mit in den Blick zu nehmen: »Wir bitten Gott, dass er unsere Bereitschaft mehre, die uns gestellten Aufgaben zu erfüllen; dass er unseren Widerstand überwinde, den Wohlstand zu teilen [...]«[27] Manche signalisieren eine sich verändernde Anthropologie, in der sich der Mensch auch über die eigene Schöpfungs- und Gestaltungskraft freuen kann, die freilich innerkirchlich durchaus umstritten sein dürfte – »wie stark, wie schöpferisch sind wir!«[28]

– Ebenso ist das Bemühen unverkennbar, das Fürbittgebet nicht unter der Hand als politisch systemstabilisierendes Instrument zu missbrauchen – »Alte Ordnungen vergehen, Gott, du Anfang und Ende, aber deine neue Ordnung hat bereits begonnen« [...]«[29] –, auch wenn die Mächtigen dieser Welt und alle, die in unterschiedlichen Bereichen Leitungsverantwortung tragen, neben den Armen und Notleidenden, neben den einfachen und kleinen Leuten oft auch besonders im Gebet bedacht werden.

Wenn man nach einer Hauptintention des EGB sucht, dann muss man vermutlich vor allem seine Integrationstendenz nennen: Es verfolgt das Anliegen, den außerordentlich vielfältig gewordenen deutschen Protestantismus liturgisch beieinander zu halten, dabei viel vom liturgisch-spirituellen Erbe des Protestantismus zu bewahren – die Grundstruktur des Messgottesdienstes, die Proprien der Sonn- und Festtage –, aber auch neuen theologischen und spirituellen Impulsen offen zu sein. Deutlich ist, dass das Abendmahl hier nicht mehr in der historisch engen Verbindung zu Buße und Beichte gesehen werden muss, sondern vielfältiger verstanden und gefeiert werden kann. Das EGB bietet reichlich liturgiedidaktische Anregungen, u. a. für einen Gottesdienst, der stärker für Lobpreis und Dank oder für die Bitte an Gott Raum gewähren will. Die Schwäche des EGB hängt vermutlich mit seinen Stärken zusammen: Es tendiert mit seiner Offenheit und Flexibilität dazu, weniger als richtunggebende Agende, sondern eher als eine Art Werkbuch verstanden zu werden, das nicht genügend Verbindlichkeit mehr vermittelt.

27 EGB, 595.
28 EGB, 399.
29 EGB, 612.

2 Lutheran Book of Worship[30]

Das amerikanische Gottesdienstbuch unterscheidet sich schon dadurch erheblich vom EGB, als auf seinen etwa 500 Seiten nicht nur der Sonntags- und Festtagsgottesdienst beschrieben wird, sondern zugleich auch alle anderen Gottesdienstformen von den Stundengebeten bis hin zu den Ordnungen für die Kasualien. Der Sonn- und Festtagsgottesdienst wird in drei verschiedenen Fassungen unter der Überschrift »Holy Communion« vorgestellt. Sein Ablauf stellt sich folgendermaßen dar:

- Hymnus oder Psalm
- Gruß
- Entfaltetes Kyrie
- Gloria: Hymn of Praise – Lord God, haevenly king ... / This is the feast ...
- Gebet
- Erste Lesung
- Psalm
- Zweite Lesung
- Halleluja
- Evangelium
- Lied des Tages (evtl.)
- Predigt
- Lied des Tages
- Credo
- Fürbittgebet
- Friedensgruß
- Abendmahlsvorbereitung (»Offertory«)
- Präfation
- Sanctus
- Eucharistische Gebete mit Anamnese und Epiklese (verschiedene Varianten) und mit integrierten Einsetzungsworten
- oder: Einsetzungsworte
- Vaterunser
- Kommunion
- Lieder / Musik während der Austeilung
- Danklied als Postcommunio
- Gebet
- Stille
- Segen

30 LUTHERAN BOOK OF WORSHIP. Ministers desk edition/ prepared by the churches participating in the Inter-Lutheran Commission on Worship. MP; Phil 1978.

Die drei verschiedenen Fassungen unterscheiden sich strukturell und inhaltlich wenig voneinander. Ihr Hauptunterschied liegt auf der musikalischen Ebene. Vor allem die dritte Fassung hebt sich durch ihre strengen traditionsorientierten gregorianischen Melodien von den ersten beiden ab.

Bei aller Verwandtschaft zur Deutschen Messe und zu unseren lutherischen Gottesdiensten gibt es zwei deutliche Unterschiede:

– Das Gloria in excelsis, das in der Deutschen Messe sogar ganz entfällt, nimmt einen bedeutsamen Raum ein. Besonders beliebt ist in vielen amerikanischen Gemeinden eine neuere Gloria-Variante »This is the feast of victory for our God ….«. In den unterschiedlichen Ausführungsvarianten der ersten und zweiten Form fällt auf, dass offensichtlich die Tradition der englisch-anglikanischen Hymnen einen großen Einfluss ausgeübt hat. Diese Gloria-Fassungen sorgen auch durch ihre Form dafür, dass viele Gemeinden an dieser Stelle Gott gern und kräftig ihr Loblied singen.

– Die Abendmahlsliturgie kennt im Unterschied zur Deutschen Messe sowohl einen Offertoriumsteil, einen Akt zur Gabenbereitung, ein Stück, das Luther heftig kritisiert und dann radikal aus seinen Ordnungen gestrichen hatte, wie auch in unterschiedlichen Varianten die Einordnung der Verba Testamenti in einen eucharistischen Gebetszusammenhang. Diese Ordnung hat sich in vielen amerikanischen Gemeinden – im Unterschied zur deutschen Situation – wirklich eingebürgert, sodass das Abendmahl als Ritus des Gedenkens an Tod und Auferstehung Jesu zugleich ein liturgischer Ort des Lobpreises Gottes für sein Heilswerk ist.

Im Ganzen ist deutlich zu spüren, dass die amerikanische Agende nicht einseitig von Luthers deutscher Gottesdienstordnung geprägt ist, sondern auch von anderen Impulsen, wie z. B. von Wilhelm Löhes (1808-1872) Agende, welche die Lutheraner der Missouri-Synode übernahmen, von Einflüssen der Gottesdienstreform des 2. Vatikanischen Konzils, sicher aber auch vom kulturell-musikalischen Kontext Englands und der anglikanischen Tradition. Sie ist eher arm an liturgiedidaktischen Hinweisen, auch im Blick auf die Gestaltung von Bitt- oder Lobgebeten. Aber sie eröffnet dem musikalischen Lobpreis der Gemeinde einen unüberhörbaren Raum im Gottesdienst. Und sie lädt ein zu einer festlichen Gesamtgestaltung des Gottesdienstes.

Trotz der Eigenständigkeit der amerikanischen Agende – oder vielleicht auch: wegen ihr – enthält das Lutheran Book of Worship zusätzlich zu den drei regulären Gottesdienstordnungen noch einen Ablaufplan im bewussten Anschluss an Luthers Deutsche Messe.[31]

3 Die Agende der ungarisch-lutherischen Kirche

Einem recht anderen Farbtupfer aus dem Spektrum lutherischen Gottesdienstes begegnen wir in der neuen ungarischen Agende.[32] Er wird schon im Vorwort angedeutet, insofern das Abendmahl hier aus einer engen Verbindung mit der Kreuzigung Jesu heraus verstanden wird. Es sei deshalb nicht mit einem weltlichen Freudenmahl zu verwechseln und sein heiliger Charakter müsse bewahrt werden. Was das konkret heißt, wird vor allem an dem Gewicht deutlich, das in dieser Agende der Beichte zugeschrieben wird.

Die Agende bietet ebenfalls drei verschiedene Formen an:
- eine gesprochene Liturgie, die immer wieder mit dazwischen gesetzten Liedversen der Gemeinde ergänzt wird,
- eine gesungene Fassung,
- und eine verkürzte Form, wie sie z. B. für Gottesdienste mit kleiner Teilnehmerzahl oder angesichts knapper Zeit denkbar erscheint.

Die Ordnung folgt im Wesentlichen dem weithin üblichen Verlauf eines lutherischen Gottesdienstes. Auffällig ist, dass im Eröffnungsteil das Confiteor und ein biblisches Gnadenwort vorgesehen sind und – noch wesentlicher – dass es keinen Abendmahlsgottesdienst gibt ohne einen relativ umfangreichen Bußakt. Dieser hat seinen Platz nach dem Fürbittgebet und besteht:
- aus einem Lied,
- einem einleitenden Gebet,
- einer hinführenden Ansprache,
- der Zitation der 10 Gebote mit einer sich anschließenden Ermahnung,
- aus Beichtfragen und einem Beichtgebet,
- einem Moment der Stille
- und der Absolution.

31 Lutheran book of worship, 307.
32 AGENDA A MAGYARORSZÁGI EVANGÉLIKUS EGYHÁZ: lelkészei számára. BP 1996.

Dann erst setzt die Abendmahlsliturgie ein, in der allerdings nach dem Sanctus und vor dem Vaterunser ein besonderes lobpreisendes Abendmahlsgebet eingefügt ist. Dessen Text lautet in deutscher Übersetzung:

> »Herr, du bist heilig, und groß ist deine Barmherzigkeit. Du verurteilst die Sünde, aber mit dem Leben deines geliebten Sohnes errettest du die Sünder und erfreust alle deine Geschöpfe mit deiner Güte. Du gibst den Menschen ihr tägliches Brot, damit sie Leben haben und sie dich freudig loben. Du hast uns aber auch seelische Speise und ewiges Leben gegeben durch deinen Diener Jesus Christus. Um dieser deiner großen Barmherzigkeit willen bitten wir dich: Sende nun deinen Heiligen Geist, und heilige uns, dass wir durch den Leib und das Blut unseres Herrn eine brüderliche Gemeinschaft werden. Deshalb tun wir nach seinem Befehl und beten, wie er es gelehrt hat: Vater unser …«

Dieses Gebet spielt nicht zufällig noch einmal auf die Errettung der Sünder an, enthält aber auch anamnetische und epikletische Formulierungen wie im klassischen Hochgebet. Und nach dem Agnus Dei wird noch einmal ein Gebet gesprochen, das auf die Kommunion hinführt und das dabei noch einmal – so in der zweiten Gebetsvariante – an die Unwürdigkeit des Menschen und an Gottes vergebende Barmherzigkeit erinnert. Die deutliche Tendenz dieser Agende, das Abendmahlsgeschehen mit Buße und Vergebung eng zu verklammern, kommt schließlich ebenso in der Regelung zum Ausdruck, dass auch in einer verkürzten Form des Abendmahlsgottesdienstes stets ein Bußakt vor dem Abendmahl für unerlässlich gehalten wird, der aus Gesang, Beichtermahnung, Beichtfragen, Beichtgebet und Absolution besteht.

Es ist deutlich zu erkennen, dass diese Agende einerseits den sehr engen Zusammenhang des evangelischen Abendmahls mit Sündenbekenntnis und -vergebung beibehalten hat, der über mehrere Jahrhunderte dem lutherischen Abendmahl sein besonderes, oft eher strenges Gepräge gegeben hat. Die enge Verbindung von Beichte und Abendmahl gehört inzwischen zum lokalen konfessionellen Profil, das offensichtlich auch in den Gemeinden und in der Pfarrerschaft tief verwurzelt ist. Aber man möchte sich zugleich neueren theologischen Erkenntnissen zum Abendmahl oder einer sich auch in einzelnen Gemeinden verändernden Abendmahlsspiritualität gegenüber nicht völlig verschließen. Wohl deswegen finden sich in der neuen ungarischen Agende auch anamnetische und epikletische Formulierungen.

IV Schlussgedanken

Was lässt sich am Ende dieses Agendenvergleichs festhalten? Wie vorbild-lich war und ist Luthers Gottesdienstordnung für einen evangelischen Gottesdienst heute? Was lässt sich aus dem Blick in die Ordnungen für die Frage ableiten, inwiefern der lutherische Gottesdienst ein Ort für Bitte, Lob und Dank der Gemeinde ist?

Zunächst zeigt sich an der Unterschiedlichkeit der Ordnungen ein Prinzip, auf das Luther selbst großen Wert gelegt hat: Er wollte seine Empfehlungen keinesfalls als Gesetz verstanden wissen. Er wusste wohl um das Geheimnis, dass der rechte Gottesdienst primär eine Frage des Glaubens, der inneren Einstellungen, keinesfalls allein eine Sache korrekt zu befolgender Zeremonien ist. Insofern ist eine Pluralität lutherischer Gottesdienstordnungen heute nichts, was gegen Luthers Intentionen spricht. Sie entspricht vielmehr in gewisser Weise seiner Überzeugung von Notwendigkeit situationsgerechter Ordnungen aus dem Geist des Evangeliums, die durchaus verschieden sein können.

Es ist keine Frage, dass Luther in seiner persönlichen Frömmigkeit ebenso wie in seiner Gottesdiensttheologie der Bitte, dem Gotteslob und dem Dank eine hohe Bedeutung zugemessen hat. Deshalb sind seine Gebetsformulierungen und vor allem seine Lieder Orte für Bitte, Lob und Dank. Im Blick auf die Entwicklung gottesdienstlicher Ordnungen waren seine Hauptmotive freilich noch stärker davon bestimmt, alles zu vermeiden, was den evangelischen Rechtfertigungsglauben liturgisch in Zweifel ziehen könnte, und alles dafür zu tun, dass der gnädige Gott hier Menschen unter Gesetz und Evangelium und in der Gestalt von Wort und Sakrament begegnen kann. Deshalb nahm der Reformator deutliche Eingriffe im Abendmahlsteil vor. Und deshalb erhalten hinweisende Er-mahnungen einen Platz im Gottesdienst. Wirkungsgeschichtlich führten diese Motive zu einer unglaublichen kulturellen Blüte der Kirchenmusik einerseits, aber auch – verstärkt durch die Aufklärung – zu einer pädagogi-sierenden Tendenz im Gottesdienst, die nicht nur die Feierdimension des Gottesdienstes verdunkeln, sondern auch die liturgischen Elemente Bitte, Lob und Dank viel stärker zurückdrängen konnte, als es Luther in seiner Gottesdienstordnung beabsichtigt hatte.

Für uns heute kommt es weniger darauf an, die einzelnen liturgischen Sequenzen und Empfehlungen aus Luthers Deutscher Messe zu kopieren, sondern stärker danach zu suchen, in welcher Einstellung, mit welcher Haltung und mit welchen Gestaltungselementen heute, in unserer scheinbar gottfernen Zeit, dem Evangelium von der Güte Gottes im Gottesdienst Raum gegeben werden kann und in welchen Formen auch heute Bitte, Lob und Dank einen überzeugenden liturgischen Ausdruck finden können. Dabei werden Luthers Entscheidungen und die Traditionen des lutherischen Gottesdienstes zu beachten sein. Aber es kann ebenfalls legitim sein, auch andere, z. B. altkirchliche Strukturen wiederzuentdecken, die Luther als ungeeignet betrachtet hatte, wie die Form des eucharistischen Gebets als Ort für Lobpreis und Dank. Manche alte liturgisch-konfessionelle Streitigkeit, selbst wenn sie theologisch noch nicht völlig ausgefochten ist, verliert heute ein wenig an Brisanz. Noch wichtiger wird für alle christlichen Kirchen die Frage, wie in einer Gesellschaft der allgemeinen Gottvergessenheit der Gottesdienst wieder neu dazu helfen könnte, Wege zum Glauben und im Glauben zu erschließen. Wie kann es gelingen, dass die pausenlosen Selbstrechtfertigungen der Menschen, die zu Unzufriedenheit und Depression, Angst vor gesellschaftlichem Absturz, dauerhafter Überforderung und Entsolidarisierung führen, überwunden werden können? Der Glaube an die Güte Gottes, ausgedrückt auch in liturgischen Formen, zugeeignet in Wort und Sakrament, wie er von Luther in seiner Zeit wiederentdeckt wurde, bedarf der Neuentdeckung in unseren Tagen und der neuen überzeugenden »Inszenierung« im Gottesdienst. Eines gehört dabei wohl in jedem Fall dazu: dass genügend Platz ist für Bitte und Klage, Lobpreis und Dank – um Gottes und der Menschen willen.

Freiheit vom Papst – Seelsorge am Papst

Luthers Traktat »Von der Freiheit eines Christenmenschen« und das Widmungsschreiben an Papst Leo X.: eine kompositorische Einheit

Von Berndt Hamm

Ziel der folgenden Studie[1] ist es, zu einem besseren Gesamtverständnis von Luthers Traktat »Von der Freiheit eines Christenmenschen« zu gelangen, indem sein enger Zusammenhang mit dem »Sendbrief an Papst Leo X.« beachtet wird.

Luthers berühmte Freiheitsschrift liegt in einem Publikationszusammenhang von insgesamt fünf Texten vor, die er nach dem 12. Oktober 1520 verfasste und deren Druck um den 20. November abgeschlossen war. Zwei Schriftenpaare bilden den primären Textbestand: der Widmungsbrief »Epistola ad Leonem decimum summum pontificem«[2] mit dem dazugehörigen »Tractatus de libertate Christiana«[3] und die beiden entsprechenden deutschen Texte, der »Sendbrief an Papst Leo X.«[4] mit dem Traktat oder Sermon »Von der Freiheit eines Christenmenschen«[5]. Auf die feinen und z. T. auch theologisch gewichtigen Unterschiede zwischen lateinischer und

---

1 Sie wurde am 26. Oktober 2006 als Vortrag auf der Sixteenth Century Conference in Salt Lake City gehalten und für die schriftliche Fassung etwas erweitert.

2 WA 7, (38) 42-49.

3 WA 7, 49-73 ≙ StA 2, 264-309.

4 WA 7, (1) 3-11 ≙ Cl 2. 6. Aufl. B 1967, (1) 2-10.

5 WA 7, (12) 20-38 ≙ Cl 2, 11-27 ≙ StA 2, 265-305. Luther bezeichnet die Freiheitsschrift im weiter unten erwähnten Widmungsschreiben zur deutschen Fassung an Hermann Mühlpfort als »tractatell [Traktätchen] unnd Sermon«; siehe unten Anm. 15. Die für die lateinische Fassung verwendete Gattungsbezeichnung »Traktat« zielt zwar auf die diskursive Erörterung eines Lehrproblems. Doch ist die Diminutivform »Traktätchen« in Verbindung mit dem Begriff »Sermon« deutlicher Hinweis darauf, dass sich Luther nicht auf die Ebene eines gelehrten scholastischen Traktats begibt, sondern die lateinisch-deutsche Freiheitsschrift in die Kette seiner frühneuhochdeutschen Sermone der Jahre 1518 bis 1520 einreiht. Diese Sermone sind kurze, einfache, erbauliche Schriften, die das Wesentliche seiner Theologie auf katechetisch-elementarisierende Weise und mit seelsorgerlichem Impetus vermitteln.

deutscher Fassung der Texte und die Frage ihrer Abfassungspriorität brauche ich nicht einzugehen, da mein weiterer Argumentationsgang davon nicht berührt wird. Was ihre Publikation betrifft, lässt sich feststellen: Zuerst wurden die deutschen Texte gedruckt. Da der geschäftstüchtige Wittenberger Drucker Johann Grünenberg den »Sendbrief ...« sogleich nach der Fertigstellung separat erscheinen ließ, verfasste Luther für den deutschen Freiheitstraktat ein neues, kurzes Widmungsschreiben an den Stadtvogt von Zwickau Hermann Mühlpfort (1486-1534),[6] das zunächst wohl nicht vorgesehen war. In der ursprünglichen Konzeption Luthers gehören der zweisprachige Widmungsbrief an den Papst und die beiden Versionen der Freiheitsschrift zusammen.[7]

Die These meiner Studie ist, dass Luther den Sendbrief an Leo X. und den Freiheitstraktat als kompositorische Einheit verfasste. Die beiden Texte bilden daher einen engen Interpretationszusammenhang; und das bedeutet: Erst die Freiheitsschrift erschließt das Verständnis des Sendbriefs, und umgekehrt erschließt der Sendbrief die Intention der Freiheitsschrift. Zwar ist der Sendbrief nicht nur ein Widmungsschreiben für den folgenden Traktat, sondern ein mehr als halb so langer Text von eigenem literarischem und theologisch-religionspolitischem Gewicht, d. h. geradezu ein eigener kleiner Sermon Luthers über seine Stellung zu Papst und Papsttum. Beide Texte aber sind aufeinander bezogen und entsprechen einander. Dabei ist zu bedenken, dass Luther beide als publikumswirksame Doppelflugschrift veröffentlichte. Sie sollen in ihrer Zusammengehörigkeit eine programmatische Botschaft an die lateinisch- und deutschsprechende Öffentlichkeit, an Gelehrte und Ungelehrte, Kleriker und Laien, herantragen.

Im Folgenden gehe ich zunächst knapp auf die Vorgeschichte der Texte ein. Sie gehört in den Zusammenhang der Friedensinitiative des sächsischen Adeligen und päpstlichen Kammerherrn Karl von Miltitz

---

6 WA 7, 20; Cl 2, 10; StA 2, 263. Der Brief ist fälschlich an »Hieronymus« Mühlpfort gerichtet.

7 Vgl. besonders Luthers Vereinbarung mit Karl von Miltitz in der Antoniterpräzeptorei Lichtenburg an der Elbe am 12. Oktober 1520, über die er noch am selben Tag in einem Brief an Georg Spalatin berichtet: »[...] magna spe statuimus, vt ego ad summum pontificem Epistolam edam vtraque lingua, praefixam paruulo alicui opusculo, in qua narrem historiam meam ₍et₎ quam non vnquam personam eius appetierim, totum pondus in Eccium versurus«; WA Br 2, 197, 6-9 (342).

(1490-1529), der sich um eine friedliche Beilegung des Konflikts zwischen Luther und der Kurie bemühte und sich deshalb – am 28. August 1520 – an Luthers Orden wandte. Daraufhin reisten der alte und der neue General-vikar der observanten Augustinereremiten Deutschlands, Johannes von Staupitz (um 1465-1524) und Wenzeslaus Linck (1483-1547), zu Luther nach Wittenberg; und dieser erklärte sich ihnen gegenüber – vermutlich am 6. September – dazu bereit, privat ein Schreiben an den Papst zu rich-ten, in dem er ihm wahrheitsgemäß versichert, niemals etwas gegen ihn persönlich im Schilde geführt zu haben.[8] Von einer theologischen Schrift für den Papst – im Sinne des späteren Freiheitstraktats – ist damals noch nicht die Rede. Dieser Plan, das Papstschreiben einem beigefügten kleinen Werkchen – »parvulo alicui opusculo« – voranzustellen, taucht erstmals am 12. Oktober 1520 als Ergebnis eines Treffens zwischen Luther und von Miltitz auf.[9] Was war geschehen?

Am 10. Oktober war die päpstliche Bannandrohungsbulle »Exsurge domine« in Wittenberg eingetroffen. Sie forderte von Luther, binnen 60 Tagen die 41 inkriminierten Sätze zu widerrufen, der Kurie davon urkund-lich oder persönlich Kenntnis zu geben sowie die Schriften, in denen die Irrtümer enthalten sind, zu verbrennen. Andernfalls hat Luther nach Ab-

8 Vgl. Luthers Brief an Georg Spalatin vom 11. September 1520: »[...], ut R[everendus] P[ater] Staupitius et novellus Vicarius Wenceslaus ad me profecturi orarent me, ut literas privatim ad Romanum Pontificem scriberem, contestans, nihil me in personam suam unquam fuisse molitum, sperans hoc consilio rem bene habituram. [...] Scribam itaque, id quod res est, nihil unquam in me fuisse, quod in personam Pontificis raperetur. Quid enim et facilius et verius scribere possum? Caeterum, sedem ipsam et causam ne atrocius tractem, inter scribendum cavendum erit mihi; aspergetur tamen sale suo«; WA Br 2, 184, 7-10. 12-15 (337). Den zweiten Abschnitt übersetze ich so: »Ich werde daher dem Papst schreiben, wie es sich wirklich verhält, dass mir nie etwas im Sinn gelegen habe, was gegen die Person des Papstes bezogen werden könnte. Was nämlich kann ich Leichteres und Wahrhaftigeres schreiben? Im Übrigen aber werde ich mich beim Schreiben hüten müssen, das ich nicht den päpstlichen Stuhl und das Rechtsverfahren zu heftig anpacke; doch wird er mit seinem eigenen Salz bestreut [scharf kritisiert] werden.« Schon hier also hat Luther die beiden Aussageebenen im Blick, auf denen er sich dann in seinem Sendbrief an Leo X. tatsächlich bewegen wird (siehe unten Seite 120f mit Anm. 23-26): die freundliche und demütige Diktion im Umgang mit der Person des Papstes und den vehement kritischen Ton im Umgang mit dem Papstamt, dem Römischen Stuhl.

9 Vgl. das Zitat oben Anm. 7.

lauf der Widerrufsfrist als exkommuniziert zu gelten.[10] Die Bulle verlangt somit die völlige Unterwerfung unter die als irrtumsfrei geltende Autorität des Papsttums. Nur so kann er Glied der kirchlichen Heilsgemeinschaft bleiben. Vorausgesetzt ist die in der Bulle »Unam sanctam« 1302 formulierte und durch Leo X. (1475, 1513-1521) auf dem Fünften Laterankonzil 1516 bestätigte päpstliche Doktrin, dass es für jede menschliche Kreatur heilsnotwendig sei, dem römischen Pontifex untertan zu sein.[11]

Luther reagierte auf das Eintreffen der Bannandrohungsbulle mit einem verstärkten Freiheitsbewusstsein. Am 11. Oktober meldete er Georg Spalatin die Ankunft der Bulle mit den Worten: »Schon bin ich viel freier, indem ich endlich die Gewissheit erhalten habe, dass der Papst der Antichrist ist und öffentlich als Sitz Satans entlarvt worden ist. Gott bewahre nur die Seinen davor, dass sie nicht durch seinen allergottlosesten Schein [der Heiligkeit] verführt werden.«[12] Letzte Klarheit darüber, dass der Papst der Antichrist sei, d. h. dass im Papsttum eine widergöttlich-satanische Macht gegen die Christenheit wüte und so das Nahen des Jüngsten Tages ankündige, hatte Luther bereits im Frühjahr und Frühsommer 1520 erlangt.[13] Wenn er jetzt, nach Eintreffen der Bulle und der Bestätigung dieser

10 Vgl. die Darstellung der Ereignisse und des Inhalts der Bannandrohungsbulle bei Martin Brecht: Martin Luther: sein Weg zur Reformation; 1483-1521. S 1981, 371-384; dort auch eine Darstellung der Entstehungsgeschichte des Sendbriefs an Leo X. und der Freiheitsschrift auf Seite 385-388.

11 »Porro subesse Romano Pontifici omni humanae creaturae declaramus, dicimus, diffinimus omnino esse de necessitate salutis«; Bonifatius VIII.: Bulle »Unam Sanctam« vom 18. November 1302. In: Enchiridion Symbolorum .../ hrsg. von Henricus Denzinger; Adolfus Schönmetzer. 36. Aufl. FB ... 1976, 281 (875). Die Bulle »Unam sanctam« wurde durch Papst Leo X. auf der 11. Sitzung des Concilium Lateranense V, am 19. Dezember 1516, durch die Bulle »Pastor aeternus gregem« bestätigt; vgl. Enchiridion Symbolorum ..., 355.

12 »Iam multo liberior sum, certus tandem factus papam esse Antichristum [et] satanę sedem manifeste inuentum. tantum seruet deus suos, ne seducantur eius impiissima specie«; WA Br 2, 195, 22-24 (341).

13 Vgl. Reinhard Schwarz: Luther. GÖ 1986, 80f, und besonders Luthers Schrift »De captivitate Babylonica ecclesiae praeludium«, die im August 1520 entstand. Luther hat zu diesem Zeitpunkt bereits die auf dem Weg befindliche päpstliche Bannandrohungsbulle im Blick, und auf ihre Widerruf-Forderung reagiert er auf denkbar ungewöhnliche Weise, indem er seine Schrift gleich zu Beginn als eine Art Widerruf stilisiert: Früher, als er das göttliche Recht des Papsttums bestritten habe, habe er ihm noch ein menschliches

Antichrist-Gewissheit, von seiner gesteigerten Freiheit spricht, dann will er damit sagen: Als Lehrer der göttlichen Wahrheit werde ich von Satan selbst angegriffen, und in dieser Situation äußerster, übermenschlicher Bedrohung weiß ich mich von aller kleinmütigen Rücksicht auf menschliche Macht und Hilfe befreit und allein dem Schutz Gottes anheimgegeben. Je furchtbarer sich die satanischen Mächte gebärden, desto freier bin ich, desto mehr mit meinem Vertrauen in Gottes Gnade geborgen.[14]

Vor diesem Hintergrund wird verständlich, weshalb Luther am Tag nach dem Spalatinbrief, am 12. Oktober, Karl von Miltitz besagte Zusage gab, dem schon länger geplanten versöhnlichen Brief an den Papst eine theologische Schrift beizufügen. Aus Luthers Perspektive in diesen dramatischen Tagen war es logisch, dass dieses »opusculum« nur eine programmatische Freiheitsschrift sein konnte – eine Schrift, in der er angesichts des päpstlichen Unterwerfungsanspruches aus der Heiligen Schrift den Grund seiner völligen Freiheit und Glaubenssouveränität, die ihn auch über das Papsttum stellt, offenlegt.[15] Die Chronik dieser Vorgänge im Herbst

Recht zugestanden: »Jetzt aber weiß ich und bin ich gewiss, dass das Papsttum das Reich Babylons ist« (»scio nunc et certus sum, Papatum esse regnum Babylonis«), d. h. jener durch den Namen »Babylon« symbolisierte Machtbereich des Bösen, in dem Satan durch seinen menschlichen Statthalter, den Antichristen, herrscht: »esseque papatum aliud revera nihil quam regnum Babylonis et veri Antichristi«; WA 6, 498, 4 f; 537, 24 f.

14 Im Brief an Spalatin betont Luther seine große Freude darüber, dass er als Unwürdiger von Gott einer so »heiligen Verfolgung« (»sancta vexatio«) durch den Antichristen gewürdigt werde – dies ist ein immer wiederkehrendes Leitmotiv bei Luther: Gerade die Diener des Gotteswortes werden von Satan besonders schlimm heimgesucht, weil er durch sie seine Macht als »Fürst dieser Welt« besonders bedroht sieht. An diese Freudenbekundung schließt sich seine oben zitierte Freiheitsaussage unmittelbar an. Und er führt sie weiter durch die von Erasmus von Rotterdam erhaltene Prognose, dass auf Kaiser Karl V. keine Hoffnung zu setzen sei. Dies sei auch nicht weiter verwunderlich, erläutert er und zitiert Vulgata-Psalm 145/146, 2: »Setzt euer Vertrauen nicht auf Fürsten, nicht auf Menschenkinder, bei denen kein Heil ist.« – Vgl. auch den kurz darauf geschriebenen Brief an Michael Muris, zitiert unten Seite 130 mit Anm. 51.

15 Diese auf das Papsttum zielende Intention des Freiheitstraktats erwähnt Luther ausdrücklich im kurzen Widmungsschreiben zur deutschen Fassung an Hermann Mühlpfort; vgl. oben Anm. 6: Er habe »diß tractatell unnd Sermon euch wollen zuschreyben ym deutschen, wilchs ich latinisch dem Bapst hab zu geschrieben, damit fur yderman meyner lere und schreyben von dem Bapstum nit eyn vorweyßlich, als ich hoff, ursach angetzygt«; WA 7, 20, 19-22. Luther sagt damit, dass er mit seiner Freiheitsschrift – die

1520 mit ihrer Verquickung von Ereignishaftem und Literarischem zeigt beispielhaft, wie Luther bei der Entfaltung seiner Theologie nicht nur der Eigendynamik seines Denkens folgte, das ihn zu weiteren Konsequenzen drängte, sondern dabei zugleich auf den zunehmenden und eskalierenden Druck seiner kirchlichen Gegner reagierte – als »Vorwärtsgetriebener«, wie er sich selbst wahrnahm.[16]

Luther hat mit der Doppelflugschrift von Sendbrief und Freiheitstraktat eine mehrjährige Entfaltung seines Freiheitsbewusstseins und -denkens zum Abschluss gebracht, in der stets die ekklesiologische, norm- und autoritätstheologische Perspektive der christlichen Freiheit und ihre personal-rechtfertigungstheologische Perspektive eng, ja unlösbar miteinander verbunden waren.[17] Den wachsenden Druck, den die papalistische Partei und die römische Behörde vom Frühjahr 1518 bis zum Erscheinen der Bannandrohungsbulle im Juni 1520 auf Luther ausübten, beantwortete er mit einer fortschreitenden Verschärfung und systemkritischen Radikalisierung, Vertiefung und Ausweitung seines Freiheitsverständnisses über den anfänglichen Angriff auf die scholastische Theologie und das Ablasswesen im Herbst 1517 hinaus.[18] Im Sommer 1520 ist der Endpunkt des völligen

er als Traktätchen und Sermon bezeichnet – vor jedermann, also in aller Öffentlichkeit, die »ursach«, d. h. den Legitimationsgrund, für seine Lehre und sein Schreiben vom Papsttum offen gelegt habe, eine Begründung, die, wie er hofft, nicht »vorweyßlich« ist, d. h. die – aufgrund ihrer Argumentation aus der Heiligen Schrift – nicht als falsch erwiesen werden kann. Luther hofft also, dass diejenigen, die in der Freiheitsschrift die rechtfertigungstheologische Begründung der christlichen Freiheit lesen, verstehen, warum er mit Recht die Grundlagen eines papalistischen Kirchenverständnisses angreift.

16 Vgl. Heiko A. OBERMAN: Luther: Mensch zwischen Gott und Teufel. B 1982, 223-225, Abschnitt VII.1: »Gestoßen und gerissen«.

17 Vgl. Thorsten JACOBI: »Christen heißen Freie«: Luthers Freiheitsaussagen in den Jahren 1515-1519. TÜ 1997; Berndt HAMM: Martin Luthers Entdeckung der evangelischen Freiheit. ZThK 80 (1983), 50-68.

18 Mit der Veröffentlichung seiner Thesen gegen die scholastische Theologie vom 4. September 1517 und seiner 95 Ablassthesen vom 31. Oktober 1517 trat Luther in den offenen Konflikt mit den wissenschaftlichen und kirchlichen Autoritäten der Christenheit ein. Damit hängt offensichtlich unmittelbar zusammen, dass er seit 11. November 1517 bis Anfang 1519 insgesamt 28 Briefe als »Martinus Eleutherius«, als »Martin der Befreite«, unterzeichnete und entsprechend die Schreibweise seines Familiennamens aus Luder in Luther änderte, erstmals im Begleitschreiben zu den 95 Thesen an Erzbischof Albrecht von Mainz am 31. Oktober 1517. Vgl. Bernd MOELLER; Karl STACKMANN: Luder – Luther –

Bruchs mit dem mittelalterlichen System oder Sinngefüge von Kirche, Theologie und Frömmigkeit erreicht. Christliche Freiheit bedeutet nun für ihn auch, dass er sich und jeden glaubenden Christenmenschen von allen Rücksichten auf die jurisdiktionellen, dogmatischen und sakral-institutionellen Grundlagen der Papstkirche, soweit sie nicht durch die Norm der Heiligen Schrift legitimiert sind, befreit sieht. Der Fundamentalangriff auf die sakramentale Struktur der mittelalterlichen Kirche, verbunden mit der absoluten Diabolisierung des Papsttums, war der letzte Schritt. Luther tat ihn in seiner – im August 1520 ausgearbeiteten – Gefangenschaftsschrift »De captivitate Babylonica ecclesiae praeludium«, in der er die durch die Taufe begründete Christenfreiheit geradezu bekenntnishaft proklamiert: »Für diese Freiheit und dieses Bewusstsein [der Freiheit] schreie ich, und ich schreie getrost.«[19] Indem nun Luther auf die Gefangenschaftsschrift eine thematisch komprimierende Freiheitsschrift in Kombination mit dem gewichtigen Sendbrief an den Papst folgen ließ, bündelte er den theologischen und kirchenpolitischen Ertrag der vorausgegangenen Monate und Jahre. Bezeichnend ist aber, dass er diese Konsequenz erst dann zog, als durch das Eintreffen der Bulle der Druck der drohenden Exkommunikation bis zum Äußersten angestiegen war.

Wie aber konnte Luther in dieser – aus seiner Sicht – teuflischen Eskalation mit der Freiheitsschrift einen Sendbrief an Leo X. verbinden, in dem er, wie zugesagt, friedensbereite Töne anschlägt? In der Tat zeigt sein Brief dieses Bemühen, das in der Lutherforschung immer wieder für Irritationen gesorgt hat. Man sah in dem Widmungsschreiben ein fragwürdiges Dokument voller Widersprüche,[20] schwankend zwischen schärfsten

Eleutherius: Erwägung zu Luthers Namen. GÖ 1981; Jacobi: »Christen heißen Freie«, 139-149. – Diese Namensveränderung und -deutung zeigt erstmals, wie Luther dem wachsenden Legitimationsdruck mit einem wachsenden Vollmachtsbewusstsein, dem Bewusstsein der Freiheit, begegnete. Genau diese Reaktionsweise zeigt sich auch im Oktober 1520.

19 »Pro hac duntaxat clamo libertate et conscientia, clamoque fidenter, [...]«; WA 6, 537, 12. Mit »conscientia« meint Luther die in diesem Textabschnitt hervorgehobene »conscientia libertatis (nostrae)«, d. h. das – im Gewissen des Menschen durch Gottes Evangelium geweckte – Bewusstsein der Freiheit; WA 6, 537, 8 f. 15.

20 Vgl. Erwin Iserloh: Die protestantische Reformation. In: Erwin Iserloh; ...: Reformation, Katholische Reform und Gegenreformation. FB 1967, 75; unkritisch zitiert StA 2, 260 f; anders hingegen Brecht: Martin Luther 1, 388, ohne freilich auf die Zweiseitigkeit des

kompromissloser Papstkritik und einer demütigen Unterwürfigkeit – »So komme ich nun, Heiliger Vater Leo, und zu deinen Füßen liegend bitte ich [...]« –,[21] die Luther so nicht wirklich ernst gemeint haben könne. Eine sorgfältige Analyse des Briefs, die seinen Zusammenhang mit der Freiheitsschrift beachtet, zeigt freilich, dass er theologisch sehr stimmig komponiert und formuliert ist.

Luthers Theologie von den frühen Vorlesungen bis in die letzten Jahre seines Lebens ist gekennzeichnet durch die prinzipielle Differenzierung zwischen Glaube und Liebe oder Lehre und Leben, zwischen der Wahrheitsdimension des im Glauben zu empfangenden Gotteswortes und der ethischen Dimension der Lebenspraxis, ihrer Sündhaftigkeit oder Heiligung.[22] Beide Dimensionen sind in der christlichen Existenz unlösbar miteinander verbunden. Dieser theologischen Fundamentalunterscheidung entsprechen die zwei scheinbar widersprüchlichen, in Wirklichkeit aber eng zusammengehörigen Aussageebenen des Sendbriefs: Auf der persönlichen Aussageebene der »brüderlichen Liebe«[23] betont Luther, dass er den Papst nie als Person, im Blick auf dessen Lebensführung, angegriffen habe, sondern dass er stets das Ehrerbietigste über ihn denke, ihn für »ein Schaf unter den Wölfen« halte, ihm das Allerbeste – insbesondere das

---

Sendbriefs erklärend einzugehen. Zu den Schwierigkeiten der Debatte um den Charakter des Sendbriefs vgl. Matthieu ARNOLD in seiner Einführung zur französischen Übersetzung des Briefs; LUTHERS ŒUVRES/ hrsg. von Marc Lienhard; Matthieu Arnold. Bd. 1. P 1999, 1468 f (mit Literatur, 1470), 1470; Scott H. HENDRIX: Luther and the papacy: stages in a Reformation conflict. Phil 1981, 112-117; Volker LEPPIN: Martin Luther. Darmstadt 2006, 160 f.

21 »Alßo kum ich nu, H. V. Leo, und zu deynen fuessen liegend bitte, [...]«; WA 7, 9, 25; vgl. lat. Fassung: »Ita venio, Beatissime pater, et adhuc prostratus rogo, [...]«; 7, 47, 25.

22 Vgl. Berndt HAMM: Toleranz und Häresie: Martin Bucers prinzipielle Neubestimmung christlicher Gemeinschaft. In: Martin Bucer zwischen Luther und Zwingli/ hrsg. von Matthieu Arnold; Berndt Hamm. TÜ 2003, 85-106: hier 102 f. Zu entsprechenden Lutherstellen vgl. auch Gerhard EBELING: Einfalt des Glaubens und Vielfalt der Liebe: das Herz von Luthers Theologie. In: Ders.: Lutherstudien. Bd. 3: Begriffsuntersuchungen – Textinterpretationen – Wirkungsgeschichtliches. TÜ 1985, 145 f mit Anm. 55-57. Vgl. die im Oktober 1520 entstandene Schrift Martin LUTHER: Von den neuen Eckischen Bullen und Lügen, bes. WA 6, 581, 7-19.

23 WA 7, 10, 39 f: »[...], biß ich brüderlicher liebe pflicht außricht«; vgl. lat. Fassung 7, 48, 29: »[...], dum officium charitatis implevero: [...]«

Seelenheil – wünsche und für ihn bete.[24] Auf der transpersonellen Aussageebene der Lehre und Wahrheit dagegen[25] richtet sich sein Angriff mit undiplomatischer Kompromisslosigkeit gegen Amt, Lehre und Jurisdiktion des Papsttums, d. h. gegen die amtliche Rolle des Papstes als Widersacher der göttlichen Wahrheit auf dem Römischen Stuhl. Ausdrücklich setzt Luther die Römische Kirche samt dem sog. Petrusamt des Papstes mit jenen Verderbensmächten der Hölle gleich, vor denen Christus die Seinen beschützt. Das Papsttum erscheint als Zentrum der Herrschaft Satans über die Erde.[26] Luther unterscheidet also nicht nur zwischen der Person des Papstes und seinem »unchristlichen« Anhang an der Römischen Kurie, sondern – was viel wesentlicher ist – zwischen seiner Person und seiner päpstlichen Amtsgewalt und der dieser zugeschriebenen Machtfülle. Sein eigener Römischer Stuhl, die »cathedra Petri«, ist der schlimmste »Kerker«, in dem er als Person gefangen ist.

Den diabolischen Charakter des Papstamtes spitzt Luther im Sendbrief daher auf das Problem der Autoritäts- und Rechtsstellung des Papstes zu: dass er als Herr über Diesseits und Jenseits – mit »gewalt ynn den hymel, yn die hel und ynß fegfewr« – gilt und dass ihm jedermann um seines Seelenheils willen untertan sein muss.[27] Die Spitze des Skandals aber, den Inbegriff des Satanisch-Antichristlichen, sieht Luther darin, dass die papalistische Doktrin den Papst sogar zum Herrn über das Allerheiligste

24 Vgl. WA 7, 3, 12-15; 3, 22 - 4, 16; 4, 37 - 5, 2; 5, 32 f; 6, 34 - 7, 2; 10, 31 - 11, 13 / lat. 7, 42, 14-16; 43, 6-19; 43, 33-36; 44, 19 f; 45, 13-17; 48, 22 - 49, 3.

25 Zur Unterscheidung zwischen dem »Leben« (»mores«) seiner kirchlichen Widersacher – einschließlich der »Person« des Papstes – und der »Lehre« oder der »Wahrheit« des Gotteswortes vgl. WA 7, 4, 17-19 (lere – leben) und 4, 37 - 5, 4 (person / leben – des gottlichen wortis warheyt) / lat. 7, 43, 20 f (mores – doctrina) und 43, 33-37 (persona / mores – verbum veritatis).

26 Vgl. WA 7, 5, 8-13. 23-31. 37 f; 6, 21-32. 37; 10, 22-24 / lat. 7, 44, 3-6. 12-18. 23 f; 45, 3-11. 14 f; 48, 16 f. Vgl. bes. 6, 27-29: »[...], das es war ist, Rom sey vortzeyten gewest eyn pfort des hymels, und ist nu eyn weyt auffgesperreter rache der helle, unnd leyder eyn solcher rache, den durch gottis tzorn niemand kan zu sperrenn, [...]«

27 »Laß dich nit betriegen, die dyr liegen und heucheln, du seyest eyn herr der welt, die niemant wollen lassen Christen seyn, er sey den dyr unterworffen [eine Anspielung auf die oben Anm. 11 zitierte Formulierung der Bulle »Unam sanctam«], die do schwetzen, du habst gewalt ynn den hymel, yn die hel und ynß fegfewr, [...]«; WA 7, 10, 3-6 / lat. 7, 48, 2-4.

Antichristi.

Antichristus.

Der Babst maßt sich an tzeltlichen Tyrannen vnd beyden zweyen fursten, so yre fusß den leuten tzu kussen dar geudcht, nach aus weysen, damit es tewr werde das geschrifts ist. Welcher dieser Bestien bilde nicht anbetet, sall grosse rewden Apocalip.13. Dis Bestien bild sich der Babst yn seyne Decretalen twinck schomp tzwingen, & olst be ruck. Stymmung vor de Gei.1455.

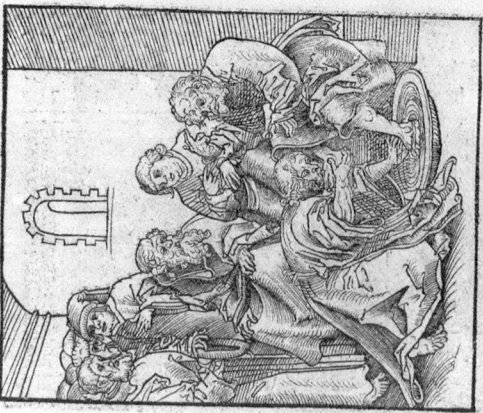

Passional Christi und

Christus.

Szo ich ewr fusse hab gewaschen Ich ewr herr vn meyster byn, vill meht solt yr einander vnter euch die fusß waschen. Sze mir hab ich euch ein auszeygnis vn beyspiel geben, wie ich yn than hab, also solt ir yn mir auch thun. Warlich warlich sag ich euch, der knecht ist nicht mehr dan seyn herr, so ist auch nicht ögsandte tre bote mehr dz d tm gsandt hat, Wist yr diße selig seyt yr szo yr das thun werdet. Johan. 13.

Passional Christi und Antichristi/ Holzschnitte: Lucas Cranach d. Ä.; bibelbezogene Texte: Philipp Melanchthon; auf Rechtsbestimmungen bezogene Texte: Johann Schwertfeger. [Wittenberg: Johann Rhau-Grunenberg, 1521], A iij f., A iiijᵛ f. (Lutherstadt Wittenberg , Lutherhaus)

auf Erden, die Heilige Schrift, erhebt. Seine Amtsheiligkeit maßt sich die normative Hoheit über Gottes Wort an.[28] Darin zeigt sich für Luther die Grundperversion der Papstkirche, dass sie in der Fiktion gefangen sei, der Papst sei nicht einfach ein Mensch, sondern ein »mixtus deus« – »gemischt mit gott« –, der »alle Dinge« gebieten und fordern kann.[29] Indem Luther seine Abrechnung mit dem Papsttum in dieser Weise auf das quasi-göttliche Herr-Sein über alle Dinge, ja auch über alle Personen der Christenheit,[30] zuspitzt, ist er beim Thema seines Freiheitstraktats. Denn die christliche Freiheit zu lehren heißt für Luther in diesem Zusammenhang nichts anderes als die wahren Herrschafts- und Unterordnungsverhältnisse in der Christenheit offenzulegen.

Klärend ist die Beobachtung, dass die zwei Aussageebenen des Sendbriefs, von denen ich gesprochen habe, eine genaue Entsprechung in der Freiheitsschrift finden, indem sie grundlegend zwischen den zwei – bereits erwähnten – Existenzdimensionen des glaubenden Christenmenschen unterscheidet: Im Glauben, d. h. in seinem inneren Verhältnis zur befreienden Wahrheit des Evangeliums, ist er »ein freier Herr über alle Dinge« und hat so einen von allen göttlichen und menschlichen Gesetzen befreiten Zugang zur ewigen Seligkeit. In dieser Hinsicht ist er keinem irdischen Herrn, also auch nicht der Tyrannei des Papstes, untertan. In der geschwisterlichen Liebe hingegen – wenn es nicht um die eigene Seligkeit, sondern um die leibliche und seelische Not des Nächsten geht – ist der gleiche Christenmensch »ein dienstbarer Knecht aller Dinge«[31] und jedem, der seine Hilfe

---

28 Vgl. WA 7, 10, 8-16 / lat. 7, 48, 6-11.

29 »[...], du seyest nit eyn lautter mensch, sondernn gemischt mit gott, der alle ding zu gepieten und tzufoddern habe«; WA 7, 9, 40 - 10, 1 / lat. 7, 47, 36 f.

30 Vgl. oben Anm. 27 und WA 7, 10, 9: die Herrschaft des Papstes über »gemeyne Christenheyt« / lat. 7, 48, 7.

31 Von diesem Dienst »auß lieb und freyheit«, wie er den unzähligen Geboten und Gesetzen der »tolle[n] prelaten«, »des Babsts, der Bischoff, der klöster, der stifft, der fursten und herrnn«, entgegengebracht werden kann, solange er nicht in der Meinung geschieht, dadurch fromm und selig zu werden, spricht Luther gegen Ende der Freiheitsschrift, § 28; WA 7, 37, 2-13 / lat. 7, 68, 3-13. Diese Art von Untertänigkeit – aus »brüderlicher liebe« – bekundet Luther in seinem Sendbrief dem Papst gegenüber: »Ich mag nit schmeychlen ynn solcher ernster, ferlicher sache [d. h. angesichts der großen Gefahr, in der sich die Seele des Papstes befindet], ynn wilcher ßo mich ettlich nit wollenn vorstehen, wie ich deyn freund und mehr denn unterthan sey, ßo wirt er sich wol finden,

benötigt, unter Umständen also auch dem Papst oder anderen »tollen Prälaten«, untertan. Diese freiwillige Bereitschaft zu Untertänigkeit und Dienstbarkeit hat ihre Grenze im Gehorsam gegenüber Gottes Wort.[32]

Die Zweiseitigkeit der Freiheitsschrift lässt somit die Stimmigkeit der divergierenden Tonlagen des Sendbriefs erkennen: Von der Freiheitsschrift her gesehen ist es geradezu zwingend und theologisch konsequent, dass Luther im Widmungsschreiben nicht nur den Ton schärfster Kritik an der Römischen Kirche und ihren Unterwerfungsansprüchen anschlägt, sondern auch den versöhnlichen Ton der brüderlichen Untertänigkeit und seelsorgerlichen Dienstbarkeit. Einerseits ist die völlige Freiheit vom Papst im Blick, indem Luther darlegt, dass allein Christus und nicht der Papst Herr der Kirche ist.[33] Heilsnotwendige Untertänigkeit kann nicht der Papst, sondern allein Christus und die Anrede seines göttlichen Wortes beanspruchen. Indem der Papst aber diesen Anspruch erhebt, macht er sich zum Antichristen und Abgott.[34] Andererseits aber betont Luther unter dem Vorzeichen der »brüderlichen Liebe« den seelsorgerlichen Dienst, den er dem Papst als extrem gefährdetem Nächsten schuldet und erweisen will.[35]

Diese Seelsorge praktiziert Luther öffentlich, per Flugschrift, d. h. sie gilt nicht nur dem Papst persönlich, seiner Person »coram deo«, vor Gottes Gericht, sondern zugleich auch allen verführten und bedrohten Christen auf ihrem Weg zum Heil. Genauer betrachtet geschieht die Seelsorge auf zweifache Weise: im Sendbrief vor allem in der Weise des destruierenden Gesetzes, der kritischen Normativität der Christus-Wahrheit, im Freiheitstraktat hingegen vor allem in der Weise des erbauenden Evangeliums. Mit

---

der es vorsteht«; WA 7, 10, 40 - 11, 3 / lat. 7, 48, 29-31 (»plusquam subiectissimus«).

32 Vgl. Freiheitsschrift § 28: WA 7, 37, 14 f / lat. 7, 68, 13 f.

33 Vgl. Sendbrief WA 7, 10, 13-25 / lat. 7, 48, 10-18.

34 Sendbrief WA 7, 10, 23 f: »eyn Endchrist und Abtgott« / lat. 7, 48, 17: »Antichristus et Idolum«.

35 Vgl. Sendbrief WA 7, 10, 31 - 11, 3 / lat. 7, 48, 22-31. Bemerkenswert ist, wie Luther in diesem Abschnitt die »treuliche sorge« und besorgte Achtsamkeit brüderlicher Liebe hervorhebt, die die Gefährdung, Not und Hilfsbedürftigkeit des Nächsten, konkret des Papstes, wahrnimmt und so auch den »allergeringsten Christen« dazu verpflichtet, die hohe Stellung des Papstes außer Acht zu lassen und ihm in dienstbarer Hilfsbereitschaft »unterthan« zu sein. Luther nimmt damit die Gedankenführung und Begrifflichkeit der Freiheitsschrift in § 26-28 auf. Die Seelsorge am Papst ist Dienst am Nächsten »auß freyer lieb«, die ganz darauf achtet, was »ihm not, nützlich und seliglich« sei (§ 27).

dem Sendbrief will Luther dem Papst und der Christenheit dienen, indem er ihnen die entlarvende Wahrheit zumutet und gönnt, dass das Papsttum nicht nur Menschenkonstrukt ist, sondern – in metaphysischer Dimension – die antichristliche Herrschaft Satans, die Gottes verderbendem Gericht verfallen ist. Durch die Freiheitsschrift will Luther, der arme Bettelmönch, den Papst, den »in Gott allerheiligsten Vater«,[36] und zugleich alle Christenmenschen mit dem Reichtum geistlicher Güter, d. h. mit der befreienden Wahrheit der göttlichen Heilszusage, versorgen und so ihrer wirklichen Heiligkeit dienen.[37] Wichtig ist, dass der Liebesdienst der Seelsorge, wie Luther ihn versteht, gerade darin besteht, dass man dem Nächsten, sei er Papst oder Bauer, die biblische Wahrheitsgrundlage des Glaubens offenlegt, und zwar sowohl in der demütigenden, kritisch herabziehenden Gerichtsbotschaft des Gesetzes als auch in der verheißungsstark erhebenden Botschaft des Evangeliums. Von dieser Perspektive her betrachtet löst sich die klare Zweiseitigkeit des Sendbriefs und der Freiheitsschrift in eine höhere Einheit des christlichen Lebenszeugnisses auf: geschieht doch die Dienstbarkeit der Liebe gerade so, dass der Liebende seinen Mitmenschen um ihres Seelenheils willen die von falscher Macht befreiende und zur Souveränität »über alle Dinge« ermächtigende Freiheit des Glaubens durch Wort und Tat bezeugt. »Einander das Zeugnis gönnen« hat der fränkische Lutheraner Karl Steinbauer (1906-1988) im Rückblick auf seine Konflikte

36 So die Anrede am Anfang des Sendbriefs in WA 7, 3, 1-4: »Dem allerheyligsten in gott vatter Leoni dem czehenden, Bapst zu Rom, alle selickeyt ynn Christo Jhesu unßerm hernn. Amen. Allerheyligster in gott vatter.« Im Lateinischen verwendet Luther die einfache Titulierung »Ad Leonem Decimum summum pontificem« und »Leoni Decimo pontifici Romano«. Im Deutschen steigert Luther die übliche Anrede »Heiliger Vater«, die er im Brief mehrfach gebraucht. Dies ist nicht nur eine Konzession an die faktische Amts- und Würdestellung des Papstes in der Römischen Kirche, sondern meines Erachtens eine theologisch sehr ernst gemeinte Aussage darüber, dass der Papst als Person von Gott zu größter Heiligkeit, d. h. zur ewigen Seligkeit, berufen ist. Daher beschließt Luther den Brief mit den Worten: »Da mit ich mich deiner Heiligkeit befilhe, die yhm behalt ewig Jhesus Christus, Amen«; WA 7, 11, 12 f. Im Lateinischen übersetzt Luther folgerichtig »heiligkeit« mit »beatitudo«; 49, 3.

37 Am Ende des Sendbriefs an Leo X. schreibt Luther über seine Freiheitsschrift: »Ich byn arm, hab nit anders damit ich meyn dienst ertzeyge, ßo darffstu auch nit mehr den mit geystlichen guttern gepessert werdenn«; WA 7, 11, 10-12. Es folgt der Satz über die »heiligkeit« [= beatitudo], der am Ende von Anm. 36 zitiert wird.

mit dem nationalsozialistischen Staat und der eigenen Kirchenleitung diese wahrheits- und glaubensbezogene Form der Nächstenliebe genannt. Luther bringt dieselbe Haltung im Sendbrief an Leo X. auf die Formel: »Werlich, ich sag dyr die warheyt, denn ich gahn [gönne] dyr guttis.«[38]

Aus der kompositorischen Verflochtenheit von Sendbrief und Freiheitsschrift resultiert, dass sich nicht nur die Freiheitsschrift als Schlüssel zum Verständnis des Sendbriefs, sondern auch umgekehrt der Sendbrief als Schlüssel zum Verständnis der Freiheitsschrift erweist. Man kann sie zwar – abgelöst vom Sendbrief und der Konfliktsituation des Herbstes 1520 – durchaus im Sinne Luthers als einen ins Allgemein-Existentielle, Universal-Christliche und Biblisch-Prinzipielle gehenden Rechtfertigungs- und Heiligungstraktat lesen. Dies ist bekanntlich die besondere Vorliebe systematischer Theologen. Vollzieht man aber Luthers Bewegung vom Widmungsschreiben zum Lehrtraktat nach, dann wird man die Freiheitsschrift aus ihrem Entstehungskontext heraus auch als kirchenpolitisches Manifest gegen die römische Papstgewalt und jede Form der Prälaten-Herrschaft verstehen. Ihre pointierten Aussagen über die christliche Vollmacht, Würde und Ehre, die Königsherrschaft und Priestermacht aller Christen[39] richten sich, worauf auch einige Passagen der Schrift ausdrücklich hinweisen, gegen eine kirchliche Tyrannei – »terrifica tyrannis« –, die über dem Glauben der Christenheit zu stehen, die Auslegung der Heiligen Schrift zu normieren und den Zugang jedes Christen zur Seligkeit zu regulieren beansprucht.[40] So gelesen erweist sich dieser Traktat über Wort Gottes, Glaube, Liebe,

38 WA 7, 6, 19 f / lat. 7, 45, 3: »veritatem enim tibi dico, quia bona tibi volo.« Luther hält sich hier an die scholastische Definition der christlichen Nächstenliebe: »alicui bonum velle«; z. B. Thomas von Aquino: Summa theologiae II-II, qu. 23, art. 1, resp. – Vgl. die vier Erinnerungsbände Karl Steinbauer: Einander das Zeugnis gönnen. Bd. 1-2. Erlangen 1983; Bd. 3. Erlangen 1985; Bd. 4. Erlangen; Mülheim am Rhein 1987; dazu Christian Blendinger: Nur Gott und dem Gewissen verpflichtet: Karl Steinbauer – Zeuge in finsterer Zeit. M 2001; Berndt Hamm: Die andere Sicht des Luthertums – der bayerische Pfarrer Karl Steinbauer im Widerstand gegen den Nationalsozialismus. ZThK 104 (2007), im Druck.

39 Vgl. Freiheitsschrift § 14-17: WA 7, 26, 32 - 28, 37 / lat. 7, 56, 15 - 58, 22; vgl. auch § 18: 7, 29, 17-20 (»wie wir kŭnig und priester seyn, aller ding mechtig«) / lat. 7, 59, 3-6.

40 Vgl. Freiheitsschrift § 17: WA 7, 28, 36-29, 6 / lat. 7, 58, 23-30 (hier die Formulierung »in tantam pompam potestatis et terrificam quandam tyrannidem«); § 28/29: 7, 37, 4-27 / lat. 7, 68, 3-28; vgl. auch den Zusatz der lat. Fassung: 7, 69, 33-37; 70, 29 - 71, 1; 71, 8-10. 15-26. 35-39; 73, 8-12.

Christus- und Nächstengemeinschaft mit seinen mystischen Ingredienzien zugleich auch als grundsätzlicher Beitrag zum kirchlichen Autoritäts-, Herrschafts- und Normdiskurs, den Luther seit Herbst 1517 öffentlich geführt hat. Gegen das Rechtsgefüge der Römischen Kirche entfaltet der Traktat inhaltlich das für die Kirche Jesu Christi maßgebliche, durch Gottes Evangelium geschenkte »Recht der christlichen Freiheit«.[41]

Ausgehend von seiner Erfahrung der »satanischen Herrschaft« der Papstkirche artikuliert Luther christliche Existenz generell als Freiheit von aller christlich und geistlich begründeten Herrschaft und entsprechend als freies, souveränes Herr-Sein über alle Dinge:

> »Und das geht so zu, dass ein Christenmensch durch den Glauben so hoch erhoben wird über alle Dinge, dass er aller ein Herr wird geistlich; denn es kann ihm kein Ding schaden an der Seligkeit. Ja, es muss ihm alles untertan sein und helfen zur Seligkeit, wie Sankt Paulus lehrt Röm. 8 [V.28]: ›Alle Dinge müssen helfen den Auserwählten zu ihrem Besten‹, es sei Leben, Sterben, Sünde, Frommsein, Gutes und Böses, wie man es nennen mag.«[42]

> »Das ist eine gar hohe, ehrenvolle Würdigkeit und eine wirklich allmächtige Herrschaft, ein geistliches Königreich, da kein Ding ist so gut, so böse, es muß mir dienen zu gut, wenn ich glaube, und bedarf sein doch nicht, sondern mein Glaube ist mir genugsam [voll ausreichend]. Siehe, wie ist das eine köstliche [gemeint: unschätzbar kostbare] Freiheit und Gewalt der Christen!« / »Ecce haec est Christianorum inaestimabilis potentia et libertas!«[43]

41 Vom »Recht der christlichen Freiheit« (»ius christianae libertatis«) spricht Luther 1518 in den »Resolutiones disputationum de indulgentiarum virtute« – WA 1, 530, 4-8 – und in der »Responsio ad dialogum Silvestri Prieriatis de potestate papae« – 1, 647, 33 f –; vgl. Jacobi: »Christen heißen Freie«, 155-164; Hamm: Martin Luthers Entdeckung …, 65. Die normative Qualität der Heiligen Schrift, solches Recht zu begründen, leitet Luther aus dem Inhalt des biblischen Gotteswortes ab: dass es »alle freyheyt leret«; WA 7, 9, 29-31 / lat. 7, 47, 28-30: »quod libertatem docet omnium aliorum«. Diese Aussage des Sendbriefs an Leo X. findet seine Entfaltung in all jenen zahlreichen »alles«-Aussagen der Freiheitsschrift, die davon sprechen, dass ein Christenmensch ein Herr sei über alle Dinge; vgl. den folgenden Textabschnitt.

42 »Und das geht also zu, das ein Christen mensch durch den glauben ßo hoch erhaben wirt ubir alle ding, das er aller eyn herr wirt geystlich, denn es kan yhm kein ding nit schaden zur seligkeit. Ja es muß yhm alles unterthan seyn und helffen zur seligkeyt, Wie S. Paulus leret Ro. 8.: ›Alle ding müssen helffenn den außerwelten zu yhrem besten‹, es sey leben, sterben, sund, frumkeit, gut und bößes, wie man es nennen kan«; Freiheitsschrift § 15: WA 7, 27, 21-26 / lat. 7, 57, 2-8 (mit Veränderungen).

43 »[…], das ist gar ein hohe, ehrliche wirdickeit und eyn recht almechtige hirschafft, ein

127

Mit diesen Sätzen formuliert Luther die »Autarkie« des Glaubens in seiner Bindung an Christus, d. h. seine völlige Unabhängigkeit von jeder realen und denkbaren Größe, die als Hindernis, heilsvermittelnde Instanz oder Heilsbedingung zwischen dem Glauben des Christen und seiner Seligkeit zu stehen beansprucht, sei es der sündige oder gerechte Zustand seines Herzens und seines Tuns, seien es die göttlichen Gebote der Heiligen Schrift oder die menschlichen Satzungen der Papstkirche, sei es Heiliges oder Teuflisches. All das ist dem Glaubenden untertan, weil er völlig ungezwungen damit umgeht, weil es ihm keinen seelisch-geistlichen Schaden zufügen kann, sondern ihm in seinem christlichen Leben dienen und hilfreich sein muss,[44] ohne daß er es doch zu seiner Seligkeit benötigt.[45] Das gilt sogar für Gottes heiliges Gesetz, weil die Annahme des Menschen zum Heil nicht mehr von der Bedingung, dass er Gottes Gebote erfüllt hat, abhängig ist. Der Glaube allein – als Hineingenommenwerden in die heilvolle Christusgemeinschaft – genügt, um von Gott die Seligkeit zu empfangen.

Bemerkenswert ist, dass Luther in der Freiheitsschrift stets vom Herr-Sein und der Herrschaft des Glaubenden über die »Dinge«, nie aber von einer Hoheit des Glaubenden über Personen spricht. Im Glauben, d. h. als

geystliche kŭnigreych, da keyn ding ist ßo gut, ßo bőße, es muß mir dienen zu gut, ßo ich glaube, und darff seyn doch nit, sondern meyn glaub ist mir gnugsam. Sihe, wie ist das ein kőstlich freyheyt und gewalt der Christen!«; Freiheitsschrift § 15: WA 7, 28, 1-5 / lat. 7, 57, 18-23 (mit Veränderungen).

44 Vgl. Zitat oben samt Anm. 42 und Freiheitsschrift § 15: WA 7, 27, 32 - 28, 1: »[...], das ist, ich kann mich on [an, in] allen dingen bessern nach der seelen, das auch der todt und leyden müssen mir dienen und nützlich seyn zur seligkeyt« / lat. 7, 57, 16-18: »[...] in omnibus possum lucrum facere salutis, adeo ut crux et mors cogantur mihi servire et cooperari ad salutem.«

45 Denn – so ist mit dem Zitat oben samt Anm. 43 zu erläutern – zur Seligkeit ist der Glaube allein voll ausreichend, d. h. das pure Vertrauen auf die unverbrüchliche Geltung von Gottes Heilszusage. Wenn Luther also in Anlehnung an R 8, 28 sagt, dass alle Dinge – auch Leiden und Sterben – dem Menschen zur Seligkeit nützen und helfen – vgl. oben Anm. 42 und 44 –, dann meint er, dass ihn all dies nicht vom Glauben abbringen, sondern nur seinen Glauben stärken und mehren kann, weil er in all dem den gnädigen Willen und die barmherzige Zuwendung Gottes erkennt. Von der Zunahme und Mehrung des Glaubens spricht Luther wiederholt in der Freiheitsschrift, z. B. § 20: WA 7, 30, 13 / lat. 59, 39; § 27: WA 7, 35, 21 f / lat. 65, 28.

innerer Mensch und in geistlicher Hinsicht, wenn es um seinen Wahrheits- und Heilsbezug geht, ist ein Christenmensch »niemandem«, keiner einzigen Person auf Erden »untertan« (und erst recht keinen Dingen unterworfen).[46] Genauso wenig kann er in dieser Hinsicht Herr über andere Menschen sein; denn Herr über die Personen ist allein Christus durch sein Wort und seinen Geist. Jede Christperson aber ist im Glauben mit Christus »freier Herr über alle Dinge« – »omnium dominus liberrimus« –, d. h. über alles, was Menschen zu Heilsbedingungen, Heilsmitteln oder Heilshindernissen verobjektivieren und potenzieren: Qualitäten, Tugenden, Werke, Institutionen, Gesetze, Traditionen, Ereignisse etc. Zugleich ist der Christ wie Christus durch seine Menschwerdung in freier, dienstbarer Liebe »jedermann«, d. h. prinzipiell jeder Person seiner Mitmenschen, »untertan«, damit aber auch dem Zwang und Leidensdruck der »Dinge« mit innerer Einwilligung unterworfen.[47]

Vom Gedankenduktus des Sendbriefs her betrachtet steckt in den zitierten Sätzen der Freiheitsschrift[48] die prinzipielle Auseinandersetzung mit der päpstlichen Schlüsselgewalt. Dann sind sie so zu lesen: Als Glaubender steht jeder Christ und jede Christin über dem Papsttum – nicht aber über der Person Leos X. Selbst in seiner Eigenschaft als Antichrist, als leibhaftiger Widersacher Gottes, kann der Papst den Glaubenden keinen Schaden zufügen. Ohne dass sie seiner bedürfen, muss er ihnen in aller Untertänigkeit dienstbar und »nützlich sein zur Seligkeit«.[49] Denn je mehr

46 Vgl. den ersten Grundsatz – »beschluß«, »thema« – zu Beginn des Freiheitstraktats: »Eyn Christen mensch ist eyn freyer herr über alle ding und niemandt unterthan.« / »Christianus homo omnium dominus est liberrimus, nulli subiectus«; WA 7, 21, 1 f / lat. 7, 49, 22 f.

47 Vgl. den zweiten Grundsatz: »Eyn Christen mensch ist eyn dienstpar knecht aller ding und yderman unterthan.« / »Christianus homo omnium servus est officiosissimus, omnibus subiectus«; WA 7, 21, 3 f / lat. 7, 49, 24 f. Zum Unterworfensein unter die »Dinge« des irdischen Lebens vgl. Freiheitsschrift § 15: 7, 27, 28-31 / lat. 7, 57, 11-14: »[...], quando ipso vitae usu videmus nos omnibus subiici, multa pati atque adeo mori, immo quo Christianior quisque est, hoc pluribus subiectus est malis, passionibus et mortibus, ut in ipso principe primogenito Christo et omnibus fratribus suis sanctis videmus.« Zur Exemplarität Christi, der, obwohl er frei war, »doch umb unßer willenn ein knecht wordenn« ist – nach Ph 2, 7 –, siehe ebd. § 26: 7, 35, 9-19 / lat. 7, 65, 5-25.

48 Siehe Text oben samt Anm. 42 f.

49 Siehe Zitat oben Anm. 44 und die Erläuterung in Anm. 45.

er die Gläubigen mit seiner »Tyrannei« attackiert, desto mehr nehmen sie in ihrem Glauben Zuflucht bei Christus und desto stärker werden sie in solchem Vertrauen ihrer Freiheit von Menschen- und Teufelsmacht gewiss – ganz in dem Sinne, in dem Luther nach Eintreffen der Bannandrohungsbulle und kurz vor Beginn seiner Arbeit am Freiheitstraktat am 11. Oktober an Spalatin schrieb: »Schon bin ich viel freier [...]«,[50] oder wenige Tage später an Michael Muris († 1537): »Ich bitte dich: Lerne die Menschen tapfer verachten! Spricht doch Christus [Mt 10, 17]: ›Hütet euch vor Menschen!‹ Es ist eine große Sache, einen gnädigen Gott zu haben und auf ihn zu vertrauen.«[51]

Sieht man in dieser Weise die Zusammengehörigkeit von Sendbrief und Freiheitsschrift in ihrem Entstehungszeitraum und als Doppelflugschrift, dann wird deutlich, warum sich Luther gerade damals – so vehement wie niemals vorher und nachher – herausgefordert und gedrängt sah, über seine christliche Freiheit und Dienstbarkeit und die aller Glaubenden theologisch-programmatisch und coram publico, wie in einem Bekenntnis, Rechenschaft abzulegen.[52] Das Eintreffen der Bulle gab den letzten Anstoß. In dieser eskalierenden Totalkonfrontation mit dem »Sitz Satans« hält er es für geboten, dem Papst nur so zu schreiben, dass er ihm einen Traktat schickt, der zur Frage der kirchlichen Autorität, Herrschaft und Untertänigkeit – wer ist Herr über wen und worüber und wer ist wem untertänig? – prinzipiell Stellung bezieht. Indem er darlegt, was christliche Freiheit und Dienstbarkeit ihrem Wesen nach bedeuten, entzieht er dem papalistischen Superioritäts- und Unterwerfungsdenken samt seinen normativen, jurisdiktionellen und soteriologischen Konsequenzen den

---

50 Vgl. oben Anm. 12.

51 »Rogo te, disce homines fortiter contemnere, dicente Christo: ›Cavete ab hominibus!‹ Magna res est, Deum habere propitium, et in eo confidere«; WA Br 2, 202, 35-37 (345), Luther an Michael Muris – Zisterzienser von Altzelle, der sich zum Studium in Leipzig aufhielt – am 20. Oktober 1520. Vgl. auch die gleichzeitig mit Sendbrief und Freiheitstraktat verfasste Schrift Luthers »Wider die Bulle des Endchrists«; WA 6, 617, 2-5: »Ich byn von gottis gnadenn frey, darff unnd wil mich der dinger keyniß widder [weder] trosten noch entsetzen. Ich weyß wol, wo mein trost und trotz stehet, der mir wol sicher steht fur [vor, coram] menschen und teuffeln.«

52 Vgl. die Worte, mit denen Luther im Widmungsschreiben an Hermann Mühlpfort die Zielsetzung seiner Freiheitsschrift bestimmt; zitiert oben Anm. 15.

Boden. Zugleich aber zeigt er damit, in welchem Sinne er auch dem Papst und anderen Vertretern der Kirchenhierarchie in liebender Sorge um ihr Seelenheil untertan und dienstbar sein will. In der dienstbaren Liebe will er für sie zum »Stellvertreter Christi« werden.

Wie sehr Gedankenduktus und Terminologie der Freiheitsschrift durch die Zuspitzung der kirchlichen Ereignisse während des Jahre 1520 beeinflusst wurden, zeigt auch die Gegenprobe eines Vergleichs mit dem – im Frühjahr 1519 gedruckten - »Sermo de duplici iustitia«.[53] Dieser Vergleich ist besonders aussagekräftig, weil der Sermon der Freiheitsschrift thematisch sehr nahe steht und sie in vielem vorwegnimmt: Auffallend ist die Ähnlichkeit der Gesamtanlage, da schon der Sermon grundlegend zwischen der rechtfertigenden Gerechtigkeit Christi, die im Glauben empfangen wird, und der aus ihr folgenden Gerechtigkeit der guten Werke differenziert. In beiden Schriften wird durch das Motiv des seligen Wechsels zwischen Bräutigam und Braut verdeutlicht, wie die Gerechtigkeit Christi zur Gerechtigkeit des Menschen wird,[54] während die Aufgabe der aktiven Gerechtigkeit, nach dem Vorbild Christi dem Nächsten zu dienen, durch die Auslegung von Ph 2, 5-8 christologisch verankert wird.[55] Obwohl durch den Christushymnus des Philipperbriefs die Vorstellungsebene der Knechtschaft, gehorsamen Untertänigkeit und Dienstbarkeit präsent ist,[56] hat Luther 1519 noch nicht die Spannung zwischen der untertänigen Dienstbarkeit des Glaubenden und seinem freien Herr-Sein über alle Dinge im Blick. Mit der Glaubensgerechtigkeit verknüpft er noch nicht die Souveränitätsaussagen über die Königsherrschaft und Priestermacht aller Christen und noch nicht

53 WA 2, (143) 145-152.
54 Vgl. »Sermo de duplici iustitia« WA 2, 145, 14-21 und 146, 8-16 mit Freiheitsschrift § 12: 7, 25, 26 - 26, 12 / lat. 7, 54, 31 - 55, 36.
55 Der »Sermo de duplici iustitia« ist insgesamt thematisch diesen Versen des Philipperbriefs – dem ersten Teil des Christushymnus Ph 2, 5-11 – gewidmet; vgl. WA 2, 145, 3-6. Aber erst im Verlauf des zweiten Teils, wenn es um die »secunda iusticia« des christlichen Lebenswandels in guten Werken geht, nimmt Luther sein Philipper-Thema auf: WA 2, 147, 36 - 152, 12. Ebenso verfährt er in der Freiheitsschrift, deren zweiter Teil seinen inhaltlichen Höhepunkt in der christologischen Argumentation mit Ph 2, 5-8 erreicht; sie bestimmt den Gedankenduktus von § 26-28; vgl. bes. WA 7, 34, 33 - 35, 19 und 35, 25-27 / lat. 7, 64, 38 - 65, 9 und 65, 32-35.
56 Vgl. »Sermo de duplici iustitia« WA 2, 148, 12-21. 32 f; 149, 5 f. 15 f; vgl. oben Anm. 47.

die provokante, antipäpstliche These, dass ein Christenmensch im Glauben niemandem untertan sei.[57] Dem entspricht es, dass Luther im Gerechtigkeitssermon die christliche Freiheit noch nicht erwähnt, geschweige denn zum Thema und Zentralbegriff macht.[58] Noch greift er die Herrschaftsfrage der Christenheit nicht in ihrer letzten Konsequenz auf. All dies verändert sich durch die Eskalation des Konflikts mit der Papstkirche 1520 und vollends durch das Eintreffen der päpstlichen Bannandrohungsbulle.

So kann man die ganze Freiheitsschrift als eine ins Prinzipielle und Universale gehende Verarbeitung des kirchlichen Grundlagenkonflikts Luthers mit der römischen Papstkirche lesen. Da der Traktat diverse Freiheitslinien und -aspekte, die in Luthers Denken und Agieren während der Jahre 1515 bis 1520 hervortreten, bündelt, wird man ihn zwar auch ganz anders lesen können und müssen, z. B. als mystischen Traktat.[59] Diese komplexe Struktur der Freiheitsschrift erklärt die Vielfalt ihrer Rezeptionsmöglichkeiten, d. h. die unterschiedlichen, ja kontroversen Lesarten ihrer Rezipienten, die allerdings zugleich auch durch deren unterschiedliche Rezeptionsbedingungen verursacht wurden. So verschiedenartig also der Freiheitstraktat verstanden und in konkrete Lebenszusammenhänge übersetzt werden konnte, es wäre jedoch eine enorme Verkürzung seiner perspektivischen Breite, wenn man seine thematische Verankerung und Zuspitzung in der kirchlichen Konfrontationssituation von 1520 außer Acht ließe. Das bedeutet aber im Ergebnis, dass die Freiheitsschrift Luthers keine rein theologische Schrift ist, sondern ihren Ort im Herrschafts-, Macht- und Autoritätsdiskurs des frühen 16. Jahrhunderts hat. Es war daher kein reines Missverständnis, wenn viele Rezipienten sie als Schrift gegen eine illegitime Herrschaft lasen, die gegen Gottes Recht verstößt.

57 Siehe oben Anm. 46.
58 Obwohl er Vulgata-Ps. 30/31, 2 – »In iustitia tua libera me« – zitiert und von der Freiheit Christi spricht: WA 2, 146, 21 und 148, 2 f. 16.
59 Vgl. Berndt Hamm: Wie mystisch war der Glaube Luthers? In: Berndt Hamm; Volker Leppin: Gottes Nähe unmittelbar erfahren: Mystik im Mittelalter und bei Martin Luther. TÜ 2007, 237-287.

Kardinal Albrecht versus Hans Schenitz

Ein Prozess nach sächsischem Recht 1534/35

Von Heiner Lück

Vorbemerkung

Der Prozess gegen Hans Schenitz und sein jähes Ende am Galgen gehören zu den spektakulärsten Ereignissen während der Amtszeit Kardinal Albrechts als Erzbischof von Magdeburg (1490, 1513-1545), von der er viele Jahre in seiner Residenzstadt Halle[1] verbrachte. Infolge der scharfen Polemik Luthers gegen Albrecht anlässlich dieser Angelegenheit[2] ist der Prozess auch Gegenstand der Lutherforschung und in diesem Kontext mehrfach wissenschaftlich thematisiert worden. Die jüngste Veröffentlichung zu diesem Problemkreis stammt aus der Feder von Martin Brecht, dem zweifelsfrei besten Kenner der einschlägigen Quellen und Zusammenhänge.[3] Der Be-

HRG   Handwörterbuch zur deutschen Rechtsgeschichte: HRG/ mitbegr. von Wolfgang Stammler; hrsg. von Adalbert Erler; Ekkehard Kaufmann; Dieter Werkmüller unter philolog. Mitarb. von Ruth Schmidt-Wiegand. Bd. 1-5. Berlin 1971-1998.

[2]HRG   Handwörterbuch zur deutschen Rechtsgeschichte: HRG. 2., völlig überarb. und erw. Aufl./ begr. von Wolfgang Stammler; Adalbert Erler; Ekkehard Kaufmann; hrsg. von Albrecht Cordes; Heiner Lück; Dieter Werkmüller unter philolog. Mitarb. von Ruth Schmidt-Wiegand. Lfg. 1 ff. Berlin 2004 ff.

LHASA, MD Landeshauptarchiv Sachsen-Anhalt, Abt. Magdeburg

1 Michael SCHOLZ: Residenz, Hof und Verwaltung der Erzbischöfe von Magdeburg in Halle in der ersten Hälfte des 16. Jahrhunderts. Sigmaringen 1998; Hans-Joachim KRAUSE: Albrecht von Brandenburg und Halle. In: Erzbischof Albrecht von Brandenburg (1490-1545): ein Kirchen- und Reichsfürst der Frühen Neuzeit/ hrsg. von Friedhelm Jürgensmeier. F 1991, 296-356.

2 Vgl. nur Martin LUTHER: Wider den Bischof zu Magdeburg Albrecht Kardinal, 1539; WA 50, (386) 395-431.

3 Zu den älteren Publikationen vgl. Martin BRECHT; Hans KIEFNER: Albrecht von Mainz und die Hinrichtung seines Dieners Hans Schenitz. LuJ 70 (2003), 33-86, bes. 33-37. Eine gekürzte Fassung veröffentlichte Martin BRECHT unter dem Titel: Erzbischof Albrecht

wertung der rechtlichen Grundlagen und Aspekte des Prozesses enthielt sich der kirchengeschichtlich profilierte Autor weitgehend. Vielmehr erbat er von seinem Münsteraner Rechtshistorikerkollegen Hans Kiefner eine fachliche Stellungnahme. Diese »Beurteilung«[4] fügte Brecht seiner Untersuchung an,[5] sodass der Aufsatz unter beiden Autorennamen erscheinen konnte.[6] Die rechtshistorischen Ausführungen, die ohne (!) Einsichtnahme in die einschlägigen Archivalien erfolgten,[7] geben jedoch Anlass, darauf mit einigen Klarstellungen und weiterführenden Bemerkungen zu reagieren. Das soll in dem folgenden kurzen Beitrag geschehen.

Dafür bieten sich folgende Schritte an. Um den Beitrag aus sich heraus verstehen zu können, soll zunächst (I.) der Konflikt zwischen Hans Schenitz und seinem Dienstherrn noch einmal knapp skizziert werden. Sodann ist (II.) das angewandte Recht zu ermitteln. Daran schließen sich (III.) Betrachtungen zum Verfahren an. In einem vierten Schritt sollen (IV.) die Delikte, welche Schenitz vorgeworfen wurden, näher bestimmt werden. Des weiteren ist (V.) das Gericht, welches den Schenitz-Fall verhandelte und das Todesurteil fand, vorzustellen. Am Schluss (VI.) soll versucht werden, das Geschehen aus heutiger Sicht rechtsgeschichtlich zu bewerten. Einige Überschneidungen mit dem zweifelsohne verdienstvollen Aufsatz von Martin Brecht und Hans Kiefner sind dabei freilich unumgänglich.

I Hans Schenitz und Kardinal Albrecht

Hans Schenitz (*Schantz*, später auch *Schönitz*) wurde 1499 in Halle geboren. Er entstammte einer alten böhmischen Adelsfamilie, die in der Mitte des 15. Jahrhunderts nach Sachsen gekommen war und sich hier als wohlhabende Kaufmannsfamilie etablieren konnte.[8] Sein Vater Martin Schenitz war seit

und die Verurteilung seines Kämmerers Hans Schenitz 1535. In: Ein »höchst stattliches Bauwerk«: die Moritzburg in der hallischen Stadtgeschichte 1503-2003/ hrsg. von Michael Rockmann. Halle (Saale) 2004, 65-94.

4 Brecht; Kiefner: Albrecht von Mainz …, 37.

5 Brecht; Kiefner: Albrecht von Mainz …, 75-86: Abschnitt VIII: Zum peinlichen Verfahren gegen Hans Schenitz aus rechtshistorischer Sicht.

6 Brecht; Kiefner: Albrecht von Mainz …, 37.

7 Vgl. Brecht; Kiefner: Albrecht von Mainz …, 37, Anm. 21.

8 Die Familie ist seit 1456 in Chemnitz belegt. Genealogie bei Johann Christoph von

spätestens 1481 ein angesehener Bürger und Pfänner (Patrizier) in der Salz-
stadt Halle, wo er mehrfach das hohe Amt des Oberbornmeisters innehatte.[9]
Er hatte in die hallische Pfännerfamilie Prellwitz eingeheiratet, welche das
Haus »Zum Goldenen Schlösschen« (heute Schmeerstr. 2)[10] besaß.[11] Hans
trat in die Fußstapfen des Vaters und wurde Kaufmann. Als solcher hatte
er beste Voraussetzungen, um in die Dienste von Kardinal Albrecht, der an
der Beschaffung von Luxusgütern und Geld sowie der Durchführung groß
angelegter Baupläne für Halle[12] interessiert war, zu treten.

Hans Schenitz war mit Magdalena Walther, der Tochter des Leipziger
Kaufmanns Hieronymus Walther, verheiratet. Aus der Ehe gingen mindestens vier Kinder hervor: Carl, Albrecht, Victor und Magdalena. Letztere
heiratete in die hallische Pfännerfamilie Kresse ein. Victor wurde stadt-
berühmt, weil er 1572 von seinem Schreiber ermordet worden war.[13] Die
Verankerung in der wohlhabenden hallischen Pfännerschaft einerseits und
die Verbindung zur Leipziger Kaufmannschaft durch Heirat andererseits
prägten den sozialen Hintergrund des Hans Schenitz. Unter Rückgriff
auf den Adelsstand der Vorfahren wurden Hans und sein Bruder Anton
Schenitz von Kaiser Karl V. (1500, 1519-1558) unter dem 15. Juli 1532 das
Adelsprivileg (neu) verliehen.[14]

DREYHAUPT: Pagus Neletici et Nudzici: ausführliche diplomatisch-historische Beschreibung des zum ehemaligen Primat und Ertz-Stifft, nunmehr ... secularisierten Herzogtum
Magdeburg gehörigen Saal-Creyses ... Teil 2. Halle 1755, 146 f.

9 Hanns FREYDANK: Die Hallesche Pfännerschaft 1500-1926. Bd. 2. Halle 1930, 25-30.

10 Vgl. dazu Claudia STEPHAN; Detlef WULF: Zum Goldenen Schlößchen: Schmeerstraße
2. In: Historische Gasthäuser der Stadt Halle, Saale/ hrsg. von Dieter Dolgner in Zsarb.
mit Angela Dolgner: Halle/Saale 1999, 31-38, bes. 32 f.

11 Vielleicht handelt es sich um das Geburtshaus von Hans Schenitz' Mutter.

12 Vgl. dazu Matthias MÜLLER: Residenzarchitektur ohne Residenztradition: eine ver-
gleichende Bewertung der Residenzarchitektur Albrechts von Brandenburg in Halle
unter dem Aspekt der Altehrwürdigkeit. In: Der Kardinal: Albrecht von Brandenburg,
Renaissancefürst und Mäzen. Bd. 2: Essays/ hrsg. von Andreas Tacke. Regensburg 2006,
169-179; Elisabeth SCHRÖTER: Venedig-Rom-Halle. Kardinal Albrecht von Brandenburg
und die italienische Renaissance. Ebd, 181-191.

13 Dreyhaupt: Pagus Neletici ... 2, 146.

14 Das Wappen zeigt einen einschwänzigen, gold-blau geteilten Löwen nach rechts in
einem blau und gold schräglinksgeteilten Schild, in der rechten Pranke eine goldene
Krone haltend. Die Krone soll zur Unterscheidung vom alten Wappen 1532 hinzugefügt
worden sein. Schöne Abbildung in DER KARDINAL: Albrecht von Brandenburg, Renais-

Die herausragende Position, welche Hans Schenitz am Hofe Kardinal Albrechts innehatte, manifestierte sich in der Errichtung eines repräsentativ angelegten Stadtpalastes für Wohn- und Wirtschaftszwecke – des Hauses »Zum Kühlen Brunnen«[15] an der Nordseite des heutigen Marktes. Schenitz hatte 1522 dieses Gelände, auf dem die verfallene Lampertikapelle stand, erworben. Zunächst bewohnte Schenitz das Haus Markt 16, das heute noch vorhanden ist. Es bildete den Ausgangspunkt für die weitere Bebauung der sich nach Norden anschließenden Flächen. Die Finanzierung des auffällig kostbaren Baus[16] sollte später Gegenstand der Verhöre im Prozess gegen Schenitz werden. Die halbkreisförmigen »Welschen Giebel« am Saalbau waren damals überaus moderne Elemente der italienischen Renaissance, die u. a. auch am hallischen Dom[17] zu sehen sind. Der Name des Gebäudes soll auf den hier vorhandenen Brunnen zurückgehen.[18]

Durch großzügige, überwiegend drei- bis viergeschossige Neubauten in Gestalt eines Wohnhofes, eines Küchenhauses, einer Galerie mit Festsaal, eines Torhauses, eines Arkadenbaus und eines Handelshofes – Seitenflügel an der heutigen Gasse »Kühler Brunnen« – entstand zwischen 1522 und 1532 das eindrucksvollste bürgerliche Bauensemble der Spätrenaissance in Halle. An der Nordseite des Hauses Markt 16 ist noch heute die Inschrift zu sehen: »IM. 15 DIS. HAVS. HAT. HANS. V. SCHENITZ. GEBAVET. 31. IAR«

Von auserlesenem – und vor allem kostenaufwendigem – Geschmack war die Innenausstattung der Privatgebäude. Der Festsaal hatte einen Fußboden aus glasierten Tonplatten in Weiß, Blau und Gelb, wohl den Wap-

---

sancefürst und Mäzen. Bd. 1: Katalog/ hrsg. von Thomas Schauerte. Regensburg 2006, 268; Beschreibung von R[ita] G[ründig]; U[lf] D[räger]: Hauszeichen des Hans von Schenitz. Ebd, 269-270. Der Wappenspruch lautet: »Zu fromm, willfährig und zu viel Vertrauen Schwächt, kränkt und bringt viel Rauen!« – eine Devise, welche in gewisser Weise die Lebensbahn des Hans Schenitz vorahnungsvoll bestimmen sollte.

15 Vgl. Reinhard RÜGER: Der Kühlebrunnen und die anderen zum Stadtpalast des Hans von Schönitz gehörenden Gebäude in Halle: Baugeschichte und Denkmalpflege. Historische Beiträge/ hrsg. vom [Geschichtsmuseum der Stadt Halle] 6 (1989), 58-82.

16 Vgl. auch Scholz: Residenz ..., 283; Peter FINDEISEN: Die Altstadt und ihre Bauten als Denkmal. In: Denkmale in Sachsen-Anhalt. 2. Aufl. Weimar 1986, 207-225, bes. 222.

17 Vgl. Martin FILITZ: Dom Halle. 2. Aufl. Regensburg 2006; Jefrey Chipps SMITH: Die Kunst des Scheiterns: Albrecht von Brandenburg und des Neue Stift in Halle/ übers. von Christiane Wagler. In: Der Kardinal 1, 17-51.

18 Rüger: Der Kühlebrunnen ..., 72.

penfarben entsprechend ausgewählt. Nach der Hinrichtung seines Bauherrn fiel das Anwesen an Kardinal Albrecht, der es vertraglich 1541 wieder an die Familie abtrat. Im Jahre 1664 kaufte der Rat der Stadt Halle von den Erben der Familie Schenitz den Stadtpalast »Zum Kühlen Brunnen«.

Nach einer Volkssage wurden »Zum Kühlen Brunnen« die Mätressen des Kardinals[19] beherbergt. Durch einen unterirdischen Gang von und zu der Moritzburg soll der Kardinal ungesehen zum Ort der Begierde gelangt sein.[20] Belege dafür gibt es nicht, sofern man nicht Reste einer Wandmalerei im zweiten Obergeschoss, einen jungen Mann und eine junge Dame darstellend, und den unmittelbar benachbarten Wohnsitz der Agnes Pless[21] als solche deuten will.

Die Lebensweise des Schenitz war betont repräsentativ. Seine jährliche Besoldung soll ein Dreifaches dessen betragen haben, was ein wesentlicher – am Hof präsenter – Hofrat erhielt.[22] Das Gemälde von Conrad Faber von Kreuznach[23] – entstanden um 1530 (nun im Familienbesitz derer von Hohenzollern) – drückt unzweifelhaft auch einen bestimmten Lebensstil aus. Der Porträtierte ließ sich in der unverwechselbaren Pose eines Fürsten oder/und Großkaufmanns malen: mit breitkrempigem Hut, goldener Kette, kostbarem schwarzen, mit Gold durchwirktem Wams, mit der Rechten einen modischen Dolch umfassend, die Linke – mit zwei wertvollen goldenen, edelsteinverzierten Fingerringen besteckt – eine prall gefüllte Geldkatze ergreifend.

Zeitpunkt und Umstände der ersten Kontakte zwischen Schenitz und Kardinal Albrecht liegen im Dunkeln. Sicher war Schenitz spätestens seit 1520 mit Geschäften für Albrecht befasst. 1528 ist er zum »Hofdiener«; am

---

19 Vgl. dazu Kerstin MERKEL: Albrecht und Ursula: Wanderung durch Literatur und Legendenbildung. In: »… wir wollen der Liebe Raum geben«: Konkubinate geistlicher und weltlicher Fürsten um 1500/ hrsg. von Andreas Tacke. Göttingen 2006, 157-186; Andreas TACKE: »Alles besiegt Amor«: zur Liebesthematik in zwei Heiligenrollenporträts der Cranach-Werkstatt; Kardinal Albrecht von Brandenburg und seine Konkubine. Ebd, 359-368.

20 Siegmar Baron VON SCHULTZE-GALLÉRA: Die Stadt Halle: ihre Geschichte und Kultur; nach neuen Forschungen dargestellt; ein Buch für Haus und Schule. Halle (Saale) 1930, 115.

21 Scholz: Residenz …, 283; Andreas TACKE: Agnes Pless und Kardinal Albrecht von Brandenburg. Archiv für Kulturgeschichte 72 (1990), 347-365.

22 Scholz: Residenz …, 84.

23 Wolfgang BRÜCKER: Faber von Creuznach, Conrad. Neue Deutsche Biographie. Bd. 4: Ditte-Falck. Berlin 1959, 721-722.

5. Januar 1531 erneut zum »camerdiener und bawmeister« bestellt worden.[24] Er war u. a. für die Beschaffung der Finanzen und Durchführung der Bauvorhaben Albrechts verantwortlich.[25] Zu den von Schenitz mit initiierten und mitverantworteten öffentlichen Bauten gehörten u. a. der »newe baw«[26] – die erst viel später sog. Neue Residenz – und vielleicht auch die Marktkirche[27].

Aufgrund der Strafakte von 1535[28] und der Streitschriften von 1538/39[29] lassen sich zahlreiche Geschäfte, welche Schenitz für Albrecht und sich selbst tätigte, rekonstruieren. Im wesentlichen ging es um den Einkauf wertvoller Waren für die erzbischöfliche Hofhaltung und die Beschaffung von Geld durch Darlehensgeschäfte. Albrecht quittierte im Vertrauen auf seinen Diener unregelmäßig und pauschal. Auf die Abrechnung einzelner spezifizierter Positionen wurde großzügig verzichtet. Aus dieser streckenweise unkonkreten, vielleicht auch teilweise manipulierten, Aktenlage wurden später Vorwürfe der Veruntreuung gegen Schenitz abgeleitet.

Von besonderem Gewicht waren die Geschäfte mit dem Leipziger Kaufmann Hieronymus Walther, der Schenitz' Schwiegervater war, und dem Handelshaus Pimmel in Augsburg. Auch Sebastian von Jessen, der

24 Scholz: Residenz ..., 257.
25 Scholz: Residenz ..., 83. 102-105.
26 Hans-Joachim KRAUSE: Die Moritzburg und der »Neue Bau« in Halle: Gestalt, Funktion und Anspruch – ein Vergleich. In: Kontinuität und Zäsur: Ernst von Wettin und Albrecht von Brandenburg/ hrsg. von Andreas Tacke. Göttingen 2005, 143-207.
27 Hans-Joachim KRAUSE: Die spätgotischen Neubauten der Moritzkirche und Marktkirche in Halle. In: Denkmale in Sachsen-Anhalt ..., 225-252, bes. 240.
28 LHASA, MD, I Erzstift Magdeburg 2 (= Rep. A 2), Nr. 190: Acta criminalia wider Hans von Schenitz wegen verübter grober Betrügereyen in Geschäften des Cardinals Erzbischofs Albrecht 1534-1537.
29 Anthonius SCHENITZ: Warhafftiger bericht / wie sich die sachen zwischen dem Cardinal von Meintz etc. und seinem Bruder Hansen Schenitz zugetragen / und er vom Cardinal / on recht getödtet / und seine güter mit gewalt eingezogen / und zur unbilligkeit gehemmet wird etc. Wittemberg 1538; WARHAFFTIGER GEGRÜNTTER KEGENBERICHT der Magdeburgischen Stadthalters und heimlich verordneten Rethe / wider Anthonii Schenitz / jüngst zu Wittemberg ausgangen Schandtbuch, wie sich die sachen mit Hansen Schenitz seins brudern Rechtfertigung zugetragen / Und wo mit er den galgen wol verdient hat / und jm an seinem leib noch gute / jnn dem kein unrecht geschehen sey. Magdeburg 1538; Anthonius SCHENITZ: Notwehre / auff das erichte Buch / unter Graff Philipsen von Mansfelt Stathalters / und beider Stiffte Magdeburg und Halberstad HofRhete namen ausgegangen. Wittemberg 1539.

uneheliche Sohn Kurfürst Friedrichs III., des Weisen, von Sachsen (1463, 1486-1525), gehörte zu den Geschäftspartnern. Allein zwischen 1521 und 1526 hatte Schenitz mehr als 46.000 Gulden erhalten. Einzelne Quittungen aus den 1520er und 1530er Jahren lauten auf enorme vierstellige Summen; genannt werden 7.677, 4.250, 3.000, 4.000, 5.000 usw. Gulden.

Schenitz kaufte für seinen Auftraggeber in den Niederlanden, in England sowie in Nürnberg, Augsburg, Frankfurt am Main, Aschaffenburg, Breslau, Bingen, Memmingen, Naumburg, Zerbst und Leipzig wertvolle Waren – »... das bette aus dem Niderlande ... Auch wie es mit der Tapezerey ein gestalt hat ...« – und Kunstgegenstände[30] ein. Parallel dazu tätigte er zahlreiche Geldgeschäfte, worunter im wesentlichen Darlehens- und Kreditverträge verstanden werden müssen. Durch teilweise überhöhte Zinssätze brachten die Darlehensgeschäfte erheblichen Gewinn, dessen tatsächlicher Aufteilungsmodus zwischen Schenitz und Albrecht nicht mehr rekonstruiert werden kann.

Das Verhältnis zwischen Albrecht und seinem Kämmerer war über Jahre hinweg ein gut einvernehmliches. Der Briefwechsel zwischen Albrecht und Schenitz lässt sogar auf ein außergewöhnlich vertrauliches Verhältnis schließen. Dazu gehörte auch das von Albrecht instruierte Auftreten des Schenitz gegenüber den erzstiftischen Ständen in Rechnungslegungssachen. Die Korrespondenz offenbart aber auch unlautere Finanzmanipulationen. Albrecht und Schenitz müssen gewusst haben, wie sehr sie über diese Transaktionen nahezu schicksalhaft miteinander verbunden waren: »... wir sind beide so tieff hinein, wir müssen mit einander hinaus oder zu spott werden ...«[31] Die Umstände, welche zur Abkühlung und schließlich zur Missgunst führten, sind unklar. Möglicherweise trugen dazu auch die Neider am Hofe und die Stiftsstände bei.

Die Annahme, Schenitz habe Albrecht Mätressen abspenstig gemacht oder sich mit diesen selbst vergnügt, scheint in das Reich der Fabel zu gehören. Alles deutet darauf hin, dass es zwischen beiden Männern um viel Geld in einem bestimmten politischen Kontext ging.

---

30 Vgl. dazu Martin BRECHT: Erwerb und Finanzierung von Kunstwerken durch Erzbischof Albrecht von Mainz. In: Kontinuität und Zäsur, 391-398; Scholz: Residenz ..., 175.

31 Albrecht an Schenitz am 9. Januar 1532; vgl. Paul REDLICH: Cardinal Albrecht von Brandenburg und das Neue Stift zu Halle: 1520-1541. MZ 1900, 118* f (Beilage 27).

II Das angewandte Recht

Im »Giebichensteiner Gebiet« soll nach Kiefner »Magdeburger Recht« gegolten haben.[32] Hier liegt eine überaus auffällige Fehleinschätzung der Rechtsverhältnisse vor. Magdeburger Recht ist ein Stadtrecht, das gerade im Umkreis der Burg Giebichenstein[33], die bis 1900 nicht zur Stadt Halle gehörte, nicht galt. Vielmehr galt auf dem Land das sächsische Landrecht in Gestalt des Sachsenspiegels.[34] Die Aussage, das »Magdeburger Recht« sei nie in einer Stadt- oder Landrechtsreformation aufgezeichnet worden, ist in sich sehr widersprüchlich, da das Magdeburger Recht als Stadtrecht gar nicht in eine »Landrechtsreformation« gelangen konnte.

In Abweichung von Kiefners Einschätzung – in Unkenntnis der archivalischen Quellen und des sächsischen Landrechts –, der Verlauf des Prozesses könne »nicht unmittelbar anhand einer geschriebenen Verfahrensordnung beurteilt werden«, kann im Sachsenspiegel in seiner im Jahre 1535 geltenden und angewendeten Form sehr wohl ein schriftlich fixiertes Verfahrensrecht ausgemacht werden.[35] Hinzu kommt der »Richtsteig Landrechts«, worin Johann von Buch (um 1290-1356?) zwischen etwa 1325 und 1334 die Prozessregeln des Sachsenspiegels systematisch zusammengestellt hatte.[36]

Die von Kiefner erwogene Möglichkeit, es hätten »einzelne Regelungen« der Constitutio Criminalis Carolina[37] »sinngemäß« Anwendung gefunden haben können, übersieht die vom Erzstift Magdeburg und ande-

32 Brecht; Kiefner: Albrecht von Mainz ..., 77.

33 Zur Burg vgl. Reinhard SCHMITT: Burg Giebichenstein in Halle, Saale. M; B 1993, sowie Scholz: Residenz ..., 122-133.

34 Vgl. F[riedrich] EBEL: Sächsisches Recht. HRG 4 (1990), 1248-1250.

35 Vgl. dazu im einzelnen Heiner LÜCK: Beginn, Verlauf und Ergebnisse des »Strafverfahrens« im Gebiet des sächsischen Rechts (13. bis 16. Jahrhundert). Sachsen und Anhalt: Jahrbuch der Historischen Kommission für Sachsen-Anhalt 21 (1998), 129-150.

36 Carl Gustav HOMEYER: Der Richtsteig Landrechts nebst Cautela und Premis. B 1857; vgl. dazu auch Heiner LÜCK: Klagen und ihre Symbolik in Text, Glosse und Richtsteig des Sachsenspiegel-Landrechts: zum Verhältnis von prozessualer Norm und Rechtswirklichkeit am Beginn der frühen Neuzeit. In: Symbolische Kommunikation vor Gericht in der Frühen Neuzeit/ hrsg. von Reiner Schulze. B 2006, 299-316, bes. 301.

37 Vgl. dazu Rolf LIEBERWIRTH: Carolina. ²HRG. Lfg. 4 (2006), 885-890. Text u. a. siehe TEXTBUCH ZUR STRAFRECHTSGESCHICHTE DER NEUZEIT: die klassischen Gesetze/ eingel. und hrsg. von Arno Buschmann. M 1997, 103-177.

ren Territorien des sächsischen Rechts[38] auf dem Augsburger Reichstag 1530[39] deutlich formulierte Absage an die im Entwurf vorliegende Reichsstrafprozessordnung.[40] Statt dieser wollten diese Territorien bei ihrem angestammten Sachsenspiegel bleiben – und zwar unabhängig von der sog. Salvatorischen Klausel[41] des Reichsgesetzes. Diese öffentliche Stellungnahme wurde fünf Jahre vor dem Schenitzprozess formuliert und gibt einen sicheren Hinweis auf das angewandte Recht. Sie stimmt im übrigen mit empirischen Untersuchungen überein.[42] Die Ausführungen Kiefners zur Carolina und zu einer »Verteidigung« des Beklagten[43] sind gänzlich unzutreffend, weil die Carolina dem Verfahren überhaupt nicht zugrunde lag. Der sächsische Prozess[44] lief nach ganz anderen Regeln ab, die auch eine exaktere Einordnung der Rolle des Fürsprechers[45] zulassen.

Dem Kläger – hier Albrecht – standen nach dem glossierten Sachsenspiegelrecht eine »bürgerliche« oder eine »peinliche« Klage zur Verfügung. Die »bürgerliche« Klage zielte auf einen finanziellen Ausgleich des Konflikts. Die »peinliche« Klage leitete ein Strafverfahren ein, welches mit einer »peinlichen Strafe« – das heißt Todesstrafe oder Körperstrafe – endete.[46] Bekanntlich wählte Albrecht gegen Schenitz die »peinliche Klage«.[47]

38 Vgl. auch G[erhard] BUCHDA: Gemeines Sachsenrecht. HRG 1 (1971), 1510-1513.

39 Zum äußeren Bild der Reichstage im 16. Jahrhundert vgl. Rosemarie AULINGER: Das Bild des Reichstages im 16. Jahrhundert: Beiträge zur typologischen Analyse schriftlicher und bildlicher Quellen. Göttingen 1980.

40 Valentin VON TETLEBEN: Protokoll des Augsburger Reichstages 1530/ hrsg. und eingel. von Herbert Grundmann. Göttingen 1958, 97.

41 Vgl. W[olfgang] SELLERT: Salvatorische Klausel. HRG 4 (1990), 1280-1282.

42 Vgl. Heiner LÜCK: Strafe und Sühne im Spiegel kursächsischer Rechtspraxis auf der Grundlage des Sachsenspiegels und seiner gelehrten Bearbeitungen. In: Kriminalität in Mittelalter und Früher Neuzeit: soziale, rechtliche, philosophische und literarische Aspekte/ hrsg. von Sylvia Kesper-Biermann; Diethelm Klippel. Wiesbaden 2007, 35-55.

43 Brecht; Kiefner: Albrecht von Mainz ..., 81.

44 Damit ist nicht der sächsische Prozess der frühen Neuzeit gemeint, der ein bestimmtes zivilrechtliches Verfahren betrifft und sich erst im Laufe der 2. Hälfte des 16. Jahrhunderts herausgebildet hat; vgl. dazu W[olfgang] SELLERT: Prozeß, sächsischer. HRG 5 (1998), 36-39.

45 Vgl. H[ans] WINTERBERG: Fürsprecher. HRG 1 (1971), 1333-1337; A[lbrecht] CORDES: Vorsprecher. HRG 5 (1998), 1065 f.

46 Vgl. dazu Lück: Klagen und ihre Symbolik ..., 299-316.

47 Die Terminologie in den Prozessakten (LHASA, MD, Rep. U 2 XXX, Nr. 25) ist nicht einheitlich. So ist im Notariatsinstrument vom 21. Juni 1535 die Rede von »peinlich

Die jüngste Veröffentlichung zum Schenitzprozess meint, es habe im Giebichensteiner Gerichtsbezirk gar kein geschriebenes Recht gegeben.[48] Kiefner lässt sich in Unkenntnis der einschlägigen Quellen sogar zu der Behauptung verleiten, dass sich »das magdeburgische Recht dem heutigen Betrachter mangels schriftlicher Aufzeichnung einer zuverlässigen Beurteilung entzieht ...«.[49] Doch ist das Gegenteil der Fall. Gerade weil es hier sehr früh, nämlich schon im 13. Jh., hervorragende geschriebene Rechte gab, hatte es das in der Tat von Anfang an verschriftlichte römische Recht schwer, hier überhaupt Eingang zu finden. Beharrlich und erfolgreich standen diesen Vorgängen der Sachsenspiegel auf dem Lande und das Magdeburger Stadtrecht in den Städten entgegen. Freilich wurde das Magdeburger Stadtrecht – das hier aber überhaupt nicht zur Anwendung gelangen konnte – nicht zusammenhängend aufgezeichnet wie der Sachsenspiegel. Doch steht es in den Rechtsbüchern des Magdeburger Rechts sowie in Hunderten von edierten Schöffensprüchen der wissenschaftlichen Kenntnisnahme zur Verfügung.[50]

Von daher erklärt es sich auch, dass in den Quellen zu Schenitz als Rechtsgrundlage des Prozesses und der Verurteilung die ortsübliche »gewonheit des gerichts« genannt wird.[51] Und das war eben nichts Unbestimmtes, wie Kiefner aus seiner römisch-rechtlichen Perspektive Glauben machen will. Rechtsgrundlage für das landrechtliche Verfahren gegen Schenitz war eindeutig der Sachsenspiegel in seiner glossierten Form. Diese repräsentiert die gedruckte Ausgabe von Christoph Zobel (1499-1560).[52] Die Übereinstimmung des Erscheinungsjahres mit dem Sterbejahr des Schenitz ist natürlich

angeclagt«, »beclaget«, »clage«. Das Wort »Anklage« etablierte sich erst seit dem Spätmittelalter als typisches Rechtsinstitut, um einen Strafprozess in Gang zu setzen, sei es von einer öffentlichen Stelle oder einer Privatperson. Lange wurden die verschiedenen Begriffe nebeneinander benutzt. Vgl. dazu Andreas ROTH: Anklage. ²HRG. Lfg. 2 (2005), 244-245.

48 Brecht; Kiefner: Albrecht von Mainz ..., 77.

49 Brecht; Kiefner: Albrecht von Mainz ..., 81 f.

50 Vgl. Heiner LÜCK: Über den Sachsenspiegel: Entstehung, Inhalt und Wirkung des Rechtsbuches. 2. Aufl. Dössel (Saalkreis) 2005, 59-82.

51 LHASA, MD, Rep. U 2 XXX, Nr. 25.

52 SACHSENSPIGELL UFFS NEW DURCHAUS CORRIGIRT UND RESTITUIRT, Allenthalb wu dye text vorandert und unvorstentlich gewest mit vil nawen adicionen aus gemeynem Keyserrecht gezogen ... L 1535, bes. lxxxi^r. cxxxvii^r-cxxxix^r.

Zufall. Vielmehr beruhte das Verfahren auf dem von Johann von Buch um 1325 glossierten Landrecht des Sachsenspiegels.[53] Die Glosse verklammerte sächsisches Landrecht mit dem römischen und dem kanonischen Recht.

III Das Verfahren

Die durch Albrecht vollzogene Abstandnahme von Schenitz, die irgendwann im Sommer 1534 in Missgunst umschlug, ist die politische, vielleicht auch emotional geprägte, Vorstufe des Prozesses gegen den Kämmerer. Der Anlass des Wandels von hoher Gunst zu tiefer Missgunst bei Albrecht ist unklar. Vielleicht wollte Albrecht den Ständen des Erzstifts Magdeburg gegenüber, deren Ausschuss gerade in Halle tagte und auf die er bei der Erhebung neuer Steuern angewiesen war, ein Zeichen setzen. Durch seine immensen Geldbedürfnisse war Albrecht den Ständen gegenüber unter Druck geraten – so schon 1532[54] –. In den Jahren zuvor konnte Schenitz die Stände im Auftrag des Kardinals bis zu einem gewissen Grad hinhalten.[55]

Der Prozess gegen Schenitz begann mit dessen Verhaftung auf der Moritzburg am 6. September 1534. Es folgten die Verwahrung in der »Silberkammer«[56] der Burg Giebichenstein und mehrere Verhöre daselbst durch den Burghauptmann Hans von Teuchern. Ob der prominente Gefangene auch gefoltert wurde, kann nicht belegt werden. Den Verhören lag ein Fragenkatalog – Artikel, articuli[57] – zugrunde, den Schenitz zu beantworten hatte. Nach mehreren Verhören wurden offenbar die wichtigsten Fragen und Antworten als Geständnis zusammengefasst.[58]

53 GLOSSEN ZUM SACHSENSPIEGEL-LANDRECHT: Buch'sche Glosse. 3 Teile/ hrsg. von Frank-Michael Kaufmann. Hannover 2002.
54 Scholz: Residenz ..., 314 f.
55 In einer genauen Analyse der Staatsfinanzen unter Albrechts Regierung liegt m. E. der Schlüssel zum Verständnis und zur Einordnung des Schenitzprozesses. Diese steht aber noch aus. Uwe SCHIRMER: Kursächsische Staatsfinanzen (1456-1656): Strukturen – Verfassung – Funktionseliten. S; L 2006, liefert hier ein nachahmenswertes Vorbild.
56 Scholz: Residenz ..., 171.
57 LHASA, MD, Acta criminalia ..., »Artickel so Hanßen Schenitz furtzuhalten«.
58 LHASA, MD, Acta criminalia ..., Vrgicht vnd bekentnuß Hanßen Schenitz vff die vorgehaltene fragstuck gescheen zum Gebichenstein in kegenwertigkeit der Rechte ohne peinliche befragung außgesagt Suntags Trinitatis Anno 1535; LHASA, MD, Acta criminalia ..., Auszuzg und erkenthnus Hansen Schenithz beschehen Anno ... [md] xxxv.

Die Verwandten und Anhänger des Schenitz – die »Freundschaft« –
setzten sich für die Freilassung des Gefangenen ein. Beim Reichskammer-
gericht erreichten sie unter dem 18. Februar 1535 sogar ein sog. Poenal-
Mandat, welches die Freilassung zum Zwecke des Vorbringens entlastender
Beweise – Rechnungslegung – anordnete. Über diese Entscheidung setzte
sich Albrecht jedoch hinweg. Zu einer Rechnungslegung, welche möglicherweise Klarheit in die Beweislage gebracht hätte, ist es nie gekommen.

Während dessen wurde die »Klage« formuliert, die der »Anwalt«[59] Albrechts am öffentlichen Gerichtstag vorzutragen hatte. Es wird sich um einen
Anwalt »des Amts«, also einen Anwalt des Gerichtsherrn, gehandelt haben,
wie es auch in anderen Gebieten des sächsischen Rechts aufscheint.[60]

Eine zentrale Rolle im Verfahren spielten dabei Inhalt und Verbleib der
Geschäftsakten des Schenitz, welche dieser in seinem Haus »Zum Kühlen
Brunnen« aufbewahrte. Die öffentliche Rechnungslegung hätte Schenitz
möglicherweise entlasten können. Mit Sicherheit hätte sie aber auch sei-
ne Anhänger und seinen Dienstherrn, Kardinal Albrecht, belastet. Anton
Schenitz soll sie außer Landes gebracht haben.[61]

Zu seiner rechtlichen Absicherung holte Albrecht Rechtsbelehrungen
ein, wie es im 16. Jahrhundert üblich war.[62] Der berühmte Wittenberger
Rechtsprofessor und Rechtsbeistand Luthers, Hieronymus Schurff (1481-
1554),[63] der Magdeburger Schöppenstuhl[64] und die kurbrandenburgische

59 Vgl. dazu Gerhard Buchda; Albrecht Cordes: Anwalt. ²HRG. Lfg. 2 (2005), 255-263.
60 Vgl. dazu Heiner Lück: Zur Entstehung des peinlichen Strafrechts in Kursachsen: Genesis
   und Alternativen. In: Justiz = Justice = Justicia?: Rahmenbedingungen von Strafjustiz
   im frühneuzeitlichen Europa/ hrsg. von Harriet Rudolph; Helga Schnabel-Schüle. Trier
   2003, 271-286, bes. 285; Heiner Lück: Die kursächsische Gerichtsverfassung 1423-1550.
   Köln; Weimar, W 1997, 193 f.
61 Bis heute sind sie nicht wieder aufgetaucht.
62 Peter Oestmann: Aktenversendung. ²HRG. Lfg. 1 (2004), 128-132; Heiner Lück: Die
   Spruchtätigkeit der Wittenberger Juristenfakultät: Organisation – Verfahren –Ausstrah-
   lung. Köln; Weimar; W 1998, 1-53.
63 Heiner Lück: Hieronymus Schurff (1481-1554) – Mit dem Recht für das Leben. In: Wittenberger Lebensläufe im Umbruch der Reformation. Wittenberger Sonntagsvorlesungen/
   hrsg. vom Evang. Predigerseminar Wittenberg. Wittenberg 2005, 52-74.
64 Heiner Lück: Der Magdeburger Schöffenstuhl als Teil der Magdeburger Stadtverfassung.
   In: Hanse – Städte – Bünde: die sächsischen Städte zwischen Elbe und Weser um 1500/
   hrsg. von Matthias Puhle. Bd. 1: Aufsätze. Magdeburg 1996, 138-151.

Geständnis des Hans Schenitz, von ihm eigenhändig seitenweise unterschrieben (LHASA, MD, Rep. A 2, Nr. 190: Acta criminalia wider Hans von Schenitz wegen verübter grober Betrügereyen in Geschäften des Cardinals Erzbischofs Albrecht 1534-1537, 70ʳ)

Juristenfakultät Frankfurt an der Oder[65] bestätigten Albrecht grundsätzlich sein entschlossenes rechtmäßiges Vorgehen gegen Schenitz.[66] Am 30. Mai 1535 legte Schenitz auf dem Giebichenstein ein Geständnis auf alle vorformulierten Anklagepunkte – Artikel, articuli – ab, das er Seite für Seite eigenhändig unterschrieb und auf dem letzten Blatt siegelte.[67]

Die Sitzung des Gerichts am Giebichenstein begann mit dem »Zetergeschrei«[68] des Anwalts, den die Räte mit der Erhebung der Klage beauftragt hatten. Während der Gerichtssitzung wurde Schenitz vom Landrichter dreimal gefragt, ob er das, was ihm Artikel für Artikel vorgetragen worden war und er in seinem schriftlichen Geständnis schon zugegeben hatte, noch einmal mündlich und öffentlich gestehe. Schenitz bejahte das dreimal.[69]

Das Gericht sprach in seiner Sitzung am 21. Juni 1535, zwischen 7 und 8 Uhr, unter freiem Himmel[70] an der Burg Giebichenstein das Todesurteil über Hans Schenitz. Unmittelbar im Anschluss an diese Gerichtssitzung wurde Schenitz zum Galgen geführt und vom Henker »Hans von Berlin« erhängt. Über den ordnungsgemäßen Verlauf der Gerichtsverhandlung und der Hinrichtung ist noch am gleichen Tag durch den hallischen Notar Wolfgang Kellner eine notarielle Urkunde – »Notariatsinstrument« – errichtet worden.[71] Albrecht weilte zum Zeitpunkt der Hinrichtung in Halberstadt und nahm in einem Brief vom 22. Juni 1535 dazu mit Genugtuung Stellung, hatte er doch intensiv und unter ganz persönlichem Einsatz das Verfahren und die Hinrichtung durch seine Räte auf das Gewissenhafteste vorbereiten lassen. Eine eindeutige Lokalisierung der Richtstätte ist bislang nicht gelungen. Es kommen sowohl der »Große Galgenberg« – der heutige

---

65 Zur Frankfurter Juristenfakultät vgl. Michael Höhle: Universität und Reformation: die Universität Frankfurt (Oder) von 1506 bis 1556. Köln; Weimar; W 2002, 531-546.

66 LHASA, MD, Rep. A 2, Erzstift Magdeburg 191, 12-16 (Gutachten Schurff). 19-35 (Gutachten Juristenfakultät Frankfurt/Oder); Rep. U 2 XXX 23 (Magdeburger Schöppenspruch).

67 LHASA, MD, Acta criminalia …, 65-72.

68 Vgl. dazu G[erhard] Buchda: Gerüfte. HRG 1 (1971), 1584-1587; Lück: Kursächsische Gerichtsverfassung …, 193 f.

69 Zur Funktion des sog. Endlichen Rechtstages vgl. Wolfgang Schild: Der »entliche Rechtstag« als das Theater des Rechts. In: Strafrecht, Strafprozeß und Rezeption: Grundlagen, Entwicklung und Wirkung der Constitutio criminalis Carolina/ hrsg. von Peter Landau; Friedrich-Christian Schröder. F 1984, 119-144.

70 Heiner Lück: Freier Himmel. ²HRG (im Druck).

71 LHASA, MD, Rep. U 2, XXX, Nr. 25.

»Galgenberg« als auch der »Kleine Galgenberg« – der dicht daneben lag und nicht mehr erkennbar ist – in Frage.[72] Gegen den großen Galgenberg spricht der Umstand, dass hier erst 1582 ein Galgen errichtet worden sein soll.[73]

Jedenfalls soll der Leichnam des Schenitz monatelang am Galgen gehangen haben, was üblicherweise Teil dieser entehrenden Art der Todesstrafe war. Ein Gesuch der Familie, den Leichnam abnehmen zu dürfen, lehnte Albrecht ab. Vielmehr vergewisserte er sich, dass Schenitz noch am Galgen hänge. Beim Anblick durch die entsandten Bediensteten soll der Leichnam geblutet haben. In anonymen Bericht über die Einführung der Reformation in Halle, der bis heute nicht ediert ist, heißt es:

> »Montagk Nach viti Im xv^c vnd xxxv^{ten} Jhare lies dysser Bisschoff Albrecht Marggraff Seynen lybsten Dyner vnd geuatter, Hansen Schantzen zw dem Gebichensteyne am Galgen hencken, Synen grossen prechtigen Mudt vnd standt den ehr fhurthe brachte yhne am Meysten zw dyssenn vnfall … So spricht der Bisschoff weytther zw seynem Kammer Jüncker … Reyt hyntzw zw dem Galgen vnd sihe ob Hans Schantze darane henge, Es erschrickt der Edel mann vor dysser Rede, vnd Reyt doch nichts dester weniger zw dem galgen zw vnd besyhet Hans Schantzen Recht feyn woll, Ehr whar auch vnd hingk am Galgen viel hupscher vnd schoner wider do ehr lebethe …
>
> wie yhn disser Edellman gesyhet, so hebt Hans Schantz an tzw blutthen vnd blut von dem tage an biß vff den dritten tagk ernacher, frissches Bluts, das das blut vntther dem Galgen in einem lochleyn bey einer Nessell (?) vff der Erden gestanden ist, Also Reyt der selbie Juncker widerumb zw seynem bisschoffe vnd sagt Ihme dis geschichte, wie ehr blutthe,[74] Do erschrickt der Bisschoff, vnd schlecht das Creutz vor sicht.«[75]

72 Siegmar SCHULTZE-GALLÉRA: Topographie oder Häuser- und Strassen-Geschichte der Stadt Halle a. d. Saale. Bd. 3: Die Eingemeindungen der Stadt Halle: Giebichenstein-Trotha-Cröllwitz-Gimritz. Halle a. S. 1924, 116-122.

73 Walter BECKER: Hinrichtungsstätten im alten Halle. Montagsblatt der Magdeburgischen Zeitung 69 (1927) Nr. 51 (19. Dezember), 422.

74 Der Leichnam wird sehr wahrscheinlich nicht geblutet haben. Die Schilderung spielt wohl auf die mythologischen Aspekte des Blutes Hingerichteter an; vgl. dazu Wolfgang SCHILD: Das Blut des Hingerichteten: Mythen des Blutes/ hrsg. von Christina von Braun; Christoph Wulf. F; NY 2007, 126-153.

75 Sächsisches Hauptstaatsarchiv Dresden, Geheimes Archiv, Loc. 8948/14: Summarische Beschreibung de ao. 1513-1541. bel. Ertz-Bischoff Albrechts zu Mayntz und Magdeburg Regierung, Item wie er mit dem Chur.Fürsten zu Sachssen, des Burggraffthums Magdeburg halben in Irrung gestanden und wie nach seinen Abreisen die Lehre des Evangelii zu Halle in vollen Schwang gebracht, 40^v-41^v.

Schenitz starb ganz offensichtlich für seinen Diestherrn. Dafür könnten die folgenden Gründe sprechen: Schenitz war aus Albrechts Sicht jene Figur, die er bei seinen Auseinandersetzungen mit den Stiftsständen bediente. Schenitz konnte wohl mehrfach die Stände auf ihre Fragen nach finanziellen Angelegenheiten beschwichtigen. Ab irgendeinem Zeitpunkt ging das nicht mehr. Albrecht musste handeln. Da er bei der Bewilligung neuer Steuern auf die Stände angewiesen war, musste er Flagge zeigen. Mit der Offenkundigmachung der Schenitzschen dubiosen Geschäfte, in die Albrecht ohne Zweifel gut eingeweiht war, konzentrierte sich das Misstrauen der Stände nicht auf Albrecht, sondern auf Schenitz. Mit dem bewussten Opfer Schenitz geriet Albrecht aus der Schusslinie. Der leidige Dauerkonflikt zwischen der finanziell aufwendigen Hofhaltung eines bewusst repräsentierenden Renaissancefürsten einerseits und der permanenten Abhängigkeit von den Ständen durch Rechnungslegung und Steuerbewilligung andererseits schien durch das Opfer Schenitz zeitweise behebbar zu sein.

IV Delikte

Die Frage nach den Delikten, welche Schenitz begangen haben soll, ist in der Literatur nur unzureichend, undeutlich oder gar nicht beantwortet worden. Von Unterschlagung, Veruntreuung, Betrug, Diebstahl u. ä.[76] ist mit Blick auf das geltende moderne Strafgesetzbuch die Rede.[77] Das Problem besteht jedoch darin, dass es im Jahre 1535 keine derartige Ausdifferenzierung der Eigentumsdelikte gab. Schenitz wurde von den Räten Albrechts vorgeworfen, Gelder in Höhe von 50.000 Gulden zu seinem eigenen Vorteil dem Kardinal vorenthalten und eigenmächtig verwendet zu haben. Die angedrohte Strafe war jedenfalls für ein Delikt klar und eindeutig: Den

76 Zur historischen Entwicklung und Abgrenzung dieser Straftaten vgl. Udo EBERT: Betrug. ²HRG. Lfg. 3 (2005), 555-557; Gerhard KÖBLER: Untreue. Zielwörterbuch europäischer Rechtsgeschichte. 2. Aufl. Gießen 2004, 682 – hier auch: »... wird lange durch den Diebstahl miterfasst«; R[olf] LIEBERWIRTH: Unterschlagung. HRG 5 (1998), 522-526; DERS.: Diebstahl. ²HRG. 5. Lieferung, B 2007, 1047-1053 – hier auch: »D. umfaßt auch Gewahrsamsbruch, Unterschlagung etc.«; St[ephan] Chr[istian] SAAR: Untreue. HRG 5 (1998), 546-550.
77 Brecht; Kiefner: Albrecht von Mainz ..., 81.

Dieb soll man hängen.[78] Die Klage gegen Schenitz zielte auf Diebstahl. Diese Aussage wird dadurch gestützt, dass in den Quellen mehrfach davon die Rede ist, Schenitz habe seinen Herrn »bestolen«. Schenitz wurde wegen Diebstahls gehängt. So formuliert auch das Notariatsinstrument vom 21. Juni 1535[79] das Schenitz vorgeworfene Delikt: »betrogen vnd … dieblichen abgestolen«; »diebstahl«; »betrugs vnd diebstahls«; »betrogen vnd abgestolen«; »abgestolen vnd betrogen«.[80] Dieser Umstand ist bisher nur ansatzweise erkannt worden.[81] Die Gerichte im Gebiet des sächsisch-magdeburgischen Rechts waren keineswegs »ziemlich frei darin …, ein Verhalten als strafbar zu qualifizieren«, was Kiefner in Unkenntnis der Quellen behauptet.[82] Die zur Strafe des Erhängens wiederum zitierte Carolina[83] ist auch hier wieder nicht einschlägig. Die Wiederholung, Schenitz wäre nach »zeitgenössischem ungeschriebenen Strafrecht« verurteilt worden,[84] ist absurd. Kiefner meint vorsichtig, dass nicht ausgeschlossen werden könne, man habe sich an Artikeln 113 und 192 der Carolina »orientiert«.[85] Das ist aber bei realer und quellenmäßiger Betrachtung der Dinge ganz und gar auszuschließen. Die Carolina hat 1535 in Giebichenstein und Tausenden anderen Orten des sächsischen Rechts gar keine Rolle gespielt.

Zusätzlich wurde Schenitz zur Wiedergutmachung aller dem Kardinal zugefügten Schäden einschließlich Ersatz der Zinsen verurteilt. Um das zu erreichen, wurden die Schenitzschen Besitzungen zugunsten Albrechts konfisziert. Dazu gehörte vornehmlich der Stadtpalast »Zum Kühlen Brunnen«, welchen Schenitz mit unlauteren Mitteln finanziert haben soll.

---

78 Sachsenspiegel, Landrecht, Buch II, Artikel XIII. Benutzt wurde die Ausgabe Eike von Repgow: Der Sachsenspiegel: Übertragung des Landrechts von Ruth Schmidt-Wiegand. Übertragung des Lehenrechts und Nachwort von Clausdieter Schott/ hrsg. von Clausdieter Schott. 3. Aufl. Zürich 1996. Vgl. dazu auch Deutsche Rechtsregeln und Rechtssprichwörter: ein Lexikon/ hrsg. von Ruth Schmidt-Wiegand unter Mitarb. von Ulrike Schowe. M 2002, 66-70.
79 LHASA, MD, Rep. U 2 XXX, Nr. 25.
80 Ebd.
81 Brecht; Kiefner: Albrecht von Mainz …, 81 f.
82 Brecht; Kiefner: Albrecht von Mainz …, 82.
83 Brecht; Kiefner: Albrecht von Mainz …, 82.
84 Brecht; Kiefner: Albrecht von Mainz …, 82.
85 Brecht; Kiefner: Albrecht von Mainz …, 82.

V Das Landgericht zu Giebichenstein

Für den Prozess gegen Schenitz wurde das Landgericht bei der Burg Giebichenstein bemüht. Es war ein Gericht des Landesherrn, also Kardinal Albrechts als Erzbischof von Magdeburg. Während des Schenitzprozesses Ostern 1535 hatten Schultheiß und Schöppen des Landgerichts Giebichenstein sogar vom Burggrafen[86] gefordert, die »Übeltäter« an das Landgericht Giebichenstein abzugeben.[87] Ein Zusammenhang mit dem Schenitzprozess ist wenig wahrscheinlich, doch deutet diese Nachricht auf den Charakter des Landgerichts als Strafgericht hin. Die Überlegungen von Kiefner zum »Gerichtsstand« in Abhängigkeit vom Wohnsitz des Beschuldigten[88] sind ahistorische Übertragungen moderner Strukturen auf die mittelalterliche Gerichtsverfassung, die auch noch um 1535 in Halle und Umgebung intakt war.[89]

Kiefner vermutet richtig, dass das Notariatsinstrument Aufschluss über die Besetzung des Gerichts gibt.[90] Daraus geht hervor, dass das Landgericht mit einem Landrichter und mehreren Schöppen besetzt war: »Landrichter«, »Richter vnd Scheppen«.

Ein »Hofgericht« war das Landgericht Giebichenstein nicht. Diese gänzlich unbegründete Behauptung[91] ist falsch.[92] Die zitierten HRG-Artikel sind ohne die Beachtung der Gerichtsverhältnisse vor Ort völlig unbrauchbar. Das Landgericht Giebichenstein hatte in der Nähe der Burg seine feste Dingstätte; wahrscheinlich unmittelbar an der Saalebrücke.[93]

---

86 Das war zu dieser Zeit Kurfürst Johann Friedrich von Sachsen (1503, 1532-1547).

87 Dreyhaupt: Pagus Neletici ..., Teil 1. Halle 1755, 206 f, Schultheiß und Schöppen an Kurf. Johann Friedrich von Sachsen als Burggraf von Halle, 3. April (Sonnabend nach Ostern) 1535: Übeltäter sind ans Landgericht Giebichenstein zu geben. Zum Burggrafengericht zu Halle vgl. Heiner LÜCK: Das Gericht des Burggrafen von Magdeburg zu Halle an der Saale: eine Skizze nach vorwiegend sächsischen Quellen. In: Vertrauen in den Rechtsstaat: Beiträge zur deutschen Einheit im Recht; Festschrift für Walter Remmers/ hrsg. von Jürgen Goydke ... Köln; B; Bonn; M 1995, 687-701.

88 Brecht; Kiefner: Albrecht von Mainz ..., 77 f.

89 Wesentlich zutreffender und sachkundiger sind dazu die Ausführungen von Scholz: Residenz ..., 151 f.

90 Brecht; Kiefner: Albrecht von Mainz ..., 78.

91 Brecht; Kiefner: Albrecht von Mainz ..., 78.

92 Als Hofgericht fungierte der Rat. Vgl. Scholz: Residenz ..., 68.

93 Schultze-Galléra: Topographie ... 3, 14 (Landgericht vor der Unterburg Giebichenstein).

In der älteren Literatur ist gegen Albrecht der Vorwurf erhoben worden, er sei als Richter bzw. Gerichtsherr in eigener Sache tätig gewesen. Tatsächlich kennt das römische Recht eine solche Ausschließungsregel. Zu dieser Frage macht Kiefner als ausgewiesener Romanist sehr sichere, zutreffende und überzeugende Ausführungen.[94] Er übersieht jedoch, dass die römischen Rechtsregeln im sächsischen Rechtskreis nicht galten. Vielmehr war eine solche Personalunion geradezu typisch. Noch 1555 prangerte Melchior von Osse (1506/07-1557) aus seiner römisch-rechtlich geprägten Sicht diese Zustände an.[95]

VI Rechtsgeschichtliche Bewertung

Bewertung und Einordnung des Geschehens sind schwierig. Auf der Grundlage der Quellen und des Standes der rechtsgeschichtlichen Forschung, vor allem auch zu vergleichbaren Konflikten – etwa Kunz von Kaufungen 1455[96] und Nikolaus Krell 1601[97] –, deren Strukturen vor kurzem moderne Darstellungen erfahren haben, seien jedoch folgende Thesen zur Diskussion gestellt:

1. Ein Territorialfürst des Reiches konnte die Auswahl der Mittel zur Lösung eines Rechtskonflikts weitgehend selbst bestimmen.

2. Die strikte Bindung des Fürsten an das geltende Recht im Sinne einer Allgemeinverbindlichkeit für alle Bewohner eines Territoriums ohne Ansehung ihres Standes und sozialer Einbindung gab es 1535 noch nicht.

3. Der gegen Albrecht erhobene Vorwurf, er hätte als Partei (Kläger) und Richter (Gerichtsherr) in eigener Sache gehandelt, ist nicht schlagkräftig. Nicht das römische Recht bzw. Reichsrecht, welches ein solches Verbot

94 Brecht; Kiefner: Albrecht von Mainz ..., 83 f.

95 Heiner LÜCK: Melchior von Osses und Christian Thomasius' Kritik am Gerichtswesen des frühmodernen Staates: Europa in der Frühen Neuzeit; Festschrift für Günter Mühlpfordt /hrsg. von Erich Donnert. Bd. 5: Aufklärung in Europa. Köln; Weimar; W 1999, 187-198.

96 Vgl. dazu DER ALTENBURGER PRINZENRAUB 1455: Strukturen und Mentalitäten eines spätmittelalterlichen Konflikts/ hrsg. von Joachim Emig in Verbindung mit Wolfgang Enke; Guntram Martin; Uwe Schirmer; André Thieme. Weimar; Jena 2007 (im Druck).

97 Hartmut KRELL: Das Verfahren gegen den 1601 hingerichteten Kanzler Dr. Nicolaus Krell. F 2006.

in der Tat kannte, wurde auf den Fall Schenitz angewandt, sondern das sächsische Recht. In diesem gab es jedoch eine solche Ausschließungsregel nicht. Gleichwohl war man sich dieses Defizits bewusst.

4. Das Reich besaß zwar seit 1532 mit der Constitutio Criminalis Carolina eine reichseinheitliche Strafprozessordnung mit einigen materiellrechtlichen Elementen, doch hatten das Erzstift Magdeburg und andere Territorien des sächsischen Rechtskreises schon 1530 erklärt, dass sie bei ihrem angestammten Sachsenspiegelrecht bleiben würden.

5. Zur Anwendung gelangte das ortsübliche Landrecht des Sachsenspiegels – natürlich nicht in seiner ursprünglichen Form, sondern versehen mit zeitgemäßen Zusätzen und Bearbeitungen.[98] In Landrecht II, Artikel XIII ist eindeutig schriftlich fixiert, dass ein Dieb, der einen Diebstahl oberhalb einer bestimmten Wertgrenze begangen hat, gehängt werden soll.

6. Verhaftung, Untersuchung, Geständnis, Gerichtsverfahren, Verurteilung und Hinrichtung des Schenitz wiesen keinerlei Rechtsfehler auf. Albrecht agierte im Fall Schenitz in Übereinstimmung mit dem 1534/35 im Erzstift Magdeburg geltenden Landrecht. Nicht der Missbrauch des Rechts und der Justiz führte zum Tode des Schenitz, sondern der selbstbewusste und gewissenhafte Gebrauch des Rechts durch einen Fürsten des Reiches. Um sein politisches Gewicht und Ansehen im Territorium – vor allem den Ständen gegenüber – und im Reich zu behaupten, konnte Albrecht unter den hier nur verkürzt geschilderten Umständen so handeln wie er gehandelt hat.

7. Das Bild des »Justizmordes«[99] an Schenitz wurde von der preußisch-lutherischen Geschichtsschreibung gezeichnet und ist bis in unsere Tage präsent.[100] Moralische und rechtliche Bewertungen, die sich an Kriterien und Maßstäben späterer Jahrhunderte orientieren, sind hier nicht sachgerecht und daher abzulehnen. Die Akten zu Schenitz müssen aus ihrem historischen Entstehungskontext heraus interpretiert werden.

98 Sachsenspiegel-Landrecht II, 13.

99 Der Terminus »Justizmord« erscheint erst in Quellen des 18. Jahrhunderts; vgl. ETYMOLOGISCHES WÖRTERBUCH DES DEUTSCHEN/ erarb. im Zentralinstitut für Sprachwissenschaft, Berlin unter Leitung von Wolfgang Pfeifer. 3. Aufl. M 1997, 604.

100 Vgl. die belletristische Bearbeitung des Stoffes von Christina SEIDEL; Kurt WÜNSCH: Ein Justizmord in Halle: Aufstieg und Fall des Hans von Schönitz. Halle 2000; Neuauflage Halle 2006.

Interpunktion und Großschreibung in Texten der Lutherzeit

Von Helmar Junghans

»Wie wenn man ynn ettlichen bůchern (denn sie sind nicht alle gleich) darumb eynen grossen buchstaben und punct setzt, zuvermanen [um zu verstehen zu geben], das daselbst von eym grossen ding gesagt wird, das sich der leser soll deste bas erynnern und drauff mercken, Und nicht darumb, das ettwas newes da anfahe? Wie feyn stůnde denn auff dem zweyffel meyn glaube, der da hette gehallten, Es were der punct und buchstabe drumb da, das eyn newes anfienge? Wie offt schreybt man den namen Christus mit grossen buchstaben durch und durch? Wie offt streycht man eyne lunen[1] unter her odder malet eyne hand odder sonst eyn sonderlich zeychen bey eynem text, da doch nichts newes anfahet.«[2]

Damit argumentierte Luther gegen die Behauptung des Andreas Bodenstein aus Karlstadt (1486-1541): Weil bei den Einsetzungsworten Jesu vor dem »Hoc est corpus meum« ein Punkt stehe und der Satz mit einem großen H beginne, fange eine neue Aussage an. Darum beziehe sie sich auch nicht auf das Brot, das Jesus austeilte, sondern auf seinen Leib.[3]

Luthers Einrede gewährt einen aufschlussreichen Einblick in die Anwendung der Zeichensetzung sowie der Groß- und Kleinschreibung seiner Zeit. Für Bodenstein diente die Großschreibung offenbar dazu,

---

FNHDG Frühneuhochdeutsche Grammatik/ hrsg. von Oskar Reichmann; Klaus-Peter Wegera. TÜ 1993.

1 Entweder Druckfehler für »linie« oder Hinweis auf eine mondsichelförmige Klammer; siehe WA 18, 149, Anm. 2.

2 WA 18, 149, 3-11.

3 Andreas KARLSTADT: Dialogus oder ein Gesprächbüchlein: von dem greulichen und abgöttischen Mißbrauch des hochwürdigsten Sakraments Jesu Christi. In: Karlstadts Schriften aus den Jahren 1523-1525/ ausgew. und hrsg. von Erich Hertzsch. Teil 2. Halle (Saale) 1957, 13, 38 - 14, 8; 17, 1-17

einen Satzanfang zu markieren. Luther erwähnte zunächst, dass es keine einheitliche Praxis gebe, um dann auf eine andere hinzuweisen: auf Punkt und Großschreibung als Mittel, den Leser auf etwas Wichtiges aufmerksam zu machen, etwas hervorzuheben, etwas zu betonen. Heute heben manche Autoren ihre Anliegen durch halb fette oder kursive Schrift hervor. Doch sie finden dabei nicht bei allen Verlagen und Herausgebern Zustimmung, denn es gibt bessere Lösungen. Doch das soll uns erst am Schluss beschäftigen. Entscheidend ist die Wahrnehmung: In der Reformationszeit konnten Punkt und Großschreibung auch der Hervorhebung dienen. Sie konnte also auch eine rhetorische Funktion haben.

Luthers Einwand lenkt die Aufmerksamkeit auf einen äußerst interessanten und beachtenswerten Wandel der Verwendung von Majuskeln in der deutschen Orthografie, der sich während seiner Lebenszeit vollzog: Die Großschreibung wurde häufiger angewendet und tendierte zur Großschreibung aller Substantive.[4] Damit veränderte sich auch ihre Funktion. Deren Bedeutung in der ersten Hälfte des 16. Jahrhunderts wahrzunehmen ist eine Voraussetzung, die Texte in ihrer ursprünglichen Intention zu erfassen. Das kann nicht ohne Folgen für ihre moderne Edition bleiben.

I Willkür oder Regeln

Wer frühneuhochdeutsche Texte oder auch lateinische aus der ersten Hälfte des 16. Jahrhunderts liest, hat es schwer, in Bezug auf Interpunktion sowie Groß- und Kleinschreibung Regeln zu erkennen. Daher drängt sich der Eindruck auf, es herrsche totale Willkür, für die nicht zuletzt die Setzer verantwortlich seien. Diese Empfindung haben nicht nur Leser, die sich noch nicht mit dem Neuhochdeutschen beschäftigt haben, sondern auch Germanisten. So urteilte Peter Tesch (1857 - um 1909), nachdem er Schriften der Kanzlei Kaiser Maximilians I. (1459, 1493-1519), Luthers und des Augsburger Druckers Johann Schönsperger († 1520) ausgewertet hatte: »In diesen Schriftstücken aber herrschte in Bezug auf den Gebrauch der Majuskel die reinste Willkür und Regellosigkeit, so daß der Theoretiker wohl den Gedanken, allgemeingiltige und bindende Sätze aufzustellen,

4 Manfred KAEMPFERT: Motive der Substantiv-Groß-Schreibung: Beobachtungen an Drucken des 16. Jahrhunderts. Zeitschrift für deutsche Philologie 99 (1980), 77 f.

aufgeben mußte. Da standen Adjektive und Zeitwörter mit großen Anfangsbuchstaben neben klein geschriebenen Dingwörtern.« Dieses Urteil
gab eine verbreitete Anschauung wieder, das aus dem Vorurteil heraus
gefällt wurde, die Großschreibung müsse am Satzanfang stehen oder mit
einer bestimmten Wortart bzw. deren grammatischen Funktion verknüpft
sein. Tesch nahm zwar auch einen anderen Gebrauch der Großschreibung
wahr, hielt diesen aber für einen total abwegigen und indiskutablen Ein-
fall eines ungebildeten Handwerkers: »Oft glich das Ganze der Rechnung
jenes Schusters, der ›ein paar stiefel Gesohlt‹ geschrieben, da für ihn ja der
Hauptbegriff in dem letzten Wort lag.«⁵ Das »Gesohlt« war aber nicht nur
für den Schuster der Hauptbegriff, sondern auch für denjenigen, der die
Rechnung zu bezahlen hatte. Tesch ahnte nicht, dass er mit dieser Schu-
sterrechnung einen Schlüssel zum Verständnis der Großschreibung im
Frühneuhochdeutschen in der Hand hielt. Virgil Moser (* 1882) übernahm
die Annahme einer »Willkürlichkeit im Gebrauch der Majuskeln«, fügte
aber hinzu, dass seit dem 14. Jahrhundert und besonders seit der ersten
Hälfte des 16. Jahrhunderts »deutlich das hierzu Anlaß gebende Prinzip
erkennbar« sei.⁶

Eine Übersicht über den Forschungsstand in dieser Frage beginnt mit
der Feststellung: »Obwohl die Groß- und Kleinschreibung im Deutschen
doch eine auffällige Besonderheit dieser Sprache gegenüber anderen Sprachen darstellt und obwohl die Probleme dieses orthographischen Teilge-
bietes seit über hundert Jahren einen Schwerpunkt der Diskussionen um
eine Reform der deutschen Orthographie bildet, hat die germanistische
Sprachwissenschaft der historischen Erforschung des Entwicklungspro-
zesses der Großschreibung im Deutschen bisher nur verhältnismäßig
wenig Aufmerksamkeit gewidmet.«⁷ Das hat sich zwar im letzten Viertel
des 20. Jahrhunderts etwas gebessert, aber die nun betriebenen Studien

5 Peter Tesch: Die Lehre vom Gebrauch der großen Anfangsbuchstaben in den Anweisungen für die neuhochdeutsche Rechtschreibung: eine Quellenstudie. Neuwied a/Rhein;
   Leipzig 1890, 5.
6 Virgil Moser: Frühneuhochdeutsche Grammatik. Bd. 1: Lautlehre. 1. Hälfte: Orthographie, Betonung, Stammsilbenvokale. HD 1929, 13.
7 Die Entwicklung der Großschreibung im Deutschen von 1500 bis 1700/ unter Leitung
   von Rolf Bergmann und Dieter Nerius bearb. von Rolf Bergmann ... Bd. 1. HD 1998, 6.
   Die Übersicht über den Forschungsstand siehe ebd, 6-14.

konzentrieren sich vor allem auf die Frage, wie es zur Großschreibung des Substantivs gekommen ist. Ursula Risse hat das Ziel ihrer Untersuchung mit dem Untertitel »Ein historischer Beitrag zur Diskussion um die Substantivgroßschreibung« benannt.[8] Manfred Kaempfert geht der Frage nach, wie es zur »graphemischen Auszeichnung einer bestimmten Wortklasse« gekommen ist. Daher sind großgeschriebene Wörter anderer Wortarten für die »Beschreibung der Tendenzen des Versaliengebrauchs [...] nicht relevant«.[9] Dieser teleologische Aspekt leitet germanistische Untersuchungen nicht nur in bezug auf die Verwendung der Majuskeln, sondern auch der Orthografie überhaupt, sodass Gerhard Kettmann betonte, er wolle im Gegensatz dazu den »Gebrauch zeiteigen existierender Widergabemöglichkeiten einzelner Schreiber« problematisieren.[10] Hinzu kommt, dass die Untersuchungen zur Orthografie des 16. Jahrhunderts mit den heutigen germanistischen Kategorien nach früheren Regeln suchen. Das vernachlässigt die Intentionen für die Verwendung von Majuskeln durch Autoren und Setzer während der Reformationszeit, an denen ein auf den Inhalt der Texte ausgerichteter Leser besonderes Interesse haben sollte.

Kaempfert weist auf eine ganz schlichte Tatsache hin: Der Setzer des 16. Jahrhunderts musste für Majuskeln in einen besonderen Kasten greifen, hatte also dafür ein Motiv. Er berichtet über seine »verblüffende Erfahrung« infolge von Textuntersuchungen, »eine verborgene, wenigstens tendenzielle und intendierte Ordnung und Regel« für den Gebrauch der Majuskel wahrzunehmen.[11] Zur gleichen Zeit gelangte Ursula Risse nach der Untersuchung von 43 deutschsprachigen Bibeldrucken von 1522 bis 1550 zu dem Ergebnis: »Im Gegensatz zum ersten Eindruck, der einen willkürlichen und regellosen Majuskelgebrauch vermuten läßt, erweisen sich die Großbuchstaben als sehr gezielt eingesetzt, wenn auch die erschlossenen

---

8 Ursula Risse: Untersuchungen zum Gebrauch der Majuskel in deutschsprachigen Bibeln des 16. Jahrhunderts: ein historischer Beitrag zur Diskussion um die Substanzgroßschreibung. HD 1980.

9 Kaempfert: Motive der Substantiv-Groß-Schreibung, 73. 78.

10 Gerhard Kettmann: Zur Konstanz der frühneuhochdeutschen Orthographie in stadt- und landesherrlichen Kanzleien. In: Sprachgeschichtliche Untersuchungen zum älteren und neueren Deutsch: Festschrift für Hans Wellmann zum 60. Geburtstag/ hrsg. von Werner König; Lorelies Ortner. HD 1996, 131.

11 Kaempfert: Motive der Substantiv-Groß-Schreibung, 76.

Prinzipien meist nur tendenziell und nicht konsequent befolgt sind, ...«[12]
Ein Blick auf Aussagen der am Entstehen frühneuhochdeutscher Schriften
Beteiligten bestätigt beides: bewusste Gestaltung der Orthografie und sehr
unterschiedliche Ausführung derselben.

»Das aller vornemist vnd nötigst in allen Sprachen ist / das man Or-
thographiam helt / das ist / das man alle wörter mit jren eigenen vnd ge-
bürlichen Buchstaben schreibe oder drücke / das man keinen Buchstaben
aussen lasse / keinen zuviel neme / keinen fur den andern neme / Das einer
die wörter mit buchstaben schreibe / gleich wie der ander / Item / das man
die gleichlautende wörter / welche zwey ding bedeuten in jrem laut / mit
sonderlichen Buchstaben vnterscheide / wie die Ebreiische / Griechische
vnd Latinische Sprache geordnet vnd gefasset ist.«[13]

Diese Forderung von Christoph Walther (um 1515-1574) – der seit
1535 als Unterkorrektor und seit 1551 als Korrektor in der Druckerei von
Hans Lufft (1495-1584) tätig war – in seinem »Bericht von vnterscheid
der Biblien vnd anderer des Ehrwirdigen vnd seligen Herrn Doct. Mar-
tini Lutheri Bücher / so zu Wittemberg vnd an andern enden gedruckt
werden / ... Wittemberg 1563« bezeugt ein intensives Bemühen um eine
allgemeingültige Orthografie in Wittenberg. Als Walther seinen Bericht
veröffentlichte, wurden Wittenberger Drucke schon seit Jahrzehnten von
Korrektoren betreut. Georg Rörer (1492-1557), der seit 1525 Diakonus an
der Stadtkirche war, folgte darin 1527 Stephan Roth (1492-1546) nach und
wurde 1537 von Kurfürst Johann Friedrich d. Ä. (1503, 1525-1547, 1554)
von seinen Verpflichtungen als Diakonus an der Wittenberger Stadtkirche
freigestellt, um sich im amtlichen Auftrag ganz der Betreuung reformatorischer Schriften widmen zu können.[14]

12 Risse: Untersuchungen zum Gebrauch der Majuskel ..., 202.
13 D. MARTIN LUTHER: Die gantze Heilige Schrifft Deudsch: Wittenberg 1545/ hrsg. von
    Hans Volz unter Mitarbeit von Heinz Blanke. Anhang. M 1972, 271*, 1-7.
14 Otto CLEMEN: Beiträge zur Geschichte des Wittenberger Buchdrucks in der Reformati-
    onszeit. (1941). In: Ders.: Kleine Schriften zur Reformationsgeschichte: (1897-1944)/ hrsg.
    von Ernst Koch. Bd. 8: (1898-1950). Leipzig 1987, 207-211; Hans-Günter LEDER: Luthers
    Beziehungen zu seinen Wittenberger Freunden. In: Leben und Werk Martin Luthers
    von 1526 bis 1546: Festgabe zu seinem 500. Geburtstag/ im Auftr. des Theologischen
    Arbeitskreises für Reformationsgeschichtliche Forschung hrsg. von Helmar Junghans.
    Berlin; Göttingen 1983, 438 f. 870.

Bestrebungen um Orthografie werden in Mitteldeutschland bereits am Anfang des 16. Jahrhunderts sichtbar. Nikolaus Marschalk (um 1470-1525) brachte in demselben Jahr, in dem Luther sein Studium aufnahm, in Erfurt eine »Orthographia« heraus. Dieser Humanist wendete sich gegen die spätmittelalterliche Verwilderung der Schreibweise und trat mit Hilfe von klassischen und humanistischen Zitaten für eine verbindliche Orthografie der lateinischen und griechischen Texte ein.[15] Damit war ein Problem thematisiert, dessen Lösung der Buchdruck benötigte, um sinnvoll Korrektur lesen zu können. Walther berichtet nun, dass Luther »auch vnser Mutter sprache / sehr schön polirt vnd geschmückt« habe. Dabei habe ihn Caspar Cruciger (1504-1548) »vleissig vnd trewlich geholffen [...] / welcher der erst öberster Corrector der Biblien vnd ander Bücher Lutheri gewesen«.[16] Es kann kaum überraschen, dass der ehemalige Erfurter Student Luther und Cruciger, »der eine gründliche humanistische Ausbildung« erfahren hatte,[17] sich zusammenfanden, auch eine deutsche Orthografie zu fördern. Walther sah das Ziel ihrer Anstrengungen darin, eine unverständliche, dunkle und verworrene Schreibweise, die keine Leselust bereitet, verständlich und zum Lesen einladend zu formen.[18] Walther listete eine ganze Anzahl von Festlegungen auf, die Eindeutigkeit erbringen sollten. Er führte selbst Mt 5, 22 an: »Wer zu seinem Bruder saget Racha / der ist des Rats schüldig.« Erst die Unterscheidung zwischen »Rat« und »Rad« habe das Missverständnis verhindert, dass die Hinrichtung mit dem Rad angedroht werde.[19]

Es kann kein Zweifel daran bestehen, dass die Wittenberger Drucker – darin von Luther bestärkt, wenn nicht sogar angeregt –, sich mit Hilfe von Korrektoren mindestens seit den 20er Jahres des 16. Jahrhunderts um eine gemeinsame Orthografie mühten.[20] Dabei hat Luther selbst sich

---

15 Nicolaus Marscalcus Thurius: Oratio habita albiori academia in alemania iam nuperrima ad promotionem primorum baccalauriorum numero quattuor et viginti anno domini mcccccciii/ übers. ins Engl., mit Einl. und Anm. vers. von Edgar C. Reinke; Gottfried G. Krodel. Saint Louis, MO 1967, 6-8.

16 Luther: Die gantze Heilige Schrifft Deudsch 1545, 271*, 16-21.

17 Friedrich de Boor: Cruciger, Caspar d. Ä. (1504-1548). Theol. Realenzyklopädie 8 (1981), 238, 50.

18 Luther: Die gantze Heilige Schrifft Deudsch 1545, 271*, 12-15.

19 Luther: Die gantze Heilige Schrifft Deudsch 1545, 271*, 36-41.

20 Luther war von der Existenz einer Wittenberger Orthografie überzeugt; WA 17 II, 4, 12.

intensiv am Korrekturlesen beteiligt. Er bezeugte dies nicht nur selbst, sondern auch Walther bestätigte aus eigenem Erleben, dass Luther »alle Drůcke und Bôgen« seiner bei Lufft gedruckten Schrifften »selber gelesen vnd corrigiert« hat.[21] Da blieb kaum Raum für Setzerwillkür.

Allerdings verfügte nicht jeder Druckort über solche Autoren und Korrektoren wie Wittenberg, die dazu befähigt und willens waren, energisch eine Verbesserung und Vereinheitlichung der frühneuhochdeutschen Schriftsprache zu betreiben. Hinzu kamen die Sprachunterschiede zwischen den deutschen Druckorten. Daher wird die Klage von Walther verständlich: »Aber in der Deudsche[n] sprache / schreibet ein jeder die wörter mit Buchstaben / wie es jm einfellet vnd in sinn kömet / das / wenn hundert Brieue / vnd gleich mehr / mit einerley wörter geschrieben wörden / so wörde doch keiner mit den Buchstaben vber ein stimmen / das einer mit buchstaben geschrieben wörde wie der ander.«[22] Walther übertrieb hier in seinem Zorn gegen die eigenmächtigen Änderungen, die Frankfurter Drucker 1561 bei ihrem Nachdruck der Lutherbibel vorgenommen hatten. In welchem Rahmen Drucker sich an unterschiedlichen Orten um eine Vereinheitlichung mühten, braucht hier nicht zusammengetragen zu werden. Luther sah sich bereits 1525 genötigt, in seiner Fastenpostille in einer »Vorrhede und vermanunge an die Drucker« nicht nur Raubdrucke seiner Schriften zu beklagen, sondern vor allem auch, dass sie diese »falsch und schendlich zu richten«. Er warf ihnen vor, dass sie manches auslassen, falsch setzen, fälschen und nicht korrigieren, weil sie nur aus Habsucht handeln.[23] Andere Zeitgenossen beklagten, dass die Druckereibesitzer aus Habsucht die Korrektoren einsparten.[24]

Luthers Kritik blieb nicht ohne Einfluss auch auf Drucker außerhalb von Wittenberg. So hat der Straßburger Drucker Wendel Rihel († 1555) seinem am 1. September 1535 abgeschlossenen Nachdruck der Lutherbi-

---

21 WA 17 II, 4, 8-13; WA DB 6, LXXXVI.

22 Luther: Die gantze Heilige Schrifft Deudsch 1545, 271*, 8-12.

23 WA 17 II, 3, 15 f. 18; WA DB 8, 6, 23 - 8, 7. Seit 1530 setzte Luther dem Neuen Testament die »Bitte« voran, sein Neues Testament unverändert zu lassen, und warnte die Leser: »Vnd sey jederman gewarnet fur andern exemplaren, Denn ich bisher wol erfaren, wie vnfleissig [nicht sorgfältig, fahrlässig] vnd falsch vns andere nachdrucken«; WA DB 6, 1, 2-9.

24 Vgl. Risse: Untersuchungen zum Gebrauch der Majuskel ..., 213.

bel eine Vorrede an die Leser beigegeben, in der er erklärte, dass er sowohl Luthers spezielle Wörter beibehalten als auch seiner Orthografie genau gefolgt sei.[25] Die Wittenberger haben das wahrgenommen. Walther hat ihn einen »from ehrlich man« genannt, weil er »wort auff wort vnd buchstab auff buchstab« die Lutherbibel nachgedruckt hatte.[26]

Wenn es aber Anstrengungen gab, eine einheitliche Orthografie zu erreichen und sowohl Satzzeichen als auch Großbuchstaben »sehr gezielt« einzusetzen, wird ein Leser frühneuhochdeutscher Texte gut daran tun, sich mit den Motiven für Zeichensetzung und Verwendung von Majuskeln vertraut zu machen, um die Texte so zu verstehen, wie sie verstanden werden sollen. Erst dann kann er beurteilen, ob ein Text nachlässig oder sorgfältig hergestellt worden ist.

II Interpunktion

»Zu der von uns beibehaltenen alten I n t e r p u n k t i o n sei erinnert, daß Luthers Zeichensetzung weniger grammatisch-logischer als deklamatorischer Art ist, auf Hören und lautes Lesen berechnet.«[27] Diese Einsicht, die bei der Edition der Lutherbibel in der WA DB vor Eingriffen bewahrte, lässt sich noch vertiefen. Bemerkenswert ist zunächst, welche Überlegungen die Editoren anstellten, auch ungewöhnliche Interpunktionen zu verstehen, wie z. B. bei Mt 25, 20: »[...], vnd legt dar andere funff centner vnd sprach? Herr, du hast mir funff centner [...]«[28] Sie wiesen es zurück, dieses Fragezeichen als Druckversehen oder Setzerwillkür zu beurteilen, sondern sahen es als eine »sinnreiche Interpunktionsform« an, da es den Leser oder Hörer anregen sollte, nach »sprach« in »Gedanken die Frage ›Was denn?‹« einzuschalten.[29] Was hat die germanistische Forschung bisher über die frühneuhochdeutsche Interpunktion ermitteln können?[30]

---

25 Dieser Druck ist WA DB 2, 587 (191) beschrieben, sein Vorwort siehe Luther: Die gantze Heilige Schrifft Deudsch 1545, 277*, 3-6.
   WA DB 6, 1, 2-7.
26 Luther: Die gantze Heilige Schrifft Deudsch 1545, 276*, 31 - 277*, 1.
27 WA DB 6, XC
28 WA DB 6, 112.
29 WA DB 6, XC.
30 Da diese Forschung sich vorwiegend auf Grammatiken des 15. und 16. Jahrhunderts

»Ursprünglich kennzeichnen Satzzeichen die Sprechpausen, sie dienen also noch nicht der syntaktischen Gliederung.«[31] Diese Feststellung gewann Klaus Meiß aus der Untersuchung von Grammatiken des 15. und 16. Jahrhunderts durch Stefan Höchli. Sie ergab, dass die Satzzeichen zunächst das rechte Lesen und Vortragen erleichtern sollten, ehe syntaktische Gesichtspunkte hinzukamen, wobei aber weiterhin der rhetorische Gewinn im Blick blieb.[32] Bei Luther habe die Zeichensetzung – »noch ganz auf den mündlichen Vortrag abgestimmt« – die Aufgabe gehabt, Aussageeinheiten hervorzuheben und Atempausen zu kennzeichnen.[33] Luther wird bescheinigt, dass er auf die »Kennzeichnung von Sinn- und Atempausen, [...] weit mehr als viele Zeitgenossen« geachtet habe.[34] Die Interpunktion war »das vornehmste System der Sprechpausengliederung«.[35] Moulin erkannte nach ihrer Analyse von Lutherbriefen an, dass Luther Satzzeichen in »rhytmisch-intonatorischem Rahmen» verwendete, gleichzeitig sei aber auch eine »Setzung der Interpunktion in syntaktischem Zusammenhang« zu beobachten.[36]

In Bezug auf die einzelnen Satzzeichen ist zu fragen: Welche wurden überhaupt verwendet? Claudine Moulin hat in Autografen von Lutherbriefen Punkt, Doppelpunkt, Virgel, Komma, Semikolon, Fragezeichen

konzentrierte und weniger zeitgenössische Texte analysiert hat, sah sich die »Frühneuhochdeutsche Grammatik« 1993 genötigt, auf Moser: Frühneuhochdeutsche Grammatik 1 I, zurückzugreifen; FNHDG, 28.

31 Klaus MEISS: Streit um die Lutherbibel: sprachwissenschaftliche Untersuchungen zur neuhochdeutschen Standardisierung (Schwerpunkt Graphemik) anhand Wittenberger und Frankfurter Drucke. F; B; Bern; NY; P; W 1994, 163.

32 Vgl. Stefan HÖCHLI: Zur Geschichte der Interpunktion im Deutschen: eine kritische Darstellung der Lehrschriften von der zweiten Hälfte des 15. Jahrhunderts bis zum Ende des 18. Jahrhunderts. B; NY 1981, 15. 21. 27-36. 43. 55. 60; sowie die Zusammenfassung Meiß: Streit um die Lutherbibel, 163, Anm. 110.

33 Erwin ARNDT; Gisela BRANDT: Luther und die deutsche Sprache: Wie redet der Deudsche man jnn solchem fall? 2., unv. Aufl. Leipzig 1987, 117.

34 Herbert WOLF: Martin Luther: eine Einführung in germanistische Luther-Studien. Stuttgart 1980, 32.

35 Oskar REICHMANN: Zur Edition frühneuhochdeutscher Texte: sprachgeschichtliche Perspektiven. Deutsche Philologie 97 (1978), 351.

36 Claudine MOULIN: Der Majuskelgebrauch in Luthers deutschen Briefen (1517-1546). HD 1990, 180.

und auch Klammern gefunden.[37] Daher muss die in die Studienausgabe übernommene Behauptung korrigiert werden, dass in der Luthersprache das Semikolon fehle.[38]

Punkt: Er kann zur Hervorhebung vor und nach bzw. nur vor Eigennamen und Zahlen stehen.[39] Nach Moulin kennzeichnet der Punkt in Luthers Briefen das Satzende, aber auch im Satzinneren »satzrelevante« Einschnitte. Er konkurriert mit der Virgel, sodass sie von »Polyfunktionalität« beider Satzzeichen spricht.[40] Der Punkt kann vor Beginn eines Zitates stehen.[41] Er wird auch als Abkürzungszeichen oder Kennzeichnung der Ordinalzahlen verwendet.[42]

Doppelpunkt: Er kennzeichnet »als bedeutende Vorlesehilfe« größere bzw. anstelle der Virgel auch kleinere Satzabschnitte, steht außerdem vor direkter Rede, Zitaten, Aufzählungen und zusammenfassenden Schlussfolgerungen. Er konkurriert mit dem Punkt, der Virgel, seltener mit dem Semikolon und kennzeichnet mitunter tiefere Sinn- und Redeeinschnitte als die Virgel.[43]

Virgel: Dieses ursprünglich primär rhetorische Interpunktionssignal konkurriert als Langform des Kommas mit den meisten anderen Zeichen, dient aber zunehmend – da der Punkt die satzschließende Funktion übernimmt – vorrangig der Innengliederung des Satzes. Sie kennzeichnet auch Zitatanfänge und manchmal das Satzende, wo die Virgel auch mit Punkt – »/.« – stehen kann.[44] Sie markiert häufig einen Redeeinschnitt, ohne dass dieser mit der Grenze einer syntaktischen Einheit zusammenfällt.[45]

---

37 StA 1, 28; Moulin: Der Majuskelgebrauch …, 79.

38 So Joachim SCHILDT: Zum Verständnis der Luthersprache. In: StA 1, 28.

39 Moser: Frühneuhochdeutsche Grammatik 1 I,7 f.

40 So Moulin: Der Majuskelgebrauch …, 180 f, im Gegensatz zu der auch von Arndt; Brandt: Luther und die deutsche Sprache, 157, vertretenen Behauptung: »Unter dem Einfluß der Buchdrucker werden sie [Punkt und Komma] von der Virgel / bzw. // abgelöst.«

41 Risse: Untersuchungen zum Gebrauch der Majuskel …, 134; Meiß: Streit um die Lutherbibel, 165.

42 FNHDG, 29. 31.

43 Moser: Frühneuhochdeutsche Grammatik 1 I, 7; Meiß: Streit um die Lutherbibel, 166; Risse: Untersuchungen zum Gebrauch der Majuskel …, 134; FNHDG, 29.

44 Meiß: Streit um die Lutherbibel, 164 f; Moulin: Der Majuskelgebrauch …, 173; FNHDG, 29 f.

45 FNHDG, 29; Risse: Untersuchungen zum Gebrauch der Majuskel …, 134.

Doppelvirgel: Sie kennzeichnet das Satzende.[46]

Komma: Da die Virgel mit unterschiedlicher Länge geschrieben wird, ist das Komma als Kleinform der Virgel in den Handschriften nicht immer von ihr zu unterscheiden. Im Buchdruck erscheint es »zuerst hinter in Antiqua gedruckten Wörtern«.[47]

Semikolon: Seine Unterteilungsfunktion wird von zeitgenössischen Grammatikern mit der des Punktes gleichgesetzt.[48]

Fragezeichen: Es wird bereits in der Mentelbibel 1466 verwendet, steht auch nach indirekten sowie rhetorischen Fragesätzen und findet sich in der Lutherbibel am Ende der Frage.[49] Es steht auch vor direkter Rede – wie das obige Beispiel von Mt 25, 20 zeigt – und Zitaten.[50]

Klammern: Sie dienen weitgehend – auch ineinandergeschachtelt – als Parenthesenzeichen in folgenden Formen: […], (…), /…/, /:…:/, (:…:), :/:…:/:, [:…:].[51]

Alinea: »Die Aliena (¶) dient vornehmlich in Drucken […] zur Kennzeichnung von Absätzen oder Neuansätzen; sie hat damit zum Teil die Funktion der Majuskel übernommen.«[52]

Birgit Stolt hat nicht nur auf die rhetorische Funktion der Zeichensetzung hingewiesen, sondern auch auf Luthers ausdrücklichen Rückgriff auf die von der antiken Rhetorik gelehrten Elemente eines Satzgefüges – »periodus« (Satzgefüge), »colon« (Satzglied) und »comma« (abgehauenes Stück, praktisch Teil eines Kolons) – aufmerksam gemacht.[53] Wenn übersehen wird, dass comma und colon (Punkt) nicht nur Satzzeichen, sondern auch Satzteile meinen können, ergibt sich mitunter eine diffuse Kommentierung.[54]

---

46 Moulin: Der Majuskelgebrauch …, 173.

47 Moulin: Der Majuskelgebrauch …, 79; FNHDG, 30.

48 FNHDG, 30.

49 Meiß: Streit um die Lutherbibel, 165; FNHDG, 30.

50 Dass in den Lutherbibeln das Fragezeichen nicht nur am Ende der Frage steht, ist auch von Risse beobachtet worden; Risse: Untersuchungen zum Gebrauch der Majuskel …, 20.134.

51 FNHDG, 30.

52 FNHDG, 31.

53 Birgit STOLT: Periodus, cola und commata in Luthers Bibeltext. In: Studien zum Frühneuhochdeutschen: Emil Skála zum 60. Geburtstag am 20. November 1988/ hrsg. von Peter Wiesinger. Göppingen 1988, 263 f; WA 19, 87, 3-14; 90, 9 - 91, 10.

54 Vgl. WA 5, 361, Anm. 1; 675, zu 361.

III Verwendung von Majuskeln

1 Textgliederung

Als Luther sich auf der Coburg infolge Erkrankungen nicht recht konzentrieren konnte, klagte er, sein Kopf sei ein Kapitel geworden, schicke
sich aber an und werde ein Abschnitt, endlich ein Satz.[55] Die damit an-
gesprochene Gliederung einer Textstruktur wurde in zeitgenössischen
Handschriften und Drucken mit Hilfe von Majuskeln verdeutlicht. Das
lässt sich gut an den Wittenberger Drucken der Lutherbibel verfolgen, in
denen Majuskeln sehr bewusst eingesetzt wurden. Die parallele Edition
des jeweils ersten und letzten Druckes eines biblischen Buches zu Luthers
Lebenszeit lässt leicht die Zunahme von Majuskeln erkennen,[56] ohne dass
diese linear verlaufen ist.[57]

Einige biblische Bücher eröffnet ein Holzschnitt, ehe der Text wie sonst
mit einer großen Schmuckinitiale in der Höhe von 12 bzw. 13 Textzeilen
beginnt.[58] Die einzelnen Kapitel fangen mit einer halb so hohen Schmuckinitiale an. Auf beide Schmuckinitialen folgt der zweite Buchstabe des
Wortes als Majuskel. Ein Kapitel ist in Absätze unterteilt, die mit einer
Initiale und einer nachfolgenden Majuskel beginnen. Georg Rörer (1492-
1557) hat 1541 erklärt, das sei dort geschehen, wo eine »newe Historia,
Straff oder Trostpredigt, Mirackel, Ermanung etc. in eim Cap. angehet«.[59]

---

55 »Caput meum factum est capitulum, perget vero et fiet paragraphus, tandem periodus«;
WA Br 5, 316, 16 f (1566); Luther an Melanchthon am 12. Mai 1530 von der Coburg.

56 WA DB 6-12; vgl. dazu Risse: Untersuchungen zum Gebrauch der Majuskeln ..., 229 f.

57 Risse: Untersuchungen zum Gebrauch der Majuskeln ..., 189-191.

58 Vgl. z. B. Martin Luther: Biblia / das ist / die gantze Heilige Schrifft Deudsch. Faksimi-
leausgabe. Leipzig 1983, XXXVI^r. Die vor der Computerzeit herausgebrachten kritischen
Ausgaben mußten der damaligen Technik Zugeständnisse machen: »Die Schmuckinitialen in unserm Neudruck sind von unsrer Druckerei frei gewählt«; WA DB 6, XCI.
Dadurch sind – im Gegensatz zu der Faksimileausgabe der Lutherbibel von 1534 – die
Größenverhältnisse der Schmuckinitialen in den Originalen in WA DB nicht mehr
zu erkennen. Am Beginn des Lukasevangeliums hat die Druckerei auf eine kleinere
Schmuckinitiale am Anfang eine *größere* folgen lassen, ohne daß ein neues Kapitel
beginnt; WA DB 6, 209. Hier wurde eine im 16. Jahrhundert wohl durchdachte und
sorgfältig ausgeführte Ordnung durch die Willkür einer Druckerei des 20. Jahrhunderts
unkenntlich gemacht!

59 WA DB 8, LXXVIII, 24-26.

Untergeordnete Absätze fangen zwar ohne Initiale, aber oft mit zwei, jedoch manchmal auch mit drei oder gar vier Majuskeln an, manche allerdings auch nur mit einer.[60]

Otto Albrecht hat die in der Lutherbibel im Unterschied zu den absatz-armen Vorlagen gebildeten Absätze als »eine Art Steigerung der Interpunktion, Kennzeichnung von Sinnabschnitten« beschrieben. Anordnungen Luthers, die er in sein Handexemplar des Neuen Testaments von 1540 eingetragen hat, neue Absätze zu gestalten, lassen erkennen, wie bewusst an der Verbesserung der Textgliederung gearbeitet wurde.[61] Wenn das aber so ist, kann an der Bildung der Absätze und deren Charakterisierung mittels unterschiedlicher Anzahl von Majuskeln das Verständnis einer Textstruktur bei Luther und seinen Mitarbeitern, aber auch bei anderen Autoren wahrgenommen werden.[62]

2 Absatzgliederung

Luther verwendete in seinen Briefen die Majuskel am Anfang der Adresse, der Grußformel, des Brieftextes, der Anrede und der Ergebenheitsbezeugung vor der Unterschrift.[63] Anfangs begann keinesfalls jeder Satz mit einer Majuskel, wie in Luthers Septembertestament 1522 leicht zu ersehen ist. Innerhalb eines Absatzes oder Satzes konnten Majuskeln einen »besonders tiefen Sinn- und Redeabschnitt« markieren.[64] Sie konnten dann mit der Interpunktion als Sprechpausengliederung interferieren.[65] Majuskeln wurden

60 Vgl. z. B. WA DB 6, 237. 387.
61 WA DB 6, XC f.
62 »Die Schmalkaldischen Artikel« waren zwar bereits durch Zwischenüberschriften ge-gliedert, ihre Struktur wurde aber im Druck von 1538 durch jeweils zwei Versalien am Anfang jedes Kapitels zusätzlich hervorgehoben; StA 5, 344, 4; 353, 6; 355, 22; 359, 2; 373, 16; 377, 2; 379, 2; 389, 24; 395, 9 – drei Versalien –; 397, 8; 401, 3; 419, 5. 14; 421, 9; 423, 3; 425, 10; 427, 2; 433, 2. 10; 435, 7; 437, 14; 439, 16; 441, 8 ≙ WA 50, 192, 5; 197, 5; 198, 25; 200, 8; 210, 2; 211, 14; 213, 2; 221, 2; 223, 28 – drei Versalien –; 225, 14; 228, 7; 240, 27; 241, 7. 27; 242, 5; 243, 13; 244, 7; 247, 6. 19; 248; 27; 250, 15; 251, 16. 30. Nach der Zwischenüberschrift »Von der Kirchen« folgte zwar ein einfaches »Wir«, das aber in der 2. Auflage von 1543, die Luther selbst besorgte, als »WJr« erschien; StA 5, 437, Anm. 852.
63 Moulin: Der Majuskelgebrauch ..., 105-107.
64 Risse: Untersuchungen zum Gebrauch der Majuskel ..., 144 f.
65 Oskar Reichmann: Zur Edition frühneuhochdeutscher Texte, 351.

verwendet, um »ein Signal zu setzen«.[66] Sie dienten »der Hervorhebung des Neuen und kommunikativ im jeweiligen Aussagezusammenhang Wichtigen«. In der Sicht der Thema-Rhema-Gliederung kündigten sie dann das Rhema – den Satzteil mit der neuen Information – an.[67] Zunehmend kennzeichnete die Majuskel auch den Anfang eines Satzes oder eines Zitates, auch von Strophen oder Versen.[68]

3 Hervorhebung in frühneuhochdeutschen Texten

In dem eingangs angeführten Zitat verwies Luther auf die Funktion der Majuskel als Signal, »das daselbst von eym grossen ding gesagt wird, das sich der leser soll deste bas erynnern und drauff mercken«. Diese Hervorhebung zielte auf einzelne Satzteile, zunehmend aber auch als »lexeminitiale Großschreibung« auf das erste Wort einer Wortkombination wie mehrgliedrige Eigennamen oder mehrgliedrige Zahlenausdrücke.[69] Sie konnte sich allgemein auf Personen, Gegenstände oder Begriffe erstrecken.[70] Die Großschreibung »diente dazu, solche Wörter hervorzuheben, denen für die Kommunikation eine besondere Bedeutung beigemessen wurde«.[71]

Am Anfang stand die Großschreibung von Eigennamen und des Namens »Gott«, der auch mit mehreren Majuskeln geschrieben wurde, so wie es Luther im obigen Zitat für »CHRISTUS« bezeugt.[72] Diese Großschreibung wird als »Respektbekundung« interpretiert, die zunehmend auch sozialen Rängen (Papst, Kaiser etc.), sozialen Institutionen (Reich, Amt, Stadt etc.) sowie Personen und Titeln entgegengebracht wurde. Großgeschrieben wurden auch »Gattungsbezeichnungen (*Mensch* etc.), nomina sacra (*hl. Geist, Evangelium* etc.),[73] Themawörter (*Glaube, Liebe*

---

66 Risse: Untersuchungen zum Gebrauch der Majuskel ..., 202.

67 Reichmann: Zur Edition frühneuhochdeutscher Texte, 351.

68 Risse: Untersuchungen zum Gebrauch der Majuskel ..., 135-141; FNHDG, 26.

69 FNHDG, 26.

70 Risse: Untersuchungen zum Gebrauch der Majuskel ..., 351.

71 Arndt; Brandt: Luther und die deutsche Sprache, 155.

72 Johannes Kolroß (um 1487-1558/60) hat 1530 die Großschreibung von »Herr« empfohlen, wenn damit Gott bezeichnet wird; Risse: Untersuchungen zum Gebrauch der Majuskel ..., 193

73 Eine Zusammenstellung der nomina sacra siehe Die Entwicklung der Großschreibung ... I, 55-57.

Hoffnung etc.), Titel von Schriften«.[74] Wo die Majuskel bei »Herr« nur dann verwendet wurde, wenn sich »Herr« auf Gott bezog, wirkte die Majuskel als »bedeutungsunterscheidendes Signal«.[75] Das trifft auch darauf zu, dass Luther im Bibeltext das Tetragramm יְהֹוָה mit »HERRE«, אֲדֹנָי hingegen mit »HErr« wiedergab und so beide Gottesnamen nicht nur untereinander, sondern auch von einem gewöhnlichen »Herr« unterschied.[76] Weber sah in solchen Fällen die Großschreibung in einer »exegetischen Funktion«.[77]

Von dieser allgemeinen Großschreibung, die für die Textgliederung und das Hervorheben bestimmter Lexeme Anwendung findet, ist die besondere innerhalb eines Satzes mit ihrer Bedeutung für den Kontext zu unterscheiden. Diese findet in den germanistischen Untersuchungen weniger Beachtung, da diese häufig vorrangig an der allgemeinen Entwicklung zur modernen Großschreibung bestimmter Wortarten interessiert sind. So untersuchte Ursula Risse die Begründungen für die Großschreibung der Substantive in deutschsprachigen Bibeln während Luthers Lebenszeit im Zusammenhang mit der modernen Rechtschreibreform und kam zu dem Ergebnis, dass diese heute nicht mehr überzeugten und daher die Großschreibung der Substantive in der deutschen Orthografie aufgegeben werden könnte.[78]

Für die Interpretation der Texte aus der Lutherzeit ist aber die grundsätzlich anerkannte rhetorische Funktion der Großschreibung stärker ins Auge zu fassen, auch wenn eine zunehmende Hinwendung zur Großschreibung des Substantivs und damit einer Wortart konstatiert wird.[79] Es ist zu fragen: Welche Funktion hat diese Hervorhebung im Kontext? Da sich die rhetorische und semantische Großschreibung und die vom Kontext unabhängige lexeminitiale Großschreibung überschneiden, ist auf diese Frage nicht immer leicht eine eindeutige Antwort zu finden. Oft ist aber aus dem gesamten Text zu entnehmen, welche Großschreibung ihr Autor bzw. Drucker vorrangig im Auge hatte.

74 FNHDG, 27.
75 Risse: Untersuchungen zum Gebrauch der Majuskel ..., 194.
76 WA DB 8, 30, 19-28.
77 Walter Rudolf WEBER: Das Aufkommen der Substantivgroßschreibung im Deutschen: ein Historisch-kritischer Versuch. M 1958, 33.
78 Risse: Untersuchungen zum Gebrauch der Majuskel ..., 231.
79 Risse: Untersuchungen zum Gebrauch der Majuskel ...,188-191.

Wenn z. B. in einem Text nicht alle Personennamen großgeschrieben sind oder sogar derselbe Name groß und klein geschrieben worden ist, kann – wenn keine nachlässige Textherstellung angenommen werden muss – der großgeschriebene Personenname als eine Hervorhebung der Person oder auch ihrer Bedeutung für einen bestimmten Textabschnitt angesehen werden. Wenn allerdings in einer Edition nach gängiger Praxis alle Personennamen unabhängig von der Schreibweise der Vorlage großgeschrieben worden sind, ist die rhetorische Funktion dieser Großschreibung getilgt worden.

Für die Wahrnehmung einer rhetorischen Hervorhebung sind vor allem Nichtsubstantive aufschlussreich – wenn sie nicht der Textgliederung dienen –, so z. B. Verneinungen.[80] An großgeschriebenen Adjektiven wird die rhetorische Absicht besonders gut erkennbar, wie an der Titelgestaltung der Lutherschrift »Eyn Schrecklich geschicht vnd gericht Gotes vber Thomas Mūntzer / darynn Gott offentlich desselbigen geyst lūgenstrafft vnd verdamnet« leicht zu erkennen ist. Dieser Wittenberger Druck von 1525 erlebte rasch elf Nachdrucke,[81] die in der Großschreibung weitgehend dem Erstdruck folgten. Nur ein Druck hat »schrecklich«, ein anderer »gottes« kleingeschrieben.[82] Die Großschreibung von »Schrecklich« gegenüber den kleingeschriebenen Substantiven war eine ins Auge fallende Hervorhebung, die dem Leser den Bericht über eine Katastrophe ankündigte. Sie lässt zugleich offen, ob Thomas Müntzer als Person oder als zentrales Thema der Flugschrift großgeschrieben wurde. Der Speyerer Druck hat noch eine zentrale Aussage dieser Lutherschrift hervorgehoben, indem er »Lügenstrafft« großschrieb.[83]

Da in der Lutherzeit die Titel der Nachdrucke oft in ihrer Grafie voneinander abweichen, haben die Herausgeber von Lutherschriften deren Titel mit der Orthografie ihrer Zeit vereinheitlicht. Die vorliegende Flugschrift trägt in der Weimarer Lutherausgabe den Titel »Eine schreckliche Geschich-

---

80 Vgl. WA 56, 215, 16: »Vnde Non hic loquitur de Iustitia, qua ipse Iustus est, Sed qua Iustus est et nos Iustificat …« Hier stellte Luther dem scholastischen Verständnis der Gerechtigkeit Gottes das reformatorische nachdrücklich entgegen.
81 VD16 12 (1988), 343 f (L 5842-5853).
82 VD 16 12 (1988), 344 (L 5853). 343 (L 5844).
83 VD16 12 (1988), 343 (L 5849).

te und ein Gericht Gottes über Thomas Münzer«. Durch das Einfügen von »ein« vor Gericht ist die Beziehung zu »schrecklich« gelockert, über die Eigenschaft des Gerichts nichts mehr ausgesagt. Die ursprüngliche, auch von Müntzer selbst verwendete Schreibung »Müntzer« ist in Nachfolge einer nicht mehr quellennahen Müntzerdarstellung in »Münzer« modernisiert. Die Hervorhebung ist »wegnormalisiert«. Sie könnte in der vom Duden geprägten Rechtschreibung durch eine kursive Schrift aufgenommen oder besser mit »ganz schreckliche« wiedergegeben werden, was aber eine leicht irreführende Information über den ursprünglichen Titel wäre. Mit der Wiedergabe »[ganz] schreckliche« ließe sich der Titel ohne Informationsverlust modernisieren.

4 *Hervorhebung in lateinischen Texten*

Als Luther 1513 in seiner Vorlesung Ps 1, 2 auslegte, betonte er, dass in dem Psalmwort »Voluntas in lege Domini« der Begriff »voluntas« nicht wie in der scholastischen Theologie, sondern anhand des hebräischen Wortes »חֵפֶץ« zu verstehen sei.[84] Als er 1516 mit einer Überarbeitung seiner ersten Psalmenvorlesung für den Druck begann, ging er in der Neufassung der Scholie zu Ps 1 sehr ausführlich auf den Vers 2 ein und nahm seine Auslegung von »voluntas« wieder auf. Zum Schluss dieser Scholie resümierte er: »Sequitur tandem ex predictis, quod Scriptura sancta aptius et melius utitur verbis, quam curiosi disputatores in suis studiis. Immo nisi quis eorum imaginationibus renuncians velut calceos suos cum Mose exuerit, non poterit ad istum rubum flammeum appropinquare, terra enim sancta est.«[85] Das lässt sich übertragen: »Aus dem vorher Gesagten folgt, dass die Heilige Schrift die Wörter angemessener und besser verwendet als die vorwitzigen[86] Disputatoren in ihren Schulen. Ja, wer deren Einbildungen nicht absagt wie Mose seine Schuhe abgelegt hat, der wird sich dem brennenden Dornbusch nicht nähern können, denn es ist heiliges Land.«

84 WA 55 II, 35, 25, 3-9.
85 WA 3, 5-8.
86 Luther übersetzte Act 19, 19 »Viel aber die da furwitzige kunst trieben hatten«, wo in der Vulgata »multi autem ex his qui fuerant coriosa sectati« stand, und 1 T5, 13 »Nicht alleyn aber sind sie faull, ßondern auch schwetzig vnd furwitzig, vnd reden, das nicht seyn sol«, wo in der Vulgata »non solum otiosae sed et verbosae et curiosae loquentes quae non oportet« zu lesen war; WA DB 6, 494; 7, 268.

Gustav Kawerau (1847-1918) ließ sich bei seiner Edition der »Dictata super Psalterium« von der Beobachtung leiten, dass »der Gebrauch kleiner und großer Anfangsbuchstaben« zunächst »wie völlige Regellosigkeit erscheint«. Es ließen sich aber doch »gewisse Regeln« wahrnehmen. »Zunächst hat der große Buchstabe sehr oft den Werth eines Interpunktionszeichens, er hebt den Anfang eines Satztheiles oder auch ein einzelnes besonders betontes Wort hervor; sodann ist die Neigung nicht zu verkennen, Substantive groß zu schreiben; endlich dürfte sich aber auch nachweisen lassen, daß er [Luther] bei gewissen Buchstaben z. B. I, H, einfach den großen dem kleinen Ductus vorzieht.« Kawerau hielt es nicht für ratsam, diese Eigentümlichkeiten vollständig zu reproduzieren, sondern gab sie nur zum Teil wieder und allen Eigennamen einen großen Anfangsbuchstaben.[87]

Im Gegensatz dazu verfolgte die Neuausgabe von Luthers »Dictata super Psalterium« bei der Orthografie den »Grundsatz der diplomatischen Treue«. Allerdings wurden »Eigennamen und Adjektive, die von Nomina propria abgeleitet sind, auch gegen die Handschrift groß geschrieben ...«[88] Da dies aber im Handschriftenapparat vermerkt wurde, lässt sich Luthers eigene Schreibweise noch feststellen. Was hat sich dadurch für den oben zitierten Text ergeben? Dieser lautet nun: »Sequitur tandem ex predictis, **Q**uod Scriptura sancta aptius et melius vtitur verbis quam **C**uriosi disputatores in suis studiis. Immo **N**isi quis eorum imaginationibus renuncians velut calceos suos cum Mose exuerit, non poterit ad istum rubum flammeum appropinquare, ›terra enim sancta est‹.«[89]

Hier fällt die Großschreibung von »Curiosi« ins Auge. Durch sie wird aus einem grammatischen Positiv ein rhetorischer Elativ. Das »Quod« signalisiert einen Anfang innerhalb des Satzes. Das großgeschriebene »Curiosi« regt den Leser zu einer rhetorischen Wahrnehmung der Aussage an. Das wird von »Immo« unterstrichen, das Luther für »eine *bewegende* (movere) Steigerung der Rede« einsetzte. In den »Dictata super Psalterium« ist an Beispielen aufgewiesen worden, wie Luther mit dem »Immo« eine Hervorhebung vornahm, die eine »theologische Ent-Deckung« erwarten

87 WA 3, 9 f.
88 WA 55 I, XVI f.
89 WA 55 II, 21, 21 - 22, 2. Die nun großgeschrieben Buchstaben sind mittels halbfetter Schrift erst im vorliegenden Beitrag hervorgehoben.

lässt.[90] So gewinnt auch das »Nisi« ein verstärktes Gewicht. Luthers Großschreibung gab der grundsätzlichen Aussage, die er nach Beendigung seiner ersten Psalmenvorlesung als grundlegendes Ergebnis formulierte, eine rhetorische Gestalt, die zu der Überzeugung bewegen will: Wer sich nicht von der philosophischen Begrifflichkeit trennt, kann die Heilige Schrift auf keinen Fall verstehen. Da die heutige deutsche Rechtschreibung eine Hervorhebung mittels Großschreibung nicht vorsieht, muss der Text mittels Wortwahl zum Sprechen gebracht werden:

> »Aus dem vorher Gesagten folgt: Die Heilige Schrift verwendet die Wörter angemessener und besser als die ganz und gar vorwitzigen Disputatoren in ihren Schulen. Ja, es gilt sogar, wenn jemand nicht deren Einbildungen absagt, wie Mose seine Schuhe abgelegt hat, wird er sich dem brennenden Dornbusch nicht nähern können, ›denn es ist heiliges Land‹.«

IV »Normalisierung« frühneuzeitlicher Texte
Editoren im Bann des Duden

Bestrebungen zur Vereinheitlichung der Orthografie entstanden bereits mit dem Buchdruck. Wie sollte man sonst korrigieren? Aber sie blieben oft auf einzelne Druckereien oder Druckort beschränkt und von der Bereitschaft der Autoren und Drucker abhängig. Im 19. Jahrhundert entstand eine neue Situation. Die wirtschaftliche, politische und kulturelle Entwicklung vollzog sich in Richtung auf eine nationale Einheit zu und erforderte eine einheitliche deutsche Rechtschreibung. Die Durchsetzung der Schulpflicht in allen deutschen Ländern führte – zunächst für bestimmte Gebiete – erstmals zu amtlich verbindlichen orthografischen Regelwerken. Die Gründung des Deutschen Reiches 1871 machte die »Lösung der orthographischen Frage« nicht nur dringlich, sondern schuf auch günstige Rahmenbedingungen für eine einheitliche Rechtschreibung, die 1901 mit einer amtlichen Regelung erreicht wurde.[91] Konrad Duden (1829-1911)

---

90 Heiko A. OBERMAN: »Immo«: Luthers reformatorische Entdeckungen im Spiegel der Rhetorik. In: Lutheriana: zum 500. Geburtstag Martin Luthers von den Mitarbeitern der Weimarer Ausgabe/ hrsg. von Gerhard Hammer; Karl-Heinz zur Mühlen. Köln; W 1984, 17. 24.

91 DUDEN: deutsche Orthographie. 3., neu bearb. Aufl./ unter Leitung von Dieter Nerius bearb. von Renate Baudusch … Mannheim; L; W; ZH 2000, 321-351.

hatte mit seinem 1880 erschienenen Werk »Vollständiges orthographisches Wörterbuch der deutschen Sprache« dafür wegweisend gewirkt. Nachdem dieses Wörterbuch 1903 noch durch die »Rechtschreibung der Buchdruckereien deutscher Sprache« ergänzt worden war, wurde der »Duden« zur Norm für die deutsche Rechtschreibung.

Der Altphilologe und Germanist Karl Lachmann (1793-1851) edierte 1820 ausgewählte Texte von »hochdeutschen Dichtern« des 13. Jahrhunderts. In der Widmungsvorrede an seinen Lehrer Georg Friedrich Benecke (1762-1844) legte er Rechenschaft von seinen Editionsprinzipien ab, mit denen er eine »wahre strenghistorische Kritik« vornahm. Ihnen lag die nach seiner Meinung mit seinem Lehrer übereinstimmende Überzeugung zugrunde, »dass die Dichter des dreizehnten Jahrhunderts, bis auf wenige mundartliche Einzelheiten, ein bestimmtes unwandelbares Hochdeutsch redeten, während ungebildete Schreiber sich andere Formen der gemeinen Sprache, theils ältere, theils verderbte, erlaubten.« Die Überlieferung enthalte unzutreffende Schreibweisen, grammatische Unrichtigkeit, Schreibfehler und Missbrauch, »den man dem Dichter selbst zuzuschreiben kein Recht hat, ...«[92] So fiel dem Editor die Aufgabe zu, dem Text diejenige Gestalt zu geben, die nach Vorstellung des Editors dem Textautor gemäß erschien, das heißt mit anderen Worten, Konjekturen vorzunehmen.[93] Diese spielten im 19. und im 20. Jahrhundert in Textausgaben und Kommentaren eine erhebliche Rolle, in der Theologie besonders in den Bibelwissenschaften.

Lachmann lag mehr »an lesbaren als an urkundlichen Texten: daher hab' ich nur aus den vorhandenen Quellen und eigenen Vermutungen was ich konnte verbessert«. Sein Hauptstreben zielte darauf, »eine al-

---

92 Karl LACHMANN: Auswahl aus den hochdeutschen Dichtern des dreizehnten Jahrhunderts für Vorlesungen und Schulgebrauch. (1820). In: Ders.: Kleinere Schriften zur deutschen Philologie/ hrsg. von Karl Müllenhoff. Unv. photomech. Nachdruck der Ausgabe Berlin, 1876. Bd. 1. B; NY 1969, 157. 161.

93 »**Konjektur** [lat. ›Vermutung‹] die -/-en, *Textkritik:* der verbessernde Eingriff des Herausgebers in den überlieferten Text; K. sind im Ggs. zu einfachen Emendationen Eingriffe, die z. T. der Beseitigung von → Korruptelen dienen, darüber hinaus den überlieferten Text auch dort ändern, wo er dem Stil, dem Wortgebrauch, der Metrik und der Reimtechnik des Autors und seiner Zeit nicht entspricht«; BROCKHAUS ENZYKLOPÄDIE: in vierundzwanzig Bänden. 19., völlig neu bearb. Aufl. Bd. 12: KIR-LAG. Mannheim 1990, 266 a.

terthümliche, aber genaue Rechtschreibung einzuführen«.[94] Dieses Lach-
mannsche Paradigma, welches das Ideal eines bestimmten unwandelbaren
Hochdeutsch verfolgte, prägte Generationen von Herausgebern. Es führte
zu einer negativen Bewertung, ja Schmähung der »durch ihren hohen Vari-
anzgrad gekennzeichneten frnhd. Orthographie«,[95] sodass kein Interesse an
der Eigentümlichkeit der Interpunktion und Großschreibung des Frühneuhochdeutschen entstehen konnte. Dieses Paradigma förderte vielmehr das
Bestreben, Richtlinien zur Normalisierung des Frühneuhochdeutschen
für die Edition frühneuzeitlicher Texte aufzustellen. Dieses artikulierte
sich bereits auf dem Zweiten Historikertag 1894 in Leipzig, dem zunächst
unterschiedliche Richtlinien für einzelne Editionen folgten. Die Quellen-
veröffentlichungen zur brandenburgischen Geschichte veranlasste dann den
Staatsarchivrat Johannes Schultze (* 1881) einen Entwurf 1929 auf der Konferenz der deutschen landesgeschichtlichen Publikationsinstitute in Marburg
vorzulegen. Das Interesse an einer Vereinheitlichung der Normalisierung
des Frühneuhochdeutschen war so groß, dass eine Kommission zur Prüfung
und Erweiterung der Vorschläge eingesetzt wurde, zu der auch Germanisten
gehörten. Das Ergebnis wurde 1930 auf dem Historikertag in Halle vorgelegt,
im Berichtsband veröffentlicht und in Sonderdrucken verbreitet.[96]

Obgleich diese Grundsätze von verschiedenen Institutionen gefördert
und verbreitet wurden, gerieten sie doch in Vergessenheit und konnten
die für verschiedene Editionen entwickelten und sich voneinander unter-

---

94 Lachmann: Auswahl aus den hochdeutschen Dichtern ..., 163 f.
95 Reichmann: Zur Edition frühneuhochdeutscher Texte, 342 f.
96 Grundsätze für die äussere Textgestaltung bei der Herausgabe von Quellen zur
neueren Geschichte: der Konferenz der landesgeschichtlichen Publikationsinstitute in
Halle am 22. April 1930 in Verbindung mit Hofrat Prof. Dr. Erben und Generaldirektor
Dr. Riedner vorgelegt von Staatsarchivrat Dr. J. Schultze, von der Konferenz einstimmig
angenommen. In: Bericht über die siebzehnte Versammlung Deutscher Historiker zu
Halle a. d. S. vom 22. bis 26. April 1930. München; Leipzig 1930, 36-43; Angaben zu den
Sonderdrucken siehe Johannes Schultze: Richtlinien für die äußere Textgestaltung bei
der Herausgabe von Quellen zur neueren deutschen Geschichte. In: Richtlinien für die
Edition landesgeschichtlicher Quellen/ hrsg. von Walter Heinemeyer. Marburg; Köln:
Gesamtverein der Deutschen Geschichts- und Altertumsvereine, 1978, 26, Anm. 3.
Herrn Professor Dr. Siegfried Bräuer und Herrn Professor Dr. Markus Wriedt danke ich
dafür, dass sie mir Kopien von Beiträgen zur Normalisierung frühneuhochdeutscher
Texte zur Verfügung gestellt haben.

scheidenden Editionsrichtlinien nicht ablösen. 1958 gab eine Tagung des Gesamtvereins der deutschen Geschichts- und Altertumsvereine in Konstanz einen Anstoß, die Grundsätze unter Leitung von Johannes Schultze in Zusammenarbeit mit Institutionen und Fachgelehrten zu überarbeiten. Die daraus entstehende »Neufassung des Textes von 1930« erschien 1962 als »Richtlinien für die äußere Textgestaltung bei Herausgabe von Quellen zur neueren deutschen Geschichte«.[97] Damit kam aber der Versuch einer Vereinheitlichung der Editionsgrundsätze nicht zum Abschluss, sondern infolge der gegen diese Richtlinien vorgebrachten Einwände entstand angeregt von den Historikertagungen 1972 in Regensburg und 1974 in Braunschweig der Arbeitskreis »Editionsprobleme der frühen Neuzeit«, der angesichts unterschiedlicher Quellengattungen bescheidener 1980 »Empfehlungen zur Edition frühneuhochdeutscher Texte« veröffentlichte.[98] Sie berücksichtigten nicht nur Einwände gegen die Richtlinien, sondern weitete ihre Empfehlungen auch auf nichtdeutsche Sprachen, auf Einleitungen und Kommentierung der Texte aus.

Grundsätzliche Bedenken gegen die von den Historikern ausgehende und betriebene Normalisierung veröffentlichte 1978 der Germanist Oskar Reichwein.[99] Er betrachtete die Texte in ihrer Kommunikationsrelation: Autor → Text → Drucker → Leser bzw. Text → Herausgeber → Verlag → Leser. Seine Untersuchung führte zu dem Ergebnis, »daß Texte durch ihre Graphie an bestimmte Schreiblandschaften, Zeitstufen, soziale Schichtung und spezifische Gebrauchssituationen gebunden sind«.[100] Varianzen in der Grafie erscheinen dadurch nicht als Folge von Willkür, sondern als Symptome, die geografische, historische, soziale und situative Rückschlüsse auf den Autor bzw. Drucker sowie die Zielgruppe erlauben.[101] Analoges gelte auch für die Groß- und Kleinschreibung sowie die Interpunktion, die vor allem textsortenspezifische und literatursoziologische Symptome

---

97 Johannes Schultze: Richtlinien für die äußere Textgestaltung bei Herausgabe von Quellen zur neueren deutschen Geschichte. Blätter für deutsche Landesgeschichte 98 (1962), 1-11.

98 Empfehlungen zur Edition frühneuzeitlicher Texte. Jahrbuch der historischen Forschung in der Bundesrepublik Deutschland: Berichtsjahr 1980, 85-96.

99 Reichmann: Zur Edition frühneuhochdeutscher Texte, 337-361.

100 Reichmann: Zur Edition frühneuhochdeutscher Texte, 349.

101 Reichmann: Zur Edition frühneuhochdeutscher Texte, 347.

enthalte.[102] Reichmann drängte daher »auf möglichste Treue bei der Text-wiedergabe« nicht nur deshalb, damit Germanisten Spezialmaterial für orthografiegeschichtliche Fragestellungen erhalten, sondern damit sich »Historiker, Theologen, Rechtsgeschichtler und Germanisten« nicht ihre »eigenen Zugänge« zur Geschichtlichkeit ihrer Quellen verbauen.[103] Reichmann wendete sein Kommunikationsmodell auch auf heutige Editionen an. Seine Forderung nach Texttreue sollte für die wissenschaftliche Nutzung von Texten gelten, für andere Zielgruppen könnten auch andere Editionsgrundsätze gelten.

Reichmann zweifelte gleichzeitig am Nutzen der Normalisierung, da er es für unbewiesen hielt, »daß die Normalisierung zur vielberufenen besseren Lesbarkeit der Texte beiträgt«. Er teilte die Meinung, dass die Schwierigkeiten beim Verstehen frühneuhochdeutscher Texte mehr aus dem Bedeutungswandel der Wortinhalte entstehen.[104] Zugleich warnte er vor Fehlerquellen. Denn wenn die »Normalisierung« in vielen Fällen durchaus mechanisch vorgenommen werden könnte, erfordere sie doch in anderen Fällen ein »erhebliches Maß an philologischer und sprach-theoretischer Detailkenntnis«, über die Nicht-Germanisten in der Regel nicht verfügten. Wo das sprechsprachliche Gliederungsprinzip durch ein logisch-syntaktisches ersetzt werde, könnte es außerdem zu falschen Zu-ordnungen kommen.[105]

An Reichmann anknüpfend hat Franz Simmler 1992 in einer ausführ-lichen Darlegung unter dem Gesichtspunkt der Literaturwissenschaften die Normalisierung frühneuhochdeutscher Texte kritisiert. Er zeigte auf, welche Informationen bei der jeweiligen Normalisierung verloren gehen, und hielt die für die Normalisierung angeführten Gründe nicht für stich-haltig. Er konstatierte einen Wandel in der Einstellung zur Normalisierung. Die Hinwendung zur Historizität der Texte habe dazu geführt, »historische Treue« zu fordern, »deren Ergebnis für eine Edition der diplomatische Abdruck eines handschriftlichen oder gedruckten Textes ist, weil nur so alle im Medium der Überlieferung vorhandenen Informationen erhalten

---

102 Reichmann: Zur Edition frühneuhochdeutscher Texte, 350. 352 f.
103 Reichmann: Zur Edition frühneuhochdeutscher Texte, 350.
104 Reichmann: Zur Edition frühneuhochdeutscher Texte, 345 f.
105 Reichmann: Zur Edition frühneuhochdeutscher Texte, 346. 352.

bleiben«.[106] Er hielt fest, dass jede Normalisierung Informationsverlust und Enthistorisierung bedeutet.[107] Daher konte es nur eine Folgerung geben: Eine für wissenschaftliche Auswertung bestimmte Edition muss auf jede Normalisierung verzichten. Das sollte auch für diejenigen Editionen gelten, die für die Nutzung durch Studenten bestimmt sind, damit diese die Fähigkeit erlangen können, originale Texte der Frühen Neuzeit vielseitig zu verstehen.

Reichmann formulierte 1978 als entscheidende Frage in der wissenschaftlichen Editionsgeschichte: »Soll bei der Textdarbietung die Orthographie normalisiert werden und falls ja, in welchem Ausmaß kann dies geschehen?« Dabei schloss er die Groß- und Kleinschreibung sowie die Interpunktion mit ein.[108] Mit dieser Fragestellung erfasste er die – meist wohl unreflektierte – Mentalität vieler Herausgeber von Texten der Frühen Neuzeit präzise: Die im Duden vorfindliche Rechtschreibung gilt als Norm, Abweichungen davon werden als unnormal, willkürlich und Zeugen einer frühen Entwicklungsstufe ohne jede Information über den Inhalt der Texte angesehen. Daher können und sollen diese Abweichungen der gegenwärtigen Norm angeglichen werden, um Lesen und Verstehen der Texte angeblich zu erleichtern.

Wie aus der Einleitung in dieses Kapitel zu entnehmen ist, erwuchs diese Haltung in einer Zeit, die ganz von dem Streben nach einer einheitlichen deutschen Rechtschreibung geprägt war und in der das Wissen um die Bedeutung der Eigentümlichkeiten der Interpunktion und Schreibweise frühneuhochdeutscher Texte verloren gegangen war. In dem Maße, in dem der Informationsgehalt der grafischen Abweichungen – einschließlich Interpunktion und Großschreibung – zwischen den Zeitgenossen und von der heutigen Rechtschreibung wahrgenommen wurde, wuchs die Forderung, von einer Normalisierung Abstand zu nehmen und so den vollen Informationsgehalt in eine Edition einfließen zu lassen. Was ergibt sich daraus für die Edition von Luthertexten?

---

106 Franz SIMMLER: Prinzipien der Edition von Texten der Frühen Neuzeit aus sprachwissenschaftlicher Sicht. In: Probleme der Edition von Texten der Frühen Neuzeit: Beiträge zur Arbeitstagung der Kommission für die Edition von Texten der Frühen Neuzeit/ hrsg. von Lothar Mundt; Hans-Gert Roloff; Ulrich Weelbach. Tübingen 1992, 37 f.

107 Simmler: Prinzipien der Edition ..., 39 f.

108 Reichmann: Zur Edition frühneuhochdeutscher Texte, 342.

V Lutherausgaben ohne Normalisierungseuphorie

In der DDR erschien zwar weiterhin die Weimarer Lutherausgabe, aber an einer Auswahlausgabe fehlte es, was besonders im Theologiestudium als äußerst misslich empfunden wurde. Darum versuchte Franz Lau (1907-1973) anlässlich des Reformationsjubiläums 1967, eine solche herauszubringen. Da er aber – wie er mit großer Enttäuschung erfahren musste – keine Mitarbeiter gewinnen konnte, blieben seine Anstrengungen ergebnislos. Dennoch waren sie nicht ohne Folgen. Zunächst wurde ganz im Geist der Zeit an einen normalisierten Text gedacht. Doch die Überlegungen im Leipziger Institut für Kirchengeschichte führten zu dem Plan, eine wissenschaftliche Studienausgabe und eine Taschenausgabe in der Gegenwartssprache herauszubringen. Damit wurde unterschiedlichen Lesern Rechnung getragen. Im Zusammenhang mit dem Lutherjahr 1983 konnte dieser Plan dann durchgeführt werden.[109] In der Studienausgabe wurde der Text in Schreibweise, Lautstand und Interpunktion original wiedergegeben. Das geschah nicht aufgrund besonderer Kenntnisse der Funktion der frühneuzeitlichen Eigentümlichkeiten, sondern aus der Befürchtung, mittels Normalisierung Informationen zu vernichten. Die Taschenausgabe beschränkte sich nicht auf eine Normalisierung der Schreibweise und der Zeichensetzung, sondern trug dem Wandel der Wortbedeutungen und der Syntax Rechnung. Sie übersetzte den frühneuhochdeutschen Text in einen neuhochdeutschen. Wie groß die Bandbreite zwischen der vorwiegenden Beschränkung auf eine Anpassung an die gegenwärtige Rechtschreibung und einer den Bedeutungswandel der Wörter einbringenden Übersetzung in die Gegenwartssprache ist, lässt sich leicht bei den unterschiedlichen Mitarbeitern der Auswahlausgabe von Karin Bornkamm und Gerhard Ebeling verfolgen.[110] Inzwischen hat auch der Rat der Evangelischen Kirche der Union von einer Normalisierung der Bekenntnisschriften wenig erwartet, sondern diese vielmehr »in einer heute verständlichen Sprache zugänglich« machen lassen.[111]

109 StA; Martin Luther: Taschenausgabe: Auswahl in fünf Bänden/ hrsg. von Horst Beintker; Helmar Junghans; Hubert Kirchner. Berlin 1981-1984.
110 Martin Luther: Ausgewählte Schriften/ hrsg. von Karin Bornkamm; Gerhard Ebeling. 6 Bde. Frankfurt am Main 1982.
111 Evangelische Bekenntnisse: Bekenntnisschriften der Reformation und neuere theo-

»Die Interpunktion entwickelt sich im Frnhd. von einem System, das primär der Kennzeichnung von Sprech- und Lesepausen (rhetorisches Interpunktionssystem) dient, zu einem Zeichensystem der syntaktischen Gliederung und Bedeutungsdifferenzierung (etwa Fragezeichen).«[112] Diese allgemein anerkannte Tatsache vertiefte Birgit Stolt mit ihrer Beobachtung, dass Luthers geschriebene Sprache »hörerbezogen, am gesprochenen Wort ausgerichtet« ist. Seine Interpunktion zielt »auf eine schrittweise gedankliche Verarbeitung und Memorierung. Modulation, Phrasierung und Pausen unterschiedlicher Länge sind Mittel zur Gewichtung, Vereindringlichung und Reliefgebung«.[113] Ein weiterer Gesichtspunkt verdient noch verstärkte Aufmerksamkeit: Luther bediente sich der Rhetorik nicht nur, um sich verständlich zu machen, sondern auch, um von ihr angestrebte Ziele zu erreichen, die in docere, movere oder delectare gesehen wurden. Für Luther hatte das movere eine herausragende Bedeutung, denn er wollte Hörer bzw. Leser für das Evangelium gewinnen (Propaganda) oder von dessen Gegnern abspenstig machen (Polemik). Er wollte nicht nur unterrichten (docere), sondern auch Gefühle wecken und zu Entscheidungen bewegen, auch wenn die letzten Glaubensentscheidungen für ihn ein Werk des Heiligen Geistes waren.[114] Daher sollten Interpunktion sowie Groß- und Kleinschreibung in den Luthertexten Emotionen vermitteln und erzeugen. Jeder Eingriff in Luthers Interpunktion sowie Groß- und Kleinschreibung »normalisiert« nicht nur den Text, sondern verändert den Sprachstil. Der Text wird emotionaler Signale beraubt und entleert, aus einer Anrede wird ein vermeintlich zeitloser Lehrtext.

Daher ist es eine Illusion und ein Irrweg, Luthertexte mittels Normalisierung heutigen Lesern nahezubringen. Das kann für einen größeren Leserkreis nur durch Übersetzen in die jeweilige Gegenwartssprache gelin-

logische Erklärungen. 2 Bde./ im Auftr. des Rates der Evangelischen Kirche der Union gemeinsam mit Irene Dingel; J. F. Gerhard Goeters (†); Wilhelm Hüffmeier; Helmar Junghans; Christian Peters; Gerhard Ruhbach; Heinz Scheible; Henning Schröer hrsg. von Rudolf Mau. Bielefeld 1997.

112 FNHDG, 29.

113 Birgit STOLT: Martin Luthers Rhetorik des Herzens. Tübingen 2000, 46. Vgl. ferner Arndt; Brandt: Luther und die deutsche Sprache, 157: »Die Zeichensetzung ist bei Luther noch ganz auf den mündlichen Vortrag abgestimmt.«

114 Vgl. Stolt: Martin Luthers Rhetorik des Herzens, 49-57.

gen, wobei angestrebt werden muss, auch emotionale Inhalte der Vorlagen herüberzubringen. Dabei kann die Art und Weise, wie Luther die Bibel übersetzte, als Vorbild dienen, welcher »der emotionalen Seite des Textes große Sorgfalt widmete«.[115]

Anders verhält es sich für die wissenschaftliche Beschäftigung mit Luthertexten. In diesem Fall kann nicht der Text mittels Normalisierung an seine Exegeten herangeführt werden, sondern die Exegeten müssen an den unveränderten Text herangeführt werden. Die WA leistet dies teilweise schon, indem sie auf Eigenheiten einzelner Drucke aufmerksam macht. Das kann sich auf die verwendete Schrift beziehen, so z. B. auf den »Gebrauch von sehr schlechten hebräischen Lettern«, oder auf die mangelnde Sorgfalt, mit welcher der Druck hergestellt wurde, sodass eine »Ausgabe an bösen Druckfehlern« leidet.[116] Mehrfach sind die Eigenheiten der Schreibweise und grammatischer Formen mehrer Drucke einer Schrift verglichen. Es werden Unterschiede im Gebrauch der Vokale, der Konsonanten, der Doppelkonsonanten, der Vor- und Nachsilben, der Konjugation und Deklination aufgelistet sowie »sonstige Formen« angeführt.[117] Zum Teil sind die Formen bestimmten frühneuhochdeutschen Sprachräumen zugeordnet, ohne so ausführlich zu differenzieren wie das »Frühneuhochdeutsche Wörterbuch«, das 34 Sprachräume des Frühneuhochdeutschen unterscheidet.[118] Hier wird deutlich, dass nicht jeder Historiker oder Theologe, der den Inhalt eines Textes sachgemäß zu kommentieren versteht, auch die germanistischen Eigenheiten eines Textes erhellend charakterisieren kann.

Die Einleitung in einen Text sollte aber auch die vom Duden abweichende Interpunktion sowie Groß- und Kleinschreibung nach ihrer ursprünglichen Intention beschreiben. Das ist für Texte aus der ersten Hälfte des 16. Jahrhunderts besonders wichtig, da sich in dieser Zeit ein Wandel in der Anwendung der Interpunktion sowie der Groß- und Klein-

---

115 Stolt: Martin Luthers Rhetorik des Herzens, 97-112, bes. 101.

116 WA 8, 137.

117 Vgl. z. B. die Einleitung zur Fastenpostille, die der Würzburger Germanist Oskar Brenner (1854-1920) verfasste; WA 17 II, XII-XVII. Dieser verdiente Mitarbeiter der WA hat WA 41 RN, 12; 60, 314 unverdient den Vornamen »Otto« erhalten.

118 FRÜHNEUHOCHDEUTSCHES WÖRTERBUCH/ hrsg. von Robert R. Anderson; Ulrich Goebel; Oskar Reichmann. Bd. 1: Einführung. a-äpfelkern/ bearb. von Oskar Reichmann. B; NY 1989, 118f.

schreibung vollzieht. Nur eine Untersuchung des gesamten Textes vermag wahrzunehmen, ob die Interpunktion sowie die Großschreibung mehr unter rhetorischen oder mehr unter grammatischen Gesichtspunkten verwendet worden ist.

Editoren, die auf eine unveränderte Wiedergabe des frühneuhochdeutschen Textes zielen, müssen sich von Verfechtern der Normalisierung oft sagen lassen, dies laufe nicht auf eine wirkliche Edition hinaus. Daher könne man sich dann auch mit einem Faksimiledruck begnügen. Damit wird nicht nur die Bedeutung der sachlichen und semantischen Kommentierung sowie die Feststellung der Unterschiede zwischen einzelnen Drucken einer Schrift übersehen, sondern vor allem die hermeneutische Funktion einer Einleitung. Zu dieser sollte auch eine Übersicht der rhetorischen Gliederung gehören, wie sie z. B. die schwedische Germanistin Birgit Stolt für Luthers Brief vom Oktober 1520 an Leo X. (1475, 1513-1521) sowie den dazugehörigen Freiheitstraktat erhoben hat und von den Tübinger Lutherforschern Luthers Widmungsvorrede an Kurfürst Friedrich den Weisen vom 27. März 1519 zu seinen »Operationes in psalmos« vorangestellt worden ist.[119] Eine Einleitung, die – optimal von Vertretern verschiedener Fachrichtungen verfasst – in hier skizzierter Weise den Leser an den unveränderten Text heranführt, vermag dessen Verstehen erheblich besser zu fördern als eine Normalisierung, welche vermeintliche Leseschwierigkeiten beseitigen will.

119 Birgit STOLT: Studien zu Luthers Freiheitstraktat: mit besonderer Rücksicht auf das Verhältnis der lateinischen und der deutschen Fassung zu einander und die Stilmittel der Rhetorik. SH 1969, 12-14. 91-93; D. Martin LUTHER: Operationes in psalmos: 1519-1521. Teil 2: Psalm 1 bis 10 (Vulgata)/ unter Mitarb. von Heino Gaese; Hans-Ulrich Perels; Ursula Stock hrsg. von Gerhard Hammer; Manfred Biersack; wissenschaftliche Leitung Heiko Augustinus Oberman. Köln; W 1981, 3.

Fünfzig Jahre »Lutherjahrbuch« aus Leipzig

Von Helmar Junghans

Zur Erinnerung an den 100. Geburtstag von Franz Lau am 18. Februar 2007

Am 21. Oktober 1955 baten der Erste Präsident der Luther-Gesellschaft, Professor Dr. Paul Althaus (1888-1966), und der Zweite Präsident, Landesbischof Professor Dr. Theodor Knolle (1885-1955), den Leipziger Kirchenhistoriker Professor Dr. Franz Lau, das »Lutherjahrbuch« herauszugeben.[1] Dieses war von 1919 bis 1941 – ausgeliefert 1942 – in 23 Bänden erschienen, von denen der Hamburger Hauptpastor Knolle die letzten 14 seit 1928 herausgegeben hatte. Sein Vorwort vom März 1942 hatte mit folgendem Absatz geschlossen: »Lauterbach hat Äußerungen Luthers überliefert, nach denen der Reformator seiner Sorge um die Zukunft Deutschlands und seiner Freiheit gegenüber den imperialistischen Bestrebungen seiner Zeit Ausdruck gab. Es geht ihm um ein Doppeltes: ›Das Wort Gottes und das freie Deutschland‹. Er sieht den Teufel damit umgehen, beides zu zerstören. ›Denn die Freiheit Deutschlands ist von denen, so allein aller Dinge Herr sein wollen, gehaßt [...] Derhalben ist das arm Deutschland in hoher Gefährlichkeit, darum soll man wachen und beten.‹ Diese ›Weissagung‹ Luthers mahnt uns, auch in der Gegenwart für die Freiheit Deutschlands und die Erhaltung des Gotteswortes zu wachen und zu beten.« Da Knolle sich von Anfang an zu der Bekennenden Kirche hielt, lässt sich leicht vermuten, wen er zu den Handlangern des Teufels zählte. Mit der Freiheit des »Lutherjahrbuches« war es allerdings im selben Jahr zu Ende, denn es wurde von der kriegsbedingten Einschränkung der Zeitschriften mit betroffen.

Es mag überraschen, dass die »Wiederherausgabe« des »Lutherjahrbuches« erst 1955 in Angriff genommen wurde, obwohl die Zeitschrift »Luther« schon seit 1953 wieder erschien. Franz Lau hat es damit erklärt, dass der »entsetzliche zweite Weltkrieg« eine Reihe von Lutherforschern hinweggerafft hatte und die Zeit nach dem Kriegsende nicht dazu angetan war, »lebhaft und unbeschwert sich Lutherstudien zu widmen«.[2] Daher musste erst das Wiedererstarken der deutschen Lutherforschung abgewartet werden, auf die das »Lutherjahrbuch« – wenn auch nicht nur, so doch vorrangig – ausgerichtet war. Lau hatte 1952 mit dem Buch »Luthers Lehre von den beiden Reichen« selbst zur Fortsetzung der Lutherforschung beigetragen und im selben Jahr vor der Generalsynode der Vereinigten Evang.-Luth. Kirche Deutschlands über den Stand der Lutherforschung berichtet. So ist nicht verwunderlich, dass er bald danach als

---

1 Angaben mit Briefdatum sind den chronologisch geordneten Akten der Abteilung »Lutherjahrbuch« im Institut für Spätmittelalter und Reformationsgeschichte der Theologischen Fakultät Leipzig entnommen.

2 Franz Lau: Vorwort. LuJ 24 (1957), VI.

Vertreter der nachwachsenden Generation angesprochen wurde, ob er bereit sei, die Herausgabe des Jahrbuches zu übernehmen.[3]

Althaus und Knolle lockten Lau zur Annahme ihrer Bitte mit der Behauptung: »Allzu groß ist die Belastung nicht.« Es komme nur darauf an, geeignete Autoren zu gewinnen. Gleichzeitig teilten sie mit, dass der Direktor der Universitätsbibliothek Münster, Lic. theol. Erwin Steinborn (1901-1956), bereit sei, die »für das Jahrbuch wesentliche Luther-Bibliographie« zu übernehmen. Am 28. Oktober erklärte sich Lau bereit, »den Dienst zu übernehmen«. Gleichzeitig teilte er mit, dass sein Seminar schon längere Zeit an einer Lutherbibliographie arbeite, um die Informationslücke seit 1942 zu schließen, sodass die »Lutherbibliographie« auch in Leipzig hergestellt werden könnte. Das »Lutherjahrbuch« sollte wie die Zeitschrift »Luther« im Lutherischen Verlagshaus in (West-)Berlin erscheinen. Daher meldete sich am 26. Oktober 1955 sein Verlagsleiter Herbert Renner. Nach der Feststellung, die »für Sie damit verbundene Arbeit ist zwar nicht gering«, bot er an, dass der Verlag den gesamten Schriftwechsel führt.

Am 6. Januar 1956 fand in Berlin eine Besprechung zwischen Althaus, Lau und Renner statt. Der Vorstand der Luther-Gesellschaft hatte beschlossen, an der Gestaltung des »Lutherjahrbuches« sollte möglichst wenig geändert werden. Renner machte aber eindringlich darauf aufmerksam, dass die »Alte Schwabacher« es erschweren würde, das »Lutherjahrbuch« im Ausland abzusetzen und daher eine Antiqua-Schrift zu verwenden sei. Er wollte auch die Gestaltung des Einbandes sehr gerne modernisieren. Mit der Verwendung der Antiqua-Schrift setzte er sich schließlich durch, die Gestaltung des Einbandes hingegen blieb unverändert. Über den Vertrieb wurde vereinbart, dass der Verlag einen Teil der Auflage an die Luther-Gesellschaft für ihre Mitglieder zu einem günstigen Preis abgibt, einen weiteren Teil aber zu einem bedeutend höheren Preis über den Buchhandel verkauft. Außerdem wurde der Vorschlag von Lau angenommen, angesichts der vorhandenen Vorarbeiten die »Lutherbibliographie« in Leipzig herzustellen.[4]

Diese Entscheidung erwies sich für die »Lutherbibliographie« als äußerst förderlich. Bibliothekare können zwar dank ihrer Kenntnisse bibliographischer Hilfsmittel sehr gut eine Fachbibliographie zusammenstellen, aber sie vermögen kaum Veröffentlichungen zu erfassen, aus deren Titel der Bezug zu Luther nicht direkt hervorgeht. Dazu sind z. B. Kenntnisse der Reformationsgeschichte erforderlich, um vermuten zu können, dass die Darstellung eines Ortes bzw. eines Gebietes oder einer Person ausführlich auf die Lutherrezeption eingegangen sein könnte. Gute Kenntnis theologischer Autoren und Themen befähigt, beachtenswerte Lutherrezeption aufzuspüren. Daher war die Luther-Gesellschaft gut beraten, dass sie die Herausgeberschaft der »Lutherbibliographie« von deren Anfängen an, das heißt seit 1926, Theo-

<hr />

3 Franz LAU: Vorwort des Herausgebers. LuJ 38 (1971), 5.

4 Später schrieb Lau, er habe schon bei dieser ersten Anfrage nur unter der Bedingung zugesagt, dass ihm auch der Neuaufbau der »Lutherbibliographie« übertragen werde; Lau: Vorwort des Herausgebers, 5. In der Korrespondenz 1955/56 ist allerdings von Bedingung nicht die Rede. Es wird aber auch in ihr deutlich, dass er an der »Lutherbibliographie« besonderes Interesse hatte.

logen anvertraute.[5] Die durch einen Titel geweckte Vermutung muss durch Einsichtnahme verifiziert werden. Neben Büchern und Sammelschriften ist eine erhebliche Anzahl an Zeitschriften kontinuierlich durchzusehen. Hier bot und bietet die Deutsche Bücherei in Leipzig als Archiv des deutschen Schrifttums eine hervorragende Möglichkeit, wie sie nur an wenigen Orten geboten wird. Die »Lutherbibliographie« beschränkt sich nicht nur auf die Lutherforschung, sondern auch auf die Lutherrezeption. Daher war auch Zugang zu nichtwissenschaftlicher Literatur erforderlich, die in Universitätsbibliotheken weniger zu finden ist. Die Deutsche Bücherei sammelt aber nicht nur das in Deutschland verlegte Schrifttum, sondern auch internationale Literatur über Deutschland und deutsche Personen, also auch über Luther. Darum sind viele Nationalbibliographien vorhanden, um die Titel ausfindig zu machen, die zum Sammelgebiet gehören. Der Mangel an Devisen schränkte zwar die Beschaffung dieser Titel stark ein, aber die Auswertung vieler Nationalbibliographien

für die »Lutherbibliographie« war möglich. Die Mitarbeiter der Deutschen Bücherei waren sehr entgegenkommend, indem sie in ihren Arbeitsräumen auch die neusten Lieferungen der Nationalbibliographien für die Durchsicht zur Verfügung stellten, ehe diese im Katalogsaal für die allgemeine Benutzung zugänglich waren. Die Deutsche Bücherei übte auch Einfluss auf die Titelaufnahme dadurch aus, dass ihre Richtlinien für die Titelaufnahme in der »Deutschen Nationalbibliographie« übernommen wurden. Seit 1975 werden die auf internationaler Vereinbarung beruhenden »Regeln für die Alphabetische Katalogisierung (RAK)« angewendet.

Die ersten Lutherbibliographien, die nach dem Zweiten Weltkrieg veröffentlicht wurden, gaben wie die vor dem Kriege veröffentlichten in ihrem Titel die Jahreszahl an, in dem die erfassten Titel erschienen waren. Dies hatte mehrfache Nachträge und eine ziemliche Verzögerung der Information über Neuerscheinungen zur Folge. So enthält das »Lutherjahrbuch 1960« die »Lutherbibliographie 1957«. Daher entschloss sich Lau, von 1962 an die Jahreszahl anzugeben, in dem die jeweilige »Lutherbibliographie« erscheint. Die Herstellung der »Lutherbibliographie« ist mit einem erheblichen, entsagungsvollen Arbeitsaufwand verbunden, den ihre Leipziger Mitarbeiter als »wissenschaftliche Diakonie« betrachten.

Lau zielte von Anfang an darauf, die internationale Lutherforschung einzubeziehen. Daher erbat er am 14. Januar 1956 von Ragnar Bring (1895-1988), dem Professor für Systematische Theologie in Lund, einen Beitrag. Da er eine Zusage erhielt, konnte die Wiederherausgabe des »Lutherjahrbuches« mit dessen Aufsatz »Luthers Lehre von Gesetz und Evangelium als der Beitrag der lutherischen Theologie für die Oekumene« begonnen wer-

5 Hanns Rückert (1901-1974) gab die »Lutherbibliographie« 1925 und 1926 heraus, Kurt Dietrich Schmidt (1896-1964) 1927 und der Neutestamentler Heinrich Seesemann (1904-1988) 1928/29-1939. Auch Erwin Steinborn brachte gute Voraussetzungen mit, da er nicht nur Theologe war, sondern sich in der Reformationsgeschichte schon bibliografisch betätigt hatte: BIBLIOGRAPHIA BUCERANA/ unter Mitw. von Erwin Steinborn zsgest. und bearb. von Robert Stupperich. GÜ 1952. Allerdings hätte er für die »Lutherbibliographie« kaum tätig werden können, da er noch 1956 verstarb.

den.[6] Wenn das »Lutherjahrbuch« nicht nur der deutschen, sondern der internationalen Lutherforschung dienen wollte, mussten für die »Lutherbibliographie« ausländische Mitarbeiter gewonnen werden. Am 12. März 1956 begann Lau, potenzielle Helfer anzuschreiben. Als im »Lutherjahrbuch 1957« die erste Nachkriegsbibliographie erschien, hatte er bereits sechs Mitarbeiter in England, Finnland, Frankreich, Italien, den Niederlanden und Schweden gewonnen. Bis zur »Lutherbibliographie 2006« haben insgesamt 85 Personen an der »Lutherbibliographie« mitgearbeitet, von denen 75 Titel aus dem Ausland beisteuerten. 2006 gehörten 18 Ausländer zu den Mitarbeitern der »Lutherbibliographie«.

Was soll in das »Lutherjahrbuch« aufgenommen werden? Darüber gibt die Korrespondenz zu dem eingesandten Beitrag »Das Opfer im lutherischen Gottesdienst« Auskunft. Lau schrieb am 8. März 1956 an Althaus, dieser Aufsatz sei zwar »wertvoll und gediegen«, aber er beziehe »sich nicht speziell auf Luther« und gehöre darum nicht ins »Lutherjahrbuch«. Damit erfolgte eine Abgrenzung gegen das allgemeine Luthertum als Thema des »Lutherjahrbuches«, aber keine ausschließliche Einschränkung auf Luther allein. Lau nahm auch Beiträge zu Philipp Melanchthon oder Thomas Müntzer (um 1489-1525) auf, in denen der direkte Bezug zu Luther zurücktrat. Sogar Beiträge wie »Johannes a Lasco und Erasmus von Rotterdam« oder »Sören Kirkegaard und der Protestantismus« erschienen im »Lutherjahrbuch«. Trotzdem blieb die Konzentration auf Luther bzw. die Wittenberger Reformation und die Ausrich-

tung auf die Lutherforschung erhalten. Eine grundsätzliche Ausweitung erfolgte in Vorbereitung auf das Melanchthonjubiläum 1997. Seitdem werden in der »Lutherbibliographie« alle Veröffentlichungen zu Melanchthon aufgenommen, auch wenn sie nicht auf die Beziehung zu Luther eingehen.[7]

Lau wollte das »Lutherjahrbuch« keinesfalls zum Organ einer bestimmten Autorengruppe oder Forschungsrichtung machen. Daher hatte er auch keine Bedenken, den römisch-katholischen Kirchenhistoriker Joseph Lortz (1887-1975) zu Wort kommen zu lassen. Er sah darin vielmehr »die Offenheit nach allen Seiten hin«, die er anstrebte.[8] Dazu befähigte ihn nicht nur seine Offenheit für die Vielfalt der Lutherforschung, sondern dazu trug auch – unbeabsichtigt – die marxistische Umwelt bei. Ein Herausgeber, der in Leipzig lebte und die Indoktrination vonseiten der Regierung der DDR sensibel wahrnahm, konnte sich anregen lassen, es in seinem Wirkungsbereich besser zu machen.

---

6 Ragnar BRING: Luthers Lehre von Gesetz und Evangelium als der Beitrag der lutherischen Theologie für die Oekumene. LuJ 24 (1957), 1-39.

7 Weiteres dazu siehe Helmar JUNGHANS: Inhalt, Ordnung und Form der Lutherbibliographie. LuJ 42 (1975), 126-130. Aufgrund einer Diskussion über die »Lutherbibliographie« am 18. August 1977 auf dem Fünften Internationalen Kongreß für Lutherforschung in Lund wurde festgelegt, in Zukunft Lehrbücher und Material für den Schulunterricht nur ausnahmsweise, Lexikonartikel nur dann, wenn ihr Autor angegeben ist, und keine Predigthilfen – auch wenn sie Luther zitieren und seine Gedanken verarbeiten – mehr aufzunehmen.

8 Joseph LORTZ: Sakramentales Denken beim jungen Luther. LuJ 36 (1969), 9-40; Franz LAU: Vorwort des Herausgebers. Ebd, 6.

Aus der Korrespondenz im Jahre 1956 ist ersichtlich, dass es schwer war, Rezensenten zu gewinnen. So sah Lau sich genötigt, selbst zunehmend Besprechungen zu schreiben. 1960 verfasste er von neun Besprechungen sieben. 1961 gab er seinen Rezensionen den Titel »Sammelbesprechung«, 1963 »Luther und die Welt der Reformation«. Diese Gattung bot die Möglichkeit, manche Titel auch nur kurz vorzustellen, und hat sich bis in die Gegenwart unter »Martin Luther und die Reformation« bewährt. Die rege Rezensionstätigkeit von Lau erwuchs aber nicht nur aus der Schwierigkeit, Rezensenten zu gewinnen, sondern auch aus der politischen Entwicklung. Die Politik der DDR führte nicht nur zu der durch den Mauerbau 1961 unübersehbaren Trennung innerhalb Deutschlands, sondern auch zu Mangel an Devisen. Infolgedessen standen den Bibliotheken immer weniger Mittel zur Verfügung, ausländische – und das betraf auch westdeutsche – Bücher zu erwerben. Rezensionstätigkeit bot die Möglichkeit, der Lutherforschung in Leipzig erforderliche Literatur zur Verfügung zu stellen. So wuchs dem »Lutherjahrbuch« eine Funktion zu, die 1955 keiner ahnen konnte: Es verhinderte gegen die von der DDR-Regierung betriebene Politik die Isolation der ostdeutschen Lutherforschung, indem es einerseits wichtige Literatur in die DDR brachte und andererseits durch die Korrespondenz mit Autoren, Rezensenten und Mitarbeitern der »Lutherbibliographie« den Kontakt mit der internationalen Lutherforschung förderte.

Eine neue Literaturgattung eröffnet 1967 im »Lutherjahrbuch« Walther von Loewenich (1903-1992) mit seinem Bericht über die römisch-katholische Lutherdarstellung. 1971 folgte ein Bericht über die deutsche Lutherforschung der letzten fünf Jahre von Bernhard

Lohse (1928-1997) als Vorbereitung auf den Vierten Internationalen Kongress für Lutherforschung, 22.-27. August 1971 in Saint Louis, Missouri.[9] Diese Information über die Lutherrezeption und Lutherforschung während eines bestimmten Zeitraumes in einem bestimmten Gebiet stieß auf ein solches Interesse, dass sie – um Berichte über die Veröffentlichungen im Zusammenhang mit einem Luther- oder Melanchthonjubiläum ergänzt – bewusst fortgesetzt wurde. Als letzter informierte Pilgrim W. K. Lo 2006 über die »Lutherrezeption in China«.[10]

Angesichts der Abgrenzungspolitik der DDR-Regierung, die u. a. zur Folge hatte, dass ostdeutschen Wissenschaftler aufgefordert wurden, aus Gesellschaften auszutreten, die ihren Sitz in Westdeutschland hatten, befürchtete Lau, dass eine weitere Leipziger Herausgeberschaft des »Lutherjahrbuches« unterbunden werden könnte. Als er von einem Vertreter des Büros für Urheberrechte aufgesucht wurde, fand er aber heraus, dass es diesem vor allem um Westgeld ging. So musste er zusagen, das Büro für Urheberrechte jährlich zu unterrichten, welche Honorare DDR-Bürger jeweils als Autoren des »Lutherjahrbuches« erhalten. Aber damit schien die Gefahr nicht gebannt. Daher bat Lau am 17. April 1969 den Rektor der Leipziger Universität um ein Gespräch über das »Lutherjahrbuch«. Rektor war damals der Mediävist Ernst Werner (1920-1993), was

9 Walther von LOEWENICH: Evangelische und katholische Lutherdeutung im Gespräch. LuJ 34 (1967), 60-89; Bernhard LOHSE: Die Lutherforschung im deutschen Sprachbereich seit 1966. LuJ 38 (1971), 91-120.
10 Pilgrim W. K. LO: Lutherrezeption in China. LuJ 73 (2006), 139-170.

für Lau sehr vorteilhaft war. Denn er hatte ihn 1955 als Gutachter von dessen Habilitationsschrift »Pauperes Christi« persönlich kennen gelernt.[11] Lau stieß auf Verständnis und zugleich die Erwartung, auf dem Titelblatt die Universität zu nennen. Daher war dort ab 1970 zu lesen »Professor an der Karl-Marx-Universität in Leipzig«. So schmückte sich die Leipziger Universität mit dem »Lutherjahrbuch«, schützte es aber gleichzeitig gegenüber DDR-Behörden.

Infolge seiner Erkrankung konnte Lau seine Lehrtätigkeit ab Sommersemester 1970 nicht mehr fortsetzen. Er sah sich genötigt, auch die Herausgebertätigkeit für das »Lutherjahrbuch« abzugeben. Daher schickte er mich nach Ostberlin – wohin Westdeutsche ohne langwierige Beschaffung eines Einreisevisums fahren konnten –, um mich mit dem Ersten Präsidenten der Luther-Gesellschaft, Walther von Loewenich (1903-1992), und dem damaligen Verleger des »Lutherjahrbuches«, Friedrich Wittig, zu treffen. Ich sollte beiden eröffnen, dass Lau das »Lutherjahrbuch« nicht weiter herausgeben könnte. Zu meiner Überraschung fragte mich Herr Wittig, ob es mir viel zusätzliche Arbeit bringen würde, wenn ich neben der Redaktion auch die Herausgeberschaft übernähme. Als ich das verneinte, fragte mich Herr von Loewenich, ob ich nicht die Herausgeberschaft übernehmen wolle. Während ich nach Berlin

11 Ernst WERNER: Pauperes Christi: Studien zu sozial-religiösen Bewegungen im Zeitalter des Reformpapsttums. L 1956. Lau urteilte – freilich nicht in seinem Gutachten –, die darin enthaltene marxistische Interpretation gehe nicht aus dem Dargelegten hervor. Und wenn man sie einfach weglasse, bleibe ein ganz brauchbares Buch übrig.

fuhr, hatte ich mir mit großer Erleichterung ausgemalt, wie schön es sein würde, wenn ich keine »Lutherbibliographie« mehr herzustellen brauchte. Aber vor diese Entscheidung gestellt, wollte ich nicht die Verbindung zur internationalen Lutherforschung kappen. So erklärte ich mich dazu bereit, musste allerdings hinzufügen, dass ich dafür eine Zustimmung des Ministeriums für Hoch- und Fachschulwesen brauchte. Diese sollte ich nun einholen. Beide hofften auf eine positive Antwort. Friedrich Wittig schrieb am 14. April 1970 an Lau: »Es wäre aus mehr als einem Grund erwünscht, daß die Fortsetzung Ihrer allseits anerkannten Herausgebertätigkeit, die dem Jahrbuch Ruf und Ansehen eingebracht hat, auch weiterhin in Leipzig geschieht.« Auch von Loewenich hat daran festgehalten, obgleich sich die Entscheidung lange hinzog. So schrieb er am 31. Oktober 1970 an Lau: »Uns liegt ja alles daran, daß das Luther-Jb. weiterhin in Leipzig betreut wird. Ich darf Ihnen bei dieser Gelegenheit noch einmal den aufrichtigen Dank der Luther-Gesellschaft aussprechen. Es liegt uns sehr viel daran, daß der bisherige Kontakt aufrecht erhalten bleibt. Es wäre außerdem nicht leicht, in der BRD einen geeigneten Mann für die Bibliographie zu finden; Herr [Bernhard] Lohse sähe sich nicht dazu imstande.«

Auch Lau war sehr daran interessiert, die Verbindung seines Instituts für Kirchengeschichte, ja der ostdeutschen Lutherforschung mit der internationalen Lutherforschung zu erhalten. Dennoch war bei einem Wechsel des Herausgebers zu befürchten, dass im Ministerium das »Lutherjahrbuch« als »gesamtdeutsches Unternehmen« betrachtet und eine Zustimmung verweigert würde. Um das zu verhindern, wollte er – wie andere in einer ähnlichen Situation auch – das »Lutherjahrbuch« als ein internationales

Unternehmen herausstellen. Er dachte daran, einen internationalen Herausgeberkreis zu bilden oder eine Verbindung zur Sächsischen Akademie der Wissenschaften zu Leipzig – deren Ordentliches Mitglied er war – herzustellen. Doch von Loewenich, der in Briefen über die politischen Hintergründe nicht aufgeklärt werden konnte, sah darin keinen Nutzen, sondern befürchtete nur Schwierigkeiten und Verzögerungen.[12] Schließlich änderte Lau 1971 das Titelblatt. Er ersetzte den Untertitel »Jahrbuch der Luther-Gesellschaft« durch »Organ der internationalen Lutherforschung« und fügte vor dem Namen des Herausgebers »Im Auftrag der Luther-Gesellschaft herausgegeben von« ein. In seinem Vorwort – das zugleich sein Abschiedswort von den Lesern des »Lutherjahrbuches« war – konnte er freilich auf diese politischen Hintergründe nicht eingehen. Er begründete die Änderung damit, dass das »Lutherjahrbuch« seit 1957 »Organ der internationalen Lutherforschung« gewesen sei. »Der Eifer und der energische Wille, von Leipzig aus das Luther-Jahrbuch zu einem internationalen Organ aufzubauen, war sehr mächtig in mir.«[13] Dank der Fürsprache des Direktors Hans Moritz und des Stellvertretenden Direktors Kurt Meier der Sektion Theologie beim Ministerium für Hoch- und Fachschulwesen erteilte dieses schließlich die erforderliche Erlaubnis, dass ich als Nachfolger von Lau in der Lehre auch die Herausgeberschaft des »Lutherjahrbuches« fortsetzte. Sie erfolgte allerdings nur mündlich in einem Telefongespräch, was eine äußerst unsichere Grundlage bot. Aber ich sah mich nicht verpflichtet, eine schriftliche Bestätigung abzuwarten.

12 Siehe Walther von Loewenich an Franz Lau am 31. Oktober 1970.

13 Lau: Vorwort des Herausgebers, 6.

Es galt nun, den neuen Untertitel zu rechtfertigen. Die allgemeine Ausweitung der internationalen Beziehungen förderte auch das »Lutherjahrbuch« als internationales Organ, zumal seit 1985 die Dokumentation der Tagungen des Internationalen Kongresses für Lutherforschung in ihm erfolgte.[14]

Hier sei es erlaubt, einen kurzen Blick darauf zu werfen, wie sich die Teilung Deutschlands auf die Herstellung des »Lutherjahr-

14 MARTIN LUTHER 1483-1983: Werk und Wirkung / Word an impact; Referate und Berichte des Sechsten Internationalen Kongresses für Lutherforschung; Erfurt, DDR 14.-20. August 1983. LuJ 52 (1985), 19-302; LUTHERS THEOLOGIE ALS WELTVERANTWORTUNG: Absichten und Wirkungen = RESPONSIBILITY FOR THE WORLD: Luther's intentions and their effects; Referate und Berichte des Siebenten Internationalen Kongresses für Lutherforschung; Oslo, 14.-20. August 1988. LuJ 57 (1990), 9-286; BEFREIUNG UND FREIHEIT: Martin Luthers Beitrag = LIBERATION AND FREEDOM: Martin Luther's contribution; Referate und Berichte des Achten Internationalen Kongresses für Lutherforschung; St. Paul, Minn. 8.-14. August 1993. LuJ 62 (1995), 13-231; GLAUBE UND BILDUNG = FAITH AND CULTURE: Referate und Berichte des Neunten Internationalen Kongresses für Lutherforschung; Heidelberg, 17.-23. August 1993. LuJ 66 (1999), 9-314; LUTHER NACH 1530: Theologie, Kirche und Politik = LUTHER AFTER 1530: theology, church and politics; Referate und Berichte des Zehnten Internationalen Kongresses für Lutherforschung; København, 4.-9. August 2002. LuJ 71 (2004), 13-290.

buches« im Alltag auswirkte. Da der Post-
verkehr über die »Staatsgrenze der DDR«
intensiv überwacht wurde, musste auf Päck-
chen und Paketen vermerkt werden, ob es
eine Geschenksendung oder was auch immer
war. Für die Sendung des Manuskriptes zum
Verlag galt, die jeweils günstigste Terminologie zu verwenden. Meist wurde »Keine
Handelsware. Wissenschaftlicher Austausch«
benutzt. Um die mühevoll bearbeitete Ma-
nuskript – in der Vorcomputerzeit wurden
bei größeren Änderungen neu geschriebene
Texte auf die zu ändernden geklebt – zu si-
chern, wurden sie eingeschrieben versendet.
Daraus entstand ein Problem: Weil die Sendung über die Grenze ging, sollte sie leicht
zu öffnen sein; weil es ein Einschreiben war,
sollte sie fest verschlossen sein. Es war nicht
zu ahnen, worauf die Postangestellte gerade
wert legen und ob sie eine Änderung an der
Verpackung fordern würde. Heute erscheint
das lächerlich, damals war es demütigend
und Nerven anspannend zugleich. Manchmal habe ich meine Frau gefragt, ob sie
Mut hat, sich diesem Stress auszusetzen.
Jede Sendung war von der Ungewissheit
begleitet, ob sie zum Verlag gelangt und
ob die Korrekturen zurückkommen. Es gab
zwar belastende Verzögerungen, aber nichts
wurde beschlagnahmt. Auch von der dem
»Lutherjahrbuch« zugesendeten Literatur
ging fast nichts verloren, am ehesten noch
Verlagskataloge.

Im »Lutherjahrbuch« wird angestrebt,
eine einheitliche Rechtschreibung durchzu-
führen. Um zu verhindern, dass eine Lutherschrift mit unterschiedlichen Titeln – womöglich noch innerhalb eines Beitrages – bezeichnet wird, folgt das »Lutherjahrbuch«
den Titelformen im »Hilfsbuch zum Lutherstudium« von Kurt Aland. Unterschiede entstanden oft bei der Frage, ob ein Kompositum

mit oder ohne Bindestrich zu schreiben sei:
Römerbriefvorlesung/Römerbrief-Vorlesung.
Die deutsche Rechtschreibung des 20. Jahrhunderts befürwortete den sparsamen Gebrauch des Bindestrichs. Daher wurden die
Manuskripte entsprechend korrigiert, was
allerdings im Gegensatz zur Schreibweise
»Luther-Jahrbuch« geschah. Daher erschien
der Jahrgang 1972 ohne Bindestrich als »Lutherjahrbuch 1972« auf dem Titelblatt.

Weil sich die Herstellung der einzelnen
Bände im Friedrich Wittig Verlag immer mehr
in die Länge zog, wechselte die Luther-
Gesellschaft mit dem Lutherjahrbuch 1974
zum Verlag Vandenhoeck & Ruprecht in
Göttingen. Das hatte weitere Änderungen
zur Folge. Auf dem Titelblatt stand die Jahresangabe nicht mehr hinter dem Titel, sondern in einer eigenen Zeile: 41. Jahrgang
1974. Es war nun noch die Gestaltung auf
dem Rücken und dem Einband anzupassen.
Ursprünglich stand auf der Vorderseite zwischen einer reformatorischen Flugschriften
nachempfundenen Titelbordüre »Jahrbuch
der Luther-Gesellschaft« mit dem entsprechenden Jahr, dasselbe auch auf den Buchrücken. Als der Jahrgang 1930 anlässlich
des 400-Jahr-Jubiläums der »Augsburgischen
Konfession« als Festschrift erschien, wurde
der Titel auf Einband und Buchrücken auf
»Luther-Jahrbuch« mit Jahreszahl verkürzt
und auf dem Einband mit dem für Luther
auf der Coburg besonders wichtigen Psalm-
spruch und Bekenntnis »NON MORIAR /
SED VIVAM ET NARRABO OPERAM DO-
MINI« in roter Schrift umgeben. Ich fand es
immer merkwürdig, den Titel »Luther-Jahrbuch« mit Ps 118, 17 zu umgeben. Sollte es
sich auf dieses »Lutherjahrbuch« beziehen?
Daher brachte der Jahrgang 1975 nicht nur
auf dem Rückentitel zusammengeschrieben
»Lutherjahrbuch 1975«, sondern ersetzte

auch auf der Vorderseite innerhalb des nun schwarz gedruckten Psalmwortes den Titel durch eine Lutherrose mit einem Ring, der nach Luther anzeigen soll, dass die Seligkeit im Himmel ewig währt.[15] Diese Gestaltung scheint überzeugend zu wirken, denn in Vorbereitung auf das Lutherjahr 1983 haben zwei Lutherforscher angefragt, ab wann Luther diese Lutherrose verwendete.

Einen neuen Abschnitt in der Herstellung der »Lutherbibliographie« eröffnete die Entwicklung der Computertechnik und der damit verbundenen Datenbanken. Der nordamerikanische Reformationshistoriker Mark U. Edwards bot an, in den USA Geld für einen Laptop zu beschaffen, damit wir mit dessen Hilfe die »Lutherbibliographie« herstellen könnten. Ich sollte mich erkundigen, ob er diesen in die DDR einführen könnte. Es stellte sich heraus, dass es vonseiten der DDR keine Behinderung gab, aber die Ausfuhr von Computertechnik in den Ostblock nicht erlaubt war. So musste die 1989 beginnende Wende abgewartet werden. Sehr schnell finanzierte die Fritz Thyssen Stiftung einen Laptop. Der damalige Erste Präsident der Luther-Gesellschaft, Reinhard Schwarz, beschaffte die Datenbank LARS, die sich vorzüglich eignete. Mein Sohn Reinhard, der in der Theologischen Fakultät als Informator angestellt war, erweiterte sie für unsere Zwecke. Die »Lutherbibliographie 1992« erschien als erste, die digital hergestellt wurde.

Auch wenn sich LARS bis heute bewährt hat, lässt sich inzwischen doch manches noch erleichtern. Daher ist eine Datenbank in Vorbereitung, die eng mit dem Internet verknüpft ist und die Herstellung der »Lutherbibliographie« effektiver gestalten wird. In Zusammenarbeit mit der Stiftung Luthergedenkstätten in Sachsen-Anhalt werden zurzeit die in den »Lutherbibliographien« bis 1991 angezeigten Titel in LARS gespeichert, um dann in die zukünftige netzfähige Datenbank eingelesen zu werden, sodass sie dann zusammen mit den seit 1992 aufgenommenen Titeln allgemein zur Verfügung stehen werden.

Nachdem ich am 31. März 1997 in den Ruhestand gegangen war, lief 1999 die Assistentenstelle von Dr. Hans-Petrer Hasse aus, die mit dem Sammeln von Titeln für die »Lutherbibliographie« verbunden war. Für die Fortsetzung der Herausgeberschaft des »Lutherjahrbuches« in Leipzig war entscheidend, dass Dr. Dr. Günther Wartenberg, der inzwischen Professor für Spätmittelalter und Reformationsgeschichte geworden war, das »Lutherjahrbuch« entschlossen förderte. Er stellte nicht nur die Einrichtungen des Instituts für Kirchengeschichte weiterhin zur Verfügung, sondern auch Dr. Michael Beyer, der seit 1980 an der »Lutherbibliographie« beteiligt war und schon seit Jahren mit Eifer und großer Sorgfalt die Endredaktion der »Lutherbibliographie« durchführte. Außerdem verpflichtete Professor Wartenberg seine Promotionsstipendiaten zur Mitarbeit an der »Lutherbibliographie«. Seit 2002 unterstützt die Wilhelm-Julius-Bobbert-Stiftung die Herstellung der »Lutherbibliographie« mit Honorarmitteln, sodass Hilfskräfte zugezogen werden können.

Am 28. September 2006 beschloss der Vorstand der Luther-Gesellschaft entsprechend meinem Vorschlag, dass Professor Dr. Albrecht Beutel – abhängig von der Entwicklung meiner Gesundheit – spätestens mit dem »Lutherjahrbuch 2010« die Heraus-

15 Ein Übertragung von Luthers eigener Beschreibung der Lutherrose aus Luthers Brief vom 8. Juli 1530 an Lazarus Spengler befindet sich LuJ 42 (1975), 6.

geberschaft übernimmt, Dr. Michael Beyer aber die »Lutherbibliographie« weiterhin in Leipzig herstellt.

Die Auflagenhöhe

Als das »Lutherjahrbuch« 1957 wieder zu erscheinen begann, wurden 2000 Exemplare gedruckt, von denen die Luther-Gesellschaft 1500 Exemplare, das Lutherische Verlagshaus in Westberlin 500 übernahm. 1962 wechselte das »Lutherjahrbuch« zum Friedrich Wittig Verlag in Hamburg. Die Luther-Gesellschaft nahm 1800 Exemplare ab, der Verlag sah 400 Exemplare für den Buchhandel vor. Diese Auflagenhöhe von 2200 Exemplaren im Jahre 1962 dürfte die höchste gewesen sein, die je gedruckt wurde.[16]

Noch im Jahre 1957 wendete sich Landesbischof Volkmar Herntrich als Zweiter Präsident der Luther-Gesellschaft an den Bevollmächtigten des Rates der Evangelischen Kirche in Deutschland am Sitz der Bundesrepublik Deutschland, Bischof Hermann

Kunst, mit der Bitte, von dem Gesamtdeutschen Ministerium Geld für die Betreuung der »Ostzonen-Freunde« zu beschaffen. Am 24. Februar 1958 wurden der Luther-Gesellschaft 5000 DM überwiesen. Die jährlichen Abrechnungen schwankten danach so etwa zwischen 5000 und 7000 DM, um dann 1990 auf 10994,01 DM hochzuschnellen und 1991 mit einem Restbetrag von 550,98 DM auszulaufen. Mit diesen Geldern wurde der Versand des »Lutherjahrbuches« und der Zeitschrift »Luther« finanziert.

Die Abgrenzungspolitik der DDR-Regierung erschwerte es allerdings zunehmend, diese Veröffentlichungen in die Hände der Adressaten zu bringen. Da die Einfuhr der Sendungen vonseiten westlicher Institutionen gefährdet waren, wurden als Absender Personen, nicht die Luther-Gesellschaft angegeben. Die Geschäftsstelle schickte sogar Pakete an den Präsidenten Paul Althaus (1888-1966), in denen sich Sendungen an einzelne Personen befanden, sodass diese dann von Erlangen aus in die DDR gingen. In der DDR erhielten dann Wissenschaftler eine Sondergenehmigungsnummer, die auf die Sendung geschrieben werden musste und die Einfuhr von Fachliteratur erlaubte. Obgleich diese nur für den persönlichen Gebrauch bestimmt war, ließen sich manche Mehrfachexemplare schicken, die sie dann verteilten, obgleich sie Gefahr liefen, dadurch ihre Sondergenehmigungsnummer zu verlieren. Schließlich wurde die Sondergenehmigungsnummer aber nur noch an Institute vergeben. Daher teilte der Schatzmeister der Luther-Gesellschaft, Friedrich-Wilhelm Wilhelmi am 26. August 1974 dem Bevollmächtigten des Rates der Evangelischen Kirche in Deutschland am Sitz der Bundesrepublik Deutschland mit, da Sendungen an Einzelpersonen nicht immer an- oder zurückkämen, würden sie nur noch

16 Die Überlieferung über Auflagenhöhe ist leider für die ersten Jahre lückenhaft, vor allem über die von dem jeweiligen Verlag vertriebenen Exemplare. Aber es fehlen selbst für die von der Luther-Gesellschaft übernommenen Exemplare der Jahrgänge 1971-1972, 1974-1975 und 1977 Angaben. Frau Herma de Buhr, Frau Angela Koppehl, Frau Ingeborg Lüdtke und Frau Uta-Elisabeth Zwipp danke ich ganz herzlich für ihre Hilfe bei der Beschaffung der Zahlen.

Die Angaben zu dem Ostversand sind den Ordnern »Patenschaft Ostzone«, »DDR-Versand«, »Bonn-Versand«, »Bonn-Abrechnung» und »Ostdeutschland« im Archiv der Luther-Gesellschaft in Wittenberg entnommen.

über die Universitäten Rostock, Greifswald, Leipzig, Halle und Jena in die DDR versendet. Innerhalb von Berlin wurden die Veröffentlichungen ohne die Post über die Grenze gebracht. Es war sicher vorteilhaft, dass auf dem Titelblatt unter dem Herausgeber »Markkleeberg bei Leipzig« und ab 1962 »Professor D. Franz Lau in Leipzig« stand. Bei dem Leipziger Institut für Kirchengeschichte konnten sie als Belegexemplare gelten.

1959 wurden 378 Lutherjahrbücher in Rechnung gestellt, was die höchste Zahl blieb, die sich bis 1973 um 300 Exemplare einpendelte, dann aber bis 1978 auf 113 verringerte und ab 1979 wieder anstieg. Anfangs erhielten die Adressaten das »Lutherjahrbuch« und die Zeitschrift »Luther«. Da die Einfuhr von Zeitschriften besonders erschwert wurde, erhielten diese nur noch die reichliche Hälfte von denen, die das »Lutherjahrbuch« bekamen. In den achtziger Jahren fanden – doch wohl angesichts der positiven Einstellung der DDR-Regierung zum Lutherjahr 1983 – wieder mehr Lutherjahrbücher ihren Weg in die DDR, sodass es 1988 immerhin 241, 1989 gar 302 waren. Es gehörte viel Energie dazu, angesichts der sich verändernder Einfuhrbestimmungen der DDR immer wieder Wege zu finden, das »Lutherjahrbuch« und die Zeitschrift »Luther« in die Hände von DDR-Bürgern zu bringen, die in der Regel kaum Zugang zu westdeutschen Zeitschriften hatten. Die Luther-Gesellschaft hat dazu beigetragen, eine Verbindung zwischen Westdeutschen und Ostdeutschen zu erhalten und einer Entfremdung entgegen zu steuern.

Die bisherigen Empfänger der Lutherjahrbücher in der DDR durften keine Mitglieder der Luther-Gesellschaft sein. Als die Zuschüsse aus Bonn versiegten, bestand die Hoffnung, dass die bisherigen Empfänger nun in die Luther-Gesellschaft einträten. Aber das war nur zum Teil der Fall. Das hatte mehrere Gründe. Die DDR-Bürger scheuten allgemein Verpflichtungen einzugehen, weil sie angesichts eines totalen Wirtschaftsumbruchs erst eine Übersicht gewinnen mussten, wofür sie ihr Geld brauchen werden und wofür sie es ausgeben können. In kirchlichen Einrichtungen ging die Bedeutung von Gemeinde- und Ephoralbibliotheken zurück. Vor allem aber waren die bisherigen Bezieher zum erheblichen Teil im fortgeschrittenen Alter und damit befasst, ihre Bibliothek zu verkleinern. Während die Luther-Gesellschaft 1991 vom Verlag 1400 Exemplare abnahm, benötigte sie 1994 nur noch 1100.

Seitdem haben die Verringerung der Pfarrstellen, die Sparmaßnahmen in Bibliotheken und das Informationsangebot des Internets zu einem weiteren Rückgang bei den Beziehern des »Lutherjahrbuches« und der Zeitschrift »Luther« geführt und das Schicksal anderer Zeitschriften geteilt. Die »Handbücher der deutschen Werbeträger« erlauben einen gewissen Einblick in die Entwicklung der Auflagehöhe von Zeitschriften und Fachzeitschriften.[17] Sie erfassen allerdings nur Zeitschriften, in denen geworben werden kann.

17 Die Daten für den folgenden Vergleich sind MEDIA-DATEN: Handbücher der deutschen Werbeträger: Zeitschriften. Wiesbaden 2000, Heft 1, 279-284; 2, 285-290; 6, 289-294: 52/20 Konfessionelle Zeitschriften – evangelisch, und dass. 2006, Heft 1, 352-357; 2, 355-361; 3, 356-362; 5, 357-374 sowie MEDIA-DATEN: Handbücher der deutschen Werbeträger: Fachzeitschriften. Wiesbaden 2000, Heft 1, 416 f; 2, 413 f: 445/1 Kirchen – evangelisch, und dass. 2006, Heft 1, 419-422; 5, 441 f, entnommen.

Sie informieren – soweit und so genau wie die Verlage Daten zur Verfügung gestellt haben – über die Anzahl der gedruckten, abonnierten, verkauften und verbreiteten Exemplare. Im Folgenden sind die frühesten Angaben zur Auflagenhöhe einer Zeitschrift in den fünf Heften des Jahrganges 2000 mit den letzten in den fünf Heften des Jahrganges 2006 verglichen. Da einerseits manche im Jahre 2000 erschienenen Zeitschriften inzwischen eingestellt worden sind oder vielleicht auch keine Werbung mehr aufnehmen und andererseits neue hinzugekommen sind, verblieben für einen Vergleich noch 23 Zeitschriften übrig. Bei 21 von ihnen hat sich die Auflagenhöhe in den sechs Jahren im Durchschnitt um 23 %, bei sieben Fachzeitschriften – einschließlich »Luther« – um durchschnittlich 14,74 % verringert. Vom »Lutherjahrbuch« wurden 1300 Exemplare im Jahre 2000 und 1050 im Jahre 2006 gedruckt. Das bedeutet eine Verringerung um 18,3 %. Wenn also die

Veröffentlichungen der Luther-Gesellschaft auch in eine allgemeine Tendenz eingebunden sind, ist dies dennoch kein Grund, sich damit abzufinden. Es gibt durchaus noch Interesse an evangelischen Veröffentlichungen. Das »Deutsche Pfarrerblatt« konnte sich mit 105,8 % gut behaupten, die »Zeitschrift für die neutestamentliche Wissenschaft« sich sogar auf 120 % steigern. Das voraussichtlich während der Vorbereitung auf das Reformationsjubiläum 2017 wachsende Interesse für die Wittenberger Reformation und damit für Luther wird neue Möglichkeiten bieten – die es zu nutzen gilt –, für die Luther-Gesellschaft Mitglieder zu gewinnen, die das »Lutherjahrbuch« und »Luther« beziehen und so – um mit dem Flyer der Luther-Gesellschaft zu reden – die Verbreitung der »theologischen Einsichten und Glaubenserfahrung der Reformation« mit fördern, die »für gegenwärtige Fragen des Glaubens und Lebens eine maßgebliche Hilfe bedeuten«.

Anzahl der Titel, Bearbeiter und Mitarbeiter der Lutherbibliographien 1940-2007

1 Anzahl der angezeigten Titel

1940-1953	330	1969	1068	1982	1122	1995	1219
1954	196	1970	920	1983	867	1996	1004
1955	196	1971	853	1984	1998	1997	1288
1956	202	1972	897	1985	2042	1998	1587
1957	291	1973	812	1986	1708	1999	1309
1961	691	1974	696	1987	1767	2000	1373
1962	657	1975	868	1988	1467	2001	1063
1963	666	1976	752	1989	1026	2002	1158
1964	553	1977	1160	1990	1106	2003	1185
1965	643	1978	824	1991	1318	2004	1740
1966	736	1979	961	1992	1022	2005	1223
1967	841	1980	931	1993	1140	2006	1376
1968	1063	1981	1197	1994	933	2007	1325

insgesamt 53 370

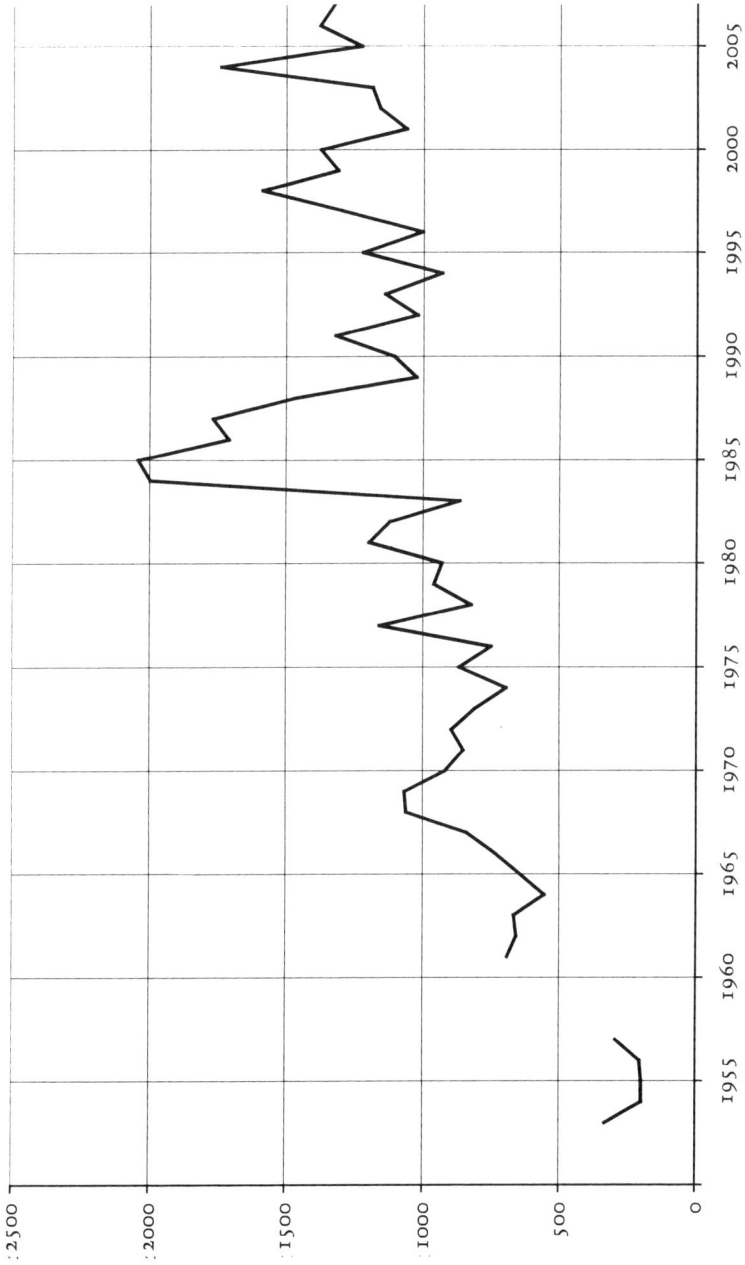

Anzahl der Titel in der »Lutherbibliographie 1940-1953« bis zur »Lutherbibliographie 2007«
Die »Lutherbibliographie 1958«, 1959 und 1960 gibt es nicht, weil bis zur »Lutherbibliographie 1957« –
die im »Lutherjahrbuch 1960« erschien – die Jahresangabe sich auf das Erscheinungsjahr der angezeigten Titel bezog,
ab 1961 dagegen auf den Jahrgang des »Lutherjahrbuches«, das die »Luthrbibliographie« enthielt.

2 Bearbeiter

1940-1972	Franz Lau
1940-1956	Gottfried Petzold
1957-1962	Ingetraut Ludolphy
1963-	Helmar Junghans
1973-1975	Wolfgang Rochler
1976-1984	Günther Wartenberg
1980-	Michael Beyer
1988-1990	Katharina Hiecke
1991-1993	Reinhard Junghans
1994-1999	Hans-Peter Hasse
2000-2003	Heiko Jadatz
2002-2004	Martin Teubner
2004-	Cornelia Schnapka-Bartmuß

3 Mitarbeiter chronologisch geordnet

1940-1964	Gottfried Hornig, Lund (Schweden)
1940-1969	Willem Jan Kooiman, Amsterdam (Niederlande)
1940-1984	Lennart Pinomaa, Helsinki (Finnland)
1940-1963	Gordon Rupp, Cambridge; Manchester (Großbritannien)
1940-1970	Theobald Süß, St. Ouen/ Seine; Rittershofen/Elsaß; Ingweiler (Frankreich)
1940-1983	Valdo Vinay, Roma (Italien)
1955-1974	Theodore G. Tappert, Philadelphia, PA (USA)
1956-1962	Waldemar Gaspary, Lodz / Warszawa (Polen)
1956-1962	Hermann Rehner, Sibiu (Hermannstadt) (Rumänien)
1956-1964	Jan Strba, Bratislava (ČSSR)
1956-1962	Desző Wiczian, Budapest (Ungarn)
1957-1963	Joseph H. Deibert, José C. Paz (Argentinien)
1961-1964	Heinrich Tappenbeck, São Leopoldo (Brasilien)

1961-1972	L. G. Terray, Oslo; Rosvoll; Innsmölan (Norwegen)
1963-1971	Oskar Bartel, Warszawa (Polen)
1963-1972	Rudolf Ríčan, Praha (ČSSR)
1963-1987	Yoshikadzu Tokuzen, Tokyo (Japan)
1963-1965	Jenö Virág, Budapest (Ungarn)
1964-1979	Béla Leskó, José C. Paz (Argentinien)
1965-1994	Joachim Fischer, São Leopoldo (Brasilien)
1965-1998	Bengt Hägglund, Lund (Schweden)
1965-1981	Jan Petrík, Bratislava (ČSSR)
1965-1972	Werner Schilling, Hof; Schney (BRD)
1967-1977	Jenö Sólyom, Budapest (Ungarn)
1970-	Maurice E. Schild, Doncaster, Vic.; Adelaide (Australien)
1971-1984	Marc Lienhard, Strasbourg (Frankreich)
1972-	Janusz Narzyński, Warszawa (Polen)
1972-	Jos Vercruysse, Heverlee; Roma; Antwerpen (Belgien und Italien)
1973-1979	Jan Amos Dvořáček, Valešské Meziříčí (ČSSR)
1973-1980	Ole Modalsli, Oslo (Norwegen)
1973-1978	Leif Grane, København (Dänemark)
1973-1978	Martin Greschat, Münster (BRD)
1974-1987	Maria Großmann, Cambridge, MA (USA)
1975-1977	Gustav Reingrabner, Großpetersdorf (Österreich)

1977-1990	André Birmelé, Strasbourg (Frankreich)	1995-1999	Terrance L. Divono, St. Paul, MI (USA)
1977-1979	Ulrich Gäbler, Zürich (Schweiz)	1995-	Ricardo Rieth, São Leopoldo (Brasilien)
1978-2002	Tibor Fabiny, Budapest (Ungarn)	1998-2001	Matti Myllykoski, Helsinki (Finnland)
1978-1991	Karl Schwarz, Wien (Österreich)	1999-	Rune Söderlund, Lund (Schweden)
1979-2006	Steffen Kjeldgaard-Pedersen, København (Dänemark)	1999-	Klaas Zwanepol, Kampen (Niederlande)
1979-1985	Walter Mostert, Zollikerberg (Schweiz)	2000	Hans-Peter Hasse, Dresden (BRD)
1980-1982	Karl-Heinz zur Mühlen, Tübingen (BRD)	2001	Won-Yong Ji (Südkorea)
1981-2001	Oddvar Jensen, Oslo; Vestby; Bergen-Sandviken(Norwegen)	2002-2005	Daniel Bolliger, Zürich (Schweiz)
1982-2000	Igor Kišš, Bratislava (ČSSR; Slowakien)	2002-	Jin-Seop Eom, Kyunggi-do (Südkorea)
1983-2003	Gerhard Hammer, Tübingen (BRD)	2002-2006	Miloš Klatik, Bratislawa (Slowakien)
1983-2001	Noemi Rejchrtová, Praha (ČSSR; Tschechien)	2002-	Rose Trupiano, Milwaukee, MI (USA)
1984-2006	Paolo Ricca, Roma (Italien)	2002	Martin Wernisch, Praha (Tschechien)
1985-1998	Johannes P. Boendermaker, Amsterdam (Niederlande)	2003. 2005	Olli Hallamaa, Helsinki (Finnland)
1985-1991	Günther Wartenberg, Leipzig (DDR; BRD)	2003 -	Zoltán Csepregi, Budapest (Ungarn)
1986-2001	Hans Ulrich Bächtold, Zürich (Schweiz)	2004	Miika Miettunen, Helsinki (Finnland)
1986-1997. 2002	Liisa Rajamäki, Helsinki (Finnland)	2005	Martin Teubner, Leipzig (BRD)
1987-1994	José J. Alemany, Madrid (Spanien)	2005	Alexander Wieckowski, Leipzig (BRD)
1988-1990	Scott H. Hendrix, Philadelphia, PA (USA)	2006-	Roger Jensen, Oslo (Norwegen)
1990-1994	Louis J. Reith, Washington, D.C. (USA)	2006-	Pilgrim W. K. Lo, Hong Kong (China)
1991-	Mathieu Arnold, Strasbourg (Frankreich)	2006	Leo Näreaho, Helsinki (Finnland)
1992-	Rudolf Leeb, Wien (Österreich)	2007	Lars Christian Vangslev, København (Dänemark)

4 *Mitarbeiter alphabetisch geordnet*

Alemany, José J., Madrid
    (Spanien)   1987-1994
Arnold, Matthieu, Strasbourg
    (Frankreich)   1991-
Bächtold, Hans Ulrich, Zürich
    (Schweiz)   1986-2001
Bartel, Oskar, Warszawa (Polen) 1963-1971
Birmelé, André, Johannes P.,
    Strasbourg (Frankreich)   1977-1990
Boendermaker, Johannes P.,
    Amsterdam (Niederlande)   1985-1998
Bolliger, Daniel, Zürich
    (Schweiz)   2002-2005
Csepregi, Zoltán,Budapest
    (Ungarn)   2003-
Deibert, Joseph H., José C. Paz
    (Argentinien)   1957-1963
Divono, Terrance L.,
    St. Paul, MI (USA)   1995-1999
Dvořáček, Jan Amos, Valešské Meziříčí
    (ČSSR)   1973-1979
Eom, Jin-Seop, Kyunggi-do
    (Südkorea)   2002-
Fabiny, Tibor, Budapest (Ungarn) 1978-2002
Fischer, Joachim, São Leopoldo
    (Brasilien)   1965-1994
Gäbler, Ulrich, Zürich (Schweiz) 1977-1979
Gaspary, Waldemar, Lodz;
    Warszawa (Polen)   1956-1962
Grane, Leif, København
    (Dänemark)   1973-1978
Greschat, Martin,
    Münster (BRD)   1973-1978
Großmann, Maria, Cambridge,
    MA (USA)   1974-1987
Hägglund, Bengt, Lund
    (Schweden)   1965-1998
Hallamaa, Olli, Helsinki
    (Finnland)   2003. 2005
Hammer, Gerhard,
    Tübingen (BRD)   1983-2003

Hasse, Hans Peter, Dresden (BRD)   2000
Hendrix, Scott H.,
    Philadelphia, PA (USA)   1988-1990
Hornig, Gottfried, Lund
    (Schweden)   1940-1964
Ji, Won-Yong (Südkorea)   2001-
Jensen, Oddvar, Oslo; Vestby; Bergen-
    Sandviken (Norwegen)   1981-2001
Jensen, Roger, Oslo (Norwegen)   2006-
Kišš, Igor, Bratislava (ČSSR) 1982-2000
Kjeldgaard-Pedersen, Steffen,
    København (Dänemark)   1979-2006
Klatik, Miloš, Bratislawa
    (Slowakien)   2002-2006
Kooiman, Willem Jan,
    Amsterdam (Niederlande)   1940-1969
Leeb, Rudolf, Wien (Österreich)   1992-
Leskó, Béla, José C. Paz
    (Argentinien)   1964-1979
Lienhard, Marc, Strasbourg
    (Frankreich)   1971-1984
Lo, Pilgrim W. K., Hong Kong
    (China)   2006-
Mittunen, Miika, Helsinki
    (Finnland)   2004
Modalsli, Ole, Oslo (Norwegen) 1973-1980
Mostert, Walter, Zollikerberg
    (Schweiz)   1979-1985
Myllykoski, Matti, Helsinki
    (Finnland)   1998-2001
Näreaho, Leo, Helsinki (Finnland)   2006-
Narzyñski, Janusz, Warszawa
    (Polen)   1972-
Petrík, Jan, Bratislava (ČSSR) 1965-1981
Pinomaa, Lennart, Helsinki
    (Finnland)   1940-1984
Rajamäki, Liisa, Helsinki
    (Finnland)   1986-1997. 2002
Rehner, Herrmann, Sibiu
    (Hermannstadt / Rumänien) 1956-1962
Reingrabner, Gustav, Groß-
    petersdorf (Österreich)   1975-1977

Reith, Louis J., Washington,
D.C. (USA)   1990-1994
Rejchrtová, Noemi, Praha
(ČSSR; Tschechien)   1983-2001
Říčan, Rudolf, Praha (ČSSR)   1963-1972
Ricca, Paolo, Roma
(Italien)   1984-2006
Rieth, Ricardo, São Leopoldo
(Brasilien)   1995-
Rupp, Gordon, Cambridge; Man-
chester (Großbritannien)   1940-1963
Schild, Maurice E., Doncaster,
Vic.; Adelaide (Australien)   1970-
Schilling, Werner, Hof;
Schney (BRD)   1965-1972
Schwarz, Karl, Wien
(Österreich)   1978-1991
Söderlund, Rune, Lund
(Schweden)   1999-
Sólyom, Jenö, Budapest
(Ungarn)   1967-1977
Strba, Jan, Bratislava (ČSSR)   1956-1964
Süß, Theoblad, St. Ouen/Seine;
Rittershofen/Elsaß
(Frankreich)   1940-1970
Tappenbeck, Heinrich,
São Leopoldo (Brasilien)   1961-1964

Tappert, Theodore G.,
Philadelphia (USA)   1955-1974
Terray, L. G., Oslo; Rosvoll;
Innsmölan (Norwegen)   1961-1972
Teubner, Martin, Leipzig (BRD)   2005
Tokuzen, Yoshikazu, Tokyo
(Japan)   1963-1987
Trupiano, Rose, Milwaukee,
MI (USA)   2002-
Vangslev, Lars Christian,
København (Dänemark)   2007-
Vercruysse, Jos, Heverlee; Roma;
Antwerpen (Belgien und Italien)   1972-
Vinay, Valdo, Roma (Italien)   1940-1983
Virág, Jenö, Budapest (Ungarn)   1963-1965
Wartenberg, Günther,
Leipzig (DDR; BRD)   1985-1991
Wernisch, Martin, Praha
(Tschechien)   2002-
Wiczian, Deszö, Budapest
(Ungarn)   1956-1962
Wieckowski, Alexander,
Leipzig (BRD)   2005
zur Mühlen, Karl-Heinz,
Tübingen (BRD)   1980-1982
Zwanepol, Klaas, Kampen
(Niederlande)   1999-

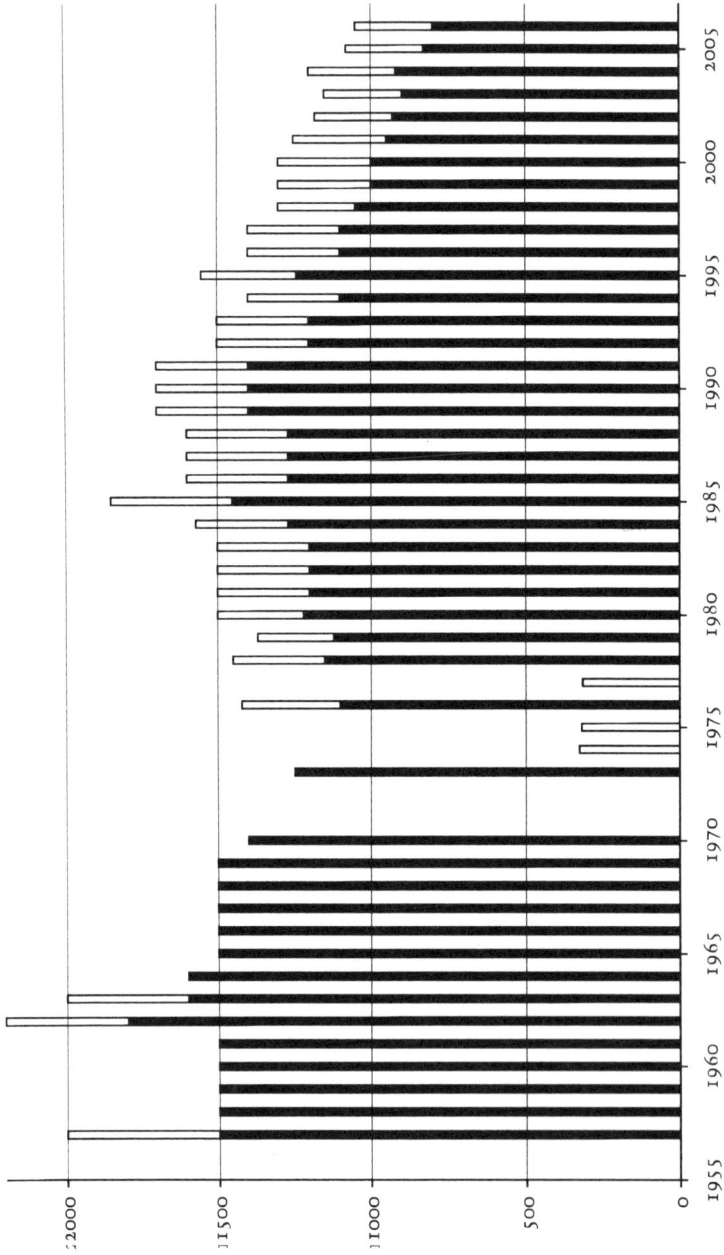

Anzahl der für die Luther-Gesellschaft (schwarz) und den jeweiligen Verlag (weiß) gedruckten Exemplare des Lutherjahrbuches von 1957–2006.
Von einigen Jahren sind vom Verlag oder der Luther-Gesellschaft bzw. von beiden keine Zahlen überliefert.

Buchbesprechungen

D. Martin Luthers Werke: kritische Ge-
samtausgabe/ hrsg. von Ulrich Köpf ... Sonderedition der Kritischen Gesamtausgabe
(Weimarer Ausgabe). Werke, Teil 4. Bd. 38-47.
Unv. Nachdruck der Ausgabe Weimar 1910-
1932. Weimar: Böhlau, 2006.

Der vierte Teil der Abteilung Werke als
Sonderausgabe ist zum angekündigten Ter-
min im September 2006 erschienen. Damit
sind Luthers Schriften, Disputationen und
Predigten mit den Druckjahren 1533 bis
1545 neu herausgebracht. Darunter befinden
sich so wichtige Texte wie die zweite Gala-
terbriefvorlesung, die zwar 1531 gehalten,
aber erst 1535 gedruckt wurde, die Genesisvorlesung aus den Jahren 1535-1545 und
die Disputationen von 1535 bis 1545. Zehn
dieser 14 Bände – WA 39 besteht aus zwei
WA 40 aus drei Bänden – erschienen von 1910
bis 1915. Wenn man berücksichtigt, dass in
diesen Jahren noch WA 30 I, 30 III.,31 I-II.,37,
49-52, also noch neun weitere Bände ediert
wurden, wird einem bewusst, wie intensiv
damals an der WA gearbeitet wurde und wie
der Erste Weltkrieg diese Tätigkeit rigoros
unterbrach und danach der Zweite Weltkrieg
eine weitere Verzögerung zur Folge hatte.
Dabei ist die WA nur ein Beispiel für viele
Unternehmungen, welche die Kriege unterbrochen haben. Die lange Friedenszeit, die
unser Land genießen durfte, lässt hoffen, dass
die Sonderedition aller vier Abteilungen der

WA im kommenden Jahr mit dem fünften
Teil der Werke – ohne die zwölf Register-
bände – zum Abschluss kommt und mit
den letzten beiden Registerbänden in diesem
Jahrzehnt vollendet wird.

Leipzig   Helmar Junghans

Luther Handbuch/ hrsg. von Albrecht
Beutel. TÜ: Mohr Siebeck, 2005. XIV, 537
S. Kt.

Das umfangreiche »Luther Handbuch«, das
2005 erschienen und in vielen Hinsichten
das brauchbarste dieser Gattung ist, entpuppt
sich auch als ein Handbuch zur heutigen deutschen Lutherforschung. Die fünfundzwanzig
Autoren und Autorinnen sind ausschließlich
deutsche Wissenschaftler, obwohl ein paar
von ihnen im Ausland ihren Lehrsitz haben.
Diese Zusammenstellung hat offenkundig
Vorteile und Nachteile. Auf der einen Seite manifestiert sich im Band eine gewisse
Gleichartigkeit und Kohärenz der Perspektiven und der Fragestellung, aber auf der anderen Seite ist gerade diese Gleichartigkeit auch
eine Beschränkung, besonders wenn die an-
gegebene Literatur beinahe nur aus deutschsprachigen Werken besteht. Dabei muss aber
anerkannt werden, dass der Leser durch das
Heranziehen von bekannten Lutherforschern
aus zwei Generationen eine reiche Auswahl

hochwertiger Beiträge angeboten bekommt. An diese Beiträge kommt der Benutzer mit Hilfe einer einfachen und durchsichtigen Gliederung heran. Das Handbuch besteht aus vier Hauptteilen – Orientierung, Person, Werk, Wirkung und Rezeption –, von denen der vierte und kürzeste (461–488) von nur einem einzigen Wissenschaftler, Karl-Heinz zur Mühlen, verfasst worden ist. Die weitaus umfangreichsten Teile behandeln Person (36-256) und Werk (258-459) Luthers, wobei überraschenderweise einige Seiten mehr seiner Person als seinem Werk gewidmet werden. Dafür verantwortlich ist der mit »Beziehungen« bezeichnete Unterteil (106–231), der in fünfzehn Artikeln Reformatoren, Gegner, Gruppen und Gebiete behandelt, mit denen Luther entweder Kontakt oder eine nähere Verbindung hatte.

Im ersten Teil – Orientierung – bietet Michael Beyer einen sehr hilfreichen Überblick über die Lutherausgaben und die Hilfsmittel zur Lutherforschung (2–19). Ebenfalls nützlich ist die von Volker Leppin gebotene Beschreibung der Lutherforschung »am Beginn des 21. Jahrhunderts«, obgleich von der Sache her sowohl Deutung als auch Darstellung gefordert wurde. Als neuere Tendenzen der Lutherforschung bietet Leppin neben einer Zuwendung zum späten Luther an, »die Bedeutung der Mystik für den jungen Luther neu zu bewerten« und eine gewisse Überholung des »von Ebeling etablierten Gesamtbilds«, das in der Schrifthermeneutik Luthers ihren Ausgangspunkt hatte (33). Statt in diesem Zusammenhang aber die finnische Forschung ausführlich vorzustellen, wird sie nur kurz erwähnt zugunsten einer »historischen Deutung Luthers als einer normativen Gestalt«. Wie man mit einer normativen Deutung Luthers »unter den Bedingungen historisch-kritischer Methodik« umgeht,

mag ein Problem für das Luthertum sein, aber es ist kaum »das Grundproblem jeder Lutherforschung« (33).

Eine ähnliche Tendenz von Beschreibung zur Interpretation überzugehen ist an vielen Stellen im Handbuch zu finden und wohl nicht ganz zu vermeiden. Trotzdem gehen einige Behauptungen bei einem Handbuch über das Nutzbare hinaus, wenn z. B. Ulrich Köpf schreibt: »Im ganzen ist Luthers Nähe zur monastischen Theologie so auffällig, dass er als ein zweiter großer monastischer Theologe Bernhard von Clairvaux an die Seite gestellt werden darf« (56). Im Gegensatz dazu fällt Volker Leppin in seiner umsichtigen Besprechung von Luther und die Universitätswissenschaft keine großen Urteile, sondern erkennt, dass man bei allen negativen Aussagen über Aristoteles Luther »nicht auf einen platten Antiaristotelismus festlegen« darf (66). Sachlich und besonders hilfreich für alle Forscher ist der Abschnitt von Armin Kohnle über weltliche Ordnung (70–82), der das Reich und seine Institutionen mit Hilfe einer detaillierten Karte und einem Diagramm, das den typischen Verlauf des Reichstags schildern soll, erörtert. (Es ist eigentlich unbegreiflich, dass ein modernes Handbuch von fünf hundert Seiten nur diese zwei Figuren oder Abbildungen hat). Dieser Abschnitt wird nachher mit einem Kapitel über Luther und das Reich von demselben Verfasser ergänzt (196–205). Das gleiche gilt für die Darstellung von Luthers Disputationen durch Reinhard Schwarz (328–340). Zuerst erklärt er die Disputationspraxis in Wittenberg und die damit verbundenen Sammeldrucke der Thesenreihen. Danach bietet er in zwei Gruppen (1516-1522 und 1533-1545) chronologische Listen der Disputationen mit Angabe des Fundorts in der WA und Josef Benzing: Lutherbibliographie.

Baden-Baden 1966. Mit dieser Zusammenfassung hat Schwarz der Lutherforschung einen Dienst geleistet, der für ein Handbuch in vorbildlicher Weise geeignet ist.

Bemerkenswert zur Person Luthers sind die Überlegungen über sein Geschichtsbild und Selbstverständnis (97–106). Nach Johannes Schilling sind die beiden Begriffe insoweit verbunden, dass sie statt einer Analyse von Luthers Psyche ein Verständnis der Weise ermöglichen, in der Luther seine eigene Rolle im Bezug auf die Reformation als eine Wiederentdeckung des Evangeliums am Ende der Geschichte verstand. Unter der Überschrift »Beziehungen« gibt es eine ganze Reihe vernünftiger und informativer Beiträge, von denen hier zu nennen wäre: »Luther und das Papsttum« (Bernd Moeller), »Luthers altgläubigen Gegner« (Hellmut Zschoch), »Luther und Wittenberg« und »Luther und Europa« (Irene Dingel), »Luther und die reformatorische Bewegung in Deutschland« (Thomas Kaufmann), »Luther und Sachsen« (Andreas Gößner). Obwohl zum Unterteil »Prägungen« strukturell gehörig, sind die Beiträge über Musik und bildende Kunst ebenso aufschlussreich über Luthers Beziehung zu diesen beiden Bereichen. In seinen Bemerkungen zur Bildung übergeht Markus Wriedt erstaunlicherweise wichtige englischsprachige Arbeiten zum Thema, während er unnötige und ungerechtfertigte Kritik an Gerald Strauss und Susan Karant-Nunn übt, weil sie angeblich die geistesgeschichtliche und religionspolitische Perspektiven zu Luther und der Bildung »ausgeblendet« haben (231).

Was das Werk Luthers angeht, gibt es einen eindeutigen Gegensatz zwischen dem Abschnitt über Gattungen und den Abschnitten über Themen und Strukturen. Die Gattungen lassen sich recht objektiv beschreiben, obwohl *wie* man die Gattungen nennt schon

eine Vorentscheidung über das Wesen und Ziel von Luthers Werk voraussetzt. Das lässt sich an der Art und Weise gut verdeutlichen, in der man Programmschriften (265-277) von Erbauungsschriften (295-305) unterscheidet. Obwohl diese Kategorien in deutscher Sprache seit langem im Gebrauch sind, hätte Luther diesen Unterschied nicht erkannt: erstens, weil er vor 1522 kein Reformprogramm hatte, und zweitens, weil er die christliche Erbauung der Leser seiner deutschen Schriften schon 1520 in »Ein Sermon von den guten Werken« als sein eigentliches Anliegen rühmte (WA 6, 203,5-28).

Fragwürdiger noch ist der Eindruck, den die zwölf Beiträge über Themen und Strukturen von Luthers Werk hinterlassen (353-459). Nur von insgesamt fünf Autoren verfasst (Dieter Korsch, Albrecht Beutel, Notger Slenczka, Dorothea Wendebourg, Eilert Herms), ähneln diese Beiträge kleinen Monographien, wobei der Herausgeber Beutel sich das Recht vorbehalten hat, drei Strukturen von Luthers Werk zu bestimmen und zu erklären (Theologie als Schriftauslegung, Unterscheidungslehre und Erfahrungswissenschaft). Aufgrund der zitierten Literatur scheint dem Rezensenten – grob gesagt – die Ebelingsche Perspektive so stark zu dominieren, dass andere Sichtweisen kaum zur Geltung kommen. Im Prinzip ist es jedermanns Recht, das eigene Verständnis einer Sache vorzulegen, aber in einem Handbuch, das in das umstrittene Gebiet von Luthers Theologie einführen will, müsste man optimal gegensätzliche Meinungen anerkennen und darstellen. Oder vielleicht war dieses Handbuch nicht im ganzen als Einführung konzipiert, in welchem Fall der Band, der viel Gutes bietet, doch mit Sorgfalt und einem feinen Gehör gelesen werden muss.

Princeton, New Jersey   Scott Hendrix

MELANCHTHONS BRIEFWECHSEL: kritische und kommentierte Ausgabe/ im Auftrag der Heidelberger Akademie der Wissenschaften hrsg. von Heinz Scheible. Bd. T 7: Texte 1684-1979 (1536-1537)/ bearb. von Christine Mundhenk unter Mitw. von Heidi Hein; Judith Steininger. S-Bad Cannstatt: Fromann-Holzboog, 2006. 613 S.

In seinem Vorwort informiert der Herausgeber über die vorgenommenen Einschränkungen gegenüber früheren Bänden. Auf weitere Recherchen nach Handschriften und Drucken des jeweiligen Briefes und zeitraubende Beschaffung von noch nicht vorliegenden Exemplaren wird verzichtet. Außerdem wird bei Zitaten und Anspielungen »rascher als bisher« ein »nicht ermittelt« eingestanden. Das Kollationieren wird eingeschränkt. Damit entsprechen Herausgeber und Bearbeiter dem »dringenden Rat der Melanchthonkommission der Heidelberger Akademie der Wissenschaften«, um das Vorankommen der Ausgabe zu beschleunigen. Es ist bei allen Editionen immer eine schwierige Aufgabe, die optimale Lösung zwischen maximalen Zielen und möglichem Aufwand an Mitteln und Zeit zu finden. Diese Veränderungen bringen aber keine einschneidenden Qualitätsminderungen.

Um entscheiden zu können, welcher Text der Edition als Grundlage dienen soll, musste die Überlieferung bereits umfänglich erfasst werden. Das bisherige Ergebnis dieser Recherchen geht auch weiterhin voll in die Edition ein. So sind bei Luthers Brief vom 27. Februar 1536 – MBW T 7, 352-354 (1854) – 20 Handschriften aufgeführt, während Otto Clemen (1871-1941) in WA Br 8, 49 (3141) nur sieben nannte. Diese 20 Abschriften sind ein beredtes Zeugnis für das große Interesse an Luthers Bericht über die Befreiung

von seinem Leben bedrohenden Harnstau. Während in WA Br vier Drucke genannt sind, gibt MBW deren sechs an. Da diese genauer beschrieben sind, wird deutlich, dass dieser Brief im Original erstmals 1781 veröffentlicht wurde. Außerdem erfährt der Leser, dass ein Druck von 1957 in St. Gallen das Faksimile einer Abschrift in der dortigen Vadianischen Sammlung enthält und eine deutsche Übersetzung 1764 – offenbar nach einer Abschrift angefertigt – sowie 1982 erschienen ist.

Die Folgen des verringerten Aufwandes für das Auffinden von Zitaten und Anspielungen müssen wohl auch nicht zu hoch veranschlagt werden, da inzwischen eine ganze Anzahl von Quellentexten digital zur Verfügung stehen, die in kurzer Zeit abgefragt werden können.

Die Kommentierung hingegen ist sehr knapp gehalten. Im dem oben erwähnten Brief beschränkt sie sich auf vier Bibelstellen-, also Quellenangaben. Demgegenüber informiert WA Br über ein Referat dieses Briefes in der 11. Lutherpredigt des Johannes Mathesius (1504-1565), verweist in den Anm. auf Tischreden und Briefe Luthers und zieht den Schluss, dass Luther zu diesem Zeitpunkt nicht dem Kurfürsten geschrieben habe. Während WA Br erläutert, dass »Ochloplictes« Johannes Schlaginhaufen († um 1560) sei, verzichtet MBW darauf, offensichtlich deshalb, weil dies dem Regest entnommen werden kann (MBW 2 [1854]). Die Regesten sind also als Kommentar heranzuziehen. Mancher Leser wird aber dennoch die Sacherläuterung manchmal als zu knapp empfinden.

Für den oben genannten Brief wurden zwei Handschriften ausgewählt, deren Varianten notiert worden sind. Sie erscheinen recht fehlerhaft, sodass sich mancher fragen mag, was das für den Text bringt. Dennoch ist das Festhalten dieser Varianten aus zwei Gründen sehr nützlich. Zum ersten wird dadurch ein Überlieferungsstrang dokumentiert, der sich unter Umständen auch in Darstellungen niedergeschlagen hat. Zum zweiten wird der Charakter einzelner Handschriften erfasst. Dieser wird bereits in ihrer Auflistung vor dem jeweiligen Text sichtbar, wo Überschriften, Eigentümlichkeiten, Beziehungen zu anderen Texten und Zusätze mitgeteilt werden. So bei dem oben genannten Brief in der St. Galler Handschrift die Ergänzung »Pestis eram vivus, moriens ero mors tua, Papa«. Luther hatte dies 1530 in seiner »Vermahnung an die Geistlichen, versammelt auf dem Reichstag in Augsburg« in deutsch angekündigt (WA 30 II, 339, 33 f). Nach der Überlieferung in den Tischreden hat Luther am Tag vor der Abfassung dieses Briefes angesichts seiner Schmerzen über seinen möglichen Tod gesprochen und seine Überzeugung ausgedrückt, dass sich sein Epitaphium »Pestis eram vivens, moriens ero mors tua, papa« (WA TR 3, 390, 15-18 [3543 A]) bewahrheiten werde. Wusste der Abschreiber bzw. derjenige seiner Vorlage von diesem Zusammenhang?

Für MBW ist auch ein Handschriftenkatalog vorgesehen (MBW 1, 33 f), wie er für Luthers Briefwechsel in WA Br 14 vorhanden ist. Die jetzige Auswertung der Überlieferung schafft die Voraussetzung dafür, ihre Qualität in dem Katalog zu beschreiben, deren Kenntnis nicht nur für die Auswertung anderer Briefe aus Melanchthons Briefwechsel erforderlich ist, sondern auch für alle nützlich sein wird, die was für einen Text auch immer aus einer solchen Handschrift untersuchen.

Leipzig   Helmar Junghans

DIE PATRISTIK IN DER FRÜHEN NEUZEIT: die Relektüre der Kirchenväter in den Wissenschaften des 15. bis 18. Jahrhunderts/ hrsg. von Günter Frank; Thomas Leinkauf; Markus Wriedt; unter Mitarb. von Sebastian Lalla. S-Bad Cannstatt: Frommann-Holzboog, 2006. 424 S. (Melanchthon-Schriften der Stadt Bretten; 10)

Der vorliegende Band enthält die 17 Beiträge des internationalen Kongresses, der vom 17. bis 20. Februar 2003 im Melanchthonhaus in Bretten stattfand. Die Themen beschränken sich nicht auf das Reformationsjahrhundert, sondern erfassen Beispiele der Kirchenväterrezeption über mehrere Jahrhunderte. Wilhelm *Schwendemann* erweitert »hier den Begriff Patristik in systematischer Hinsicht« (97), sodass er die Aristotelesrezeption und -exegese von Melanchthon, Maimonides (1138-1204) und Averroes (1126-1198) einbeziehen und vergleichen kann. Er schaut bis in das 12. Jahrhundert zurück und bezieht neben der christlichen auch eine jüdische und eine islamische Aristotelesrezeption ein, ohne allerdings auf die humanistische Aristotelesrezeption im Spätmittelalter einzugehen. Den zeitlichen Abschluss bringen die Untersuchungen zur Ambrosiusrezeption des Dominikaners Tommaso Campanella (1568-1639), zur Kirchenväterkritik des reformierten Pfarrers Jean Daillé (1626-1670), zur Kirchenväterlektüre des Isaac Newton (1643-1727), zur Augustinusrezeption des Gottfried Wilhelm Leibniz in seiner »Theodizee« und zum Einfluss der um 1700 veröffentlichten »Testamente der zwölf Patriarchen« auf die Dichtung des Hamburger Ratsherrn Barthold Heinrich Brockes (1680-1747).

Ein Beitrag widmet sich Luthers Beziehungen zu den Kirchenvätern anhand von dessen Aussagen zu dem ihm von seinen

Gegnern entgegengehaltenen Augustinus-wort »ego uero euangelio non crederem, nisi me catholicae ecclesiae commouret auctoritas«. Kaarlo *Arffman* stellt heraus, wie sehr Luther situationsbezogen reagier-te, ohne gleichzeitig Luthers durchgehende Grundhaltung zu thematisieren. Er referiert Luthers Argumentation in WA 2, 429, 21 - 430, 11: »Schließlich sei die Kirche ein Geschöpf der Bibel und nicht umgekehrt.« Luther schrieb allerdings »Ecclesia enim creatura est Euangelii, ...«

Vier Beiträge widmen sich Melanchthons Beziehungen zu den Kirchenvätern. Pierre *Petitmengin* berichtet über den böhmischen Gräzisten Sigismundus Gelenius (um 1497-1554) als einen Freund Melanchthons, der sich als Übersetzer griechischer Texte und als Herausgeber von Texten des Ambrosius (um 340-397) und antiker Klassiker betä-tigte. Christoph *Burger* sieht die Ursache für die Auseinandersetzung Melanchthons mit Erasmus über die Kirchenväter in de-ren unterschiedlichen Interessen. Während Erasmus Origenes und Hieronymus als Hilfe für seine philologische Exegese bevorzugte, hatte für Melanchthon der antipelagianische Augustinus eine zentrale Bedeutung für die Schriftauslegung. Vf. führt die Auseinan-dersetzung der beiden darauf zurück, dass Melanchthon mit Luther den Römerbrief und damit Paulus als Zentrum der biblischen Botschaft ansah, Erasmus den Evangelien eine größere Bedeutung zumaß. H. Ashley *Hall* behandelt Melanchthons Beziehungen zu den kappadokischen Kirchenvätern, die dieser neben Augustinus bevorzugte, da er von ihnen Argumente zur Verteidigung der Wittenberger Theologie übernehmen und zugleich deren Stellung innerhalb einer seit der Alten Kirche bestehenden Tradition auf-zeigen konnte. Markus *Wriedt* unterrichtet über Melanchthons Rückbezug auf die Kir-chenväter in dessen Abendmahlsschriften. Er informiert informativ, wertend und zusam-menfassend in einem ersten Teil über die diesbezügliche Melanchthonforschung seit Otto Ritschl (1860-1944), um dann Fragen und Probleme für die weitere Forschung zu formulieren. Er behandelt sein Thema als Modell für das Problem »Tradition und Hei-lige Schrift«, wobei er zeigt, dass die Kirche für Melanchthon in diesem Zusammenhang eine große Bedeutung hatte, ohne dass er damit die römische Kirche meinte.

Es können hier nicht alle Beiträge dieses Bandes aufgelistet werden, in dem die Re-zeption der Kirchenväter in einem erfreulich weiten geografischen und zeitlichen Rahmen behandelt wird. Allerdings wird der Blick zu wenig darauf gerichtet, wie sehr die bibelhu-manistische Bewegung des Spätmittelalters programmatisch und durch Editionen die Kirchenväterezeption der Frühen Neuzeit vorbereitet hat.

Leipzig   Helmar Junghans

BERNDT HAMM: Lazarus Spengler (1479-1534): der Nürnberger Ratsschreiber im Span-nungsfeld von Humanismus und Reforma-tion, Politik und Glaube/ mit einer Edition von Gudrum Litz. TÜ: Mohr Siebeck, 2004. XII, 472 S. (Spätmittelalter und Reformation: neue Reihe; 25)

Dieser Sammelband vereinigt zehn Beiträge, von denen neun im Zusammenhang mit der Edition »Lazarus Spengler: Schriften« – die von Berndt Hamm mit herausgegeben wer-den – entstanden und von 1984 bis 2003 veröffentlicht worden sind. Für den vor-liegenden Band wurde das Kapitel »Luther und Dürer« neu hinzugefügt. Die Beiträge wurden formal vereinheitlicht, zum Teil mit einer neuen Überschrift versehen und als Kapitel zusammengeordnet. Der Vf. betrachtet das Ergebnis als Zwischenbilanz einer nach Abschluss der Spengleredition abzufassenden Spenglerbiografie. – Bisher sind von der Spenglerausgabe 1995 und 1999 je ein Band erschienen, die Spenglers schriftlichen Nachlass von 1509 (ein Spottgedicht über poetische Versuche Dürers) bis zum »Besitzinventar der Eheleute Lazarus und Ursula Spengler« vom 21. Januar 1529 darbieten. – Der vorliegende Band enthält als Textbeilage das von Gudrun Litz edierte »Familienbüchlein Spengler« zu den Jahren 1468 bis 1570 sowie genealogische Tafeln der Familie Spengler. Ein stattliches »Quellen- und Literaturverzeichnis« (411-443) und ein Personenregister, ein Ortsregister sowie ein Sachregister schließen den Band ab.

In »Spengler und Dürer« beschreibt der Vf. den sozialen Ort der beiden Freunde in der Nürnberger Oberschicht, ohne dass sie den ratsfähigen Geschlechtern angehörten. Und wenn sie auch den lutherischen Predigern nahestanden, bewahrten sie doch auch eine gewisse Distanz zu ihnen, weil sie »die Gefahr eines neuen Papsttums« witterten (77) und die Leitung der Kirche durch das Ratsregiment wünschten. Sie schlossen sich den Nürnberger Humanisten an, begeisterten sich ab 1511 für Hieronymus (347/48-420) und gingen Verbindungen zu religiösen und frömmigkeitsbezogenen Bestrebungen ein. Vf. spricht daher von einem »frommen Humanismus«, der zu einer Differenzierung im Humanismus führte. Den »verdienstorientierten virtus Idealen heiliger Lebensführung« stellte dann Johann von Staupitz (um 1465-1524) in seinen Nürnberger Predigten »die Konzeption einer radikalen Gnadenhaf-

tigkeit von Heil und Heiligkeit« entgegen (106), der sich Spengler und Dürer anschlossen, sodass sie nachfolgend zu Lutheranhängern wurden.

Spengler betonte von nun an »stereotyp die Klarheit, Einfachheit und Eindeutigkeit des biblischen Gotteswortes« (111). Auch Dürer wurde »zum Fürsprecher des ›allein‹ und ›alles‹ der biblischen Wahrheit« (112). Vf. stellt am Schluss noch eine weitere Gemeinsamkeit der beiden heraus, von der er einschränkt, dass sie zum Teil auf einer Vermutung beruhe. Er nimmt an, dass Dürer seine »Vier Apostel« als ein Bekenntnisbild angefertigt hat: Dürer malte danach 1526 die vier Apostel als Zeugen und Bekenner des Gotteswortes und ermahnte angesichts innerevangelischer Auseinandersetzungen zugleich den Rat der Stadt Nürnberg – dem er dieses Gemälde stiftete –, »sich zur alleinigen Norm des Gotteswortes« zu bekennen. Ein Jahr später entwarf Spengler »das wahrscheinlich erste persönliche Glaubensbekenntnis der Reformation« (114) – dem das neunte Kapitel gewidmet ist (281-312) –, das Spengler 1529 und noch einmal 1533 überarbeitete und das schließlich 1535 – ein Jahr nach seinem Tod – mit einer Vorrede Luthers in Wittenberg veröffentlicht wurde.

Das Kapitel »Spengler und Dürer« durchzieht ein Gesichtspunkt, den der Vf. 1992 unter dem Titel »Reformation als normative Zentrierung von Religion und Gesellschaft« veröffentlicht und als Schlusskapitel in den vorliegenden Band aufgenommen hat (313-347). Es geht um ein Interpretationsansatz des Verhältnisses zwischen »Glaube, Kirche, Theologie und Frömmigkeit einerseits und Gesamtheit der Gesellschaft« andererseits. Unter »normativer Zentrierung« versteht er »die Ausrichtung auf eine bestimmende und maßgebende, grundlegend orientierende, regulierende und legitimierende Mitte« (314), die sich konzeptionell und faktisch vollzieht. Dieses Phänomen brachte nicht die Reformation hervor, sondern lässt sich schon im Spätmittelalter als Reaktion auf zunehmende Differenzierung wahrnehmen: in der Frömmigkeitstheologie Hinwendung »auf wenige geistliche Leitthemen und -begriffe«, im Mönchtum »äußere Regulierung und innere Intensivierung« durch die Reformbewegungen, im Humanismus »Konzentration auf die Norm antiker Autoritäten und Leitbegriffe wie Vernunft und Weisheit […] und ›sola virtus‹«, in der Rechtsreform Rezeption des Römischen Rechts usw. Wenn die Zentrierung in den verschiedenen Gebieten auch eigene Wurzeln hat, gibt es doch eine so enge Verflechtung zwischen Religion und Gesellschaft, dass von einem Syndrom von Zentrierung am Vorabend der Reformation gesprochen werden kann.

Die Reformation brachte eine »Reduktion und Zentrierung auf das Heilsnotwendige und Heilsspendende: Gottes Wort und Christi Gnade« (337). Doch die Heilige Schrift als einzige Normquelle erwies sich als zu vieldeutig, sodass in einem zweiten Zentrierungsschub mithilfe von Visitationsartikeln, Kirchenordnungen, Katechismen und Lehrbekenntnissen Abgrenzungen vorgenommen werden mussten. Diese förderte das »Zusammengehen kirchlich-theologischer und staatlich-politischer Zentrierung« (341), das schließlich zur Konfessionalisierung führte.

Diese sehr verkürzte Inhaltsangabe muss hier genügen, um zu verdeutlichen, dass es dem Vf. um ein wichtiges Kontinuitätselement in Teilbereichen der Reformation geht, das seinen Ursprung im Spätmittelalter hat und durch die Reformation eine »zunehmende Steigerung erfährt«, eben die »normative Zentrierung von Kirche und Ge-

sellschaft« (346 f). Die Beachtung dieses Kontinuums macht zugleich den Blick für den Systembruch zwischen Spätmittelalter und Reformation frei, die u. a. anstelle eines von der Sündhaftigkeit bis zur vollkommenen Seligkeit in Stufen aufsteigenden Heilsweges das sola gratia setzte. Wie förderlich die Berücksichtigung der normativen Zentrierung sein kann, wird an dem Kapitel »Spengler und Dürer« erkennbar, in dem veranschaulicht wird, wie die beiden Freunde sich auf dem Weg einer fortschreitenden normativen Zentrierung befanden und fortwährend neue Normen in den Mittelpunkt rückten, bis sie in einem vom Rat der Stadt Nürnberg allein nach der Norm der Heiligen Schrift geleiteten Gemeinwesen das Zentrum fanden. So ist der vorliegende Band nicht nur eine Fundgrube zum Leben und Denken Spenglers oder zum Übergang Nürnbergs vom Spätmittelalter zur Reformation, sondern auch zu grundsätzlichen Problemen des Spätmittelaltes und der Reformation überhaupt.

Leipzig   Helmar Junghans

THOMAS TÖPFER: Die Leucorea am Scheideweg: der Übergang von Universität und Stadt Wittenberg an das albertinische Kursachsen 1547/48: eine Studie zur Entstehung der mitteldeutschen Bildungslandschaft. L: EVA, 2004. 259 S. (Beiträge zur Leipziger Universitäts- und Wissenschaftsgeschichte: Reihe B; 3)

Diese 2003 am Historischen Seminar in Leipzig abgeschlossene Magisterarbeit schildert in seinem mittleren Teil anschaulich die Vorgänge während des »Zäsurjahres 1547« in Wittenberg. Sie hält fest, dass Wittenberg nach seinem Übergang an die Wettiner 1423 keine »Residenztradition« aufbauen konnte und mit dem Ausbau von Dresden als Residenz des albertinischen Kurfürstentums keine wesentliche Veränderung eintrat. Da Wittenberg schon für den kurfürstlichen Hof der Ernestiner keine große Bedeutung hatte, führte der Herrschaftswechsel 1547 auch zu keinen erheblichen ökonomischen oder soziologischen Veränderungen. Entscheidend für die Stadt war, dass die Leucorea erhalten und erfolgreich blieb. Die Zunahme ihrer Studentenzahl führte zu Baumaßnahmen, die nach 1550 die Stadt bis heute prägende Gebäude hervorbrachte.

Vf. thematisiert die Spannung, die sich daraus ergab, dass Wittenberg zugleich Festungsstadt und Universitätsstadt war, bis am Anfang des 19. Jahrhunderts die Preußen die Leucorea in die Universität Halle eingliederten, Schloss und Universitätsgebäude aber zu Kasernen umgestalteten. Er unterrichtet über die ohne kurfürstliche Hilfe kaum zu lösende Aufgabe der Stadt Wittenberg, die Verluste der Einwohner infolge der kaiserlichen und danach kurfürstlichen Einquartierung auszugleichen sowie die drei abgebrannten Vorstädte wieder aufzubauen. Von den Türmen der Stadtkirche und des Schlosses waren die gotischen Turmspitzen herabgenommen worden, um auf diesen Türmen Kanonen zu positionieren. Die Stadtkirche erhielt erst 1556-1558 neue Turmaufsätze, zu denen nun Räume für den Turmwächter gehörten. Der Kurfürst lieferte zwar 200 Stämme Bauholz, aber die Stadt musste 2016 Gulden Baukosten übernehmen.

Es ist eine oft herausgestellte Tatsache, dass für den Fortbestand und das Ansehen der Leucorea Melanchthons Entscheidung für Wittenberg von großer Bedeutung war. Vf. ergänzt diese durchaus berechtigte Vorstellung dadurch, dass er eine Gesamtschau

der für den Bestand der Leucorea Wirkenden gibt. Er beschreibt die – von Paul Eber (1511-1569) unterstützten – steten Anstrengungen des Rektors, des Theologen Caspar Cruciger (1504-1548), von 1546 bis 1548, die Geschäfte für die Leucorea trotz Krieg fortzuführen, die Verbindung zu den geflohenen Professoren zu halten und zunächst vom Kurfürsten Johann Friedrich und danach von dem neuen Kurfürsten Moritz eine Bestandsgarantie für die Leucorea zu erlangen. Johannes Bugenhagen (1485-1558) erhält die verdiente Berücksichtigung seiner Einflussnahme auf die Haltung der Wittenberger zum Herrschaftswechsel. Er hatte im Schmalkaldischen Krieg zunächst ganz entschieden und öffentlich für Johann Friedrich Partei ergriffen. Als Ende 1546 in Leipzig ein Gutachten aus der Zeit vor 1530 veröffentlicht wurde, in dem Luther den aktiven Widerstand der Fürsten gegen den Kaiser abgelehnt hatte, um die Kaisertreue des Herzogs Moritz zu rechtfertigen, setzte Bugenhagen nicht nur spätere Äußerungen Luthers entgegen, sondern die Leipziger dem Verräter Judas gleich. Bald nach dem Herrschaftswechsel veröffentlichte er die Flugschrift »Wie es uns in der Stadt gegangen ist / ...«, die Vf. ausführlich analysiert. Er arbeitet heraus, dass es sich keineswegs nur um einen Bericht über die Ereignisse handelt, sondern zugleich um eine Apologie gegen Angriffe auf das positive Verhalten der Wittenberger zu dem neuen Landesherrn, um die Selbstdarstellung der Treue zur Gemeinde, um eine Interpretation der Belagerung und Niederlage als Strafe und die Übertragung an Moritz als Gnadenakt Gottes. Auffällig findet er – im Gegensatz zu dem besorgten Melanchthon – Bugenhagens festes Vertrauen auf die Zusagen des neuen Kurfürsten auf dem Leipziger Landtag, die Leucorea zu erhalten. Und er hebt hervor, wie Bugenhagen durch das Versenden dieser Schrift bewusst meinungsbildend wirken wollte und wirkte. Er führt aber auch Beispiele dafür an, dass manche Wittenberger den Ernestiner weiter anhingen. Vf. vergegenwärtigt auch den Einfluss des Fürsten Georg III. von Anhalt (1507-1553), der als Koadjutor des Hochstifts Merseburg enge Verbindungen mit Melanchthon unterhielt, während des Krieges sich für den Schutz Wittenbergs einsetzte und Melanchthon im Sommer 1547 dem Kurfürsten Moritz auf dem Leipziger Landtag zuführte. Danach agierte er – in Verbindung mit dem Stiftssuperintendenten Georg Major (1502-1574) – für Wittenberg in Dresden, was bei den schwierigen Finanzierungsverhandlungen für die Leucorea vorteilhaft war. So entsteht eine Gesamtschau der Wittenberger Anstrengungen, die Leucorea zu erhalten und damit Luthers Erbe zu bewahren.

In einem weiteren Kapitel legt der Vf. dar, wie Kurfürst Moritz auf dem Leipziger Landtag Juli 1547 sich »als treuer Wahrer der Interessen seines Landes, der Dynastie und der lutherischen Konfession« erweisen musste (115) und die Wittenberger Theologen für die Konsolidierung seines erweiterten Landes brauchte. Des weiteren unterrichtet er über die Verhandlungen zur Universitätsfinanzierung und den Aufbau des Lehrkörpers in Konkurrenz zu den Ernestinern, in Jena die echte Leucorea fortzusetzen.

Vf. geht auch auf nach dem Schmalkaldischen Krieg entstandene Bilder ein und findet in ihnen bei den Ernestinern eine auf ihre Verdienste an der Entwicklung Wittenbergs und damit der Reformation ausgerichtete Darstellung, durch welche ihre Dignität hervorgehoben wurde. Im Gegensatz dazu zielten die Darstellungen des Kurfürsten Moritz mehr auf die Legitimität seiner neu erworbenen Herrschaft. Während Bilder mit Ernestinern mehr auf protestantisches Bekennertum ausgerichtet seien, trete bei denen mit Kurfürst Moritz die »politisch-dynastische Dimension« (169) hervor.

Am Schluss sei noch die bemerkenswerte These festgehalten, dass die 1485 beginnende Teilung der wettinischen Herrschaft zwar – wie oft beklagt – eine politisch-dynastische Schwächung zur Folge hatte, jedoch andererseits auch zu Konkurrenzsituationen führte, die auf das Bildungswesen schöpferisch und pluralisierend wirkten, so dass eine herausragende mitteldeutsche Bildungslandschaft entstand, die gründlicher zu erforschen sei.

Leipzig   Helmar Junghans

Lutherbibliographie 2007

Mit Professor Dr. Matthieu Arnold, Strasbourg (Frankreich); Professor Dr. Zoltán Csepregi, Budapest (Ungarn); Professor Dr. Jin-Seop Eom, Kyunggi-do (Südkorea); Studierektor Dr. Roger Jensen, Oslo (Norwegen); ; Universitätsassistent Dr. Rudolf Leeb, Wien (Österreich); Professor Dr. Pilgrim Lo, Hong Kong (China); Informatiker Dr. Leo Näreaho, Helsinki (Finnland); Bischof Sen. D. Janusz Narzyński, Warszawa (Polen); Professor Dr. Paolo Ricca, Roma (Italien); Professor Dr. Ricardo W. Rieth, São Leopoldo (Brasilien); Professor Dr. Maurice E. Schild, Adelaide (Australien); Dr. Rune Söderlund, Lund (Schweden); Bibliographer Assistant Rose Trupiano, Milwaukee, WI (USA); cand. theol. Lars Vangslev, København (Dänemark); Professor Dr. Jos E. Vercruysse, Antwerpen (Belgien); Dr. Martin Wernisch, Praha (Tschechien) und Professor Dr. Klaas Zwanepol, Utrecht (Niederlande) bearb. von Professor em. Dr. Helmar Junghans, Akadem. Mitarbeiter Dr. Michael Beyer und Cornelia Schnapka-Bartmuß MA, Leipzig (Deutschland).

Der Leiterin und den Mitarbeiterinnen der Außenstelle Theologie der Universitätsbibliothek Leipzig und den Mitarbeiter(inne)n von Die Deutsche Bibliothek – Deutsche Bücherei Leipzig, danke ich für ihre Unterstützung herzlich, besonders aber der Wilhelm-Julius-Bobbert-Stiftung für ihre finanzielle Förderung.

ABKÜRZUNGSVERZEICHNIS

I   Verlage und Verlagsorte

ADVA	Akademische Druck- und Verlagsanstalt	HD	Heidelberg
AnA	Ann Arbor, MI	HH	Hamburg
B	Berlin	L	Leipzig
BL	Basel	LO	London
BP	Budapest	LVH	Lutherisches Verlagshaus
BR	Bratislava	M	München
CV	Calwer Verlag	MEES	A Magyarországi Evangélikus Egyház
DA	Darmstadt		Sajtóosztálya
dtv	Deutscher Taschenbuch Verlag	MP	Minneapolis, MN
EPV	Evangelischer Presseverband	MRES	A Magyarországi Református Egyház
EVA	Evangelische Verlagsanstalt		Zsinati Irodájának Sajtóosztálya
EVW	Evangelisches Verlagswerk	MS	Münster
F	Frankfurt, Main	MZ	Mainz
FR	Freiburg im Breisgau	NK	Neukirchen-Vluyn
GÖ	Göttingen	NV	Neukirchener Verlag
GÜ	Gütersloh	NY	New York, NY
GVH	Gütersloher Verlagshaus	P	Paris

PB	Paderborn	SH	Stockholm
Phil	Philadelphia, PA	StL	Saint Louis, MO
PO	Portland, OR	TÜ	Tübingen
PR	Praha	UMI	University Microfilm International
PUF	Presses Universitaires de France	V&R	Vandenhoeck & Ruprecht
PWN	Pánstwowe Wydawníctwo Naukowe	W	Wien
Q&M	Quelle & Meyer	WB	Wissenschaftliche Buchgesellschaft
S	Stuttgart	WZ	Warszawa
SAV	Slovenská Akadémia Vied	ZH	Zürich

2 Zeitschriften, Jahrbücher

AEKHN	Amtsblatt der Evang. Kirche in Hessen und Nassau (Darmstadt)	EP	Evanjelický Posol spod Tatier (Liptovsky Mikuláš)
AG	Amt und Gemeinde (Wien)	EThR	Etudes théologiques et religieuses (Montpellier)
AGB	Archiv für Geschichte des Buchwesens (Frankfurt am Main)	EvD	Die Evangelische Diaspora (Leipzig)
AKultG	Archiv für Kulturgeschichte (Münster; Köln)	EvEG	Evangelium – ›euaggelion‹ – Gospel (Bremen)
ALW	Archiv für Liturgiewissenschaft (Regensburg)	EvTh	Evangelische Theologie (München)
ARG	Archiv für Reformationsgeschichte (Gütersloh)	GTB	Gütersloher Taschenbücher (Siebenstern)
ARGBL	ARG: Beiheft Literaturbericht (Gütersoh)	GuJ	Gutenberg-Jahrbuch (Mainz)
BEDS	Beiträge zur Erforschung der deutschen Sprache (Leipzig)	GWU	Geschichte in Wissenschaft und Unterricht (Offenburg)
BGDS	Beitträge zur Geschichte der deutschen Sprache und Literatur (Tübingen)	HCh	Herbergen der Christenheit (Leipzig)
		He	Helikon (Budapest)
BlPfKG	Blätter für pfälzische Kirchengeschichte und religiöse Volkskunde (Otterbach)	HThR	The Harvard theological review (Cambridge, MA)
BlWKG	Blätter für württembergische Kitrchengeschichte Stuttgart)	HZ	Historische Zeitschrift (Müchen)
		IL	Igreja Luterana (Porto Alegre)
BPF	Bulletin de la Societé de l'Histoire du Protestantisme Français (Paris)	ITK	Irodalomtörténeti Közlemények (Budapest)
BW	Die Bibel in der Welt (Stuttgart)	JBrKG	Jahrbuch für Berlin-Brandenburgische Kirchengeschichte (Berlin)
CAZW	Confessio Augustana mit Zeitwende (Neuendettelsau)	JEH	Journal of ecclesiastical history (London)
ChH	Church history (Chicago, IL)	JHKV	Jahrbuch der Hessischen Kirchengeschichtlichen Vereinigung (Darmstadt)
CJ	Concordia journal (St. Louis, MO)	JLH	Jahrbuch für Liturgik und Hymnologie (Kassel)
CL	Cirkevné listy (Bratislava)		
Cath	Catholica (MŒnster)	JNKG	Jahrbuch der Gesellschaft für Niedersächsische Kirchengeschichte (Blomberg/Lippe)
CThQ	Concordia theological quarterly (Fort Wayne, IN)	JGPrÖ	Jahrbuch für Geschichte des Protestantismus in Österreich (Wien)
CTM	Currents in theology and mission (Chicago, IL)	JRG	Jahrbuch für Regionalgeschichte und Landeskunde (Weimar)
DLZ	Deutsche Literaturzeitung (Berlin)	JWKG	Jahrbuch dür Westfälische Kirchengeschichte (Lengerich/Westf.)
DPfBl	Deutsches Pfarrerblatt (Essen)	KÅ	Kyrkohistorisk årsskrift (Uppsala)
DTT	Dansk teologisk tidsskrift (København)	KD	Kerygma und Dogma (Göttingen)
EÉ	Evangélikus Élet (Budapest)	KR	Křestanská revue (Praha)
EHSch	Europäische Hochschulschriften: Reihe ...	LF	Listy filologické (Praha)
		LK	Lutersk kirketidende (Oslo)
EN	Evangélikus Naptár az ... èvre (Budapest)	LP	Lelkipásztor (Budapest)
		LQ	Lutheran quarterly N. S. (Milwaukee, WI)

LR	Lutherische Rundschau (Stuttgart)	STK	Svensk theologisk kvartalskrift (Lund)
LThJ	Lutheran theological journal (Adelaide, South Australia)	StZ	Stimmen der Zeit (Freiburg im Breisgau)
LThK	Lutherische Theologie und Kirche (Oberursel)	TA	Teologinen aikakauskirja / Teologisk tidskrisft (Helsinki)
Lu	Luther: Zeitschrift der Luther-Gesellschaft (Göttingen)	TE	Teológia (Budapest)
LuB	Lutherbibliographie	ThLZ	Theologische Literaturzeitung (Leipzig)
LuBu	Luther-Bulletin (Kampen)	ThPh	Theologie und Philosophie (Freiburg im Breisgau)
LuD	Luther digest (Shorewood, MI)		
LuJ	Lutherjahrbuch (Göttingen)	ThR	Theologische Rundschau (Tübingen)
MD	Materialdienst des Konfessionskundlichen Institutes (Bensheim)	ThRe	Theologische Revue (Münster)
		ThSz	Theológiai Szemle (Budapest)
MEKGR	Monatshefte für evangelische Kirchengeschichte des Rheinlandes (Köln)	ThZ	Theologische Zeitschrift (Basel)
		TRE	Theologische Realenzyklopädie (Berlin; New York, NY)
MKSz	Magyar Könyvszemle (Budapest)		
NAKG	Nederlands archief voor kerkgeschiedenis (Leiden)	TTK	Tidsskrift for teologi og kirke (Oslo)
		US	Una sancta (München)
NELKB	Nachrichten der Evangelisch-Lutherischen Kirche in Bayern (München)	UTB	Uni-Taschenbücher
		Vi	Világosság (Budapest)
NTT	Norsk teologisk tidsskrift (Oslo)	VIEG	Veröffentlichungen des Instituts für Europäische Geschichte Mainz
NZSTh	Neue Zeitschrift für systematische Theologie und Religionsphilosophie (Berlin)		
		ZBKG	Zeitschrift für bayerische Kirchengeschichte (Nürnberg)
ODR	Ortodoxia: Revista Patriarhiei Romine (Bucureşti)	ZEvE	Zeitschrift für evangelische Ethik (Gütersloh)
ORP	Odrodzenie reformacja w Polsce (Warszawa)	ZEvKR	Zeitschrift für evangelisches Kirchenrecht (Tübingen)
PBl	Pastoralblätter (Stuttgart)	ZHF	Zeitschrift für historische Forschung (Berlin)
PL	Positions luthériennes (Paris)		
Pro	Protestantesimo (Roma)	ZKG	Zeitschrift für Kirchengeschichte (Stuttgart)
PTh	Pastoraltheologie (Göttingen)		
RE	Református Egyház (Budapest)	ZKTh	Zeitschrift für katholische Theologie (Wien)
RHE	Revue d'histoire ecclésiastique (Louvain)	ZRGG	Zeitschrift für Religions- und Geistesgeschichte (Köln)
RHPhR	Revue d'histoire et de philosophie religieuses (Paris)		
RL	Reformátusok Lapja (Budapest)	ZSRG	Zeitschrift der Savigny-Stiftung für Rechtsgeschichte: Kanonistische Abteilung (Wien; Köln)
RoJKG	Rottenburger Jahrbuch für Kirchengeschichte (Sigmaringen)		
RSz	Református Szemle (Kolozsvár, RO)	ZThK	Zeitschrift für Theologie und Kirche (Tübingen)
RuYu	Ru-tu yun-ku (Syngal bei Seoul)		
RW	Rondom het woord (Hilversum)	Zw	Zwingliana (Zürich)
SCJ	The sixteenth century journal (Kirksville, MO)	ZZ	Zeitzeichen (Berlin)

3   Umfang der Ausführungen über Luther

L"	Luther wird wiederholt gestreift.
L 2-7	Luther wird auf diesen Seiten ausführlich behandelt.
L 2-7+"	Luther wird auf diesen Seiten ausführlich behandelt und sonst wiederholt gestreift.
L*	Die Arbeit konnte nicht eingesehen werden.

SAMMELSCHRIFTEN

01 **Annoncer l`Evangile (XVe-XVIIe siècle):** permanences et mutations de la prédication; actes du colloque international de Strasbourg (20-22 novembre 2003)/ hrsg. von Matthieu Arnold. P: Cerf, 2006. 483 S.: Ill. (Patrimoines: christianisme) – Siehe Nr. 223. 375 f. 418. 423. 454. 538. 586. 610. 719. 797. 938.

02 **La baptême, source de la vie chrétienne:** actes du Colloque Œcuménique international de Bose (6-8 mai 2005)/ hrsg. von Matthieu Arnold. P: Positions Luthériennes, 2006. 192 S. (PL; 54 [2006] Heft 1) – Siehe Nr. 92. 220. 327. 734. 1089. 1190.

03 **Beteiligung?:** der Gottesdienst als Sache der Gemeinde/ hrsg. von Irene Mildenberger; Wolfgang Ratzmann. L: EVA, 2006. 232 S. (Beiträge zu Liturgie und Spiritualität; 15) – Siehe Nr. 255. 266.

04 **Die Bibel als Buch der Bildung:** Festschrift für Gottfried Adam zum 65. Geburtstag/ hrsg. von Volker Elsenbast; Rainer Lachmann; Robert Schelander. W: Lit, 2004. 476 S.: Ill., Tab. (Forum Theologie und Pädagogik; 12) – Siehe Nr. 215. 436. 518. 526. 939. 1248.

05 **Die Bibel in der Schweiz:** Ursprung und Geschichte/ hrsg. von der Schweizerischen Bibelgesellschaft; Redaktion: Urs Joerg; David Marc Hoffmann. BL: Schwabe, 1997. 352 S.: Ill. – Siehe Nr. 732. 737. 741.

06 **Bildung und Konfession:** Theologenausbildung im Zeitalter der Konfessionalisierung/ hrsg. von Herman J. Selderhuis; Markus Wriedt. TÜ: Mohr, 2006. VIII, 320 S.: Ill., Tab. (Spätmittelalter und Reformation: N. R.; 27) – Siehe Nr. 508. 522. 534. 533. 994.

07 **Das Buch, ohne das man nichts versteht:** die kulturelle Kraft der Bibel/ hrsg. von Georg Steins; Franz Georg Untergaßmair. MS: Lit, 2005. 245 S.: Ill. (Vechtaer Beiträge zur Theologie; 11) – Siehe Nr. 409. 415.

08 **Christsein konkret:** 50 wichtige Themen – von kompetenten und prominenten Autorinnen und Autoren erklärt/ hrsg. von Ekkehard Starke, mit einem Geleitwort von Manfred Kock. NK: NV, 2005. XII, 198 S. – Siehe Nr. 189. 321. 356. 517.

09 **Coena Domini II:** die Abendmahlsliturgie der Reformationskirchen vom 18. bis zum frühen 20. Jahrhundert/ hrsg. von Irmgard Pahl. Fribourg: Academic, 2005. XX, 775 S. (Spicilegium Friburgense: Texte zur Geschichte des kirchlichen Lebens; 43) – Siehe Nr. 1063. 1067 f. 1075. 1092 f. 1096.

010 **Confessionalism and pietism:** religious reform in early modern Europe/ hrsg. von Fred van Lieburg. MZ: von Zabern, 2005. VI, 324 S.: Ill. (VIEG: Beiheft; 67: Abt. Abendländische Religionsgeschichte) – Siehe Nr. 858. 1045. 1056.

011 **Corona scientiarum:** studia z historii literatury i kultury nowożytnej ofiarowane Januszowi Pelcowi (Corona scientiarum: Studien aus der Geschichte der Literatur und der neuzeitlichen Kultur gewidmet Professor Janusz Pelc)/ Red. Juliusz A. Chruścicki. WZ: Wydawnictwo Neriton, 2004. 459 S. – Siehe Nr. 897. 1042.

012 **Debatten über die Legitimation von Herrschaft:** politische Sprachen in der Frühen Neuzeit/ hrsg. von Luise Schorn-Schütte; Sven Tode. B: Akademie, 2006. 193 S. (Wissenskultur und gesellschaftlicher Wandel; 19) – Siehe Nr. 444. 874.

013 Dierken, Jörg: **Selbstbewußtsein individueller Freiheit:** religionstheoretische Erkundungen in protestantischer Perspektive. TÜ: Mohr, 2005. XIII, 518 S. – Siehe Nr. 1032. 1066.

014 **Dogmatik erzählen?:** die Bedeutung des Erzählens für eine biblisch orientierte Dogmatik/ hrsg. von Gunda Schneider-Flume; Doris Hiller. NK: NV, 2005. VIII, 181 S. – Siehe Nr. 162. 437.

015 Dunn, James D. G.: **The new perspective on Paul:** collected essays. TÜ: Mohr, 2005. XII, 539 S. (Wissenschaftliche Untersuchungen zum Neuen Testament; 185) – Siehe Nr. 297. 391 f.

016 **Elementarbildung und Berufsausbildung 1450-1750/** hrsg. von Alwin Hanschmidt; Hans-Ulrich Musolff. Köln; Weimar; W: Böhlau, 2005. VII, 348 S.: Ill. (Beiträge zur historischen Bildungsforschung; 31) – Siehe Nr. 507. 790.

017 **Ethische Schlüsselprobleme: lebensweltlich – theologisch – didaktisch/** hrsg. von Rainer Lachmann; Gottfried Adam; Martin Rothgangel. GÖ: V&R, 2006. 384 S. (Theologie für Lehrerinnen und Lehrer; 4) – Siehe Nr. 133. 355. 358. 364. 531.

018 **Evangelische Kirchenhistoriker im »Dritten Reich«/** hrsg. von Thomas Kaufmann; Harry Oelke. GÜ: GVH, 2002. 392 S. (Veröffentlichungen der Wissenschaftlichen Gesellschaft für Theologie; 21) – Siehe Nr. 1106. 1133. 1136. – Bespr.: Schneider-Ludorff, Gury: ZKG 115 (2004), 286 f.

019 **Evangelisches Staatslexikon/** hrsg. von Werner Heun ... Neuausgabe. S: Kohlhammer, 2006. XXIV, 2956 S. – Siehe Nr. 142. 184. 190. 192. 213. 228. 232. 253. 290 f. 298. 323. 352. 362 f. 369-371. 562. 754. 929.

020 **Frauenprofile des Luthertums:** Lebensgeschichten im 20. Jahrhundert/ hrsg. von Inge Mager. GÜ: GVH, 2005. 638 S.: Ill. (Die luth. Kirche: Geschichte und Gestalten; 22) – Siehe Nr. 1082. 1121. 1159.

021 **Freiheit und Menschenwürde:** Studien zum Beitrag des Protestantismus/ hrsg. von Jörg Dierken; Arnulf von Scheliha. TÜ: Mohr, 2005. VI, 337 S. (Religion in philosophy and theology; 16) – Siehe Nr. 329. 336. 1010. 1031. 1135.

022 **500 Jahre Theologie in Hamburg:** Hamburg als Zentrum christlicher Theologie und Kultur zwischen Tradition und Zukunft; mit einem Verzeichnis sämtlicher Promotionen der Theologischen Fakultät Hamburg/ hrsg. von Johann Anselm Steiger. B; NY: de Gruyter, 2005. XI, 504 S.: Ill. (Arbeiten zur Kirchengeschichte; 95) – Siehe Nr. 812. 846. 1070. 1081. 1127. 1143.

023 **Funktionen des Humanismus:** Studien zum Nutzen des Neuen in der humanistischen Kultur/ hrsg. von Thomas Maissen; Gerrit Walther. GÖ: Wallstein, 2006. 415 S.: Ill. – Siehe Nr. 366. 700. 707.

024 **Die Gegenwartsbedeutung der Katechismen Martin Luthers**/ hrsg. von Norbert Dennerlein; Klaus Grünwaldt; Martin Rothgangel. GÜ: GVH, 2005. 174 S.: Ill. – Siehe Nr. 438. 505 f. 523. 527 f. 530. 534 f.

025 **Der Genfer Psalter und seine Rezeption in Deutschland, der Schweiz und den Niederlanden:** 16.-18. Jahrhundert/ hrsg. von Eckhard Grunewald; Henning P. Jürgens; Jan R. Luth. TÜ: Niemeyer, 2004. X, 498 S.: Ill. (Frühe Neuzeit; 97) – Siehe Nr. 458. 478. 495. 750. 954. 985 f. 1039. 1046.

026 **Die Geschichte der Reformation in der Stadt Braunschweig**/ Beiträge von Klaus Jürgens; Wolfgang A. Jünke; hrsg. vom Landeskirchenamt Wolfenbüttel. Wolfenbüttel: Landeskirchenamt, 2003. 112 S. (Quellen und Beiträge zur Geschichte der Evang.-Luth. Landeskirche in Braunschweig; 13) – Siehe Nr. 808 f.

027 **Geschichte der Stadt Würzburg**/ hrsg. von Ulrich Wagner. Bd. 2: **Vom Bauernkrieg 1525 bis zum Übergang an das Königreich Bayern 1814.** S: Theiss, 2004. 1108 S.: Ill. – Siehe Nr. 612. 791. 793. 806. 814. 849. 851.

028 Geyer, Hans-Georg: **Andenken:** theologische Aufsätze/ hrsg. von Hans Theodor Goebel; Dietrich Korsch ... TÜ: Mohr, 2003. XI, 506 S. – Siehe Nr. 185 f. 299. 400. 543. 649 f. 1310.

029 **The gift of grace:** the future of Lutheran theology [Konferenz, Aarhus, Univ., 16.-19. Januar 2003]/ hrsg. von Niels Hendrik Gregersen ... MP:

Fortress, 2005. XVI, 368 S. – Siehe Nr. 174. 317. 594. 1073. 1112. 1187.

030 **Glauben – Lieben – Hoffen:** theologische Einsichten und Aufgaben = Festgabe für Konrad Stock zum 60. Geburtstag/ mit Beiträgen von Gerhard Bader ... hrsg. von Michael Roth; Kai Horstmann. MS; HH; B; LO: Lit, 2001. 266 S., Frontispiz. (Arbeiten zur historischen und systematischen Theologie; 6) – Siehe Nr. 303. 354. 490. 1260.

031 **Gottes Wort in der Zeit:** verstehen – verkündigen – verbreiten = Festschrift für Volker Stolle/ hrsg. von Christoph Barnbrock; Werner Klän. MS: Lit, 2005. 609 S.: Ill. – Siehe Nr. 167. 196. 285. 379. 411. 510. 973. 991. 1145. 1165. 1312.

032 **Greifswalder theologische Profile:** Bausteine zur Geschichte der Theologie an der Universität Greifswald/ hrsg. von Irmfried Garbe; Tilman Beyrich; Thomas Willi. F; B; Bern; Bruxelles; NY; Oxford; W: Lang, 2006. 314 S.: Ill. (Greifswalder theol. Forschungen; 12) – Siehe Nr. 670. 966. 1128.

033 Härle, Wilfried: **Menschsein in Beziehung:** Studien zur Rechtfertigungslehre und Anthropologie. TÜ: Mohr, 2005. XIX, 509 S. – Siehe Nr. 91. 301 f. 304-308. 1200 f.

034 Hamm, Berndt: **The Reformation of faith in the context of late medieval theology and piety:** essays/ hrsg. von Robert J. Bast. Leiden; Boston: Brill, 2004. XVI, 305 S.: Ill. (Studies in the history of Christian thought; 110) – Siehe Nr. 309 f. 570. 592 f. 626. – Bespr.: Leppin, Volker: ThLZ 130 (2005), 176-178.

035 **Handbuch der Mainzer Kirchengeschichte**/ hrsg. von Friedhelm Jürgensmeier. Bd. 3: Neuzeit und Moderne. 2 Teilbde. Würzburg: Echter, 2002. 895 S.; S. 902-1792. (Beiträge zur Mainzer Kirchengeschichte; 6 III) – Siehe Nr. 474. 514 f. 678. 788. 796. 831. 842. 915. 931. 1085. 1156.

036 Hauschild, Wolf-Dieter: **Konfliktgemeinschaft Kirche:** Aufsätze zur Geschichte der Evangelischen Kirche in Deutschland. GÖ: V&R, 2004. 426 S. (Arbeiten zur kirchlichen Zeitgeschichte: Reihe B, Darstellungen; 40) – Siehe Nr. 1124 f. 1204 f.

037 Herms, Eilert: **Phänomene des Glaubens:** Beiträge zur Fundamenthaltheologie. TÜ: Mohr, 2006. XXII, 532 S. – Siehe Nr. 311-313. 405. 1208.

038 **Ich will hintreten zum Altar Gottes:** Festschrift für Propst em. Hans-Heinrich Salzmann/ hrsg. von Johannes Junker; Michael Salzmann. Neuendettelsau: Freimund, 2003. 321 S.: Frontispiz. – Siehe Nr. 226. 229. 243. 259. 446. 1288.

039 **»Ihr Ende schaut an ...«:** evangelische Märtyrer

des 20. Jahrhunderts/ hrsg. von Harald Schultze; Andreas Kurschat; unter Mitarb. von Claudia Bendick. L: EVA, 2006. 765 S.: Ill. – Siehe Nr. 546. 1105. 1162.

040 **In memoriam Hans-Günter Leder (1930-2006)/** hrsg. vom Rektor der Ernst-Moritz-Arndt-Universität Greifswald. Greifswald: Druckhaus Panzig, 2006. 55 S.: Ill., Frontispiz. (Greifswalder Universitätsreden: N. F.; 120) – Siehe Nr. 778. 802.

041 **Inmitten der Stadt – St. Michael in Jena:** Vergangenheit und Gegenwart einer Stadtkirche/ hrsg. von Volker Leppin; Matthias Werner. Petersberg: Imhof, 2004. 302 S.: Ill., Kt. – Siehe Nr. 72. 818. 1123.

042 **Das Interim 1548/50:** Herrschaftskrise und Glaubenskonflikt/ hrsg. von Luise Schorn-Schütte. GÜ: GVH, 2005. 523 S.: Ill., Frontispiz. (Schriften des Vereins für Reformationsgeschichte; 203) – Siehe Nr. 664. 950. 959. 962. 967. 989. 1002. 1022.

043 **Johann Friedrich I. – der lutherische Kurfürst/** hrsg. von Volker Leppin; Georg Schmidt; Sabine Wefers. GÜ: GVH, 2006. 423 S.: Ill. (Schriften des Vereins für Reformationsgeschichte; 204) – Siehe Nr. 767. 786. 841. 853. 961. 980. 996. 1011. 1024.

044 **Klassiker der Theologie/** hrsg. von Friedrich Wilhelm Graf. Bd. 1: Von Tertullian bis Calvin. M: Beck, 2005. 287 S. (Beck`sche Reihe; 1630) – Siehe Nr. 604. 755.

045 **Klassiker der Theologie/** hrsg. von Friedrich Wilhelm Graf. Bd. 2: Von Richard Simon bis Karl Rahner. M: Beck, 2005. 319 S. (Beck`sche Reihe; 1631) – Siehe Nr. 981. 1028. 1065. 1113.

046 **Kulturgeschichte der baltischen Länder in der Frühen Neuzeit:** mit einem Ausblick in die Moderne/ hrsg. von Klaus Garber; Martin Klöker. TÜ: Niemeyer, 2003. XV, 593 S.: Ill. (Frühe Neuzeit; 87) – Siehe Nr. 1. 855. 885. 901.

047 **Lateinische Lehrer Europas:** fünfzehn Portraits von Varro bis Erasmus von Rotterdam/ hrsg. von Wolfram Ax. Köln; Weimar; W: Böhlau, 2005. XVI, 431 S.: Ill. – Siehe Nr. 581. 607. 709.

048 **Leben und Kirche:** Festschrift für Wilfried Härle zum 60. Geburtstag/ hrsg. von Uta Andrée; Frank Miege; Christoph Schwöbel. Marburg: Elwert, 2001. X, 381 S., Frontispiz. (Marburger theol. Studien; 70) – Siehe Nr. 420. 1207. 1272. 1325.

049 **Lesebuch Altes Reich/** hrsg. von Stephan Wendehorst; Siegrid Westphal. M: Oldenbourg, 2006. 283 S.: Ill. (Bibliothek Altes Reich; 1) – Siehe Nr. 372. 718.

050 **Lexikon der Ethik/** hrsg. von Jean-Pierre Wils; Christoph Hübenthal. PB; M; W; ZH: Schöningh, 2006. 422 S. – Siehe Nr. 137. 345.

051 **Liederkunde zum Evangelischen Gesangbuch/** im Auftrag der Evang. Kirche in Deutschland gemeinschaftlich mit Hans-Christian Drömann ... hrsg. von Gerhard Hahn; Jürgen Henkys. Heft 6/7: Die liturgischen Gesänge/ hrsg. von Gerhard Hahn; Jürgen Henkys. GÖ: V&R, 2003. 132 S.: Noten. (Handbuch zum Evang. Gesangbuch; 3 VI/VII) – Siehe Nr. 456. 462 f. 492 f.

052 **Liederkunde zum Evangelischen Gesangbuch/** im Auftrag der Evang. Kirche in Deutschland gemeinschaftlich mit Hans-Christian Drömann ... hrsg. von Gerhard Hahn; Jürgen Henkys. Heft 9. GÖ: V&R, 2004. 96 S.: Noten. (Handbuch zum Evang. Gesangbuch; 3 IX) – Siehe Nr. 468. 496. 957.

053 **Liederkunde zum Evangelischen Gesangbuch/** im Auftrag der Evang. Kirche in Deutschland gemeinschaftlich mit Hans-Christian Drömann ... hrsg. von Gerhard Hahn; Jürgen Henkys. Heft 10. GÖ: V&R, 2004. 96 S.: Noten. (Handbuch zum Evang. Gesangbuch; 3 X) – Siehe Nr. 469. 477. 483. 488.

054 **Liederkunde zum Evangelischen Gesangbuch/** im Auftrag der Evang. Kirche in Deutschland gemeinschaftlich mit Hans-Christian Drömann ... hrsg. von Gerhard Hahn; Jürgen Henkys. Heft 12. GÖ: V&R, 2005. 96 S.: Noten. (Handbuch zum Evang. Gesangbuch; 3 XII) – Siehe Nr. 465. 470. 482. 484. 498 f.

055 **Lituano-Slavica Posnaniensia:** studia historica Bd. 10. Poznań: Wydawnictwo Poznańskie, 2004. 276 S. – Siehe Nr.873. 884. 893. 909. 1037.

056 **Lutherische und neue Paulusperspektive:** Beiträge zu einem Schlüsselproblem der gegenwärtigen exegetischen Diskussion/ hrsg. von Michael Bachmann unter Mitarb. von Johannes Woyke. TÜ: Mohr, 2005. XIII, 460 S.: Ill. (Wissenschaftliche Untersuchungen zum Neuen Testament; 182) – Siehe Nr. 390. 396. 402. 414. 445. 609.

057 **Lutherjahrbuch:** Organ der internationalen Lutherforschung/ im Auftrag der Luther-Gesellschaft hrsg. von Helmar Junghans. Bd. 72: Jahrgang 2005. GÖ: V&R, 2006. 267 S.: Ill. – Siehe Nr. 102 f. 382. 911. 1061. 1206. 1240. 1314. 1317. 1319.

058 **Mitteldeutsche Lebensbilder:** Menschen im Zeitalter der Reformation/ hrsg. im Auftrag der Historischen Kommission für Sachsen-Anhalt von Werner Freitag. Köln; Weimar; W: Böhlau, 2004. 255 S. – Siehe Nr. 685. 777. 800. 824. 836. 843. 847. 960. 983.

059 Müller, Hans Martin: **Bekenntnis – Kirche – Recht:** gesammelte Aufsätze zum Verhältnis von Theologie und Kirchenrecht. TÜ: Mohr, 2005.

XIII, 460 S. (Jus ecclesiasticum; 79) – Siehe Nr. 203-208. 210 f. 235. 274. 276-279. 359. 425. 1250.

060 **Nationalprotestantische Mentalitäten in Deutschland (1870-1970):** Konturen, Entwicklungslinien und Umbrüche eines Weltbildes/ hrsg. von Manfred Gailus; Hartmut Lehmann. GÖ: V&R, 2005. 472 S.: Ill. (Veröffentlichungen des Max-Planck-Instituts für Geschichte; 214) – Siehe Nr. 912. 1122. 1134.

061 **Nicht getrennt und nicht geeint:** der ökumenische Diskurs über Abendmahl/Eucharistie in deutsch-polnischer Sicht = Nie podzieleni i nie zjednoczeni: ekumenicza debata o Eucharystii/ Wieczerzy Pańskiej z niemiecko-polskiej perspektywy/ hrsg. von Ignacy Bokwa; Piotr Jaskóła; Ulrike Link-Wieczorek. F: Lembeck; Opole: Redakcja Wydawnictw wydzialu teologicznego uniwersytetu opolskiego, 2006. 367 S. – Siehe Nr. 237 f. 1212 f.

062 **Orden und Klöster im Zeitalter von Reformation und Katholischer Reform 1500-1700/** hrsg. von Friedhelm Jürgensmeier; Regina Elisabeth Schwerdtfeger. Bd. 1. MS: Aschendorff, 2005. 254 S. (Kath. Leben und Kirchenreform im Zeitalter der Glaubensspaltung; 65) – Siehe Nr. 675. 679 f. 683.

063 **Der Passauer Vertrag von 1552:** politische Entstehung, reichsrechtliche Bedeutung und konfessionsgeschichtliche Bewertung/ hrsg. von Winfried Becker. Neustadt an der Aisch: Degener, 2003. 208 S.: Ill., Kt. (Einzelarbeiten aus der Kirchengeschichte Bayerns; 80) – Siehe Nr. 639. 935. 969. 1009.

064 **Die Patristik in der Frühen Neuzeit:** die Relektüre der Kirchenväter in den Wissenschaften des 15. bis 18. Jahrhunderts/ hrsg. von Günter Frank; Thomas Leinkauf; Markus Wriedt; unter Mitarb. von Sebastian Lalla. S-Bad Cannstatt: Frommann-Holzboog, 2006. 424 S.: Ill. (Melanchthon-Schriften der Stadt Bretten; 10) – Siehe Nr. 579. 588. 595. 643. 651. 663. 668. 672. 1324.

065 **Protestantismus und deutsche Literatur/** hrsg. von Jan Rohls; Gunther Wenz. GÖ: V&R, 2004. 295 S. (Münchner theol. Forschungen; 2) – Siehe Nr. 416. 1008. 1087. 1090.

066 **Reformation und Landesherrschaft:** Vorträge des Kongresses anlässlich des 500. Geburtstages des Landgrafen Philipp des Großmütigen von Hessen vom 10. bis 13. November 2004 in Marburg/ hrsg. von Inge Auerbach. Marburg: Elwert, 2005. X, 417 S.: Ill. (Veröffentlichungen der Historischen Kommission für Hessen; 24 IX) – Siehe Nr. 794. 835.

067 **Reformatoren im Mansfelder Land:** Erasmus Sarcerius und Cyriakus Spangenberg/ hrsg. von

Stefan Rhein; Günther Wartenberg. L: EVA, 2006. V, 328 S.: Ill., Ktn. (Schriften der Stiftung Luthergedenkstätten in Sachsen-Anhalt; 4) – Siehe Nr. 73. 801. 844. 940. 944 f. 993. 1001.

068 **La Réforme dans l'espace germanique au XVIe siècle:** images, représentations, diffusion/ hrsg. von François Vion-Delphin; André Bouvard; Élisabeth Fuhrer. Montbéliard: Société d'Émulation, 2005. 333 S. – Siehe Nr. 520. 638. 647. 769. 773. 775. 840.

069 **Religijność na polskich pograniczach w XVI-XVIII wieku** (Religiosität in den polnischen Grenzgebieten im 16.-18. Jahrhundert)/ Redaktion:. Dariusz Dolański. Zielona Góra: Uniwersytet Zielonogórski, 2005. 311 S. – Siehe Nr. 768. 783. 798.

070 **Religion – Christentum – Gewalt:** Einblicke und Perspektiven/ hrsg. von Wolfgang Ratzmann. L: EVA, 2004. 293 S.: Ill. – Siehe Nr. 350. 761.

071 **Religion in der Sekundarstufe II:** ein Kompendium/ hrsg. von Michael Wermke; Gottfried Adam; Martin Rothgangel. GÖ: V&R, 2006. 488 S.: Ill., 5 Tab. – Siehe Nr. 131. 160. 552. 1168. 1267.

072 **Religion und Gewalt:** Konflikte, Rituale, Deutungen (1500-1800)/ hrsg. von Kaspar von Greyerz; Kim Siebenhüner; in Verbindung mit Christophe Duhamelle ... GÖ: V&R, 2005. 432 S.: Ill. (Veröffentlichungen des Max-Planck-Instituts für Geschichte; 215) – Siehe Nr. 497. 965.

073 **Religionsunterricht – Orientierung für das Lehramt/** hrsg. von Rainer Lachmann; Reinhold Mokrosch; Erdmann Sturm. GÖ: V&R, 2006. 390 S.: Ill., Tab. – Siehe Nr. 89. 357. 408. 1277 f.

074 Schneider, Hans: **Der fremde Arndt:** Studien zu Leben, Werk und Wirkung Johann Arndts (1555-1621). GÖ: V&R, 2006. 288 S. (Arbeiten zur Geschichte des Pietismus; 48) – Siehe Nr. 1013-1015.

075 Schöpsdau, Walter: **Angenommenes Leben:** Beiträge zu Ethik, Philosophie und Ökumene/ hrsg. von Martin Schuck. GÖ: V&R, 2005. 304 S. (Bensheimer Hefte; 104) – Siehe Nr. 164. 334. 576. 744.

076 Scholl, Hans: **Verantwortlich und frei:** Studien zu Zwingli und Calvin, zum Pfarrerbild und zur Israeltheologie der Reformation. ZH: Theol. Verlag, 2006. 256 S.: Ill. – Siehe Nr. 745-747. 765.

077 Schröer, Alois: **Brauchtum und Geschichte im Bereich der Kirche von Münster:** thematische Beiträge aus dem Schrifttum des Verfassers. MS: Aschendorff, 2000. XII, 623 S.: Ill. – Siehe Nr. 837-839.

078 **Sehnsüchtig nach Leben:** Aufbrüche zu neuer Frömmigkeit; »Das christliche Leben ist nicht

fromm sein, ...«/ hrsg. vom Evang. Predigerseminar Wittenberg; Peter Freybe. [Lutherstadt Wittenberg]: Drei Kastanien, 2006. 160 S.: Ill. (Wittenberger Sonntagsvorlesungen) – Siehe Nr. 461. 501. 580. 584. 770. 1006.

079 Smolinsky, Heribert: **Im Zeichen von Kirchenreform und Reformation:** gesammelte Schriften zur Kirchengeschichte in Spätmittelalter und früher Neuzeit/ hrsg. von Karl-Heinz Braun; Barbara Henze; Bernhard Schneider. MS: Aschendorff, 2005. VI, 469 S. (Reformationsgeschichtliche Studien und Texte: Supplementbd.; 5) – Siehe Nr. 635. 687-692. 710 f. 751 f. 1311.

080 **Späthumanismus und reformierte Konfession:** Theologie, Jurisprudenz und Philosophie in Heidelberg an der Wende zum 17. Jahrhundert/ hrsg. von Christoph Strohm; Joseph S. Freedman; Herman J. Selderhuis. TÜ: Mohr, 2006. VIII, 374 S.: Ill. (Spätmittelalter und Reformation: N. R.; 31) – Siehe Nr. 166. 646. 958. 998 f. 1016-1018.

081 Steinacker, Peter: **Absolutheitsanspruch und Toleranz:** Systematisch-Theologische Beiträge zur Begegnung der Religionen. F: Lembeck, 2006. 197 S. – Siehe Nr. 1274-1276.

082 **Studia oecumenica**/ Redaktion: Piotr Jaskóła. Bd. 4. Opole: Uniwersytet Opolski-Wydział Teologiczny, 2004. 301 S. – Siehe Nr. 320. 1268.

083 **Świadectwo wiary i życia:** Kościół Luterański Polsce wczoraj i dzisiaj (Das Zeugnis des Glaubens und des Lebens gestern und heute)/ eingel. von Janusz Jagucki; Redaktion: Jerzy Below; Magdalena Legendż. Bielsko-Biała: Augustana, 2004. 149 S. – Siehe Nr. 772. 887. 1285.

084 **»Tenger az igaz hitrül való egyenetlenségek vitatásának eláradott özöne ...«:** tanulmányok XVI-XIX. századi hitvitáinkról (»Wie ein Meer flutet der Streit über die Unterschiede im wahren Glauben«: Untersuchungen über die Glaubensstreite im 16.-19. Jahrhundert)/ hrsg. von János Heltai; Réka Tasi. Miskolc: Miskolci Egyetem BTK Régi Magyar Irodalomtörténeti Tanszék, 2005. 316 S. – Siehe Nr. 875. 879. 906. 972. 1003.

085 **Theologie der Religionen:** Positionen und Perspektiven evangelischer Theologie/ hrsg. von Christian Danz; Ulrich H. J. Körtner. NK: NV, 2005. VIII, 227 S. – Siehe Nr. 136. 1211.

086 **Theologie für Europa:** Perspektive evangelischer Kirchen = Theology for Europe: perspectives of Protestant churches/ im Auftrag des Exekutivausschusses für die Gemeinschaft Evangelischer Kirchen in Europa – Leuenberger Kirchengemeinschaft – hrsg. von Martin Friedrich; Hans Jürgen Luibl; Christine-Ruth Müller. F: Lembeck, 2006. 383 S. – Siehe Nr. 502 f. 618 f. 636 f.

087 **»To czyńcie na moją pamiątkę«:** Eucharystia w perspektywie ekumenicznej (»Das tut zu meinem Gedächtnis«: Eucharistie in ökumenischer Perspektive)/ Redaktion: Leonard Górka. WZ: Verbinum, 2005. 264 S. – Siehe Nr. 1188. 1259. – Bespr.: Glaeser, Zygfryd; Studia Oecumenica 5 (Opole, 2005), 391-396.

088 **Vallási Néprajz** (Folklore der Religion)/ hrsg. von Emese-Gyöngyvér Veres. Studienbd. 13. BP: Magyarországi Evangélikus Egyház Néprajzi Munkacsoportja, 2006. 167 S. – Siehe Nr. 464. 882.

089 **Variationen des Christseins – Wege durch die Kirchengeschichte**/ hrsg. von Reinhard Wunderlich; Bernd Feininger. F; B; Bern; Bruxelles; NY; Oxford; W: Lang, 2006. 426 S.: Ill. (Übergänge; 7) – Siehe Nr. 161. 540. 658. 1088.

090 **Von Gott angenommen – in Christus verwandelt:** die Rechtfertigungslehre im multilateralen ökumenischen Dialog/ hrsg. von Uwe Swarat; Johannes Oeldemann; Dagmar Heller im Auftrag des Deutschen Ökumenischen Studienausschusses (DÖSTA). F: Lembeck, 2006. 382 S. (Beiheft zur Ökumenischen Rundschau; 78) – Siehe Nr. 1178. 1224. 1233. 1273. 1286 f.

091 **Wahrheit und Erfahrung – Themenbuch zur Systematischen Theologie**/ hrsg. von Christian Herrmann. Bd. 3: **Heiliger Geist, Kirche, Sakramente, Neuschöpfung**/ Geleitwort von Wolfhart Schlichting. Wuppertal: Brockhaus, 2006. 480 S.: Tab. (Systematisch-theol. Monographien; 18) – Siehe Nr. 148. 165. 180. 217. 221 f. 267. 367. 560.

092 **Welt-Zeit:** christliche Weltchronistik aus zwei Jahrtausenden in Beständen der Thüringer Universitäts- und Landesbibliothek Jena/ hrsg. von Martin Wallraff. B: de Gruyter, 2005. IX, 140 S.: Ill. – Siehe Nr. 5. 648.

093 Wenz, Armin: **Sana doctrina:** Heilige Schrift und theologische Ethik. F; B; Bern; Bruxelles; NY; Oxford; W: Lang, 2004. 368 S. (Neue Beiträge zur Historischen und Systematischen Theologie; 37) – Siehe Nr. 169. 341. 374. 447. 449. 451. 1158. 1289. – Bespr.: Meier, Siegfried: Homiletisch-liturgisches Korrespondenzblatt: N. F. 22/23 (2005/06) Nr. 83/84, 275-277.

094 **Wissenschaftliche Theologie und Kirchenleitung:** Beiträge zur Geschichte einer spannungsreichen Beziehung; für Rolf Schäfer zum 70. Geburtstag/ hrsg. von Ulrich Köpf. TÜ: Mohr, 2001. X, 382 S.: Ill. – Siehe Nr. 193. 280.

095 **Wittenberg: ein Zentrum europäischer Rechtsgeschichte und Rechtskultur**/ hrsg. von Heiner Lück; Heinrich de Wall. Köln; Weimar; W: Böhlau, 2006. 375 S. – Siehe Nr. 200. 227. 513. 547. 657. 904.

096 **Zwischen Kathedrale und Welt:** 1000 Jahre
Domkapitel Merseburg; Aufsätze/ hrsg. von
Holger Kunde ...; Gesamtredaktion Uwe John.
Petersberg: Imhof, 2005. 304 S.: Ill., Kt. (Schriften-
reihe der Vereinigten Domstifter zu Merseburg
und Naumburg und des Kollegiatstifts Zeitz; 2)
– Siehe Nr. 780. 832.

097 **Zwischen Konflikt und Kooperation:** religiöse
Gemeinschaften in Stadt und Erzstift Mainz
in Spätmittelalter und Neuzeit/ hrsg. von Irene
Dingel; Wolf-Friedrich Schäufele. MZ: Zabern,
2006. VIII, 260 S.: Ill. (VIEG: Beiheft; 70: Abt.
Abendländische Religionsgeschichte) – Siehe
Nr. 708. 795. 819. 854. 1058.

A QUELLEN

1 Quellenkunde

1 Lusmägi, Sirje: **Die Bücher der Kirchenbiblio-
thek zu Narva in der Estnischen Nationalbibli-
othek.** In: 046, 105-128. L 123 f.

2 Pieciul-Karmińska, Eliza: **Językowy obraz Boga
i świata:** o przekładzie teologii niemieckiej na
język polski (Das sprachliche Bild Gottes und
der Welt: Übersetzungen der dt. Theologie
in die poln. Sprache). Poznań: Wydawnictwo
Poznańskie, 2007. 245 S. L 135-152+".

3 '''Rowold, Henry: **Luther's works – Chinese
edition.** CJ 31 (2005), 346 f.

4 Schneider, Hans: **Zur Herkunft einer Vorlage
für Luthers Edition der »Theologia deutsch«.**
Zeitschrift für deutsches Altertum und deutsche

Literatur 133 (2004), 80-93. [Vgl. LuB 2001,
Nr. 7]

5 Selcorv, Georg: **Luthers »Supputatio annorum
mundi«.** In: 092, 126-131: Ill.

6 Wijngaarden, M. L. van: **Luther in de Erasmus-
stad Rotterdam:** een paar gedachten rond enige
ter stede bewaarde geschriften van Luther in
relatie met latere publicaties van Rotterdamse
predikanten (Luther in der Erasmusstadt Rotterdam: einige Gedanken zu einigen am Ort
verwahrten Lutherschriften in Bezug auf spätere
Veröffentlichungen Rotterdamer Prädikanten).
Documentatieblad Lutherse kerkgeschiedenis
34 (2006), 39-46: Ill.

2 Wissenschaftliche Ausgaben und Übersetzungen der Werke Luthers sowie der biographischen Quellen

7 **Kniha svornosti:** symbolické čili vyznavačské
spisy evangelických církvi augsburské konfese;
nové české znění podle standardní německo-
latinské edice, s přihlédnutím k dosavadním
převodům (Das Konkordienbuch ⟨tschech.⟩:
die symbolischen oder Bekenntnisschriften der
evang. Kirchen der Augsburgischen Konfession; neue tschech. Fassung der deutsch-latein.
Standardedition, mit einer Berücksichtigung
der bestehenden Übertragung)/ übers. und mit
Anmerkungen vers. von Martin Wernisch; Pavla
Černá ...; Einleitungen der einzelnen Teile von
Martin Wernisch. PR: Kalich, 2006. 688 S.

8 [Luther, Martin]: **D. Martin Luthers Werke:**
kritische Gesamtausgabe. Bd. 70: Deutsches
Sachregister zur Abteilung Schriften Band 1-60:
F-Häutlein/ hrsg. im Auftrag der Heidelberger
Akademie der Wissenschaften von Ulrich Köpf;
verf. von Heinz Blanke ...; Redaktion: Gerhard
Hammer; Anette Sosna; Koordination: Reinhold

Rieger. Weimar: Böhlau, 2003. XI, 810 S.

9 [Luther, Martin]: **D. Martin Luthers Werke:**
kritische Gesamtausgabe. Bd. 71: Deutsches
Sachregister zur Abteilung Schriften Band 1-60:
He-Nutzung/ hrsg. im Auftrag der Heidelberger
Akademie der Wissenschaften von Ulrich Köpf
verf. von Jochen Berendes; Heinz Blasnke ...;
Redaktion: Karl-Heinz Bokeloh; Heinz Blanke;
Koordination: Reinhold Rieger. Weimar: Böhlau,
2005. 807 S.

10 [Luther, Martin]: **D. Martin Luthers Werke:** kri-
tische Gesamtausgabe/ hrsg. von Ulrich Köpf ...
Sonderedition ... (Weimarer Ausgabe). Werke,
Teil 4. Bd. 38. Unveränd. Nachdruck der Ausgabe
Weimar, 1912. Weimar: Böhlau, 2006. VIII, 667 S.

11 [Luther, Martin]: **D. Martin Luthers Werke:** kritische Gesamtausgabe/ hrsg. von Ulrich Köpf ...
Sonderedition ... (Weimarer Ausgabe). Werke, Teil
4. Bd. 39 I Unveränd. Nachdruck der Ausgabe
Weimar, 1926. Weimar: Böhlau, 2006. XII, 584 S.

12 [Luther, Martin]: **D. Martin Luthers Werke**: kritische Gesamtausgabe/ hrsg. von Ulrich Köpf ... Sonderedition ... (Weimarer Ausgabe). Werke, Teil 4. Bd. 39 II. Unveränd. Nachdruck der Ausgabe Weimar, 1932. Weimar: Böhlau, 2006. XXXVII, 480 S.

13 [Luther, Martin]: **D. Martin Luthers Werke**: kritische Gesamtausgabe/ hrsg. von Ulrich Köpf ... Sonderedition ... (Weimarer Ausgabe). Werke, Teil 4. Bd. 40 I. Unverand. Nachdruck der Ausgabe Weimar, 1911. Weimar: Böhlau, 2006. IV, 691 S.

14 [Luther, Martin]: **D. Martin Luthers Werke**: kritische Gesamtausgabe/ hrsg. von Ulrich Köpf ... Sonderedition ... (Weimarer Ausgabe). Werke, Teil 4. Bd. 40 II. Unveränd. Nachdruck der Ausgabe Weimar, 1914. Weimar: Böhlau, 2006. 615 S.

15 [Luther, Martin]: **D. Martin Luthers Werke**: kritische Gesamtausgabe/ hrsg. von Ulrich Köpf ... Sonderedition ... (Weimarer Ausgabe). Werke, Teil 4. Bd. 40 III. Unveränd. Nachdruck der Ausgabe Weimar, 1930. Weimar: Böhlau, 2006. 775, 36 S.

16 [Luther, Martin]: **D. Martin Luthers Werke**: kritische Gesamtausgabe/ hrsg. von Ulrich Köpf ... Sonderedition ... (Weimarer Ausgabe). Werke, Teil 4. Bd. 41. [Beigebunden]: Revisionsnachtrag. Unveränd. Nachdruck der Ausgaben Weimar, 1910. 1974. Weimar: Böhlau, 2006. XL, 763, 263 S.

17 [Luther, Martin]: **D. Martin Luthers Werke**: kritische Gesamtausgabe/ hrsg. von Ulrich Köpf ... Sonderedition ... (Weimarer Ausgabe). Werke, Teil 4. Bd. 42. Unveränd. Nachdruck der Ausgabe Weimar, 1911. Weimar: Böhlau, 2006. XXV, 673 S.

18 [Luther, Martin]: **D. Martin Luthers Werke**: kritische Gesamtausgabe/ hrsg. von Ulrich Köpf ... Sonderedition ... (Weimarer Ausgabe). Werke, Teil 4. Bd. 43. Unveränd. Nachdruck der Ausgabe Weimar, 1912. Weimar: Böhlau, 2006. 695 S.

19 [Luther, Martin]: **D. Martin Luthers Werke**: kritische Gesamtausgabe/ hrsg. von Ulrich Köpf ... Sonderedition ... (Weimarer Ausgabe). Werke, Teil 4. Bd. 44. Unveränd. Nachdruck der Ausgabe Weimar, 1915. Weimar: Böhlau, 2006. XXXVII, 825 S.

20 [Luther, Martin]: **D. Martin Luthers Werke**: kritische Gesamtausgabe/ hrsg. von Ulrich Köpf ... Sonderedition ... (Weimarer Ausgabe). Werke, Teil 4. Bd. 45. Unveränd. Nachdruck der Ausgabe Weimar, 1911. Weimar: Böhlau, 2006. XLIV, 735 S.

21 [Luther, Martin]: **D. Martin Luthers Werke**: kritische Gesamtausgabe/ hrsg. von Ulrich Köpf ... Sonderedition ... (Weimarer Ausgabe). Werke, Teil 4. Bd. 46. Unveränd. Nachdruck der Ausgabe Weimar, 1912. Weimar: Böhlau, 2006. XXXIV, 792 S.

22 [Luther, Martin]: **D. Martin Luthers Werke**: kritische Gesamtausgabe/ hrsg. von Ulrich Köpf ... Sonderedition ... (Weimarer Ausgabe). Werke, Teil 4. Bd. 47. Unveränd. Nachdruck der Ausgabe Weimar, 1912. Weimar: Böhlau, 2006. XXVI, 901 S.

23 [Luther, Martin]: **D. Martin Luthers Werke**: kritische Gesamtausgabe/ hrsg. von Ulrich Köpf ... Sonderedition ... (Weimarer Ausgabe). Werke, Teil 4. Bd. 48. [Beigebunden]: Revisionsnachtrag. Unveränd. Nachdruck der Ausgaben Weimar, 1927. 1972. Weimar: Böhlau, 2006. L, 750 S., 5 Taf. Faks., 156 S.

24 Luther, Martin: **A szolgai akarat** (*De servo arbitrio* ⟨ungar.⟩)/ übers. von Eszter Jakob-Csizmazia; Ödön Weltler; Sándor Weltler. 2., verb. Aufl. BP: Magyarországi Luther Szövetség, 2006. 270 S. (Magyar Luther könyvek; 11)

25 [Luther, Martin]: **Geistliche Lieder**: mit einer neuen Vorrede von Martin Luther. Faksimiledruck der Ausgabe Leipzig: Babst, 1545/ mit einem Geleitwort/ hrsg. von Konrad Ameln. 4. Aufl. Kassel; BL; LO, NY: Bärenreiter, 2004. [ca. 280] Bl.: Ill., Noten, 16 S.

26 Luther, Martin: **Ensimmäisen Mooseksen kirjan selitys 25-31** (*Genesisvorlesung* ⟨finn.⟩)/ aus dem Lat. übers. von Heikki Koskenniemi. Helsinki: Suomen Luther-säätiö, 2006. 548 S. (Totuuden aarre; 6)

27 [Luther, Martin]: **Luther's Small catechism, with explanation** (*Der Kleine Katechismus* ⟨engl.⟩). STL: Concordia, 2005. 295 S.: Ill.

28 Luther, Martin: **Der Kleine Katechismus in** niederdeutscher Sprache: die Hamburger Drucke von 1529/ hrsg. und mit einem Nachwort von Johannes Schilling. Hannover: LVH, 2000. 55 S.: Ill.

29 Luther, Martin: **Lateinisch-Deutsche Studienausgabe**/ hrsg. von Wilfried Härle; Johannes Schilling; Günther Wartenberg unter Mitarb. von Michael Beyer. Bd. 1: **Der Mensch vor Gott**/ unter Mitarb. von Michael Beyer hrsg. und eingel. von Wilfried Härle. L: EVA, 2006. XLII, 674 S. – Bespr.: Plathow, Michael: Lu 77 (2006), 180.

30 Luther, Martin: **Lateinisch-Deutsche Studienausgabe**/ hrsg. von Wilfried Härle; Johannes Schilling; Günther Wartenberg unter Mitarb. von Michael Beyer. Bd. 2: **Christusglaube und**

Rechtfertigung/ hrsg. und eingel. von Johannes Schilling. L: EVA, 2006. 514 S.

31 Luther, Martin: **O mši a kněžském pomazání:** v překladu Jednoty bratrské z roku 1541 (*Von der Winkelmesse und Pfaffenweihe* (tschech.): in einer Übersetzung der Brüderunität aus dem Jahre 1541)/ hrsg. und mit einem Vorwort und Anmerkungen vers. von Ota Halama. PR: Lutherova společnost, 2006. 140 S.

32 Luther, Martin: **Om verdslig øvrighed** (*Von weltlicher Oberkeit, wie weit man ihr Gehorsam schuldig sei* (dän.))/ hrsg., eingel. und übers. von Svend Andersen; mit einer Einführung von Thorkild C. Lyby. rhus: Aarhus Universitetsforlag, 2006. 194 S.

33 [Luther, Martin] Lutero, Martin: **Opere scelte** (Ausgewählte Werke (ital.))/ hrsg. unter Leitung von Paolo Ricca. Bd. 12: **La cattività babilonese della chiesa:** (1520) (De captivitate Babylonica ecclesiae praeludium (ital.))/ hrsg. von Fulvio Ferrario; Giacomo Quartino. Torino: Claudiana, 2006. 368 S. (Lutero: Opere scelte; 12)

34 Luther, Martin: **Schriften über Schule und Unterricht/** ausgew. und komm. von Heinz Endermann. Hildesheim; ZH; NY: Olms, 2006. VIII, 273 S. (Theol. Texte und Studien; 12)

35 **Luther on women:** a sourcebook/ hrsg. von Susan C. Karant-Nunn; Merry E. Wiesner. – Kurzfassung von Timothy H. Maschke. LuD 14 (2006), 72-77. [Vgl. LuB 2004, Nr. 57]

36 **Praeceptores:** teologia i teologowie języka niemieckiego (Praeceptores: Theologie und die Theologen der deutschen Sprache)/ ausgew., hrsg. und komm. von Eligiusz Piotrowski; Tomasz Węcławski. Poznań: Wydawnictwo Poznańskie, 2005. 795 S. L 78-86+". (Poznańska Biblioteka Niemiecka)

3 Volkstümliche Ausgaben und Übersetzungen der Werke Luthers sowie der biographischen Quellen

a) Auswahl aus dem Gesamtwerk

37 **Deutsche Literatur von Luther bis Tucholsky:** Großbibliothek. B: Directmedia Publishing, 2005. 1 DVD-Rom & Beil. (1 Begleitheft, 31 S.). (Digitale Bibliothek; 125)

38 [Luther, Martin]: **Armon välähdyksiä Lutherin seurassa** (Streiflichter von Gnade mit Luther)/ ges. von Jaakko Mäkeläinen. 5. Aufl. Helsinki: Uusi tie, 2006. 112 S.

39 Luther, Martin: **Faith alone:** a daily devotional; an updated edition in today's language/ hrsg. von James C. Galvin. Neuausgabe. Grand Rapids, MI: Zondervan, 2005. 391 S.

b) Einzelschriften und Teile von ihnen

40 **Die Bibel:** Aufatmen mit Gottes Wort/ hrsg. von der Evang. Kirche in Deutschland; für die dt. Ausgabe bearb. von Brita Becker. Lutherbibel; in Zsarb. mit dem R. Brockhaus Verlag, Haan. Wuppertal: Brockhaus; S: Deutsche Bibelgesellschaft, 2006. XIV, 1618 S.

41 **Die Bibel:** nach der Übersetzung Martin Luthers/ hrsg. von der Evang. Kirche in Deutschland; Programm Simon und Michael Hallenberger. Lutherbibel 1984 in neuer Rechtschreibung; MacBibel-Edition. S: Deutsche Bibelgesellschaft, 2001. CD-Rom & Beil. (14 S.).

42 **Biblische Redensarten und Sprichwörter:** 3000 Fundstellen aus der Lutherbibel/ ges. und erl. von Heinz Schäfer. S: Deutsche Bibelgesellschaft, 2004. 563 S.

43 **Hamburger Hör-Bibel:** nach der Übersetzung Martin Luthers; das Neue Testament; das Wort 2000/ Vorwort: Friedrich Schorlemmer. Live recording von 153 Lesungen in 153 Hamburger Kirchen; erste vollständige Hörbibel in der Übertragung Martin Luthers. S: Deutsche Bibelgesellschaft, 2000. 24 CD (24 h, 19 min) & Beil. (27 S.).

44 **Hamburger Hör-Bibel:** nach der Übersetzung Martin Luthers; das Neue Testament; das Wort 2000/ Vorwort: Friedrich Schorlemmer. Live recording von 153 Lesungen in 153 Hamburger Kirchen; erste vollständige Hörbibel in der Übertragung Martin Luthers. S: Deutsche Bibelgesellschaft, 2000. 1 DVD (24 h, 19 min) & Beil. (27 S.).

45 **Die Jahresbibel:** in 365 Tagen durch die Heilige Schrift; Bibeltext nach der Übersetzung Martin Luthers. Bibeltext in der rev. Fassung von 1984; hrsg. von der Evang. Kirche in Deutschland. Nachauflage der Ausgabe S 1988. S: Deutsche Bibelgesellschaft, 2002. 1168 S.

46 **Die Jahresbibel:** in 365 Tagen durch die Heilige Schrift; Bibeltext nach der Übersetzung Martin Luthers. Bibeltext in der rev. Fassung von 1984; hrsg. von der Evang. Kirche in Deutschland.

Nachauflage der Ausgabe S 1988. S: Deutsche Bibelgesellschaft, 2006. 1090 S.

47 [Luther, Martin]: **Geistliche Vollmacht:** Luther über allgemeines Priestertum und kirchliches Amt (1523) (*De instituendis ministris ecclesiae* ⟨dt.⟩) [Auszug]/ bearb. von Reinhard Schwarz. Lu 77 (2006), 74-82.

48 [Luther, Martin]: **Die Frage nach Gottes Gerechtigkeit:** zwei Passagen aus Luthers Schrift »Vom unfreien Willen« von 1525 (De servo arbitrio ⟨dt.⟩) [Auszug]/ bearb. von Athina Lexutt. Lu 77 (2006), 2-7.

49 Luther, Martin: **Der große Katechismus** (*Deutsch [Großer] Katechismus*). 2., unveränd. Aufl. GÜ: GVH, 1999. 160 S. (Kaiser-Taschenbücher; 142)

50 Luther, Martin: **Der Große Katechismus** (*Deutsch [Großer] Katechismus*). 3. Aufl. GÜ: GVH, 2005. 160 S.: Ill.

51 Luther, Martin: **Rukoilemme Lutherin kanssa tänään:** valikoima Martti Lutherin rukouksia (*Gebete* [Heute mit Luther beten] ⟨finn.⟩)/ ausgew. von Frieder Schulz; übers. von Anna-Maija Raittila. Helsinki: Arkki, 2006. 86 S.

52 [Luther, Martin]: **Festival sermons of Martin Luther:** the church postils: sermons for the main festivals and saints days of the church year, winter and sommer selections (*Kirchenpostille* ⟨engl.⟩)/ hrsg. von Joel R. Baseley. Dearborn, MI: Mark V, 2005. 242 S.: Faksimile.

53 [Luther, Martin]; Luther, Martti; Särelä, Markku: **Small catechism and an explanation of Christian doctrine based on doctor Luther`s Small catechism** (*Der Kleine Katechismus* ⟨engl.⟩)/ hrsg. von Markku Särelä; aus dem Finn. übers. von Rupert Efraimson. Lahti: Confessional Lutheran Church of Finland, [Jyväskylä]: Gummerus, 1999. 291 S.: Ill.

54 Luther, Martin: **De lütten Katechissen** (*Der Kleine Katechismus* ⟨niederdt.⟩)/ plattdüütsch von Karl-Emil Schade. Neumünster: Wachholtz, 2005. 46 S. (Edition Fehrs-Gilde)

55 [Luther, Martin]; Särelä, Markku: **Kratkij katehizis d-ra Martina Ljutera i Hristianskoe učenie** (Small catechism and an explanation of Christian doctrine based on doctor Luther's Small catechism ⟨russ.⟩) (*Der Kleine Katechismus* ⟨russ.⟩)/ hrsg. von Markku Särelä; russ. Übers. von Andrej A. Nikitin. Lahti: Finljandskaja cerkov' ljuteranskogo ispovedanija STLK, 2006. 290 S.

56 [Luther, Martin]: **Vorbereitung auf das Sterben und Andacht auf Friedhöfen:** ein Ratschlag Martin Luthers (*Ob man vor dem Sterben fliehen möge* ⟨neuhochdt.⟩)/ bearb. von Johannes Schilling. Lu 76 (2005), 124-131.

57 Luther, Martin: **Gegen den Verarmungswahn:** Predigt zum Sonntag Laetare, Johannes 6,1-15 (*Predigten* ⟨dt.⟩)/ überarb. von Katja Wolff; Ill. von Julius Schnorr von Carolsfeld. Bad Schwartau: TempelBibliothek, 2005. 47 S.: Ill. (Edition TempelBibliothek)

58 Luther, Martin: **De sju botssalmene** (*Die sieben Bußpsalmen mit deutscher Auslegung* ⟨norw.⟩)/ übers. von Trygve Paulsen [nach Walch, 2. Aufl.] [Tønsberg]: Det Evangelisk-Lutherske Kirkesamfunn DELK, 2005. 107 S.

59 [Luther, Martin]: **Luthers lille brune:** sitater fra Martin Luther (*Tischreden* [Auswahl] ⟨norw.⟩)/ hrsg. und übers. von Ronnie Johanson. 2. Aufl. Oslo: Religionskritisk, 2006. 247 S.: Ill.

60 **Die Luther-Hörbibel:** Geschichten von Abraham, Isaak und Jakob: 1. Mose/Genesis 11, 27 – 36, 43. S: Deutsche Bibelgesellschaft, 2001. 1 CD (135 min).

61 **Die Luther-Hörbibel:** die Schöpfung und die Anfänge der Welt: 1. Mose/Genesis 1, 1 – 11, 26. S: Deutsche Bibelgesellschaft, 2000. 1 CD (47 min) & Beil. (6 S.).

4 Ausstellungen, Bilder, Bildbiographien, Denkmäler, Lutherstätten

62 **Auf den Spuren von Martin Luther/** Text: Matthias Gretzschel; Fotographien: Toma Babovic. 12., aktual. Aufl. von »Auf Martin Luthers Spuren«. HH: Ellert & Richter, 2006. 96 S.: Ill.

63 Dithmar, Reinhard: **Auf Luthers Spuren:** ein biographischer Reiseführer. L: EVA, 2006. 154 S.: Ill.

64 Herbermann, Jan Dirk: **Wo Calvin und Luther ihre Lehre erklären:** Museum der Reformation [Genf] zieht zahlreiche Besucher an. Wochenspiegel (2005) Nr. 19 (12. Mai), 18.

65 **Kék vér, fekete tinta:** arisztokrata könyvgyűjtemények 1500-1700: nemzetközi vándorkiállítás Zagreb, Bratislava, Martin, Budapest, Burg Forchtenstein, 2005 ősz – 2007 ősz (Blaues Blut, schwarze Tinte: Buchsammlungen von Adeligen 1500-1700: internationale Wanderausstellung Zagreb, Bratislava, Martin, Budapest, Burg Forchtenstein, Herbst 2005 – Herbst 2007]/ hrsg. und eingel. von István Monok. BP: Országos Széchényi Könyvtár, 2005. 179 S.: Ill.

66 Knape, Rosemarie: **Preußische Lutherverehrung**

im Mansfelder Land: »Was groß ist, muß groß gefeiert werden«; Ausstellung 22. März 2002 bis 18. Mai 2003. Mitteldeutsches Jahrbuch für Kultur und Geschichte 10 (2003), 338-342: Ill.

67 Lilje, Hanns: **Martin Luther: mit Selbstzeugnissen und Bilddokumenten**/ hrsg. von Kurt Kusenberg; mit 2002 neubearb. Bibliographie von Helmar Junghans. 23. Aufl. Reinbek bei HH: Rowohlt, 2002. 160 S.: Ill. (Rowohlts Monographien; 50098)

68 Lilje, Hanns: **Martin Luther: mit Selbstzeugnissen und Bilddokumenten**/ hrsg. von Kurt Kusenberg; mit 2002 neubearb. Bibliographie von Helmar Junghans. 26. Aufl. Reinbek bei HH: Rowohlt, 2006. 160 S.: Ill. (Rowohlts Monographien; 50098)

69 Ludscheidt, Michael: **»Ein evangelisches Zion«**: das säkularisierte Erfurter Augustinereremitenkloster als Bildungsstätte und Sozialinstitution vom 16. bis zum 19. Jahrhundert. Mitteldeutsches Jahrbuch für Kultur und Geschichte 12 (2005), 31-48: Ill. L 31 f. 34-41. 44 f. 47.

70 **Museum der Reformation [Genf] eröffnet.** Wochenspiegel (2005) Nr. 16 (21. April), 23.

71 **Nemzeti kincsek Németországból:** Luthertől a Bauhausig; a Magyar Nemzeti Galéria és a Konferenz Nationaler Kultureinrichtungen kiállítása (2006. július 25. – október 15.) [Nationalschätze aus Deutschland: von Luther zum Bauhaus, eine Ausstellung der Ungarischen Nationalgalerie und der Konferenz Nationaler Kultureinrichtungen [25. Juli – 15. Oktober 2006 ⟨ungar.⟩]/ hrsg. von Lóránd Bereczky, Jutta Penndorf; Hartmut Dorgerloh. [BP]: Magyar Nemzeti Galéria, 2006. 143 S.: Ill. L 34-41. (A Magyar Nemzeti Galéria kiadványai; 2006/3)

72 Raschzok, Klaus: **St. Michael als liturgischer Raum.** In: 041, 281-300: Ill. L".

73 Stahl, Andreas: **Cyriakus Spangenberg als Chronist:** die Authentizität des Sterbehauses von Martin Luther. In: 067, 191-216: Ill.

74 Stiftung Luthergedenkstätten in Sachsen-Anhalt: **Sendbrief:** Zeitschrift für Besucher, Freunde und Förderer/ hrsg. von der Stiftung Luthergendenkstätten in Sachsen-Anhalt; Red.: Michael Kühnast. Nr. 6(Frühjahr). Wittenberg, 2006. 8 S.: Ill.

75 Stiftung Luthergedenkstätten in Sachsen-Anhalt: **Sendbrief:** Zeitschrift für Besucher, Freunde und Förderer/ hrsg. von der Stiftung Luthergendenkstätten in Sachsen-Anhalt; Red.: Michael Kühnast; Grit Lichtblau. Nr. 7 (Herbst). Wittenberg, 2006. 8 S.: Ill.

76 **Totenmaske Luthers.** ZZ 7 (2006) Heft 6, 7.

77 Treu, Martin; Knape, Rosemarie: **Martin Luther in Wittenberg:** die Neugestaltung des Lutherhauses. Mitteldeutsches Jahrbuch für Kultur und Geschichte 11 (2004), 298-300: Ill.

78 Treu, Martin: **Waschhaus – Küche – Priorat:** die neuen archäologischen Funde am Wittenberger Lutherhaus. Lu 76 (2005), 132-140: Ill.

79 **Wege zu Luther:** Lutherstätten in Eisenach, Erfurt, Eisleben, Wittenberg, Torgau/ hrsg. von Wege zu Luther e. V. [Erfurt], s. a. 41 S.: Ill., 5 Stadtpläne.

80 **Wege zu Luther in Wittenberg**/ hrsg. im Auftrag des Lutherforums; Redaktion: Stefan Rhein ... Wittenberg, s. a.. 32 S.: Ill., Kat.

81 **Westfälische Auktionsgesellschaft für Münzen und Medaillen:** Udo Gans – Heinz-Günther Hild – Dr. Christoph Stadler; Auktion 37, 29. Juli 2006; Altdeutschland, Ausland; Parkhotel Wittekindsdorf [...] Dortmund. Kassel: Meister-Druck, 2006. 608 S.: Ill. L".

B DARSTELLUNGEN

1 Biographische Darstellungen

a) Das gesamte Leben Luthers

82 Beutel, Albrecht: **Martin Luther:** eine Einführung in Leben, Werk und Wirkung. 2., verb. Aufl. L: EVA, 2006. 184 S.: Ill. [Vgl. LuB 1993, Nr. 107]

83 Gritsch, Eric W.: **Isten udvari bolondja:** Luther Márton korunk perspektívájából (Martin – God`s court jester ⟨ungar.⟩)/ übers. von Enikő Böröcz. BP: Luther, 2006. 343 S.

84 Kaufmann, Thomas: **Martin Luther.** Originalausgabe. M: Beck, 2006. 128 S.: Ill., Kt. (Beck`sche Reihe; 2388: C. H. Beck Wissen)

85 Leppin, Volker: **Martin Luther.** DA: WB, 2006. 432 S.: Ill. (Gestalten des Mittelalters und der Renaissance)

86 Leppin, Volker: **Martin Luther.** Lizenzausgabe

der Ausgabe DA, 2006. [DA]: Primus, 2006. 432 S.: Ill.

87 Schurb, Ken: **James M. Kittelson`s contribution to Luther biography.** Logia: a journal of Lutheran theology 14 (Cresbard, SD 2005) Nr. 4, 21-30.

88 Wallmann, Johannes: **Kirchengeschichte Deutschlands seit der Reformation.** 6., durchges. Aufl. TÜ: Mohr, 2006. XIII, 351 S. (UTB; 1355)

b) Einzelne Lebensphasen und Lebensdaten

89 Gause, Ute: **Historische Theologie.** In: 073, 173-210. L 197-200+".

90 Grube, Dirk-Martin: **Luthers reformatorischer Durchbruch:** zur Auseinandersetzung mit Oswald Bayers Prommissio-Verständnis. NZSTh 48 (2006), 33-50.

91 Härle, Wilfried: **Luthers reformatorische Entdeckung – damals und heute.** (2002). In: 033, 1-19.

92 Hamm, Berndt: **Proximité de la grâce et proximité de la colère:** les premières années de Luther au couvent, début de sa réorientation réformatrice. In: 02, 289-328.

93 Klärner, Uwe: **Hammerschläge.** Evang.-luth. Volkskalender 108 (1997), 23

94 Meinhold, Günter: **Ich will ein Mönch werden.** Evang.-luth. Volkskalender 116 (2005), 52-59: Ill.

95 Meinhold, Günter: **In Todesangst.** Evang.-luth. Volkskalender 113 (2002), 29: Ill.

96 Meinhold, Günter: **Luthers Patmos.** Evang.-luth. Volkskalender 112 (2001), 54-58: Ill.

97 Müller, Stephan: **Flammen vor Wittenberg.** Evang.-luth. Volkskalender 111 (2000), 49: Ill.

98 Rosin, Robert: **Luther at Worms and the Wartburg:** still confessing. CJ 32 (2006), 161-174.

99 Saarnivaara, Uuras: **Luther discovers the Gospel:** new light upon Luther's way from medieval Catholicism to evangelical faith. Nachdruck der Ausgabe StL 1951. STL: Concordia, 2005. XV, 146 S.

100 Schmalenberger, Jerry L.: **Martin Luther as parish pastor.** Theology and life 28 (Hong Kong 2005), 77-88.

101 Steinwede, Dietrich: **Martin Luther:** Leben und Wirken des Reformators. Düsseldorf: Patmos, 2006. 140 S.: Ill.

102 Stolle, Volker: »**Von der Freiheit eines Christenmenschen**« (1520): ein exemplarisches Selbstporträt Luthers mit paulinischen Zügen. LuJ 72 (2005 [gedr. 2006]), 13-48.

c) Familie

103 Gößner, Andreas: **Paul Luther in Leipzig:** Quellen

zu seiner Person und zu seiner Grabstätte in der Pleißestadt. LuJ 72 (2005 [gedr. 2006]), 77-86: Ill.

104 Koppen, Luise: **Martti Lutherin Käthe-rouva** (Katharina von Bora, Luthers Frau (finn.))/ übers. von Aino Jauhiainen. Neuausgabe. Helsinki: Arkki, 2006. 171 S.: Ill.

105 Meinhold, Günter: **Wie einer seine Mutter tröstet.** Evang.-luth. Volkskalender 112 (2001), 27: Ill.

d) Volkstümliche Darstellungen seines Lebens und Werkes, Schulbücher, Lexikonartikel

106 Amos, S. J.: **Know who you follow!:** the life of Martin Luther. Victoria, B. C.: Trafford, 2005. 133 S.

107 Beutin, Wolfgang: **Luther, Martin.** In: Metzler Lexikon Weltliteratur: 1000 Autoren von der Antike bis zur Gegenwart/ hrsg. von Axel Ruckaberle. Bd. 2: G-M. S; Weimar: Metzler, 2006, 371-373. [Vgl. LuB 1999, Nr. 183]

108 Crompton, Samuel Willard: **Martin Luther.** Phil: Chelsea, 2003. [X, 126] S. (Spiritual leaders and thinkers)

109 Crompton, Samuel Willard: **Martin Luther.** Phil: Chelsea, 2004. X, 126 S. (Spiritual leaders and thinkers)

110 **Encyclopedia of prayer and praise/** hrsg. von Mark Water. Peabody, MA: Hendrickson, 2004. 1184 S. L".

111 **Evangelisches Profil/** erarb. von Uwe Rieske. Aachen: Bergmoser + Höller, 2006. 48 S.: Ill., Faks. L 10-13+". (Themenhefte Gemeinde; 75 [2006, Heft 3])

112 Grzybowski, Stanisław: **Marcin Luter** (Martin Luther). Kraków: WAM, 2004. 77 S

113 Hameister, Eva-Diana: **Martin Luther:** [Arnulf Zitelmann: »Widerrufen kann ich nicht«: die Lebensgeschichte des Martin Luther]. In: Religionsunterricht mit Jugendliteratur: Sekundarstufe I/ hrsg. von Mirjam Zimmermann. GÖ: V&R, 2006, 80-93: Ill. (RUpraktisch sekundar)

114 Israel, Jürgen: **Prominente Protestanten:** von Martin Luther bis heute. L: EVA, 2006. 149 S.: Ill. L 8 f+".

115 Korsch, Dietrich: **Martin Luther (1483-1546).** In: 044, 241-254.

116 Kummer, Joachim: **Die Freiheit ist des Nächsten Diener:** Martin Luther; ein Lebensweg in Wort und Bild. Holzgerlingen: Hänssler, 2006. 99 S.: Ill.

117 Leppin, Volker: **Luther privat:** Sohn, Vater, Ehemann. Limitierte Aufl. DA: WB, 2006. 60 S.: Ill.

118 **Lexikon für Theologie und Kirche/** begr. von

Michael Buchberger. Sonderausgabe. Text der 3., völlig neu bearb. Aufl./ hrsg. von Walter Kasper mit Konrad Baumgartner ... 11 Bde. FR; BL; Rom; W: Herder, 2006. 8292 S.

119 Marty, Martin E.: **Martti Luther** (Martin Luther ⟨finn.⟩)/ übers. von Sari-Anne Ahvonen. Helsin-

gissä: Ajatus, 2006. 206 S. – Bespr.: Alanko, Aki: Hiidenkivi 13 (Helsinki 2006), 47.

120 **Spiritualität und Meditation**/ erarb. von Uwe Rieske. Aachen: Bergmoser + Höller, 2006. 48 S.: Ill. L 3-6. 18. (Themenhefte Gemeinde; 78 [2006, Heft 6])

2 Luthers Theologie und einzelne Seiten seines reformatorischen Wirkens

a) Gesamtdarstellungen seiner Theologie

121 Arnold, Matthieu: **La théologie de Martin Luther, un remède contre la violence?** Spiritus 47 (Chevilly Larue 2006), 181-190.

122 Brecht, Martin: **Luthers reformatorische Sermone** [Luther's Reformation sermons]/ Kurzfassung von Rudolf K. Markwald. LuD 14 (2006), 12-19: Ill. [Vgl. LuB 2004, Nr. 199]

123 Neegaard, Gunnar: **Reformasjonen og Luther** (Die Reformation und Luther). Bergen: Fagbokforlaget, 2005. 131 S.

124 Nieden, Marcel: **Die Erfindung des Theologen:** Wittenberger Anweisungen zum Theologiestudium im Zeitalter von Reformation und Konfessionalisierung. TÜ: Mohr Siebeck, 2006. XVI, 298 S. L 80-87+". (Spätmittelalter und Reformation: N. R.; 28)

125 Nürnberger, Klaus: **Martin Luther's message for today:** a new perspective from the South. Pietermaritzburg, South Africa: Cluster, 2005. 326 S.: Ill.

126 Rostagno, Sergio: **La teologia di Lutero e la sua attualità** (Die Theologie Luthers und ihre Aktualität). Pro 59 (2004), 73-75. – Bespr. zu LuB 2004, Nr. 198.

127 Schmiechen, Peter: **Saving power:** theories of atonement and forms of the church. Grand Rapids, MI: Eerdmans, 2005. XI, 371 S.

128 **Theologische Realenzyklopädie**/ in Gemeinschaft schaft mit Horst Balz ... hrsg. von ... Gerhard Müller. Studienausgabe: Teil III. Bd. 28-36. Nachdruck der Ausgaben B; NY, 1997-2004. B; NY: de Gruyter, 2006. (De-Gruyter-Studienbuch) [Relevante Artikel aus TRE wurden laufend in die LuB eingearbeitet und wie Zeitschriftenartikel bibliographiert]

129 Tron, Claudio: **Il »Lutero« di Miegge** (Mieggers Luther). Pro 59 (2004), 76-82. – Bespr. zu LuB 2006, Nr. 123.

130 Windhorst, Christof: **Theologie mit Herz bei Martin Luther und »Herzensfrömmigkeit« im Pietismus**. Wort und Dienst 28 (2005), 157-181.

b) Gott, Schöpfung, Mensch

131 Adam, Gottfried: **Menschenbilder**. In: 071, 245-252.

132 Alfsvåg, Knut: **Who has known the mind of the Lord?**: the theological significance of the doctrine of the hidden God/ Kurzfassung von Karin E. Stetina. LuD 14 (2006), 114-118. [Vgl. LuB 2004, Nr. 219]

133 Anselm, Reiner: **Gesundheit/Krankheit/Behinderung**. In: 017, 323-342. L".

134 Ashmon, Scott A.: **The wrath of God:** a biblical overview. CJ 31 (2005), 348-358.

135 Bader, Günter: **Der verborgene und offenbare Name**. In: Reden von Gott in der Mitte Europas: evangelische Theologie im Kontext Bonn – Prag – Warschau. Rheinbach: CMZ, 2004, 23-36. L 33 f.

136 Bernhardt, Reinhold: **Protestantische Religionstheologie auf trinitätstheologischem Grund**. In: 085, 107-120.

137 Bocken, Inigo: **Wille**. In: 050, 406-412.

138 Brandy, Hans Christian: **Vom Leiden des Menschen und vom Leiden Gottes**. KD 51 (2005), 290-307. L".

139 Ferrario, Fulvio: **Nascondimento e rivelazione:** in margine al »Servo arbitrio« (Verborgenheit und Offenbarung: Bemerkungen zum »gebundenen Willen«). Pro 59 (2004), 28-56.

140 Grenz, Stanley J.: **Rediscovering the triune God:** the Trinity in contemporary theology. MP: Fortress, 2004. XII, 289 S. – Bespr.: Maurer, Ernstpeter: ThR 71 (2006), 219-246. L 230 f.

141 Haudel, Matthias: **Die Selbsterschließung des dreieinigen Gottes:** Grundlage eines ökumenischen Offenbarungs-, Gottes- und Kirchenverständnisses. GÖ: V&R, 2006. 640 S. (Forschungen zur systematischen und ökumenischen Theologie; 110) – Zugl.: MS, Univ., Evang.-Theol. Fak., Habil., 2003/04.

142 Heesch, Matthias: **Naturrecht (Th)**. In: 019, 1612-1620.

143 Hoerster, Norbert: **Die Frage nach Gott**. M: Beck, 2005. 124 S. (Beck'sche Reihe; 1635)

144 Klein, Andreas: **Christliche Freiheit im Span-

nungsfeld zwischen Philosophie und Neurobiologie. Glaube und Lernen 21 (2006), 136-148.

145 Kolb, Robert: **The plan behind the promise:** Luther's proclamation of predestination. Reformation and revival journal 10 (Carol Stream, IL 2003), 41-52.

146 Kolb, Robert: **The plan behind the promise:** Luther's proclamation of predestination/ Kurzfassung von Karin E. Stetina. LuD 14 (2006), 126-128.

147 Kolb, Robert A.: **The unsearchable judgments of God:** Luther's uses of Romans 11, 33-36. LuBu 15 (2006), 30-49: samenvatting, 49.

148 Lehmkühler, Karsten: **»Komm, Heiliger Geist«** **– Person und Werk des Heiligen Geistes.** In: 091, 9-27. L 22 f+".

149 Lessing, Reed: **»Pastor, does God really respond to my prayers?«.** CJ 32 (2006), 256-273. L 269-272+".

150 MacKenzie, Cameron A.: **The origins and consequences of original sin in Luther's »Bondage of the will«.** CJ 31 (2005), 384-397.

151 Maurer, Ernstpeter: **Der Streit um den freien Willen.** Glaube und Lernen 21 (2006), 124-135.

152 Muis, Jan: **Anrede und Anfang:** der Ansatz von Oswald Bayer in der Schöpfungslehre. NZSTh 48 (2006), 60-73.

153 Pallisen, Carsten: **Ordet om Guds død i erfaringstopologisk perspektiv** (Das Wort vom Tod Gottes in erfahrungstopologischer Perspektive). DTT 69 (2006), 161-183.

154 Peterson, Daniel J.: **The hidden heterodoxy of the hidden God:** an analysis of the Deus absconditus in classical and contemporary Christian theology. Berkeley, CA, 2005. 278 S. – Berkeley, CA, Graduate Theological Union, PhD, 2005.

155 Pié-Ninot, S[alvador]: **»Viva vox Evangelii«:** de Luter a la Dei Verbum, 8 (»Viva vox Evangelii«: von Luther bis zur [Dogmatischen Konstitution] Dei verbum 8). Revista Catalana de teologia 29 (Barcelona 2004), 445-454.

156 Rasmussen, Thomas Reinholdt: **Martin Luther og treenighedslæren** (Martin Luther und die Trinitätslehre). DTT 69 (2006), 241-257.

157 Reinhuber, Thomas: **»Deus absconditus«:** Luthers Bearbeitung des Theodizeeproblems. Lu 77 (2006), 52-69.

158 Rieske-Braun, Uwe: **Endzeiterwartung und Kampfesmetaphorik in späten Briefen und Vorlesungen Luthers** [Expectation of the end time and battle imagery in Luther's late letters and lectures]/ Kurzfassung von Wolfgang Vondey. LuD 14 (2006), 138-141: Ill. [Vgl. LuB 2004, Nr. 259]

159 Rikhof, Herwi: **Luther und die Trinitätstheologie:** zu Oswald Bayer: Martin Luthers Theologie. Eine Vergegenwärtigung. NZSTh 48 (2006), 74-82.

160 Rupp, Hartmut: **Die Frage nach Gott.** In: 071, 237-244.

161 Schlenke, Dorothee: **Unmittelbar zu Gott:** die Profilierung frommer Subjektivität in der reformatorischen Theologie Martin Luthers. In: 089, 223-237.

162 Schneider-Flume, Gunda: **Der Mensch – eine Geschichte.** In: 014, 168-181.

163 Schoberth, Wolfgang: **Einführung in die theologische Anthropologie.** DA: WB, 2006. 166 S. (Einführung Theologie)

164 Schöpsau, Walter: **»Die Würde des Menschen ist unantastbar«** – zum Gespräch mit Peter Sloterdijk. (2000). In: 075, 252-271. L 259 f.

165 Schwambach, Claus: **»Siehe, ich mache alles neu«** **– Schöpfung und Neuschöpfung.** In: 091, 290-361. L 305-307. 336-338. 356-358 f+".

166 Selderhuis, Herman J.: **Das Recht Gottes:** der Beitrag der Heidelberger Theologen zu der Debatte über die Prädestination. In: 080, 227-253. L 245-250+".

167 Silva, Gilberto da: **Gottes Gerechtigkeit als Missionsmotiv.** In: 031, 401-413.

168 Speers, David: **Vocation and the concept of »time« in Martin Luther's lectures on ecclesiastes**/ Kurzfassung von Burnell F. Eckardt, Jr. LuD 14 (2006), 56-58.

169 Wenz, Armin: **Die Lehre von den Schöpfungsordnungen – ein überholtes Theologumenon?** (2003). In: 093, 146-181. L 148. 163-165. 169-171.

170 Werbick, Jürgen: **Zwischen Schuld und Tragik:** Sünde als Thema ökumenischer Verständigungssuche. Ökumenische Rundschau 54 (2005), 413-426.

171 Zeindler, Matthias: **Gott der Richter:** zu einem unverzichtbaren Aspekt des christlichen Glaubens. ZH: Theol. Verlag, 2004. 124 S.

172 Zwanepol, Klaas: **Zur Diskussion um Gottes Verborgenheit.** NZSTh 48 (2006), 51-59.

c) Christus

173 Eisen, Andreas: **Die Lehre von der Wiederkunft Christi – in der gegenwärtigen Dogmatik.** Luth. Beiträge 9 (2004), 3-18.

174 Malcolm, Lois: **The power of the cross:** interchange in Paul and Luther. In: 029, 89-100.

175 Marek, Brian E.: **The gift of himself:** kenotic theology as a window into creation's kingship with God. Crux 41 (Vancouver 2005) Nr. 2, 11-21.

176 Silva, Gilberto da: **»Der Spiegel ist des väter-**

lichen Herzens«: Christus-Bilder in spätmittelalterlicher Katechetik und im Großen Katechismus Luthers. LThK 29 (2005), 1-17.

177 Totten, Mark: **Luther on unio cum Christo:** toward a model for integrating faith and ethics/ Kurzfassung von James G. Kiecker. LuD 14 (2006), 145-149. [Vgl. LuB 2004, Nr. 300]

178 Vercruysse, Jos E.: »**Onze theologie is een theologie van het kruis**« (»Crux sola est nostra theologia«). LuBu 15 (2006), 5-29: Ill.: summary, 28 f.

179 Zhao, Lin: **Shízìjià shénxué de diàloguī = The paradoxicality of the theology of the cross:** a new approach to Luther's rationalism and idea of freedom. Logos & pneuma: Chinese journal of theology 25 (Hong Kong 2006) fall, 77-96.

d) Kirche, Kirchenrecht, Bekenntnisse

180 Abraham, Martin: **Offenheit durch Profil – Evangelium, Evangelischsein, Kirche.** In: 091, 44-70. L 46-49+".

181 Arand, Charles P.: **Luther on the creed.** LQ 20 (2006), 1-25.

182 Behrens, Achim: **Aspekte des Schriftgebrauchs der Lutherischen Bekenntnisschriften:** Anmerkungen zum Verhältnis von Bekenntnis und Exegese. LThK 29 (2005), 107-121.

183 Ehmer, Hermann: **Die Kirchengutsfrage in der Reformation.** BlWKG 104 (2004), 27-45. L".

184 Frieling, Reinhard: **Kirche.** In: 019, 1128-1139.

185 Geyer, Hans-Georg: **Einige Überlegungen zum Begriff der kirchlichen Lehre.** (1971). In: 028, 257-286. L 274-284.

186 Geyer, Hans-Georg: **Thesen zu einer kritisch-systematischen Revision des Begriffs der kirchlichen Lehre im Protestantismus.** (1982). In: 028, 287-293.

187 Görözdi, Zsolt: **A vizitátorok tanítása a szász választófejedelemség lelkészei számára, 1528** (Der Unterricht der Visitatoren an die Pfarrherren im Kurfürstentum Sachsen, 1528). ThSz N. F. 49 (2006), 21-27.

188 Grane, Leif: **Die Confessio Augustana:** Einführung in die Hauptgedanken der lutherischen Reformation. 6. Aufl. GÖ: V&R, 2006. 195 S. (UTB; 1400)

189 Hahn, Udo: **Kirche.** In: 08, 98-103.

190 Heun, Werner: **Kirchenrechtsquellen, Kirchengesetzgebung.** In: 019, 1216-1220.

191 Hiebsch, Sabine: **Figura ecclesiae:** Lea und Rachel in Luthers Genesispredigten [Figura ecclesiae: Leah and Rachel in Luther's sermons on Genesis]/ Kurzfassung von Sibylle G. Krause. LuD 14 (2006), 68-71. [Vgl. LuB 2004, Nr. 578]

192 Honecker, Martin: **Kirchenrecht (Th).** In: 019, 1201-1216.

193 Honecker, Martin: **Theologie unter der obrigkeitlichen Cura religionis Christianae.** In: 094, 85-120. L 97-99. 109-111+".

194 Jaskóła, Piotr: **Kościół jako problem chrystologii Lutra, Kalwina i Soboru Trydenckiego** (Die Kirche als Problem der Christologie Luthers, Calvins und des Konzils von Trient). In: »Jezus Chrystus wczoraj i dziś ten sam także na wieki« (Hebr. 13, 8)/ Redaktion: Andrzej A. Napiórkowski; Zdzisław J. Kijas. Kraków: Papieska Akademia Teologiczna, 2004, 161-172.

195 Klän, Werner: **Aspects of Lutheran identity:** a confessional perspective. CJ 32 (2006), 133-146.

196 Klän, Werner: **Aspekte lutherischer Identität:** eine konfessionelle Sicht. In: 031, 323-338.

197 Kolb, Robert: **Here we stand:** confessing the faith in Luther's footsteps from Worms to Smalcald. CJ 32 (2006), 175-188.

198 Lee, Chun Kwan: **Comparison of the ecclesiology of representatives of the Lutheran and Helvetic reformers.** PO: TREN, 2005. III, 162 Bl. – StL, Concordia Seminary, STM, 1985.

199 Leppin, Volker: **Die Konstantinische Schenkung als Mittel der Papstkritik in Spätmittelalter, Renaissance und Reformation:** Helmar Junghans zum 75. Geburtstag. In: Konstantin der Große: der Kaiser und die Christen – die Christen und der Kaiser/ hrsg. von Michael Fiedrowicz; Gerhard Krieger; Winfried Weber. Saarbrücken-Ensheim: Paulinus, 2006, 237-265. L 255. 257-259.

200 Link, Christoph: **Luther und die Juristen:** die Herausbildung eines evangelischen Kirchenrechts im Gefolge der Wittenberger Reformation. In: 095, 63-82.

201 Markschies, Christoph: **Die Reformation – ihr Verständnis von Kirche einst und heute unter ökumenischen Aspekten.** ZEvKR 50 (2005), 575-589.

202 Mostert, Walter: **Jesus Christus – Anfänger und Vollender der Kirche:** eine evangelische Lehre von der Kirche/ hrsg. von Jan Bauke-Ruegg ...; auf Grund des Manuskripts einer Vorlesung über »Kirche, Taufe, Abendmahl (Ekklesiologie und Sakramentenlehre)«, die Prof. Dr. Walter Mostert im WS 1993/94 an der Theol. Fakultät der Universität Zürich hielt. ZH: Theol. Verlag, 2006. 172 S.: Frontispiz.

203 Müller, Hans Martin: **Bindung und Freiheit kirchlicher Lehre.** (1980). In: 059, 29-48. L 31-34+".

204 Müller, Hans Martin: **Evangelisches Kirchenrecht als Recht in der Kirche.** (1992). In: 059, 93-104.

205 Müller, Hans Martin: **Kirche in der Demokratie – Demokratie in der Kirche?** (1999). In: 059, 128-143.

206 Müller, Hans Martin: **Lehrverpflichtung und Gewissensfreiheit:** zur Frage der Bekenntnisbildung in der deutschen evangelischen Kirche. (1980). In: 059, 49-63.

207 Müller, Hans Martin: **Lutherisches Kirchenverständnis und der Kirchenbegriff des Codex iuris canonici 1983.** (1984). In: 059, 107-119.

208 Müller, Hans Martin: **Lutherisches Kirchenverständnis und seine Rezeption im deutschen evangelischen Kirchenrecht.** (2004). In: 059, 144-170. L 146-150+".

209 Müller, Hans Martin: **Luthers Kirchenverständnis in den Schmalkaldischen Artikeln und das ökumenische Gespräch der Gegenwart.** ZEvKR 51 (2006), 207-211.

210 Müller, Hans Martin: **Der Umgang mit dem Recht in der evangelischen Kirche.** (1987). In: 059, 231-248.

211 Müller, Hans Martin: **Die unvollendete Volkskirche.** (1993). In: 059, 120-127.

212 Pesch, Otto Hermann: »**Gemeinschaft der Heiligen**«: Wozu gehören wir da eigentlich? Ökumenische Rundschau 55 (2006), 275-294. L".

213 Peters, Christian: **Bekenntnis, Bekenntnisschriften.** In: 019, 180-188.

214 Rahner, Johanna: **Creatura evangelii:** zum Verhältnis von Rechtfertigung und Kirche. FR; BL; W: Herder, 2005. 608 S. – Zugl.: MS, Univ., Habil., 2003.

215 Reuss, András: **Tradition in der lutherischen Kirche:** Probleme der Berufung auf CA VII. In: 04, 393-412.

216 Rosin, Robert: **Luther discovers the gospel:** coming to the truth and confessing the truth. CJ 32 (2006), 147-160.

217 Schwarz, Berthold: »**Kommt, sagt es allen weiter ...**«: Mission als ekklesiologische Wesensaussage. In: 091, 160-202. L 164 f+".

218 Schwarz, Reinhard: »**Ein kurzer Unterricht von zweierlei Kirchen**«: ein ekklesiologischer Text Luthers, 1547 durch Georg Rhau publiziert [A short treatise on the two kinds of churches]/ Kurzfassung von Franz Posset. LuD 14 (2006), 55. [Vgl. LuB 2005, Nr. 215]

219 Zschoch, Hellmut: **Die presbyterial-synodale Ordnung – Prinzip und Wandel.** MEKGR 55 (2006), 199-217. L".

e) Sakramente, Beichte, Ehe

220 Arnold, Matthieu: **Le bapteme, source de la vie chrétienne:** Martin Luther et la Réformation. In: 02, 49-65.

221 Beißer, Friedrich: **Das Abendmahl.** In: 091, 273-289.

222 Beißer, Friedrich: **Die Taufe** (volkskirchlich). In: 091, 247-258.

223 Buckwalter, Stephen E.: **L'apologie du mariage dans les prédications de Bucer et d'autres réformateurs.** In: 01, 279-292.

224 Chat, Edward: **Ofiara mszy świętej w nauce teologów katolickich i protestanckich w XVI wieku** (Das Opfer der heiligen Messe in der Lehre der kath. und protestantischen Theologen des 16. Jh.). Kielce: Jedność, 2005. 176 S. L 13+".

225 Chen, Kuan-Shian: **The teaching of the Lord's Supper in Luther's confession concerning Christ's Supper** (in Chinese). Theology and life 28 (Hong Kong 2005), 187-206.

226 Eisen, Andreas: **Über den Umgang mit den Reliqua Sacramenti.** In: 038, 101-113.

227 Frassek, Ralf: **Das Wittenberger Konsistorium und der Aufbau der evangelischen Ehegerichtsbarkeit im sächsischen Raum.** In: 095, 115-136. .

228 Hauschildt, Friedrich: **Sakrament, Sakramentsrecht.** In: 019, 2080-2987.

229 Junker, Thomas: **Vom Sinn der Abendmahlsanmeldung.** In: 038, 87-99.

230 Kelter, Gert: »**Und ja nicht daran zweifeln ...**« – **Vom Trost der Absolution.** Luth. Beiträge 8 (2003), 94-106.

231 Kern, Udo: **Sakramente in trinitarischer Perspektive.** Luth. Kirche in der Welt 53 (2006), 68-100.

232 Kreuter, Jens: **Ehe (Th).** In: 019, 385-391.

233 Lange, Dirk G.: **In, with, and under:** liturgical disruption of theology. Atlanta, GA, 2005. 210 S. – Atlanta, GA, Emory Univ., PhD, 2005.

234 Müller, Hans Martin: **Theologische Bemerkungen zum christlichen Eheverständnis.** ZEvKR 47 (2002), 530-543.

235 Müller, Hans Martin: **Theologische Bemerkungen zum christlichen Eheverständnis.** (2002). In: 059, 313-325.

236 Ngien, Dennis: **Sacramental piety in Luther's »Sermon on the worthy reception of the sacrament«, 1521.** The Irish theological quarterly 70 (Maynooth 2005), 133-155.

237 Oberdorfer, Bernd: **Abendmahl und ordinationsgebundenes Amt nach evangelisch-lutherischem Verständnis.** In: 061, 207-218.

238 Oberdorfer, Bernd: **Wieczerza Pańska i urząd związany z ordynacją według rozumienia ewangelicko-luterańskiego** (Abendmahl und ordinationsgebundenes Amt nach evangelisch-lutherischem Verständnis). In: 061, 219-229.

239 Parsons, Michael: **Reformation marriage:** the husband and wife relationship in the theology of Luther and Calvin. Edinburgh: Rutherford, 2005. XV, 386 S.

240 Ptaszyński, Maciej: **Widow's capital:** pastors widows in the Pomeranian church at the turn of the 16th century. Acta Poloniae historica 94 (WZ 2006), 85-142. L 89+".

241 Rittgers, Ronald K.: **Private confession and the Lutheranization of sixteenth-century Nördlingen.** SCJ 36 (2005), 1063-1085. L 1073-1080+".

242 Rittgers, Ronald K.: **The Reformation of the keys:** confession, conscience, and authority in sixteenth-century Germany. Cambridge, MA: Harvard University, 2004. XII, 318 S.: Ill. – New Haven, CT, Yale Univ., PhD, 1998. – Bespr.: Plathow, Michael: ThLZ 131 (2006), 397 f.

243 Schöne, Jobst: **Die Beichtansprache:** Überlegungen zu einer Kasual-Rede. In: 038, 77-86.

244 Silva, Gilberto da: **Taufe als Priesterweihe:** Gedanken zu einem missionarischen (!) Anliegen Luthers. LThK 30 (2006), 18-35.

245 Slenczka, Reinhard: »**Die Freude im Himmel**« (Lk 15,7.10): Beitrag eines lutherischen Theologen zum Thema »Beichte und Buße«. Communio 33 (2004), 158-173.

246 Stahl, Rainer: **Die sakramentlich zeichenhaften kirchlichen Handlungen:** Gedankengänge zu ihrer biblischen Grundlegung. Luth. Kirche in der Welt 53 (2006), 101-130: Ill. L 120 f+".

247 Stephenson, John R.: **Sanctification and the Lord's Supper in the theology of Martin Luther/** Kurzfassung von Karin E. Stetina. LuD 14 (2006), 59-62.

248 Uliński, Maciej: **Kobieta i mężczyzna:** dzieje refleksji filozoficzno-społecznej (Die Frau und der Mann: Geschichte der philosophisch-sozialen Betrachtung). Kraków: Aureus, 2001. 348 S. .

249 Vercruysse, Jos E.: »**Geen groter heiligdom dan Gods woord**«: Luther en de sacramenten [No reater sanctuary than God's word: Luther and the sacraments]/ Kurzfassung [Autor]. LuD 14 (2006), 63-66. [Vgl. LuB 2004, Nr. 376]

250 Wąs, Gabriela: **Kobiety i reformacja:** theologia i publicystyka – życie społeczne – sfera prywatna (Die Frauen und die Reformation: Theologie und Publizistik – das soziale Leben – privater Bereich). In: Między Lwowem a Wrocławiem: księga jubileuszowa profesora Krystyna Matwijowskiego Redaktion: Bogdan Rok; Jerzy Maroń. Toruń: Wydawnictwo A. Marszałek, 2006, 99-121. L".

251 Welker, Michael: **Was geht vor beim Abendmahl?** 2., überarb. und erw. Aufl. GÜ: GVH, 2004. 208 S.

f) Amt, Seelsorge, Diakonie, Gemeinde, allgemeines Priestertum

252 Appold, Kenneth G.: **Frauen im frühneuzeitlichen Luthertum:** kirchliche Ämter und die Frage der Ordination. ZThK 103 (2006), 253-279. L 262-267.

253 Bitter, Stephan: **Laie.** In: 019, 1374-1377.

254 Dietz, Walter: **Stellungnahme zum Thesenpapier** Ulrich Körtners »Kirchenleitung und Episkopé«. KD 52 (2006), 63-71.

255 Foitzik, Karl: **Beteiligungsgemeinde?:** Partizipation auf evangelisch. In: 03, 27-49. L 39-43.

256 Gaiser, Frederick J.: **What Luther didn't say about vocation.** Word & world 25 (St. Paul, MN 2005), 359-361.

257 Gradl, Stefan: **Luthers Assepoester:** een poging tot herwaardering van Luthers geschrift »Tessaradecas consolatoria pro laborantibus et oneratis« (1519) (Luthers Aschenbrödel: ein Versuch zur Neubewertung von Luthers Schrift »Tessaradecas ...« [1519]). LuBu 15 (2006), 61-79: Zusammenfassung, 78 f.

258 Härle, Wilfried: **Ordentliche Berufung.** DPfBl 105 (2005), 576-582.

259 Hardt, Tom G. A.: **Die Lehre Martin Luthers von der Frauenordination:** eine kritische Auseinandersetzung. In: 038, 213-229.

260 Hauschild, Wolf-Dieter: **Amt, Gemeinde und »Episkopé« nach der Lehre der lutherischen Kirche.** KD 52 (2006), 76-93. L 84-87+".

261 Kleinhans, Kathryn: **The work of a Christian:** vocation in Lutheran perspective. Word & world 25 (St. Paul, MN 2005), 394-402.

262 Knuth, Hans Christian: **Weihestatus abgelehnt:** die VELKD hält an zwei unterschiedlichen Formen der ordentlichen Berufung ins Predigtamt fest. ZZ 6 (2005) Heft 12, 37-39: Ill.

263 Körtner, Ulrich H. J.: **Kirchenleitung und Episkopé:** Funktionen und Formen der Episkopé im Rahmen der presbyterial-synodalen Ordnung evangelischer Kirchen. KD 52 (2006), 2-24. L 9-11+".

264 Koivisto, Jussi: **Martti Lutherin käsitys sielunhoidosta ja suomalaisen jumalakuvakeskustelun arviointia** (Martin Luthers Auffassung über die Seelsorge und die Würdigung des finnischen Gesprächs über das Gottesbild). TA 111 (2006), 372-289.

265 Kühn, Ulrich: **Allgemeines Priestertum, Amt und Episkopé:** zum Beitrag von Ulrich Körtner. KD 52 (2006), 94-97.

266 Kühn, Ulrich: **Amt, Ämter und Gemeinde als Träger der Eucharistiefeier:** systematisch-theologische Überlegungen. In: 03, 9-25.

267 Liebelt, Markus: »**Das kann doch jeder ...**«: Amt und Priestertum aller Gläubigen. In: 091, 71-103. L 72-76. 83-85.

268 Mattison, Daniel L.: **True theology is practical:** the process behind Luther's pastoral theology. Theology and life 28 (Hong Kong 2005), 39-60.

269 Mattox, Mickey L.: **Luther on Eve, woman and the church**/ Kurzfassung von Rebecca E. Moore. LuD 14 (2006), 82-85: Ill. [Vgl. LuB 2006, Nr. 335]

270 Maxfield, John A.: **Martin Luther on the vocation(s) of woman**/ Kurzfassung von Timothy H. Maschke. LuD 14 (2006), 86-89.

271 Michel, Karl-Heinz: »**Durch eine zweite Heiligung berufen werden zum heiligen Amt**«: vom Sinn des ordinationsgebundenen Amtes in der lutherischen Kirche. Theol. Beiträge 37 (2006), 6-25.

272 Milerski, Bogusław: **Urząd duchowny w teologii Marcina Lutra i w Księgach Wyznaniowych** [Das geistliche Amt in der Theologie Luthers und in den Bekenntnisschriften]. Rocznik teologiczny 46 (WZ 2004) Heft 1, 5-22.

273 Müller, Gerhard: **Allgemeines Priestertum aller Getauften und kirchliches Amt in der Reformationszeit.** KD 52 (2006), 98-104.

274 Müller, Hans Martin: **Das evangelische Amtsverständnis und die Pfarrerrolle der Gegenwart.** (1984). In: 059, 369-383. L 371-376.

275 Müller, Hans Martin: **Evangelischer Diakonat als kirchliches Amt.** ZEvKR 45 (2000), 57-72. L".

276 Müller, Hans Martin: **Evangelischer Diakonat als kirchliches Amt.** (2000). In: 059, 401-415.

277 Müller, Hans Martin: »**Pfarramt aller Gläubigen**«? (1999). In: 059, 384-395.

278 Müller, Hans Martin: **Der rechtliche Status der Vikare in theologischer Sicht.** (1977). In: 059, 329-345. L 330 f+".

279 Müller, Hans Martin: **Theologie und Gemeindeaufbau.** (2001). In: 059, 262-289. L 262-283. 288.

280 Müller, Hans Martin: **Theologie und Gemeindeaufbau in der lutherischen Reformation.** In: 094, 55-83.

281 Resch, Claudia: **Ars moriendi im Dienst der Rechtfertigungslehre:** Caspar Huberinus' Empfehlungen »wie die sterbenden auffs einfeltigest zuo troesten seyen«. JGPrÖ 121 (2005), 285-323: Ill. L 288-290+".

282 Resch, Claudia: **Trost im Angesicht des Todes:** frühe reformatorische Anleitungen zur Seelsorge an Kranken und Sterbenden. TÜ; BL: Francke, 2006. 255 S. (Pietas Liturgica; 15) – Zugl.: W, Univ., Diss., 2003.

283 Sander, Augustinus: **Ordinatio apostolica:** Studien zur Ordinationstheologie im Luthertum des 16. Jahrhunderts. Bd. 1: Georg III. von Anhalt (1507-1553). Innsbruck; W: Tyrolia, 2004. 366 S.: Tab. (Innsbrucker theol. Studien; 65)

284 Schönberg, Michael M.: **Repräsentanten der Kirche oder Zeugen des Wortes?:** Überlegungen zur Forderung nach Profilierung und Konzentration der pastoralen und kirchlichen Arbeit. DPfBl 105 (2005), 356-361.

285 Stolle, Thomas: **Weil es um Menschen geht:** Luthers Ansicht zur Bedeutung der Vermittlung bei tiefgreifenden Reformvorhaben. In: 031, 143-150.

286 Wenz, Gunther: **Magno dissensu docent?** KD 52 (2006), 58-62.

287 Wenz, Gunther: **Rite vocatus/a:** zu einer Empfehlung der Bischofskonferenz der VELKD. DPfBl 105 (2005), 59-64.

288 Wilckens, Ulrich: **Kirchliches Amt und gemeinsames Priestertum aller Getauften im Blick auf die Kirchenverfassungen der Lutherischen Kirchen.** KD 52 (2006), 25-57. L 27+".

g) Gnade, Glaube, Rechtfertigung, Werke

289 Alfsvåg, Knut: **Hva ville han egentlig?:** noen refleksjoner om den lutherske reformasjonens hovedsak og dens teologiske betydning [Was wollte er eigentlich?: Reflexionen über die Hauptsache der luth. Reformation und ihre theol. Bedeutung]. NTT 107 (2006), 33-46.

290 Assel, Heinrich: **Freiheit (Th).** In: 019, 642-648.

291 Bedford-Strohm, Heinrich: **Gerechtigkeit (Th).** In: 019, 732-741.

292 Boer, Theo A.: **Luthers Theologie: Ethik?** Christliche Ethik? NZSTh 48 (2006), 18-32.

293 Burkhardt, Helmut: **Ethik. Bd. 2: Das gute Handeln (Materialethik).** Teil 1. Gießen; BL: Brunnen, 2003. 234 S.

294 Cary, Phillip: **Why Luther is not quite Protestant:** the logic of faith in a sacramental promise. Pro ecclesia 14 (Northfield, MN 2005), 447-486.

295 Chapman, Mark E.: **Luther's summa in the Christian life:** an ecumenical retrieval and revival. One in Christ 40 (Turvey, Bedfordshire, GB 2005), 40-53.

296 Claussen, Johann Heinrich: **Religion ohne Gewissheit:** eine zeitdiagnostisch-systematische Problemanzeige. PTh 94 (2005), 439-454.

297 Dunn, James D. G.: **The justice of God:** a renewed perspective on justification by faith. (1991). In: 015, 187-205. L 187-192.

298 Geldbach, Erich: **Glaubens- und Gewissensfreiheit (Th).** In: 019, 843-847.

299 Geyer, Hans-Georg: **Norm und Freiheit.** (1967). In: 028, 306-331. L 319-324.

300 Gwennap, Todd: **The liberty of a captive consci-**

ence: Martin Luther's views on holiness. Chapel Hill, NC, 2005. 77 Bl. – Chapel Hill, NC, Univ. of North Carolina, Dept. of Religion Studies, Honors essay, 2005.

301 Härle, Wilfried: **Die Bedeutung der Rechtfertigungslehre:** Thesen und Erläuterungen. In: 033, 53-66.

302 Härle, Wilfried: **Der Glaube als Gottes- und/oder Menschenwerk in der Theologie Martin Luthers.** (1992). In: 033, 107-144.

303 Härle, Wilfried: **Glaube und Liebe bei Martin Luther.** In: 030, 76-94.

304 Härle, Wilfried: **Glaube und Liebe bei Martin Luther.** (2001). In: 033, 145-168.

305 Härle, Wilfried: **»Der Mensch wird durch den Glauben gerechtfertigt«:** Grundzüge der lutherischen Anthropologie. In: 033, 169-190.

306 Härle, Wilfried: **Rechtfertigung vor Gott und vor den Menschen in Luthers Disputationen aus den Jahren 1535-37.** (2004). In: 033, 21-37.

307 Härle, Wilfried: **Die Rechtfertigungslehre als Richtschnur ethischen Handelns.** (2002). In: 033, 335-346.

308 Härle, Wilfried: **Der (un)freie Wille aus reformatorischer und neurobiologischer Sicht.** In: 033, 253-303.

309 Hamm, Berndt: **What was the Reformation doctrine of justification?** (1985)/ aus dem Dt. übers. von Helen Heron. In: 034, 179-216.

310 Hamm, Berndt: **Why did »faith« become for Luther the central concept of the christian life?** (1996)/ aus dem Dt. übers. von Helen Heron. In: 034, 153-178.

311 Herms, Eilert: **Das fundamentum fidei:** Luthers Sicht. (2004). In: 037, 81-95.

312 Herms, Eilert: **Gesetz und Evangelium in reformatorischer Sicht.** In: 037, 368-389.

313 Herms, Eilert: **Gewißheit in Martin Luthers »De servo arbitrio«.** (2000). In: 037, 56-80.

314 Herrmann, Christian: **Deontologische Teleologie:** Erwägungen zur Verantwortungsethik in lutherischer Perspektive. Luth. Beiträge 6 (2001), 155-178. L 159. 172-178.

315 Hintz, Marcin: **Dobre uczynki w refleksji Ks. Marcina Lutra** (Die guten Werke in Luthers Denken). Przegląd Ewangelicki 3 (Katowice 2004), 42-53.

316 Holm, Bo Kristian: **Gabe und Geben bei Luther:** das Verhältnis zwischen Reziprozität und reformatorischer Rechtfertigungslehre. B; NY: de Gruyter, 2006. XV, 274 S. (Theol. Bibliothek Töpelmann; 134)

317 Holm, Bo Kristian: **Luther's theology of the gift.** In: 029, 78-86.

318 Jaklewicz, Tomasz: **Formuła Marcina Lutra »simul iustus et peccator«:** (przegląd stanowisk teologii katolickiej) (Luthers Formel »simul iustus et peccator«: [eine Übersicht der Gesichtspunkte in der röm.-kath. Theologie]). Studia i dokumenty ekumeniczne 20 (WZ 2004) Heft 2, 9-46.

319 Jaklewicz, Tomasz: **Święty grzesznik:** formuła Marcina Lutra »simul iustus et peccator« w kontekście ekumenicznym (Der heilige Sünder: die Formel Martin Luthers »simul iustus et peccator« im ökumenischen Kontext). Lublin: KVL, 2006. 380 S. – Bespr.: Jaskóła, Piotr: Przegląd Piśmiennictwa Teologicznego 12 (Opole 2006), Heft 1, 16-18.

320 Jaskóła, Piotr: **Główne teologiczne treści kształtujące duchowość Marcina Lutra** (Grundlegende theol. Inhalte, die Luthers Spiritualität bestimmen). In: 082, 163-176.

321 Körtner, Ulrich H. J.: **Gesetz und Evangelium.** In: 08, 63-66.

322 Laato, Timo: **Römer 7 und das lutherische simul iustus et peccator.** Luth. Beiträge 8 (2003), 212-234.

323 Lüpke, Johannes von: **Gesetz, theologisch.** In: 019, 772-779.

324 Mahn, Jason A.: **Beyond synergism:** the dialectic of grace and freedom in Luther's »De servo arbitrio«/ Kurzfassung von David G. Peters. LuD 14 (2006), 129-133. [Vgl. LuB 2004, Nr. 452]

325 Meinhold, Günter: **Die großen drei.** Evang.-luth. Volkskalender 116 (2005), 29-31: Ill.

326 Mikoteit, Matthias: **Dankbarkeit als Eigenschaft des Glaubens bei Luther** [Gratitude as a quality of the faith according to Luther]/ Kurzfassung von Franz Posset. LuD 14 (2006), 44. [Vgl. LuB 2004, Nr. 456]

327 Monteil, Michèle: **Les sept Psaumes de la pénitence de Luther:** théologie des profondeurs et rhétorique du cœr. In: 02, 193-224.

328 Napiórkowski, Andrzej Adam: **Próby uzgodnienia stanowisk w nauce o usprawiedliwieniu przed Soborem Trydenckim a współczesna hermeneutyka ekumeniczna** (Die Suche nach der gemeinsamen Stellungnahme in der Rechtfertigungslehre vor dem Konzil von Trient und gegenwärtige ökumenische Hermeneutik). Studia i dokumenty ekumeniczne 17 (WZ 2001) Heft 1, 33-44. L 24+".

329 Ohst, Martin: **Reformatorisches Freiheitsverständnis:** mittelalterliche Wurzeln, Hauptinhalte, Probleme. In: 021, 13-48.

330 Pedersen, Else Marie Wiberg: **Justification and grace:** did Luther discover a new theology or did

229

he discover anew the theology of justification and grace?/ Kurzfassung von Ian Christopher Levy. LuD 14 (2006), 134-137. [Vgl. LuB 2004, Nr. 460]

331 Piper, John: **Überwältigt von Gnade:** Aurelius Augustinus, Martin Luther, Johannes Calvin (The legacy of sovereign joy ⟨dt.⟩)/ aus dem Amerikan. übers. von Hermann Grabe. Bielefeld: CLV, 2006. 219 S.

332 Sasse, Hermann: **Die Botschaft der Reformation in der Zeitenwende.** Luth. Beiträge 8 (2003), 234-243.

333 Schöpsdau, Walter: Protestantisches Profil. Pfälzisches Pfarrerblatt 94 (2004), 295-304.

334 Schöpsdau, Walter: Protestantisches Profil. (2004). In: 075, 61-79. L 65-68.

335 Simon, Wolfgang: **Luther und der Aufruhr:** das Konzept eines »seligen geistlichen Aufruhrs« in der Schrift »Treue Vermahnung« (1521). LuBu 15 (2006), 80-98: samenvatting, 98.

336 Slenczka, Notger: **Der Freiheitsgehalt des Glaubensbegriffs als Zentrum protestantischer Dogmatik.** In: 021, 49-64.

337 Stortz, Martha Ellen: **Solus Christus or sola viscera?:** scrutinizing Lutheran appeals to conscience. Dialog 44 (Oxford 2005), 146-151.

338 Suda, Max Josef: **Die Ethik Martin Luthers.** GÖ: V&R, 2006. 221 S. (Forschungen zur systematischen und ökumenischen Theologie; 108)

339 Uglorz, Manfred: **Miłosierdzie Boże i usprawiedliwienie z taski** (Gottes Barmherzigkeit und Rechtfertigung aus Gnade). In: Teologia miłosierdzia Bożego. Płock: Kościół Starokatolicki Mariawitów, 2004, 48-60. L 52-55+".

340 Ulrich, Hans G.: **Wie Geschöpfe leben:** Konturen evangelischer Ethik. MS: Lit, 2005. 747 S. (Ethik im theol. Diskurs; 2)

341 Wenz, Armin: **Wider die alten und neuen Antinomer:** über »Paradigmenwechsel« im Luthertum. In: 093, 311-356. L 314-335. 337-356.

342 Zemmrich, Eckhard: **Demut:** zum Verständnis eines theologischen Schlüsselbegriffs. B: Lit, 2006. 467 S. (Ethik im theol. Diskurs; 4) – Zugl.: Berlin, Humboldt-Univ., Diss., 2001.

h) Sozialethik, politische Ethik, Geschichte

343 Adam, Armin: **Politische Theologie:** eine kleine Geschichte. ZH: Pano, 2006. 179 S. (Theophil; 12)

344 Alfsvåg, Knut: **Christians in society:** Luther's teaching of the two kingdoms and the three estates today. Logia: a journal of Lutheran theology 14 (Cresbard, SD 2005) Nr. 4, 15-20.

345 Bondolfi, Alberto: **Gerechtigkeit.** In: 050, 115-121.

346 Buzzi, Franco: **Guerra e pace in Martin Luther:** storia ed evangelio (Krieg und Frieden bei Martin Luther: Geschichte und Evangelium). Scuola cattolica 132 (Milano 2004), 579-605.

347 Cassano, Angelo: **L'etica politica di Martin Lutero** (Die politische Ethik Martin Luthers). Rivista teologica di Lugano 11 (Lugano 2006), 123-140.

348 Charles, J. Daryl: **Presumption against war or presumption against injustice?:** the just war tradition reconsidered. Journal of church and state 47 (Waco, TX 2005), 335-369.

349 Estes, James M.: **Luther on the role of secular authority in the Reformation/** Kurzfassung von David G. Peters. LuD 14 (2006), 119-125. [Vgl. LuB 2004, Nr. 493]

350 Fitschen, Klaus: **Gerechter Krieg?:** Stellungnahmen zur Anwendung militärischer Gewalt in der Geschichte des Christentums. In: 070, 99-119.

351 Hamm, Berndt: **Die reformatorische Krise der sozialen Werte:** drei Lösungsperspektiven zwischen Wahrheitseifer und Toleranz in den Jahren 1525 bis 1530. (2001). In: Stadt, Kanzlei und Kultur im Übergang zur Frühen Neuzeit = City culture and urban chanceries in an era of change/ hrsg. von Rudolf Suntrup; Jan R. Veenstra. F; B; Bern; Bruxelles; NY; Oxford; W: Lang, 2004, 71-104. L 79 f. 92-94+". (Kultureller Wandel vom Mittelalter zur Frühen Neuzeit; 4)

352 Huber, Wolfgang: **Kirche und Politik.** In: 019, 1139-1144.

353 Jensen, Roger: **Reformasjon – om forholdet mellom religion og politikk** (Reformation – zum Verhältnis zwischen Religion und Politik). Prismet 56 (Oslo 2005), 109-117.

354 Kuch, Michael: **Aus Lust und Liebe:** Luthers Verständnis der Gebote. In: 030, 62-75.

355 Lachmann, Rainer: **Arbeit/Arbeitslosigkeit.** In: 017, 286-301. L".

356 Milstein, Werner: **Widerstand.** In: 08, 186-189.

357 Mokrosch, Reinhold: **Ethik.** In: 073, 249-282. L 254 f+".

358 Mokrosch, Reinhold: **Frieden/Krieg.** In: 017, 87-104. L 93+".

359 Müller, Hans Martin: **Das Grundrecht auf Gewissensfreiheit und die Toleranz gegenüber dem Kriegsdienstverweigerer im Lichte eines evangelischen Gewissensbegriffs.** (1982). In: 059, 290-306.

360 Pausch, Eberhard: **Artikel 16 der CA:** seine Bedeutung für die friedensethische Praxis der evangelischen Kirche in Deutschland. DPfBl 105 (2005), 301-305.

361 Richert, Friedemann: **Denken und Fühlen:** Ethik für unsere Gesellschaft. DA: WB, 2006. 182 S.

362 Roth, Michael: **Königsherrschaft Christi.** In: 019, 1270-1274.

363 Roth, Michael: **Zwei-Reiche-Lehre.** In: 019, 2789-2796.

364 Rothgangel, Martin: **Gewalt/Aggression.** In: 017, 66-86. L 75. 78 f.

365 Salmen, Walter: **Der »Bauerntanz« im Urteil von Reformatoren und Reformierten.** In: Landgemeinde und Kirche im Zeitalter der Konfessionen/ hrsg. von Beat Kümin; mit einem Vorwort von Peter Blickle. ZH: Chronos, 2004, 91-110: Ill. L 98. 100. 109.

366 Schindling, Anton: »**Scarabaeus aquilam quaerit**«: Humanismus und die Legitimation von Krieg und Frieden. In: 023, 343-361. L 358 f.

367 Schirrmacher, Thomas: **Ohne Kirche ist kein Staat zu machen?!** In: 091, 126-147: Tab. L 137-139+".

368 Silcock, Jeffrey: **Church and politics.** LThJ 40 (2006) Nr. 2, 51-61.

369 Strohm, Christoph: **Corpus Christianum.** In: 019, 302-304.

370 Strohm, Christoph: **Widerstandsrecht (Th).** In: 019, 2705-2711.

371 Surall, Frank: **Toleranz (Th).** In: 019, 2468-2474.

372 Töpfer, Thomas: »**Gemeiner Nutz**« – »**Eigennutz**«. In: 049, 138-145: Ill.

373 Wannenwetsch, Bernd: **Political worship:** ethics for Christian citizens. Oxford; NY: Oxford University, 2004. XIV, 402 S. (Oxford studies in theological ethics)

374 Wenz, Armin: **Auch Mütter haben eine Würde.** (2002). In: 093, 237-268. L 250-256+".

i) Gottes Wort, Bibel, Predigt, Sprache

375 Arnold, Matthieu: **Les effets de la prédication de Martin Luther à Wittenberg.** In: 01, 313-328.

376 Arnold, Matthieu: **Introduction** [Predigt, 15.-17. Jh.]. In: 01, 7-16.

377 Arnold, Matthieu: **Le Psaume 22 dans le second commentaire de Luther sur les Psaumes.** In: Les Psaumes: de la liturgie à la littérature/ hrsg. von Claude Coulot; René Heyer; Jacques Joubert. Strasbourg: Presses Universitaires de Strasbourg, 2006, 123-142.

378 Bärend, Hartmut: **Schutz vor Beliebigkeit:** die Ursache vieler Probleme liegt darin, dass die Bibel nicht mehr die einzige Autorität ist. ZZ 6 (2005) Heft 11, 30-32: Ill.

379 Barnbrock, Christoph: **Mimesis:** praktisch-theologische Überlegungen. In: 031, 467-483.

380 Beutel, Albrecht: **In dem Anfang war das Wort:** Studien zu Luthers Sprachverständnis. Studienausgabe. TÜ: Mohr, 2006. XVIII, 530 S. (Hermeneutische Untersuchungen zur Theologie; 27) [Vgl. LuB 1992, Nr. 267]

381 Bieler, Andrea: **Das bewegte Wort:** auf dem Weg zu einer performativen Homiletik. PTh 95 (2006), 268-283. L 270 f.

382 Brecht, Martin; Peters, Robert: **Theodor Smedeckens niederdeutsche Übertragung von Luthers Neuem Testament:** dorch M. Theodoricum Smedecken yn der Sassen düdesch vorwandelt. LuJ 72 (2005 [gedr. 2006]), 49-76: Ill.

383 Brecht, Martin: **Theodoricus Smedecken, die Reformation in Goslar und die Übertragung des Luther-Testaments ins Niederdeutsche.** In: Goslar von der Reformation zur Revolution: Vorträge beim Geschichtsverein/ hrsg. von Hansgeorg Engelke. Bielefeld: Verlag für Regionalgeschichte, 2005, 9-26. (Beiträge zur Geschichte der Stadt Goslar: Goslarer Fundus; 53)

384 Bretherton, Donald J.: **An invitation to murder?:** a re-interpretation of Exodus 22, 18. The expository times 116 (Edinburgh 2005), 145-152.

385 Bühler, Pierre: **La réception de la parabole du blé et de l'ivraie dans la Reforme.** Cristianesimo nella storia 26 (Bologna 2005), 265-278.

386 Busenitz, Irvin A.: **The reformer's understanding of Paul and the law.** Master's Seminary journal 16 (San Valley, CA 2005), 245-259.

387 Christensen, Carl C.: **Luther and the woodcuts to the 1534 Bible.** LQ 19 (2005), 392-413: Ill.

388 Claussen, Johann Heinrich: **Poetische Schönheit:** Warum hat die Bibel heute noch Autorität? ZZ 6 (2005) Heft 11, 26-29: Ill.

389 Deselaers, Paul; Sattler, Dorothea: **Jesus hat »die Himmel durchschritten« (Hebr 4,14):** der christologisch-soteriologische Kontext der Rede vom Himmel im Hebräerbrief. Jahrbuch für biblische Theologie 10 (2005), 293-312. L 294. 296.

390 Dunn, James D. G.: **The dialogue progresses.** In: 056, 389-430. L 395 f. 416 f+".

391 Dunn, James D. G.: **The new perspective on Paul.** (1983). In: 015, 89-110. L 91-93. 98.

392 Dunn, James D. G.: **The new perspective on Paul:** whence, what, whiter? In: 015, 1-88. L 16-21+".

393 Ebert, Robert Peter: **Zur Verbstellung in der Lutherbibel.** Sprachwissenschaft 31 (2006) Nr. 1, 53-72.

394 Elwood, Christopher: **A singular example of the wrath of God:** the use of Sodom in sixteenth-century exegesis. HThR 98 (2005), 67-93.

395 Farrugia, Mario: **Augustine's and Luther's under-**

standing of Gn 1:26: an exercise in systematics (Gn 1, 26 nach Augustinus und Luther: eine Übung im systematischen Denken). TTK 77 (2006), 182-202.

396 Frankemölle, Hubert: **Völker-Verheißung (Gen 12-18) und seine Sinai-Tora im Römerbrief:** das »Dazwischen« (Röm 5, 20) als hermeneutischer Parameter für eine lutherische oder nichtlutherische Paulus-Auslegung. In: 056, 275-307. L 303-305+".

397 **Frühneuhochdeutsches Wörterbuch/** hrsg. von Ulrich Goebel; Anja Lobenstein-Reichmann ...; begr. von Robert R. Anderson ... Bd. 5, Lfg. 1: **d-deube/** bearb. von Markus Denkler; Dagmar Hüpper ... B; NY: de Gruyter, 2006. 512 Sp.

398 **Frühneuhochdeutsches Wörterbuch/** hrsg. von Ulrich Goebel; Anja Lobenstein-Reichmann ...; begr. von Robert R. Anderson... Bd. 11, Lfg. 1: **st-stosser/** bearb. von Oskar Reichmann. B; NY: de Gruyter, 2006. 608 Sp.

399 Furey, Constance M.: **Invective and discernment in Martin Luther, D. Erasmus, and Thomas More.** HThR 98 (2005), 469-488.

400 Geyer, Hans-Georg: **Luthers Auslegung der Bergpredigt.** (1983). In: 028, 435-446.

401 Gieschen, Charles A.: **Original sin of New testament.** CJ 31 (2005), 359-375. L 359. 367. 374.

402 Haacker, Klaus: **Verdienste und Grenzen der »neuen Perspektive« der Paulus-Auslegung.** In: 056, 1-15.

403 Hägglund, Bengt: **Vorkantianische Hermeneutik.** KD 52 (2006), 165-181.

404 Haemig, Mary Jane: **Advent preaching on »doubting John«.** LQ 20 (2006), 348-361.

405 Herms, Eilert: **Äußere und innere Klarheit des Wortes Gottes bei Paulus, Luther und Schleiermacher.** (1997). In: 037, 1-55.

406 Heymel, Michael: »**Singen und Sagen«:** zur Praxis der Liedpredigt. PTh 95 (2006), 172-183.

407 Hildén, Helge: **Der Geist und das Wort.** Luth. Beiträge 6 (2001), 57-65.

408 Johannsen, Friedrich: **Biblische Theologie – Altes Testament.** In: 073, 93-130. L 125-129+".

409 Jung, Martin H.: **Die Bibel im Streit zwischen den Konfessionen.** In: 07, 79-86.

410 Kim, Chul Hwan: **Law/gospel-oriented preaching in Martin Luther's theology of preaching.** PO: TREN, 2005. III, 142 S. – StL, Concordia Seminary, STM, 1996.

411 Koch, Ernst: **Ecclesia peccatrix:** Beobachtungen zur Auslegung des Gleichnisses Matthäus 13, 24-30 bei Martin Luther und einigen seiner Zeitgenossen. In: 031, 111-125.

412 Körtner, Ulrich H. J.: **Einführung in die theo-**

logische Hermeneutik. DA: WB, 2006. 192 S. (Einführung Theologie)

413 Koopmann, Christiane: **Aspekte der Mehrgliedrigkeit des Ausdrucks in frühneuhochdeutschen poetischen, geistlichen und fachliterarischen Texten.** Göppingen: Kümmerle, 2002. 205 S.: Tab. – Zugl.: Mannheim, Univ., Diss., 2002.

414 Kraus, Wolfgang: **Gottes Gerechtigkeit und Gottes Volk:** ökumenisch-ekklesiologische Aspekte der New perspective on Paul. In: 056, 329-347. L 331-333. 347.

415 Kürschner, Wilfried: »**Biblia: das ist: Die gantze Heilige Schrift: Deudsch / Auffs new zugericht. D. Mart. Luth.«:** sprachliche Erkundungen zu Luthers Bibelübersetzung und ihren »neuen Zurichtungen« (Revisionen). In: 07, 63-78.

416 Leppin, Volker: »**Biblia, das ist die ganze Heilige Schrift deutsch«:** Luthers Bibelübersetzung zwischen Sakralität und Profanität. In: 065, 13-26.

417 Leroux, Neil R.: **Luther's rhetoric:** strategies and style from the Invocavit sermones/ Kurzfassung von Timothy H. Maschke. LuD 14 (2006), 38-43. [Vgl. LuB 2003, Nr. 414]

418 Lienhard, Marc: **Les saints et la sainteté dans les prédications de Luther.** In: 01, 293-309.

419 Lohse, Eduard: **Martin Luther und der Römerbrief des Apostels Paulus:** biblische Entdeckungen. KD 52 (2006), 106-125.

420 Lührmann, Dieter: **Schriftprinzip und Lutherbibel.** In: 048, 43-50.

421 Mahrenholz, Jürgen Christian: **Messer des Geistes:** Sprachkenntnisse waren für Luther Voraussetzung, ein Pfarramt bekleiden zu können. ZZ 7 (2006) Heft 4, 43 f: Ill.

422 Markowski, Wawrzyniec: **Pismo Święte i jego rola w życiu człowieka przez pryzmat nauczania Lutra i Weslery'a** (Die Heilige Schrift und ihre Bedeutung im Leben des Menschen aus der Sicht von Luther und Wesley). In: Biblia i ekumenizm: od przekładów do lectio divina (Die Bibel und der Ökumenismus)/ Redaktion: Tomasz Siuda. Bd. 1. Poznań: Uniwersytet im. Adama Mickiewicza, 2004, 119-131.

423 Milerski, Hervé: **Prédication et mentalités.** In: 01, 417-449. L 426-429+".

424 Milerski, Bogusław: **Sola scriptura.** Diaspora 12 (Sopot 2004), 88-96.

425 Müller, Hans Martin: **Evangeliumspredigt und Rechtsordnung.** (1983). In: 059, 78-92.

426 Ngien, Dennis: **The theology of preaching in Martin Luther/** Kurzfassung von James G. Kiecker. LuD 14 (2006), 45-49: Ill. [Vgl. LuB 2004, Nr. 610]

427 Pak, G. Sujin: **Luther, Bucer, and Calvin on**

Psalms 8 and 16: confessional formation and the question of Jewish exegesis. NAKG 85 (2005), 169-186.

428 Pasquarello, Michael: **Sacred rhetoric:** preaching as a theological and pastoral practice of the church. Grand Rapids, MI: Eerdmans, 2005. VIII, 143 S.

429 Payton, Leonard R.: **Luther, the translator, rendering** γινώσκω **and** οἶδα. Fort Wayne, IN, 2005. 63 Bl. – Fort Wayne, IN, Concordia Theological Seminary, MDiv, 2005.

430 Pfefferkorn, Oliver: **Übungen zur Gottseligkeit:** die Textsorten Predigt, Andacht und Gebet im deutschen Protestantismus des späten 16. und 17. Jahrhunderts. F; B; Bern; Bruxelles; NY; Oxford; W: Lang, 2005. 417 S.: Tab. (Deutsche Sprachgeschichte; Texte und Untersuchungen; 1) – Zugl.: Halle, Univ., Habil., 2003.

431 Posset, Franz: **Sola scriptura:** Martin Luther's invention? Augustiniana 56 (Louvain 2006), 123-127.

432 Prestel, Peter: **Anleitungen zum glücklichen Leben:** Psalm 128, Martin Luther und Martial 10,47. Wort und Dienst 27 (2003), 45-55.

433 Reventlow, Henning Graf: **Epochen der Bibelauslegung.** Bd. 4: **Von der Aufklärung bis zum 20. Jahrhundert.** M: Beck, 2001. 448 S.

434 Ringleben, Joachim: **Metapher und Eschatologie bei Luther** [Metaphor and eschatology in Luther's works]/ Kurzfassung von Wolfgang Vondey. LuD 14 (2006), 141 f. [Vgl. LuB 2004, Nr. 616; LuB 2005, Nr. 433]

435 Rodewald, Michael K.: **Form und Inhalt:** aus der Blickrichtung der Reformation. Luth. Beiträge 7 (2002), 143-156.

436 Rupp, Horst F.: **Bibel und/oder Bildung?!:** ein alternatives oder ein komplementäres Verhältnis? In: 04, 15-25.

437 Schneider-Flume, Gunda: **Die vielen Geschichten der biblischen Tradition und die eine Geschichte Gottes:** zur Frage nach Einheit und Mitte der Schrift. In: 014, 31-50. L 32-35. 42

438 Stolt, Birgit: **»Muttermilch« und »Lebeworte«:** zu Luthers »Rhetorik des Herzens« im Kleinen Katechismus. In: 024, 96-122.

439 Stolt, Birgit: **Trons språk hos Martin Luther** (Sprache des Glaubens bei Martin Luther). Prismet 56 (Oslo 2005), 78-90.

440 Szabari, Antonia: **Less rightly said:** inventing scandalous speech in literature and religion in the Reformation. Baltimore, MD, 2005. 224 S. – Baltimore, MD, John Hopkins University, PhD, 2005.

441 Thomas, Robert L.: **Hermeneutics of the new**

perspectives on Paul. Master's Seminary journal 16 (San Valley, CA 2005), 293-316.

442 Thompson, Mark Donald: **A sure ground on which to stand:** the relation of authority and interpretive method in Luther's approach to scripture. 2. Aufl. Bletchley, Milton Keynes, U. K.; Waynesboro, GA: Paternoster, 2005. XVIII, 336 S.

443 Thum, Veronika: **Die Zehn Gebot für die ungelehrten Leut':** der Dekalog in der Graphik des späten Mittelalters und der frühen Neuzeit. M; B: Deutscher Kunstverlag, 2006. 231 S.: Ill., Tab.

444 Tode, Sven: **Zwischen Gott und der Welt:** Obrigkeit und Seelsorger als Weltapostel?; zur Funktion von Predigt als politische Kommunikation; Jacob Fabritius und die Danziger Gesellschaft in der zweiten Hälfte des 16. Jahrhunderts. In: 012, 87-123. L".

445 Tomson, Peter J.: **»Die Täter des Gesetzes werden gerechtfertigt werden«** (Röm 2, 13): zu einer adäquaten Perspektive für den Römerbrief. In: 056, 183-221. L 184-187.

446 Weber, E. A. Wilhelm: **Mit Luther Schüler der Schrift.** In: 038, 257-270.

447 Wenz, Armin: Nach der Wahrheit fragen – Bibelarbeit. (2001). In: 093, 29-49. L 34 f+".

448 Wenz, Armin: **Schriftgemäße Bibelübersetzung?:** kritische Anmerkungen zur »Guten Nachricht« (1997). (1997). Luth. Beiträge 7 (2002), 157-186.

449 Wenz, Armin: **Schriftgemäße Bibelübersetzung?:** kritische Anmerkungen zur »Guten Nachricht« (1997). (2002). In: 093, 84-120. L 108-113.

450 Wenz, Armin: **»Verbindliches Zeugnis?«:** die Autorität der Heiligen Schrift im evangelisch-lutherischen/römisch-katholischen Dialog. Luth. Beiträge 5 (2000), 239-267.

451 Wenz, Armin: **»Verbindliches Zeugnis?«:** die Autorität der Heiligen Schrift im evangelisch-lutherischen/römisch-katholischen Dialog. (2000). In: 093, 50-83. L 69-71.

452 Westhelle, Vítor: **Luther on the authority of scripture.** LQ 19 (2005), 373-391.

k) Gottesdienst, Gebet, Kirchenlied, Musik

453 Akerboom, Dick: **»Ein neues Lied wir heben an«:** over de eerste martelaren de Reformatie en het ontstaan van het eerste lied van Martin Luther (»Ein neues Liede wir heben an«: die ersten Märtyrer der Reformation und die Entstehung von Martin Luthers erstem Lied). LuBu 14 (2005), 27-43.

454 Asper Ulrich: **La musique vocale au service de la prédication:** le rôle du choral et de la musique

polyphonique dans le culte luthérien. In: 01, 131-142: Noten.

455 Atzinger, Christopher: **Martin Luther's »Ein feste Burg« as used in works by American and Canadian composers written between 1970 and 2004.** Baltimore, MD, 2005. 90 Bl.: Noten. – Baltimore, MD, Peabody Conservatory of Music = Peabody Institute of Music of The Johns Hopkins University, DMA, 2005.

456 Block, Johannes; Stalmann, Joachim: **Wir glauben all an einen Gott (Nr. 183).** In: 051, 63-71: Noten.

457 Block, Johannes: **Das Wort hinter den Worten finden:** ein hermeneutisch-hymnologischer Versuch über das gemeinsame Amt von Kirchenmusikern und Pfarrern. PTh 95 (2006), 284-297.

458 Breuer, Dieter: **Poetik der geistlichen Lieddichtung in Deutschland vor dem Genfer Psalter.** In: 025, 169-183: Ill.

459 Brown, Christopher Boyd: **Singing the gospel:** Lutheran hymns and the success of the Reformation. Cambridge; LO: Harvard University, 2005. 298 S. – Bespr.: Maschke, Timothy: CJ 32 (2006), 338 f.

460 Brunvoll, Arve: **»Was liegt doch in dem Krippelein«:** Christologie in Luthers Liedern [What lies in yonder manger: christology in Luther's hymns]/ Kurzfassung von Wolf D. Knappe. LuD 14 (2006), 20-25. [Vgl. LuB 2005, Nr. 473]

461 Dingel, Irene: **Das rechte Beten bei Martin Luther:** »Dass man Gott immer in den Ohren liege«. In: 078, 28-49: Ill.

462 Drömann, Hans-Christian: **Herr Gott, dich loben wir (Te Deum) (Nr. 191).** In: 051, 107-115.

463 Drömann, Hans-Christian: **Kyrie eleison (Litanei) (Nr. 192).** In: 051, 116-120.

464 Finta, Gergely: **Veni Creator Spiritus – Pünkösd az egyházzenében** (Veni Creator Spiritus – Pfingsten in der Kirchenmusik). In: 088, 99-106.

465 Franz, Ansgar; Reich, Christa: **Vom Himmel hoch, da komm ich her (Nr. 24).** In: 054, 16-24.

466 Gerhards, Albert; Kranemann, Benedikt: **Einführung in die Liturgiewissenschaft.** DA: WB, 2006. 256 S.: Ill. (Einführung Theologie)

467 Gossett, Philip: **I protestanti nell'opera lirica** (Protestanten in der Lyrik). Pro 61 (2006), 3-26: Noten. L 12. 14.

468 Hahn, Gerhard; Rössler, Martin: **Mitten wir im Leben sind (Nr. 518).** In: 052, 69-78.

469 Hahn, Gerhard; Korth, Hans-Otto: **Nun bitten wir den Heiligen Geist (Nr. 124).** In: 053, 69-75.

470 Hahn, Gerhard; Korth, Hans-Otto: **Vom Himmel kam der Engel Schar (Nr. 25).** In: 054, 25-31.

471 Harmati, Béla László: **Két ébredés között – avagy néhány megjegyzés a stóla és az alba kérdéséhez** (Zwischen zwei Erweckungen – oder einige Bemerkungen zur Frage von Stola und Alba). LP 81 (2006), 225 f.

472 Helmer, Christine: **Trinitarische Ekstase – Göttliche Liebe:** Reflexionen zu Luthers Lied »Nun freut euch, lieben Christen gmein«. Theol. Quartalschrift 183 (2003), 16-38.

473 Helmer, Christine: **Trinitarische Ekstase – Göttliche Liebe:** Reflexionen zu Luthers Lied »Nun freut euch, lieben Christen gmein« [Trinitarian ecstasy – divine love: reflections on Luther's hymn, »Dear Christians, one and all, rejoice«]/ Kurzfassung von Paul Lehninger. LuD 14 (2006), 26-31: Ill.

474 Körndle, Franz: **Musikleben bis zum Ende des 18. Jahrhunderts.** In: 035, 882-895.

475 Krause, Richard A.: **A mighty fortress is our God:** the song of Martin Luther. Wisconsin Lutheran quarterly 102 (Milwaukee, WI 2005), 279-290.

476 Krause, Richard A.: **A mighty fortress is our God:** the song of Martin Luther/ Kurzfassung von Richard A. Krause. LuD 14 (2006), 32-37: Ill.

477 Lauterwasser, Helmut: **Gott der Vater steh uns bei (Nr. 138).** In: 053, 76-79: Noten.

478 Leaver, Robin A.: **Genevan psalm tunes in the Lutheran chorale tradition.** In: 025, 145-166. L 152-154+".

479 Leaver, Robin A.: **Luther on music.** LQ 20 (2006), 125-145.

480 McNair, Bruce G.: **Luther and the pastoral theology of the Lord's prayer.** Logia: a journal of Lutheran theology 14 (Cresbard, SD 2005) Nr. 4, 41-46.

481 Malina, Adam: **Ks. Marcina Lutra koncept pieśni religijnej** (Luthers Konzept des religiösen Liedes). Kalendarz ewangelicki 121 (Bielsko-Biała 2007), 158-167.

482 Marti, Andreas; Hahn, Gerhard: **Christ lag in Todesbanden (Nr. 101).** In: 054, 56-62: Noten.

483 Marti, Andreas: **Gelobt seist du, Jesus Christ (Nr. 23).** In: 053, 11-22: Noten.

484 Marti, Andreas: **Nun komm, der Heiden Heiland (Nr. 4).** In: 054, 3-11: Noten.

485 **Mit Martin Luther beten:** das Vaterunser verstehen lernen/ hrsg. von Friedrich Hänssler. Holzgerlingen: Hänssler, 2006. 110 S.

486 Möller, Christian: **Der heilsame Riß – Impulse reformatorischer Spiritualität.** Luth. Beiträge 8 (2003), 244-252.

487 Németh, Judit: **A bárány megöletik ...:** Luther katolikus ellenfeleinek misefelfogása (Das Lamm wird geschlachtet ...: die Messauffassung von

Luthers römischen Gegnern). Credo 12 (BP 2006) Heft 1/2, 91-109.

488 Praßl, Franz Karl: **Christ ist erstanden (Nr. 99).** In: 053, 55-60: Noten.

489 Proodian, John D.: **Fantasy on a theme of Luther.** Columbus, OH, 2005. 47 S. – Columbus, OH, The Ohio State University, PhD, 2005.

490 Roth, Michael: **Christliche Frömmigkeit als ästhetische Frömmigkeit.** In: 030, 194-224. L 197-199. 219-221+".

491 Sautter, Jens Martin: **Spiritualität lernen:** Glaubenskurse als Einführung in die Gestalt christlichen Lebens. NK:NV, 2005. 347 S.: Tab. (Beiträge zu Evangelisation und Gemeindeentwicklung; 2) – Zugl.: Greifswald, Univ., Theol. Fak., Diss., 2003.

492 Schulz, Frieder: **Christe, du Lamm Gottes (Nr. 190.2).** In: 051, 102 f.

493 Schulz, Frieder: **Kyrie eleison (1526) (Nr. 178.3).** In: 051, 15 f.

494 Schwarz, Hans: **Martin Luther and music.** Lutheran theological journal 39 (Adelaide 2005), 210-217.

495 Smelik, Jan: **Die Theologie der Musik bei Johannes Calvin als Hintergrund des Genfer Psalters.** In: 025, 61-77.

496 Süss, Ulrike; Fischer, Michael: **Nun legen wir den Leib ins Grab (Nr. 520).** In: 052, 79-84.

497 Veit, Patrice: **Entre violence, résistance et affirmation identitaire:** a propos du cantique de Luther »Erhalt uns Herr bei deinem Wort«. In: 072, 267-303: Ill.

498 Völker, Alexander: **Komm, Gott Schöpfer, Heiliger Geist (Nr. 126).** In: 054, 70-76.

499 Völker, Alexander: **Komm, Heiliger Geist, Herre Gott (Nr. 125).** In: 054, 63-69.

500 Volk, Ernst: **Mitten im Leben – vom Tode umfangen:** ein mittelalterliches Lied – von Luther ergänzt. CAZW 77 (2006) Nr. 1, 71-75: Noten.

501 Wriedt, Markus: **Reformatorische Spiritualität und pädagogischer Neubeginn bei Luther:** von Kindern und Eltern, Engeln und Teufeln. In: 078, 94-119: Ill.

l) Katechismus, Konfirmation, Schule, Universität

502 Beintker, Michael: **Studium der evangelischen Theologie in Europa.** In: 086, 291-302.

503 Beintker, Michael: **The study of Protestant theology in Europe.** In: 086, 303-313.

504 Eisen, Andreas: **Ein Kind und Schüler des Katechismus.** Luth. Beiträge 9 (2004), 71-83.

505 Gregersen-Labossa, György: **Zur Katechismusarbeit in Ungarn.** In: 024, 160-163.

506 Grünwaldt, Klaus: **Der Ertrag der Konsultationen aus der Sicht der VELKD – eine subjektive Stimme.** In: 024, 164-170.

507 Hanschmidt, Alwin: **Elementarbildung und Berufsausbildung 1450-1750:** Inhalte und Institutionen. In: 016, 19-46. L 26 f.

508 Janse, Wim: **Reformed theological education at the Bremen Gymnasium Illustre.** In: 06, 31-49. L".

509 Jensen, Roger: **Trosopplæring:** katekismearven i et historisk og aktuelt perspektiv (Glaubenserziehung: das Katechismuserbe in historischer und aktueller Perspektive). Prismet 57 (Oslo 2006), 101-113.

510 Joneleit-Oesch, Silja: **Der Katechismus Martin Luthers für Indien?:** Übersetzung von heiligen Texten und Inkulturation. In: 031, 415-425.

511 Klän, Werner: **Anleitung zu einem Gott-gelenkten Leben:** die innere Systematik der Katechismen Luthers. LThK 29 (2005), 18-37.

512 Kücherer, Heiner: **Katechismuspredigt:** Analysen und Rekonstruktionen ihrer Gestaltwerdung. Waltrop: Spenner, 2005. 324 S. (Predigt in Forschung und Lehre; 2)

513 Lück, Heiner: **Einführung:** die Universität Wittenberg und ihre Juristenfakultät. In: 095, 13-33. L 15-18+".

514 Mathy, Helmut: **Katholisch-Theologische Fakultät an der Mainzer Universität.** In: 035, 1434-1443.

515 Mathy, Helmut: **Schulen und Mainzer Universität (1500-1800).** In: 035, 721-754. L 723. 738.

516 Meinhold, Günter: **Ein Handbuch des Glaubens.** Evang.-luth. Volkskalender 115 (2004), 25-27: Ill.

517 Meyer-Blanck, Michael: **Katechismus.** In: 08, 92-94.

518 Möckel, Andreas: **Bibelzitate und die Anfänge der heilpädagogischen Anstalten.** In: 04, 413-425.

519 Mokrosch, Reinhold: **Neveles és oktatás evangélikus szemszögből** (Erziehung und Unterricht aus evang. Sicht). LP 81 (2006), 207-213.

520 Muller, Frank: **Les artistes et la Réforme dans l'espace germanique.** In: 068, 103-114. L 104. 106 f. 109 f.

521 Murawski, Roman: **Katechizmy Lutra** (Luthers Katechismen). In: Słowo pojednania Księga Pamiątkowa z okazji 70-tych urodzin Ks. Michała Czajkowskiego/ Redaktion: Julian Warzecha. WZ: Biblioteka »Więzi«, 2004, 356-367.

522 Nieden, Marcel: **Rationes studii theologici:** über den bildungsgeschichtlichen Quellenwert der Anweisungen zum Theologiestudium. In: 06, 211-230.

523 Pirner, Manfred L.: **Die didaktische Konzeption hinter Luthers Katechismen.** In: 024, 123-149.

524 Postel, Rainer: **Hamburger Theologenausbildung vor und nach der Reformation.** In: 06, 51-60.

525 Preul, Reiner: **Bildung und Erziehung nach Gesichtspunkten Luthers** [Education and upbringing according to Luther]/ Kurzfassung von Sibylle G. Krause. LuD 14 (2006), 50-54: Ill. [Vgl. LuB 2005, Nr. 545]

526 Reents, Christine: **Bibelgebrauch für Kinder und Laien:** ein Vergleich von Martin Luthers Passional (1529) und Georg Witzels Catechismus ecclesiae (1535) und seiner Instructio puerorum (1542). In: 04, 307-329: Ill.

527 Repo, Matti: **Die Relevanz der Katechismen Luthers für heute:** der neue Katechismus der Evangelisch-Lutherischen Kirche Finnlands. In: 024, 150-159: Ill.

528 Rothgangel, Martin: **Luthers Kleiner Katechismus – Probleme der Unterweisung.** In: 024, 36-56.

529 Schoberth, Ingrid: **Religionsunterricht mit Luthers Katechismus:** Sekundarstufe I/ in Zsarb. mit Raphaela Trötsch ... GÖ: V&R, 2006. 142 S.: Ill. (RUpraktisch sekundar)

530 Schoberth, Ingrid: **»... und muss ein Kind und Schüler des Katechismus bleiben und bleib's auch gerne«** – die Praxis des Glauben-Lernens im Kleinen Katechismus als Impuls für den Religionsunterricht. In: 024, 78-95.

531 Schwab, Ulrich: **Verhältnis der Generationen.** In: 017, 267-285. L''.

532 Schwarzwäller, Klaus: **Fülle des Lebens.** Luth. Beiträge 9 (2004), 84-92.

533 Selderhuis, Herman J.: **Eine attraktive Universität:** die Heidelberger Theologische Fakultät 1583-1622. In: 06, 1-30. L''.

534 Slenczka, Notger: **Zur Theologie des Kleinen Katechismus Martin Luthers.** In: 024, 9-35.

535 Thaidigsmann, Edgar: **»Den Glauben lernen«** – Überlegungen aus systematisch-theologischer Perspektive. In: 024, 57-77. L 58 f+''.

m) Weitere Einzelprobleme

536 Adamczak, Elżbieta: **Mariologia** (Mariologie). Poznań: Uniwersytet im. Adama Mickiewicza, 2003. 176 S. L 74-78+''.

537 Bärsch, Jürgen: Allerseelen: **Studien zu Liturgie und Brauchtum eines Totengedenktages in der abendländischen Kirche.** MS: Aschendorff, 2004. XCIII, 516 S. (Liturgiewissenschaftliche Quellen und Forschungen; 90) – Zugl.: Trier, Univ., Theol. Fak., Habil., 2002/03.

538 Burger, Christoph: **La polémique de Luther contre la vénération de Marie.** In: 01, 71-85.

539 Burschel, Peter: **Sterben und Unsterblichkeit:** zur Kultur des Martyriums in der frühen Neuzeit. M: Oldenbourg, 2004. VIII, 371 S.: Ill. (Ancien Régime, Aufklärung und Revolution; 35)

540 Feininger, Bernd: **Ich muss Maria sein und Gott aus mir gebären:** Übergänge in der christlichen Mystik. In: 089, 163-220: Ill. L 184., 207-209.

541 Föller, O[skar]: **Martin Luther on miracles, healing, prophecy and tongues.** Studia historiae ecclesiasticae 31 (Pretoria, South Africa 2005), 333-351.

542 Gause, Ute: **Kirchengeschichte und Genderforschung:** eine Einführung in protestantischer Perspektive. TÜ: Mohr, 2006. XII, 309 S. (UTB; 2806)

543 Geyer, Hans-Georg: **Wahrheit und Pluralismus.** (1980). In: 028, 294-305.

544 Gunn, David M.: **Judges.** Oxford: Blackwell, 2005. XIV, 329 S. (Blackwell Bible commentaries)

545 Gutmann, Hans-Martin: **Unsere Toten ehren und ein neues Verhältnis zwischen Lebenden und Toten finden.** US 61 (2006), 201-215.

546 Hauschild, Wolf-Dieter: **Märtyrer und Märtyrerinnen nach evangelischem Verständnis.** In: 039, 49-69: L 63-68+''.

547 Jerouschek, Günter: **Luthers Hexenglaube und die Hexenverfolgung.** In: 095, 137-149.

548 Jones, Ken Sundet: **The apocalyptic Luther.** Word & world 25 (St. Paul, MN 2005), 308-316.

549 Kiening, Christian: **Das andere Selbst:** Figuren des Todes an der Schwelle zur Neuzeit. M: Fink, 2003. 262 S.: Ill.

550 Kreitzer, Beth: **Luther regarding the virgin Mary**/ Kurzfassung von Patricia A. Sullivan. LuD 14 (2006), 78-81. [Vgl. LuB 2004, Nr. 744]

551 Kremers, Helmut: **What's love got to do with it?:** Was hat Liebe damit zu tun?; Anmerkungen zur Sexualität in der Geschichte des Christentums. ZZ 6 (2005) Heft 10, 26-29: Ill.

552 Kubik, Johannes: **Eschatologie.** In: 071, 279-286.

553 Kühne, Hartmut: **»die do lauffen hyn und her, zum heiligen Creutz zu Dorgaw und tzu Dresen ...«:** Luthers Kritik an Heiligenkult und Wallfahrten im historischen Kontext Mitteldeutschlands. In: »Ich armer sundiger mensch«: Heiligen- und Reliquienkult am Übergang zum konfessionellen Zeitalter/ hrsg. von Andreas Tacke. GÖ: Wallstein, 2006, 499-522. (Schriftenreihe der Stiftung Moritzburg, Kunstmuseum des Landes Sachsen-Anhalt; 2)

554 Maurer, Michael: **Der Sonntag in der frühen Neuzeit.** AKultG 88 (2006), 75-100. L 81. 89.

555 Meinhold, Günter: **Die Lutherrose.** Evang.-luth. Volkskalender 116 (2005), 45: Ill.

556 Puff, Helmut: **Sodomy in Reformation Germany and Switzerland 1400-1600.** Chicago, IL; LO: University of Chicago, 2003. IX, 311 S.

557 Rhein, Stefan: **Luther und die Zeit:** Variationen. In: Zeit: Dokumentation einer Veranstaltung der UNESCO-Stätten im Raum Dessau-Wittenberg/ hrsg. vom Biosphärenreservat Flusslandschaft Mittlere Elbe; Kulturstiftung Dessau Wörlitz; Stiftung Bauhaus Dessau; Stiftung Luthergedenkstätten in Sachsen-Anhalt; Redaktion: Marie Neumüllers; Stefan Rhein. [Calbe (Saale)]: Grafisches Centrum Cuno, [2006], 28-35: Ill.

558 Schrift, Alan D.: **Modernity and the problem of evil.** Bloomington, IN: Indiana University, 2005. X, 205 S.

559 Schulte, Rolf: **Hexenmeister:** die Verfolgungen von Männern im Rahmen der Hexenverfolgung von 1530-1730 im Alten Reich. 2., erg. Aufl. F; B; Bern; Bruxelles; NY; Oxford; W: Lang, 2001. 308 S.: Ill., Tab. (Kieler Werkstücke: Reihe G, Beiträge zur Frühen Neuzeit; 1)

560 Schwarz, Berthold: **Exkurs:** Die Zukunft hat begonnen – aber wie?: Chiliasmus und Dispensationalismus als theologische Herausforderungen. In: 091, 404-439. L 419-421. 423.

561 Stenzig, Philipp: **Die Schule des Teufels:** der Exorzismus in den Glaubenskämpfen der Reformationszeit. F; B; Bern; Bruxelles; NY; Oxford; W: Lang, 2006. 194 S. (Tradition – Reform – Innovation; 13)

562 Track, Joachim: **Strafe (Th).** In: 019, 2398-2402.

563 Vischer, Lukas: **Propheten und Märtyrer im Gedächtnis der Kirche:** zur ökumenischen Bedeutung von Märtyrern und Heiligen. Ökumenische Rundschau 55 (2006), 306-340. L 315 f.

564 Wybranowski, Dariusz: **Kwestia zbrodni i kary w założeniach wczesnego protestantyzmu** (XVI-XVII wiek) (Verbrechen und Strafe in den Anschauungen des frühen Protestantismus [16.-17. Jh.]). In: Antyfaszystowska działalność Kościoła katolickiego i ewangelickiego na Pomorzu Zachodnim: Pastor Bonhoeffer i ksiądz Albert Willimsky. Szczecin: Uniwersytet Szczeciński, 2003, 35-55. L 36-38+".

3 Beurteilung der Persönlichkeit und ihres Werkes

565 Coggi, Roberto: **Ripensando Luttero.** (Nachdenken über Luther). Bologna: ESD, 2004. 137 S. (Collana Claustrum; 24)

566 Deschner, Karlheinz: **Kriminalgeschichte des Christentums.** Bd. 8: Das 15. und 16. Jahrhundert: vom Exil der Päpste in Avignon bis zum Augsburger Religionsfrieden. Reinbek bei HH: Rowohlt, 2004. 528 S.

567 Deschner, Karlheinz: **Kriminalgeschichte des Christentums.** Bd. 8: Das 15. und 16. Jahrhundert: vom Exil der Päpste in Avignon bis zum Augsburger Religionsfrieden. Digitale Ausgabe. Lizenzausgabe der Ausgabe Reinbek bei HH, 2004. B: Directmedia, 2005. 1 CD-ROM: 482, 1 S. = S. 7059-7878 der Gesamtzählung. (Digitale Bibliothek; 132)

568 Dürr, Renate: **Prophetie und Wunderglauben – zu den kulturellen Folgen der Reformation.** HZ 281 (2005), 3-32. L 11 f. 24 f+".

569 Hamm, Berndt: **An opponent of the devil and the modern age:** Heiko Oberman's view of Luther/ Kurzfassung von Wolf D. Knappe. LuD 14 (2006), 158-162. [Vgl. LuB 2004, Nr. 772]

570 Hamm, Berndt: **Reformation »from below« and Reformation »from above«:** on the problem of the historical classifications of the Reformation/

aus dem Dt. übers. von Helen Heron. In: 034, 217-253. L 230-232. 238 f+".

571 Hendrix, Scott: **»More than a prophet«:** Martin Luther in the work of Heiko Oberman/ Kurzfassung von Richard A. Krause. LuD 14 (2006), 163-166. [Vgl. LuB 2004, Nr. 773]

572 Howard, Robert Glenn: **The double bind of the Protestant Reformation:** the birth of fundamentalism and the necessity of pluaralism. Journal of church and state 47 (Waco, TX 2005), 91-108.

573 Kleinert, Andreas: **»Eine handgreifliche Geschichtslüge«:** wie Martin Luther zum Gegner des copernicanischen Weltsystems gemacht wurde. Berichte zur Wissenschaftsgeschichte 26 (2003), 101-111.

574 Meyer zu Helligen, Klaus Peter: **Martin Luther, wie er sich selbst verstanden hat.** Wort und Dienst 28 (2005), 139-156.

575 Nilsson, Kjell Ove: **Martin Luther:** is he still relevant. CTM 32 (2005), 85-94.

576 Schöpsdau, Walter: **Der fremde Luther.** (1997). In: 075, 44-60.

577 Steffahn, Harald: **Herrscher – Heilige – Historiker:** der Glaube in der Geschichte; Ideen und Gestalten. NK: NV, 2006. 199 S.

4 Luthers Beziehungen zu früheren Strömungen, Gruppen, Persönlichkeiten und Ereignissen

578 Akerboom, Dick: »... only the image of Christ in us«: continuity and discontinuity between the late medieval ars moriendi and Luther's »Sermon von der Bereitung zum Sterben«/ Kurzfassung von Joan Skocir. LuD 14 (2006), 92-94: Ill. [Vgl. LuB 2004, Nr. 786]

579 Arffmann, Kaarlo: **Der Ausspruch Augustins »ego uero euangelio non crederem, nisi me catholicae ecclesiae conmoueret auctoritas«** in der Rezeption Luthers. In: 064, 131-144.

580 Beutel, Albrecht: **Die Aufnahme mystischer Frömmigkeit bei Martin Luther:** »Einswerden mit Christus«. In: 078, 79-93.

581 Bezner, Frank: **Lorenzo Valla (1400-1457).** In: 047, 353-389. L 382 f.

582 Brockmann, Thomas: **The problem of the Ecumenical council in German Reformation pamphlet literature, 1520-1563.** Annuarium historiae conciliorum 36 (PB 2004), 423-449.

583 Burger, Christoph: **Nieuw onderzoek naar Luthers wijsgerige en theologische vorming en haar doorwerking** [Recent research on Martin Luther's philosophical and theological education and its impact on him]/ Kurzfassung [Verfasser]. LuD 14 (2006), 156 f. [Vgl. LuB 2004, Nr. 797]

584 Burger, Christoph: **Spätmittelalterliche Frömmigkeit zwischen Gnade und Furcht:** »Durch Furcht soll Liebe ihren Einzug halten«. In: 078, 10-27: Ill. L".

585 Coppola, R.: **Volontà di rinnovamento nel tardo Medioevo e mutamento di paradigma:** Martin Luther (Der Wille zur Erneuerung im Spätmittelalter und der Paradigmenwechsel: Martin Luther). Nicolaus 29 (Bari 2002), 257-284.

586 Dahan, Gilbert: **Les quatre sens de l'criture dans l'exégèse médiévale.** In: 01, 17-40. L".

587 Donadio, Francesco: **L'albero della filosofia e la radice della mistica:** Luttero, Schelling, Yorck von Wartenburg (Der Baum der Philosophie und die Wurzel der Mystik: Luther, Schelling, Yorck von Wartenburg). Napoli: Bibliopolis, 2002. 184 S. (Istituto Italiano per gli Studi Filosofici; 21)

588 Frank, Günter: **Die Kirchenväter als Apologeten der natürlichen Theologie und Religionsphilosophie in der frühen Neuzeit.** In: 064, 253-276. L 255-257+".

589 Gradl, Stefan: **Inspektor Columbo irrt:** kriminalistische Überlegungen zur Frage »Kannte Luther Thomas?« Lu 77 (2006), 83-99.

590 Härle, Wilfried: **Paulus und Luther:** ein kritischer Blick auf die »New perspective«. ZThK 103 (2006), 362-393.

591 Härle, Wilfried: **Rethinking Paul and Luther.** LQ 20 (2006), 303-317.

592 Hamm, Berndt: **Between severity and mercy:** three models of pre-Reformation urban reform preaching; Savonarola – Staupitz – Geiler. (2000)/ aus dem Dt. übers. von Helen Heron unter Mitw. von Gotthelf Wiedermann. In: 034, 50-87. L".

593 Hamm, Berndt: **From the medieval »love of God« to the »faith« of Luther:** a contribution to the history of penitence (Von der Gottesliebe des Mittelalters zum Glauben Luthers: ein Beitrag zur Bußgeschichte (engl.))/ übers. von Helen Heron. In: 034, 128-152.

594 Hunsinger, George: **Aquinas, Luther, and Calvin:** toward a Chalcedonian resolution of the Eucharistic controversy. In: 029, 181-193.

595 Lalla, Sebastian: **Robert Bellarmin über die Kirchenväter.** In: 064, 49-63. L".

596 Landmesser, Christof: **Luther und Paulus:** eine Rezension in exegetischer Perspektive zu einem Buch von Volker Stolle. NZSTh 48 (2006), 222-238. – Bespr. zu LuB 2005, Nr. 622.

597 Leonhardt, Rochus: **Luthers Rearistotelisierung der christlichen Ethik:** Plädoyer für eine evangelische Theologie des Glücks. NZSTh 48 (2006), 131-167.

598 Lexutt, Athina: **Die Rede vom verborgenen Gott:** eine Untersuchung zu Nikolaus von Kues mit einem Blick auf Martin Luther. NZSTh 47 (2005), 372-391.

599 Liedke, Marzena: **Od prawosławia do katolicyzmu:** Ruscy możni i szlachta Wielkiego księstwa Litewskiego wobec wyznań reformacyjnych (Von der Orthodoxie zum röm. Katholizismus: ruthenische Magnaten und der Adel des Großfürstentum Litauen und ihr Verhalten zu den reformatorischen Kirchen). Białystok: Wydawnictwu Uniwersytetu Białostockiego, 2004. 319 S. L 62+". – Bespr.: Tazbir, Janusz: ORP 49 (WZ 2005), 239-242.

600 Mayes, Robert: **St. Hilary's trinitarian theology and Luther's theology of incarnate omnipresence.** Logia: a journal of Lutheran theology 14 (Cresbard, SD 2005) Nr. 4, 31-39.

601 Mironowicz, Antoni: **Kościół Prawosławny w Polsce** (Die Orthodoxe Kirche in Polen). Białystok: Białostockie Towarstwo Historyczne, 2006. 957 S. L 207+".

602 Moskal, Krzysztof: »**Aby lud był jeden«:** Eklez-

jologia Jana Husza w traktacie »De ecclesia«
(»Damit das Volk eins sei«: Die Ekklesiologie
von Jan Hus im Traktat »De ecclesia«). Lublin:
Towarzystwo Naukowe KUL, 2003. 312 S. L
262+".

603 Moss, R.: **The theological and philosophical
roots of the Lutheran Reformation:** continuity
and discontinuity. Studia historiae ecclesiasticae
31 (Pretoria, South Africa 2005), 1-19.

604 Nüssel, Friederike: **Bernhard von Clairvaux
(1090-1153).** In: 044, 112-125.

605 Osten-Sacken, Peter von der: **Paulus und Luther
im Einklang?:** eine Herausforderung. In: Paulus
der Jude: seine Stellung im christlich-jüdischen
Dialog heute/ hrsg. von Sung-Hee Lee-Linke. F:
Lembeck, 2005, 69-87.

606 Raath, Andries W. G.: **From Chrysostom to
Luther:** the roots of magisterial office in Martyr

Vermigli's political theology. In die skriflig 39
(Potchefstroom 2005), 99-132.

607 Schirren, Thomas: **Marcus Fabius Quintilianus
(ca. 30 – nach 96 n. Chr.).** In: 047, 67-107. L 100 f.

608 Slenczka, Reinhard: **Luther and Paul**/ übers. von
Jonathan Mumme. CJ 32 (2006), 301-311. – Bespr.
zu LuB 2003, Nr. 565.

609 Stolle, Volker: **Nomos zwischen Tora und Lex:**
der paulinische Gesetzesbegriff und seine Interpretation durch Luther in der zweiten Disputation gegen die Antinomer vom 12. Januar 1538.
In: 056, 41-67.

610 Vannier, Marie-Anne: **Luther et la »Theologia
deutsch«.** In: 01, 63-70.

611 Wiggermann, Karl-Friedrich: **Leben und Lehre:**
Akzente einer spirituellen Theologie bei Bona-
ventura und Luther. Collectanea franciscana 75
(Roma 2005), 525-541.

5 Beziehungen zwischen Luther und gleichzeitigen Strömungen, Gruppen, Persönlichkeiten und Ereignissen

a) Allgemein

612 Baum, Hans-Peter: **Das konfessionelle Zeitalter
(1525-1617).** In: 027, 50-96: Ill. L".

613 Berner, Ulrich; Figl, Johann: **Christentum.** In:
Handbuch Religionswissenschaft: Religion und
ihre zentralen Themen/ hrsg. von Johann Figl.
Innsbruck; W: Tyrolia; GÖ: V&R, 2003, 411-435.

614 Decot, Rolf: **Kleine Geschichte der Reformation
in Deutschland.** FR: Herder, 2005. 176 S.

615 Decot, Rolf: **Mała historia reformacji w Niemczech** (Kleine Geschichte der Reformation in
Deutschland (poln.))/ übers. von Juliusz Zycho-
wicz. Kraków: WAW, 2007. 149 S.

616 Edwards, Mark U., Jr.: **Printing, propaganda,
and Martin Luther.** Nachdruck der Ausgabe
Berkeley; LO 1994. MP: Fortress, 2005. XIII, 225
S. (Fortress Press ex libris publication)

617 **Die evangelischen Kirchenordnungen des XVI.
Jahrhunderts**/ hrsg. von Gottfried Seebaß; Eike
Wolgast. Bd. 18: **Rheinland-Pfalz I:** Herzogtum
Zweibrücken, Grafschaften Veldenz, Sponheim,
Sickingen, Manderscheid, Oberstein, Falkenstein
und Hohenfels-Reipoltskirchen/ bearb. von Tho-
mas Bergholz. TÜ: Mohr, 2006. XII, 732 S., 1 Kt.

618 Friedrich, Martin: **Europa im Blickpunkt evangelischer Theologie – ein Blick in die Geschichte.**
In: 086, 30-40.

619 Friedrich, Martin: **Europe from perspective of
Protestant theology – a look at history.** In: 086,
41-51.

620 Goertz, Hans-Jürgen: **Deutschland 1500-1648:**
eine zertrennte Welt. PB; M; W; ZH: Schöningh,
2004. 286 S.: Ill., Kt. (UTB; 2606)

621 Gotthard, Axel: **Das Alte Reich 1495-1806.** DA:
WB, 2003. VII, 179 S. (Geschichte kompakt:
Neuzeit)

622 Gotthard, Axel: **Das Alte Reich 1495-1806.** 2.,
durchges. Aufl. DA: WB, 2005. VII, 179 S. (Geschichte kompakt)

623 Gotthard, Axel: **Das Alte Reich 1495-1806.** 3.,
durchges. und bibliogr. erg. Aufl. DA: WB, 2006.
VII, 180 S. (Geschichte kompakt)

624 Hahn, Udo: **Evangelisch für Einsteiger:** das
Wichtigste über den Protestantismus. NK: NV,
2004. 125 S.

625 Halbfas, Hubertus: **Das Christentum:** erschlos-
sen und kommentiert. Düsseldorf: Patmos, 2004.
591 S.: Ill.

626 Hamm, Berndt: **Normativ centering in the 15th
and 16th centuries:** observations on religiosity,
theology, and iconology (Reformation als normative Zentrierung von Religion und Gesellschaft.
1992 (engl.))/ übers. von John M. Frymire. In: 034,
1-49: Ill. L".

627 Herbers, Klaus; Neuhaus, Helmut: **Das Heilige
Römische Reich:** Schauplätze einer tausendjäh-
rigen Geschichte (843-1806). Köln; Weimar; W:
Böhlau, 2005. VII, 343 S.: Ill., Kt.

628 Hermsen, Edmund: **Faktor Religion:** Geschichte

der Kindheit vom Mittelalter bis zur Gegenwart/ bearb. und mit einem Vorwort vers. von Tilmann Walter. Köln; Weimar; W: Böhlau, 2006. VII, 289 S. – Zugl.: Marburg, Univ., Fachbereich Außereuropäische Sprachen und Kulturen, religionswiss. Habil., 1999 unter dem Titel »Geschichte der Kindheit im religiösen Kontext: psychohistorische Studien zur Religionspsychologie«.

629 Meinhold, Günter: **Blutzeugen.** Evang.-luth. Volkskalender 114 (2003), 29-31: Ill.

630 Mörke, Olaf: **Die Reformation:** Voraussetzungen und Durchsetzung. M: Oldenbourg, 2005. X, 174 S. (Enzyklopädie deutscher Geschichte; 74)

631 Nolte, Hans-Heinrich: **Weltgeschichte:** Imperien, Religionen und Systeme 15.-19. Jahrhundert. W; Köln; Weimar: Böhlau, 2005. 392 S.: Ill., Ktn., Tab.

632 **Reformation Christianity/** hrsg. von Peter Matheson. MP: Fortress, 2006. XVI, 306 S.: Ill., Kt. L". (A people's history of Christianity; 5)

633 Rublack, Ulinka: **Reformation Europe.** NY: Cambridge University, 2005. 208 S.

634 Schorn-Schütte, Luise: **Die Reformation:** Vorgeschichte – Verlauf – Wirkung. 4., aktual. Aufl. M: Beck, 2006. 124 S.: Ill. (Beck`sche Reihe; 2054)

635 Smolinsky, Heribert: **Dialog und kontroverstheologische Flugschriften in der Reformationszeit.** (2004). In: 079, 223-237.

636 Thadden, Rudolf von: **Protestantism and Europe.** In: 086, 61-68.

637 Thadden, Rudolf von: **Protestantismus und Europa.** In: 086, 52-60.

638 Vogler, Bernard: **La Réforme dans l'espace germanique (1515-1555).** In: 068, 41-48.

639 Wolgast, Eike: **Die Religionsfrage auf den Reichstagen 1521 bis 1550/51.** In: 063, 9-28. L 9. 12-15.

640 Wyczański, Andrzej: **Wschód i Zachód Europy w początkach doby nowożytnej** (Der Osten und der Westen Europas in den Anfängen der Neuzeit). WZ: Naukowe Semper, 2003. 221 S. L 193+".

641 Zwierlein, Cornel: **Discorso und Lex Dei:** die Entstehung neuer Denkrahmen im 16. Jahrhundert und die Wahrnehmung der französischen Religionskriege in Italien und Deutschland. GÖ: V&R, 2006. 900 S.: Ill., Kt. (Schriftenreihe der Historischen Kommission bei der Bayerischen Akademie der Wissenschaften; 74) – Zugl.: M, Univ.; Tours, Univ. François Rabelais, Diss., 2003.

b) Wittenberger Freunde

642 Briskina, Anna: **Philipp Melanchthon und Andreas Osiander im Ringen um die Rechtfertigungslehre:** ein reformatorischer Streit aus der ostkirchlichen Perspektive. F; B; Bern; Bruxelles;

NY; Oxford; W: Lang, 2006. 374 S. (EHSch: Reihe 23, Theologie; 821) – Zugl.: HD, Univ., Theol. Fak., Diss., 2005. – Bespr.: Plathow, Michael: MD 57 (2006), 77 f.

643 Burger, Christoph: **Gegen Origenes und Hieronymus für Augustin:** Philipp Melanchthons Auseinandersetzungen mit Erasmus über die Kirchenväter. In: 064, 13-26.

644 Chevallier, Marjolaine: **Melanchthon, un réformateur à plaindre.** Les amis de Bossuet 33 (Meaux 2006), 28-44. L 33-37+".

645 Dingel, Irene: **Philipp Melanchthon and the establishment of confessional norms.** LQ 20 (2006), 146-169. L".

646 Freedman, Joseph S.: **Ramus and the use of Ramus at Heidelberg within the context of schools and universities in Central Europe, 1572-1622.** In: 080, 93-126: Ill. [Melanchthon 99-101. 107-109+"]

647 Gantet, Claire: **Visions et visions de la Réforme:** le Songe de Frédéric le Sage et le Songe de Nabuchodonosor. In: 068, 149-170. L 151-155+".

648 Gemeinhardt, Peter: **Das »Chronicon Carionis« und die Überarbeitung durch Philipp Melanchthon.** In: 092, 115-125: Ill.

649 Geyer, Hans-Georg: **Philipp Melanchthon: ein Geist in der Spannung zwischen Humanismus und Religion.** (1998). In: 028, 461-480. L 471-475+".

650 Geyer, Hans-Georg: **Zur Rolle der Prädestinationslehre Augustins beim jungen Melanchthon.** (1969). In: 028, 447-460. L 448. 453 f.

651 Hall, H. Ashley: **Melanchthon and the Cappadocians.** In: 064, 27-47. L".

652 Herrmann, Gottfried: **Der Mann an Luthers Seite:** zum 500. Geburtstag Philipp Melanchthons. Evang.-luth. Volkskalender 108 (1997), 32-38: Ill.

653 Herrmann, Gottfried: **Melanchthons Großonkel.** Evang.-luth. Volkskalender 116 (2005), 25: Ill.

654 Jesse, Horst: **Leben und Wirken des Philipp Melanchthon:** Dr. Martin Luthers theologischer Weggefährte. M: Literareon, 2005. 232 S.

655 Klärner, Hans-Joachim: **Wegbereiter der Reformation.** Evang.-luth. Volkskalender 115 (2004), 19: Ill.

656 Kuropka, Nicole: **»Das menschliche Leben als fröhliche Schule«:** Frömmigkeit und Bildung bei Philipp Melanchthon. MEKGR 55 (2006), 1-13.

657 Lieberwirth, Rolf: **Melchior Kling (1504-1571), Reformations- und Reformjurist.** In: 095, 35-62. L 35-40+".

658 Maurer, Bernhard: **Philipp Melanchthon:** Humanist, Theologe, Pädagoge; ein Wegbereiter der Reformation in Europa. In: 089, 241-268: Ill.

659 Meinhold, Günter: **Luthers Seelsorger.** Evang.-luth. Volkskalender 114 (2003), 64-67: Ill.

660 Meinhold, Günter: **Der Mann aus Spalt.** Evang.-luth. Volkskalender 115 (2004), 52-56: Ill.

661 Meinhold, Günter: **Zur Ehre Gottes und allen Wissbegierigen zum Nutzen.** Evang.-luth. Volkskalender 113 (2002), 52-59: Ill.

662 [Melanchthon, Philipp]: **Melanchthons Briefwechsel:** kritische und kommentierte Gesamtausgabe/ im Auftrag der Heidelberger Akademie der Wissenschaften hrsg. von Heinz Scheible. Bd. T 7: **Texte 1684-1979 (1536-1537)**/ bearb. von Christine Mundhenk unter Mitw. von Heidi Hein; Judith Steiniger. S-Bad Cannstatt: Frommann-Holzboog, 2006. 613 S.

663 Petitmengin, Pierre: **Un ami de Melanchthon:** Sigismundus Gelenius, éditeur et traducteur de textes classiques et patristiques. In: 064, 65-92. L".

664 Scattola, Merio: **Widerstandsrecht und Naturrecht im Umkreis von Philipp Melanchthon.** In: 042, 459-487. L 460+".

665 Schäufele, Wolf-Friedrich: **Evangelische Wüstenheilige:** Georg Major (1502-1574) und die »Vitae Patrum«; 88. reformationsgeschichtlicher Vortrag, gehalten bei der Ebernburg-Stiftung am Sonntag, den 7. Mai 2006, 14:30 Uhr im Luther-Saal der Ebernburg. BlPfKG 73 (2006), 289-314: Ill. L 297 (35)-299 (37)+" ≙ Ebernburg-Hefte 40 (2006), 27-52: Ill.

666 Schofield, John: **Philip Melanchthon and the English Reformation.** Aldershot, Hampshire; Burlington, VT: Ashgate, 2006. XV, 229 S.: Ill. (St. Andrews studies in Reformation history)

667 Schurb, Ken: **The new Finnish school of Luther research and Philip Melanchthon**/ Kurzfassung von Burnell F. Eckardt, Jr. LuD 14 (2006), 143 f. [Vgl. LuB 2005, Nr. 694]

668 Schwendemann, Wilhelm: **Melanchthon, Maimonides und Averroes:** Aristoteles-Rezeption und -Exegese gegen religiösen Fundamentalismus. In: 064, 93-130. L 99 f. 103. 121.

669 Wiersma, Hans H.: **The death of Brother Henry van Zutphen:** the story of a Lowlands Martyr as chronicled by Jacob Probst an Martin Luther. LuBu 15 (2006), 50-60: samenvatting, 60.

670 Willi, Thomas: **Die Harfe Gottes – Theologie aus der Schrift:** Johannes Bugenhagen. In: 032, 23-43: Ill.

671 Wolf, Herbert: **1504: Johannes Mathesius – Bergmannsprediger und Lutherbiograph.** Mitteldeutsches Jahrbuch für Kultur und Geschichte 11 (2004), 195-200: Ill.

672 Wriedt, Markus: **Schrift und Tradition:** die Bedeutung des Rückbezugs auf die altkirchlichen Autoritäten in Philipp Melanchthons Schriften zum Verständnis des Abendmahls. In: 064, 145-168. L 147-155+".

673 Zschoch, Hellmut: »**Colamus has nostras scholasticas amicitias**«: Philipp Melanchthons Briefe an Matthäus Collinus als Spiegel einer humanistisch-reformatorischen Lehrer-Schüler-Beziehung. Wort und Dienst 26 (2001), 217-233: Tab.

c) Altgläubige

674 Erdélyi, Gabriella: **Introduction.** In: The Register of a convent controversy (1517-1518): Pope Leo X, Cardinal Bakócz, the Augustinians, and the observant Franciscans in context/ hrsg. von Gabriella Erdélyi. BP; Rome: Péter Pázmány Catholic University, 2006, IX-LXXXVII. (Collectanea Vaticana Hungariae; 2 I)

675 Faust, P. Ulrich: **Die Benediktiner.** In: 062, 11-46: Tab., Kt. L 23-25. 32.

676 **Glaubenskampf an der Druckerpresse:** deutsche Bibel und Liturgiereform im neuen Massenmedium/ M[atthis] H[amann] ... In: Der Kardinal: Albrecht von Brandenburg; Renaissancefürst und Mäzen. Bd. 1: Katalog/ hrsg. von Thomas Schauerte. Regensburg: Schnell + Steiner, 2006, 136-143: Faks. (Kataloge der Stiftung Moritzburg)

677 Herrmann, Gottfried: **Johann von Staupitz.** Evang.-luth. Volkskalender 110 (1999), 15.

678 Müller, Michael: **Die Jesuiten (1542-1773).** In: 035, 642-699. L".

679 Nyberg, Tore: **Die Birgitten (Ordo Sancti Salvatoris).** In: 062, 173-198: Tab., Kt. L 181+".

680 Ostrowitzki, Anja: **Die Benediktinerinnen.** In: 062, 47-72: Tab., Kt. L 58 f.

681 Rivera, Blas: **El »Enchiridion locorum communium adversus Lutherum et alios hostes Ecclesiae (1525)« de Johannes Eck y el luteranismo naciente.** (Das »Enchiridion locorum communium adversus Lutherum et alios hostes Ecclesiae [1525]« von Johannes Eck und das entstehende Luthertum). Giennium 6 (Jaén 2003), 121-188.

682 Rosin, Robert: **The papacy on perspective:** Luther's reform and Rome/ Kurzfassung von Richard A. Krause. LuD 14 (2006), 108-112. [Vgl. LuB 2005, Nr. 717]

683 Roth, Hermann Josef: **Die Zisterzienser.** In: 062, 73-97: Tab., Kt. L 84 f.

684 Schatz, Klaus: »**Wehe, wenn wir nicht Deutschland helfen**«: Peter Faber, die ersten Jesuiten und Deutschland. Jahrbuch für mitteldeutsche Kirchen- und Ordensgeschichte 2 (2006), 233-248: Ill.

685 Schrader, Franz: **Michael Vehe OP († 1539):** katholischer Theologe und Propst des Neuen Stifts in Halle. In: 058, 55-68. L".

686 Słowiński, Jan Zbigniew: **Katechizmy katolickie w języku polskim od XVI do XVIII wieku** (Kath. Katechismen in poln. Sprache vom 16.-18. Jh.). Lublin: KVL, 2005. 408 S. L 69+".

687 Smolinsky, Heribert: **Aspekte altgläubiger Theologie im albertinischen Sachsen in der Reformationszeit bis 1542.** (1993/94). In: 079, 162-182.

688 Smolinsky, Heribert: **Kirchenväter und Exegese in der frühen römisch-katholischen Kontroverstheologie des 16. Jahrhunderts.** (1999). In: 079, 401-419.

689 Smolinsky, Heribert: **Die Reform der Kirche in der Sicht des Johannes Eck.** (1988). In: 079, 105-123. L 106-110+".

690 Smolinsky, Heribert: **Reform der Theologie?:** Beobachtungen zu Johannes Ecks exegetischen Vorlesungen an der Universität Ingolstadt. (1990). In: 079, 363-380. L 364 f+".

691 Smolinsky, Heribert: **Reformationsgeschichte als Geschichte der Kirche:** katholische Kontroverstheologie und Kirchenreform. (1983). In: 079, 82-104. L 84-89+".

692 Smolinsky, Heribert: **Sprachenstreit in der Theologie?:** Latein oder Deutsch für Bibel und Liturgie – ein Problem der katholischen Kontroverstheologen des 16. Jahrhunderts. (1998). In: 079, 381-400. L 382. 394-397.

693 Taracha, Cezary: **O spotkaniu Jana Dantyszka z Marcinem Lutrem w 1523 roku** (Zur Begegnung des Johannes Danticus mit Martin Luther im Jahre 1523). In: Peregrinatio ad veritatem: Studia ofiarowane Profesor Aleksandrze Witkowskiej z okazji 40-lecia pracy naukowej/ Redaktion: Urszula Borkowska; Czesław Deptuła ... Lublin: Towarzystwo Naukowe KUL, 2004, 549-556.

694 Terzer, François: **La résistance de l'abbesse Caritas Pirckheimer** (Nuremberg, 1525). Revue des sciences religieuses 80 (Strasbourg 2006), 21-41.

d) Humanisten

695 Ahl, Ingmar: **Humanistische Politik zwischen Reformation und Gegenreformation:** der Fürstenspiegel des Jakob Omphalius. S: Steiner, 2004. 349 S.: Ill. – Zugl.: F, Univ., Diss., 2001.

696 Faber, Riemer A.: **»Humanitas« as discriminating factor in the educational writings of Erasmus and Luther.** NAKG 85 (2005), 25-37.

697 Herdt, Jennifer A.: **Virtue's semblance:** Erasmus and Luther on pagan virtue and the Christian life. Journal of the Society of Christian Ethics 25 (St. Cloud, MN 2005), 137-162.

698 Hermanni, Friedrich: **Luther oder Erasmus?:** der Streit um die Freiheit des menschlichen Willens. In: Der freie und der unfreie Wille: philosophische und theologische Perspektiven/ hrsg. von Friedrich Hermanni; Peter Koslowski. M: Fink, 2004, 165-187.

699 Huber-Rebenich, Gerlinde: **Humanistenkreis um Mutianus Rufus in Erfurt.** Mitteldeutsches Jahrbuch für Kultur und Geschichte 12 (2005), 214-216.

700 Huber-Rebenich, Gerlinde: **Neue Funktionen der Dichtung im Humanismus?** In: 023, 49-75. L 68. 71.

701 Junghans, Helmar: **Der mitteldeutsche Renaissancehumanismus:** Nährboden der Frühen Neuzeit[The central German Renaissance humanism: matrix of the early modern times]/ Kurzfassung von Franz Posset. LuD 14 (2006), 95 f. [Vgl. LuB 2006, Nr. 804]

702 Metzner, Ernst Erich: **Standfest:** Luther mit dem Schwan der Kirche auf dem Plan des Glaubenskampfes; die verunklärten Bild- und Textbezüge einer frühen lutherisch-humanistischen »Ikone« evangelischer Erinnerungskultur vor ihrem deutschen, niederländischen und böhmischmährischen Hintergrund. JHKV 56 (2005), 111-128: Ill.

703 Nitti, Silvana: **Tra Erasmo e Lutero** (Zwischen Erasmus und Luther). Pro 59 (2004), 57-72.

704 Posset, Franz: **Polyglot humanism in Germany circa 1520 as Luther's milieu and matrix:** the evidence of the »Rectorate page« of Crotus Rubeanus. Renaissance and Reformation / Renaissance et Réforme 27 (Guelph, Ont. 2003), 5-33.

705 Posset, Franz: **Polyglot humanism in Germany circa 1520 as Luther's milieu and matrix:** the evidence of the »Rectorate page« of Crotus Rubeanus/ Kurzfassung von James G. Kiecker. LuD 14 (2006), 97-103: Ill.

706 Rieke-Müller, Annelore: **Die Rezeption der humanistischen Gedächtnislehre bei Luther:** Natur, Kunst, und Konfession. Berichte zur Wissenschaftsgeschichte 26 (2003), 113-128.

707 Rudersdorf, Manfred; Töpfer, Thomas: **Fürstenhof, Universität und Territorialstaat:** der Wittenberger Humanismus, seine Wirkungsräume und Funktionsfelder im Zeichen der Reformation. In: 023, 214-261: Ill.

708 Schäufele, Wolf-Friedrich: **Der Humanismus im Erzstift Mainz und die Reformation.** In: 097, 49-68. L 61-64+".

709 Schenk, Peter: **Desiderius Erasmus von Rotterdam** (28. 10. 1466/69 Rotterdam – 11./12. 7. 1536 Basel). In: 047, 391-421.

710 Smolinsky, Heribert: **Der Humanismus an Theologischen Fakultäten des katholischen Deutschland.** (1987). In: 079, 3-24. L 7 f+".

711 Smolinsky, Heribert: **Humanistische römisch-katholische Gegner Luthers:** das Beispiel des Jodocus Chlichtoveus; Überlegungen und Perspektiven. (1996). In: 079, 62-81.

712 Szezucki, Lech: **Humaniści, heretycy, inkwizytorzy:** Studia z dziejów kultury XVI i XVII wieku (Humanisten, Häretiker, Inquisitoren: Studien aus der Geschichte der Kultur im 16. und 17. Jahrhundert). Kraków: Polska Akademia Umiejętności, 2006. 251 S. L 160+". – Bespr.: Facca, Danilo: ORP 50 (2006), 320-322.

e) Thomas Müntzer und Bauernkrieg

713 Herrmann, Gottfried: **Ein ungeduldiger Reformer:** zum 475. Todestag von Thomas Müntzer. Evang.-luth. Volkskalender 111 (2000), 75-83: Ill.

f) »Schwärmer« und Täufer

714 Baylor, Michael G.: **Karlstadts politische Haltung im Aufbruch der Reformation.** Mennonitische Geschichtsblätter 62 (2005), 9-20.

715 Colbus, Jean-Claude: **La »Chronique« de Sébastien Franck (1499-1542):** vision de l'histoire et image de l'homme. Bern; B; Bruxelles; F; NY; Oxford; W: Lang, 2005. XX, 484 S.: Ill., Tab. (Contacts; 3) (Etudes et documents; 66)

716 MacGregor, Kirk R.: **A central Europeen synthesis of radical and magisterial reform:** the sacramental theology of Balthasar Hubmaier. Lanham, MD: University Press of America, 2006. VII, 301 S.

717 MacGregor, Kirk Robert: **The sacramental theology of Balthasar Hubmaier and its implications for ecclesiology.** Iowa City, IA, 2005. 329 S. – Iowa City, IA, The Univ. of Iowa, PhD, 2005.

718 Schlachte, Astrid von: »**Sectierer**«. In: 049, 229-234.

719 Séguenny, André: **La prédication contestée par les spirituels.** In: 01, 351-362.

720 Todt, Sabine: »**Vnd das es ist die warheyt blosz**« – **Wissensdiskurse in der frühen Reformation:** der Drucker Peter Schöffer und die Täufer in Worms. Mennonitische Geschichtsblätter 62 (2005), 21-50. L 27-32. 36-38+".

721 Wąs, Gabriela: **Kaspar von Schweckfeld:** myśl i działalność do 1534 roku (Kaspar v. Schwenckfeld: sein Denken und seine Tätigkeit bis 1534). Wrocław: Wydawnictwo Uniwersytetu Wrocławskiego, 2005. 404 S. L 14-16+".

g) Schweizer und Oberdeutsche

722 [Bucer, Martin]: **Martin Bucers Deutsche Schriften/** im Auftrag der Heidelberger Akademie der Wissenschaften hrsg. von Gottfried Seebaß. Bd. 8: **Abendmahlsschriften 1529-1541/** bearb. von Stephen E. Buckwalter. GÜ: GVH, 2004. 515 S.: Ill. (Bucer, Martin: Opera omnia: series 1, Deutsche Schriften; 8)

723 [Bucer, Martin]: **Martin Bucers Deutsche Schriften/** im Auftrag der Heidelberger Akademie der Wissenschaften hrsg. von Gottfried Seebaß. Bd. 11 II: **Schriften zur Kölner Reformation/** bearb. von Thomas Wilhelmi. GÜ: GVH, 2003. 496 S. (Bucer, Martin: Opera omnia: series 1, Deutsche Schriften; 11 II)

724 Bullinger, Heinrich: **Schriften zum Tage/** hrsg. von Hans Ulrich Bächtold; Ruth Jörg; Christian Moser. Zug/Schweiz: Achius, 2006. 404 S. (Studien und Texte zur Bullingerzeit; 3)

725 Burnett, Amy Nelson: **The myth of the Swiss Lutherans:** Martin Bucer and the eucharistic controversy in Bern. Zw 32 (2005), 45-70.

726 Calvin, Jean: **Der Brief an die Römer:** ein Kommentar/ hrsg. von Christian Link ... NK: NV, 2005. VIII, 373 S. (Calvin-Studienausgabe; 5 I)

727 Calvin, Jean: **Opera exegetica.** Bd. 12 I: **Commentariorum in Acta apostolorum liber primus/** hrsg. von Helmut Feld. Genève: Droz, 2001. LXXXVII, 600 S. (Calvin, Johannes: Opera omnia, series 2: Opera exegetica Veteris et Novi testamenti; 12 I)

728 Calvin, Johannes: **Opera exegetica.** Bd. 12 II: **Commentariorum in acta apostolorum liber posterior/** hrsg. von Helmut Feld. Genève: Droz, 2001. 480 S. (Calvin, Johannes: Opera omnia, series 2: Opera exegetica Veteris et Novi Testamenti; 12 II)

729 Christin, Olivier: **Mort et mémoire:** les portraits de réformateurs protestants au XVIe siècle. Revue Suisse d'histoire 55 (2005), 383-400. L".

730 D'Assonville, Victor E.: **Der Begriff »doctrina« bei Johannes Calvin:** eine theologische Analyse. MS; HH; LO: Lit, 2001. 220 S.: Tab. (Rostocker theol. Studien; 6) – Zugl.: Rostock, Univ., Theol. Fak., Diss., 2000.

731 Edmondson, Stephen: **Calvin's Christology.** Cambridge; NY: Cambridge University, 2004. XIV, 248 S.

732 Guggisberg, Hans R.: **Die Bibel an einem Kreuzweg Europas:** Basel im 16. Jahrhundert. In: 05, 145-155: Ill.

733 Heckel, Matthew C.: »**His spear through my side into Luther**«: Calvin's relationship to Luther's

doctrine of the will. StL, 2005. XII, 308 Bl. – StL, Concordia Seminary, PhD, 2005.

734 Heitz, Anne-Marie: **Femmes dissidentes à Strasbourg au XVIe siécle.** In: 02, 329-362. L".

735 Jehle, Marianne; Jehle, Frank: **Kleine St. Galler Reformationsgeschichte**/ hrsg. vom Evang.-ref. Kirchenrat des Kantons St. Gallen. 3. Aufl. ZH: Theol. Verlag, 2006. 143 S.: Ill.

736 Kirby, Torrance: **Heinrich Bullinger (1504-1575):** life – thought – influence. Zw 32 (2005), 107-117.

737 Lavater, Hans Rudolf: **Die Züricher Bibel 1524 bis heute.** In: 05, 199-218: Ill. L 204-206+".

738 Marcuse, Deborah K.: **The Reformation of the saints:** biblical interpretation and moral regulation in John Calvin`s commentary and sermon on Genesis. Durham, NC, 2005. 258 S. – Durham, NC, Duke University, PhD, 2005.

739 Mauelshagen, Franz: **Heinrich Bullinger (1504-1575):** Leben – Denken – Wirkung. Zw 32 (2005), 89-106. L 91-93+".

740 Meyer, Friedrich: **Die Bibel in Basel:** Schwerpunkte in der Bibelgeschichte der Stadt Basel seit der Zeit der Humanisten und Reformatoren bis zur Gründung der Bibelgesellschaft; Jubiläumsschrift 200 Jahre Basler Bibelgesellschaft. BL: Schwabe, 2004. 223 S.: Ill.

741 Michaelsen, Harald; Michaelsen, Nelly: **Bern und seine Piscatorbibel.** In: 05, 223-232: Ill.

742 **Reformierte Bekenntnisschriften**/ hrsg. im Auftrag der Evang. Kirche in Deutschland von Heiner Faulenbach; Eberhard Busch in Verbindung mit Emidio Campi. Bd. 1 II: **1535-1549**/ bearb. von Mihály Bucsay. NK: NV, 2006. VI, 490 S.

743 Schöpsdau, Walter: **Reformiertes Profil in der Gesellschaft.** Pfälzisches Pfarrerblatt 93 (2003), 71-80.

744 Schöpsdau, Walter: **Reformiertes Profil in der Gesellschaft.** (2003). In: 075, 80-98. L".

745 Scholl, Hans: **Pfarramt und Pfarrerbild bei Ulrich Zwingli.** (1992). In: 076, 33-71. L 34-40+".

746 Scholl, Hans: **Seelsorge und Politik bei Ulrich Zwingli.** (1989). In: 076, 11-31. L 11-13. 21-23+".

747 Scholl, Hans: **Wolfgang Fabricius Capitos reformatorische Eigenart.** (1983). In: 076, 73-92. L 79-85. 87-89.

748 Schröter, Jonas: **Johannes Calvin.** Evang.-luth. Volkskalender 115 (2004), 21: Ill.

749 Schröter, Jonas: **Nicht nur mit dem Wort?** Evang.-luth. Volkskalender 112 (2001), 45:Ill.

750 Selderhuis, Herman J.: **Singende Asylanten:** Calvins Theologie der Psalmen. In: 025, 79-95. L".

751 Smolinsky, Heribert: »**Ecclesiae rhenanae**«: die Reformation am Oberrhein und ihre Eigenart. (2002). In: 079, 288-308.

752 Smolinsky, Heribert: **Die Kirche am Oberrhein im Spannungsverhältnis von humanistischer Reform und Reformation.** (1990). In: 079, 251-267. L 251 f+".

753 Stolk, Maarten: **Calvin und der Frankfurter Konvent (1539).** Zw 32 (2005), 23-38.

754 Strohm, Christoph: **Calvinismus.** In: 019, 292-298.

755 Strohm, Christoph: **Johannes Calvin (1509-1564).** In: 044, 255-266.

756 Thompson, Nicholas: **Eucharistic sacrifice and patristic tradition in the theology of Martin Bucer 1534-1546.** Leiden: Brill, 2005. XVI, 315 S. (Studies in the history of Christian tradition; 119)

h) Juden

757 Appold, Kenneth G.: **Early Lutheran attitudes toward Jews.** LQ 20 (2006), 170-189. L 176-180+".

758 Battenberg, Friedrich J.: **Zur Politik Landgraf Philipp des Großmütigen gegenüber den Juden in Hessen.** JHKV 56 (2005), 13-41. L 16-18+".

759 Frey, Winfried: **Christliche Tradition und Judentaufen in deutschen Texten des 16. Jahrhunderts.** In: Kulturelle und religiöse Traditionen: Beiträge zu einer interdisziplinären Traditionstheorie und Traditionsanalyse/ hrsg. von Torsten Larbig; Siegfried Wiedenhofer. MS: Lit, 2005, 168-190. L 175 f. 179. (Studien zur Traditionstheorie / Studies in tradition theory; 1)

760 Hortzitz, Nicoline: **Die Sprache der Judenfeindschaft in der frühen Neuzeit (1450-1700):** Untersuchungen zu Wortschatz, Text und Argumentation. HD: Winter, 2005. X, 645 S.: Ill., Tab. (Sprache – Literatur – Geschichte: Studien zur Linguistik/Germanistik; 28) – Zugl. Augsburg, Univ., Habil., 2001.

761 Leppin, Volker: **Im Namen Christi?: Kreuzzüge, Judenverfolgung und Hexenprozesse zwischen Mittelalter und Früher Neuzeit.** In: 070, 77-98. L 90-92.

762 Liesenberg, Carsten: **Zur Geschichte der Juden in Mühlhausen und Nordthüringen:** und die Mühlhäuser Synagoge. Mühlhausen: Mühlhäuser Museen, 1998. 128 S.: Ill. (Mühlhäuser Beiträge: Sonderheft; 11)

763 Marendy, Peter M.: **Anti-semitism, Christianity, and the Catholic church:** origins, consequences, and responses. Journal of church and state 47 (Waco, TX 2005), 289-307.

764 Oelke, Harry: **Zwischen Schuld und Sühne:** evangelische Kirche und Judentum nach 1945. PTh 95 (2006), 2-23. L 15 f.

765 Scholl, Hans: »**L'Èternel parle**« – Das Vorwort

an die Juden im Kontext der übrigen Vorworte zur Olivetanbibel 1535. In: 076, 159-243: Ill. L 207 f. 210 f+".

766 Timm, Erika: **Historische jiddische Semantik:** die Bibelübersetzungssprache als Faktor der Auseinanderentwicklung des jiddischen und des deutschen Wortschatzes/ unter Mitarbeit von Gustav Adolf Beckmann. TÜ: Niemeyer, 2005. VIII, 736 S.: Tab.

i) Künstler und Kunst

767 Bierende, Edgar: **Demut und Bekenntnis – Cranachs Bildnisse von Kurfürst Johann Friedrich I. von Sachsen.** In: 043, 327-357: Ill.

768 Bończuk, Urszula: **Sztuka reformacji we Frankfurcie nad Odra** (Die Kunst der Reformation in Frankfurt, Oder). In: 069, 143-157. L 143+".

769 Christin, Olivier: **La différence entre un moine et chrétien d'Erhard Schoen.** In: 068, 171-179. L 174. 176 f.

770 Drehsen, Volker: **Zur rhetorischen Funktion von Konfessionsbildern lutherischer Frömmigkeit:** »Wo Gott redet, da wohnt er auch«. In: 078, 50-78: Ill.

771 Gußmann, Oliver: **Evangelisches Erleben des Kirchenraumes.** US 61 (2006), 29-38.

772 Harasimowicz, Jan: **Ewangelicka architektura i sztuka kościelna na ziemiach polskich** (Evang. Architektur und kirchliche Kunst auf poln. Boden). In: 083, 113-133. L 116+".

773 Laharpe, Nicole de: **Carlstadt et l'abolition des images.** In: 068, 115-126.

774 Lehmann, Klaus-Dieter: **Kunst und Kirche:** zum Reformationstag am 31. 10. 2003 in der Gemäldegalerie Berlin. JBrKG 65 (2005), 25-30.

775 Lienhard, Marc: **Luther et les images.** In: 068, 89-102.

776 Lücke, Monica: **1553: Lucas Cranach der Ältere.** Mitteldeutsches Jahrbuch für Kultur und Geschichte 10 (2003), 231-235: Ill.

777 Luecke, Monika: **Lucas Cranach der Ältere (1472-1553).** In: 058, 33-54. L 45 f+".

778 Moeller, Bernd: **Die Bilder der Reformation.** In: 040, 11-32: Ill. L 23-25+".

779 Rincón, MaDolores: **Bonus pro laicis liber:** sobre el uso de hojas sueltas en la propagación de la Reforma (Lutero, Melanchthon y Cranach) (Bonus pro laicis liber: zur Benutzung einzelner Flugblätter in der Ausbreitung der Reformation [Luther, Melanchthon und Cranach]). Giennium 7 (Jaén 2004), 327-358.

780 Ritschel, Iris: **Cranachunabhängige Retabelgemälde am Bischofssitz:** Zeugnisse der sakralen

Tafelmalerei im Bistum Merseburg zwischen 1470 und 1520. In: 096, 249-265: Ill. L 250. 258.

781 Schwebel, Horst: **Die Kunst und das Christentum:** Geschichte eines Konflikts. M: Beck, 2002. 249 S.: Ill., Taf.

782 Wenz, Gunther: **Gesetz und Evangelium:** Lukas Cranach d. Ä. als Maler der Wittenberger Reformation. US 61 (2006), 54-68.

783 Wisłocki, Marcin: **Mistyka pasyjna w Ewangelickim Kościele Pomorza i jej oddziaływanie na sztukę** (Die Passionsmystik in der evang. Kirche Pommerns und ihr Einfluss auf die Kunst). In: 069, 159-177. L 159+".

j) Territorien und Orte innerhalb des Deutschen Reiches

784 Aretin, Stephanie von; Klemm, Thomas; Müller, Nikolaus: **Leipzig und seine Kirchen.** L: EVA, 2006. 139 S.: Ill.

785 Bartl, Andrea; Wißner, Bernd: **Luther und Augsburg:** im Brennpunkt der Reformation; Confessio Augustana; Pax Augustana; Hohes Friedensfest. Augsburg: Wißner, 2005. 48 S.: Ill.

786 Bauer, Joachim: **Kurfürst Johann Friedrich I. von Sachsen und die Bücher.** In: 043, 169-189: Ill. L 175-177+".

787 Bentzinger, Rudolf: **Um 1503: Ursula Weyda.** Mitteldeutsches Jahrbuch für Kultur und Geschichte 10 (2003), 227-230.

788 Berger, Thomas: **Die Bettelorden.** In: 035, 616-631. L 617 f.

789 Blechschmidt, Martin: **Johann der Beständige:** zum Gedenken an seinen Todestag vor 465 Jahren. Evang.-luth. Volkskalender 108 (1997), 59-64: Ill.

790 Blessing, Bettina: **Konzepte der Elementarbildung und die Lebenswelt der Lehrer deutscher Schulen:** das Regensburger Beispiel von der Reformation bis 1750. In: 016, 73-92. L 78-81.

791 Borchardt, Karl: **Heidingsfeld.** In: 027, 773-804: Ill.

792 Bräuer, Helmut; Schlenkrich, Elke: **Kampf um den Gemeinen Kasten in Zwickau:** städtische Armenversorgung in der Auseinandersetzung zwischen Ratstisch, Gasse und Kanzel. HCh 28/29 (2004/05), 55-87. L 56. 58 f.

793 Braun, Joachim: **Rottenbauer – von den Anfängen bis zum Übergang an Bayern.** In: 027, 805-820: Ill.

794 Brecht, Martin: **Landgraf Philipp von Hessen und sein Verhältnis zu den Wittenberger, Schweizer und Oberdeutschen Theologen.** In: 066, 51-72.

795 Decot, Rolf: **Der Einfluß der Reformation auf die**

Predigt im Mainzer Dom von Capito bis Wild. In: 097, 87-102.

796 Decot, Rolf: **Das Erzbistum im Zeitalter von Reichsreform – Reformation – Konfessionalisierung (1484-1648)**. In: 035, 21-232. L 64 f. 68 f+".

797 Decot, Rolf: **La prédication à Mayence**. In: 01, 261-278. L 261 f. 264. 272.

798 Dolański, Dariusz; Konopnicka-Szatarska, Małgorzata: **Rola religii w przenikaniu się kultur na Środkowym Nadodrzu w okresie od XVI do XVIII wieku** (Die Rolle der Religion in der Entfaltung der Kultur im Land Lebus, Oder, 16.-18. Jh.). In: 069, 79-95. L 85+".

799 Eigenwill, Reinhardt: **Kleine Stadtgeschichte Dresden**. F; L: Insel, 2005. 227 S.: Ill. (Insel-Taschenbuch; 3147)

800 Gabriel, Peter: **Evangelischer Bischof von Merseburg**: Fürst Georg III. von Anhalt. In: 058, 119-141. L".

801 Gause, Ute: **Erasmus Sarcerius als christlicher Pädagoge**. In: 067, 85-100. L 87-100.

802 Gummelt, Volker: **Die Wittenberger Reformatoren als Ziehväter der pommerschen Landeskirche**. In: 040, 33-42.

803 Helfricht, Jürgen: **Dresden und seine Kirchen**. L: EVA, 2005. 141 S.: Ill.

804 Herrmann, Gottfried: **Der Mensch denkt, Gott lenkt**. Evang.-luth. Volkskalender 108 (1997), 11.

805 Janse, Wim: **Albert Rizäus Hardenberg und sein Wirken als Domprediger, 1547-1561**. Hospitium ecclesiae 22 (2003), 43-53.

806 Janz, Bernhard: **Zur Musikgeschichte der Stadt Würzburg bis zum Ende der Ferdinandäischen Zeit**. In: 027, 750-761: Ill.

807 Johann, Anja: **Kontrolle mit Konsens**: Sozialdisziplinierung in der Reichsstadt Frankfurt am Main im 16. Jahrhundert. F: Kramer, 2001. 292 S.: Ill. (Studien zur Frankfurter Geschichte; 46) – Zugl.: MZ, Univ., Diss., 2000.

808 Jünke, Wolfgang A.: **Bugenhagens Einwirken auf die Festigung der Reformation in Braunschweig (1528-32)**. In: 026, 83-109. L 83-87. 106-108+".

809 Jürgens, Klaus: **Um Gottes Ehre und unser aller Seelen Seligkeit**: die Reformation in der Stadt Braunschweig von den Anfängen bis zur Annahme der Kirchenordnung 1528. In: 026, 7-82.81.

810 Kandler, Karl-Hermann: **Luther und seine Freiberger Freunde**. Lu 77 (2006), 100-112.

811 Kemler, Herbert: **Philipp der Großmütige**: Landgraf – Reformator – Bigamist. JHKV 56 (2005), 43-53.

812 Koch, Traugott: »**Der Ehrbaren Stadt Hamburg Christliche Ordnung**« durch Johannes Bugenhagen (1529). In: 022, 1-15: Ill.

813 Kohnle, Armin: **Kleine Geschichte der Kurpfalz**. Karlsruhe: Braun, 2005. 205 S.: Ill., Kt., Taf.

814 Kolb, Peter: **Das Spital- und Gesundheitswesen**. In: 027, 540-568: Ill. L 540 f.

815 Krause, Konrad: **Alma Mater Lipsiensis**: Geschichte der Universität Leipzig von 1409 bis zur Gegenwart. L: Leipziger Universitätsverlag, 2003. 647 S.: Ill., Kt. L 49. 52. 57.

816 Kugler-Simmerl, Annette: **Bischof, Domkapitel und Klöster im Bistum Havelberg 1522-1598**: Strukturwandel und Funktionsverlust. B: Lukas, 2003. 263 S. (Studien zur brandenburgischen Landesgeschichte; 1) – Zugl.: B, FU, Diss., 2002.

817 **Leipzig original**: Stadtgeschichte vom Mittelalter bis zur Völkerschlacht; Katalog zur Dauerausstellung des Stadtgeschichtlichen Museums Leipzig im Alten Rathaus/ hrsg. von Volker Rodekamp. Teil 1. Altenburg: DZA, 2006. 408 S.: Ill., Tab.

818 Leppin, Volker: **Zwischen Kloster und Stadt**: die reformatorische Bewegung in der Stadtkirche. In: 041, 139-152: Ill.

819 Lienhard, Marc: **Evangelische Bewegung ohne Streit und Spaltung?**: die Rolle Wolfgang Capitos, Domprediger in Mainz und Rat des Erzbischofs (1520-1523). In: 097, 69-86.

820 Lies, Jan Martin: **Geschichte in Geschichten**: Anekdoten rund um den Landgrafen Philipp den Großmütigen von Hessen. JHKV 56 (2005), 55-72. L 56-59+".

821 Mager, Inge: »**Ich diene mit dem einigen pfunde, so mir Gott gegeben, der lieben kirchen ...**«: der Beitrag des Antonius Corvinus zur Durchsetzung und Festigung der lutherischen Reformation, unter besonderer Berücksichtigung seines Wirkens im welfischen Fürstentum Calenberg-Göttingen. JWKG 97 (2002), 13-32. L 13. 22.

822 Mallinckrodt, Rebekka von: **Struktur und kollektiver Eigensinn**: Kölner Laienbruderschaften im Zeitalter der Konfessionalisierung. GÖ: V&R, 2005. 513 S.: Ill., 7 Kt., 15 Tab. (Veröffentlichungen des Max-Planck-Instituts für Geschichte; 209) – Zugl.: Augsburg, Univ., Diss., 2003.

823 Matthäus, Michael: **Hamman von Holzhausen (1467-1536)**: ein Frankfurter Patrizier im Zeitalter der Reformation. F: Kramer, 2002. 460 S.: Ill., Tab. (Studien zur Frankfurter Geschichte; 48) – Zugl.: F, Univ., Diss., 2000.

824 Meinhardt, Matthias: **Von Anholt nach Anhalt**: Karriere und kirchenpolitisches Wirken des Theodor Fabricius (1501-1570). In: 058, 145-175. L 148 f. 156 f+".

825 Meinhold, Günter: **Ernst der Bekenner**. Evang.-luth. Volkskalender 108 (1997), 5: Ill.

826 Meinhold, Günter: **Luthers Landesherr.** Evang.-luth. Volkskalender 111 (2000), 52-56: Ill.

827 Meinhold, Günter: **Der Reformator Württembergs.** Evang.-luth. Volkskalender 110 (1999), 37-42: Ill.

828 Metzler, Regine: **Stephan Roth (1492-1546):** Schulmeister, Stadtschreiber und Ratsherr in Zwickau, ein Bildungsbürger der Reformationszeit; zu seinem 460. Todestag. Sächsische Heimatblätter 52 (2006), 173-180: Ill.

829 Oldermann, Renate: **Stift Fischbeck:** eine geistliche Frauengemeinschaft in mehr als 1000jähriger Kontinuität. Bielefeld: Verlag für Regionalgeschichte, 2005. 288 S.: Ill. (Schaumburger Studien; 64)

830 Pilvousek, Josef: **Martin Luther, Erfurt und die Scherflein der armen Witwe.** Theologie der Gegenwart 48 (2005), 148 f.

831 Rödel, Walter G.: **Die Ritterorden.** In: 035, 632-641.

832 Schirmer, Uwe: **Die Verfassung des Hochstifts Merseburg vom Ende des 15. bis zur Mitte des 17. Jahrhunderts.** In: 096, 121-132.

833 Schlüter, Theodor C.: **Flug- und Streitschriften zur »Kölner Reformation«:** die Publizistik um den Reformationsversuch des Kölner Erzbischofs und Kurfürsten Hermann von Wied (1515-1547). Wiesbaden: Harrassowitz, 2005. XV, 461 S.: Ill., Tab. (Buchwissenschaftliche Beiträge aus dem Deutschen Bucharchiv München; 73)

834 Schmidt, Sebastian: **Glaube – Herrschaft – Disziplin:** Konfessionalisierung und Alltagskultur in den Ämtern Siegen und Dillenburg (1538-1683). PB; M; W; ZH: Schöningh, 2005. XII, 436 S.: Tab., Kt. (Forschungen zur Regionalgeschichte; 50) – Zugl.: Siegen, Univ., Diss., 2002 unter dem Titel »Konfessionalisierung und Alltagskultur im Spiegel der Visitationsakten und Synodalprotokolle von Nassau-Dillenburg (Siegen 1538-1683).

835 Schneider, Hans: **»Das heißt eine neue Kirche bauen«:** die Formierung einer evangelischen Landeskirche in Hessen. In: 066, 73-99.

836 Scholz, Michael: **Kardinal Albrecht von Brandenburg (1490-1545):** Erzbischof von Magdeburg, Administrator von Halberstadt; Renaissancefürst und Reformator? In: 058, 71-95. L 80-82+".

837 Schröer, Alois: **Das Bistum Münster:** vom ausgehenden Mittelalter bis zur katholischen Erneuerung (1265-1683). (1992). In: 077, 103-119. L 106-110.

838 Schröer, Alois: **Die Pfarrei St. Aegidii-Münster.** In: 077, 518-530: Ill.

839 Schröer, Alois: **Die Stadtpfarrei Warendorf:** ihre Frühgeschichte und ihr konfessioneller und kirchenpolitischer Weg zur Zeit der Reformation und der katholischen Erneuerung. In: 077, 413-517.

840 Schulkraft, Harald: **Le duc Ulrich de Wurtemberg, un prince de la Réforme.** In: 068, 69-85. L 77 f+".

841 Seebaß, Gottfried: **Die deutschen Fürsten und die Reformation:** Kontext und Hintergrund des kirchlichen Wirkens Johann Friedrichs von Sachsen. In: 043, 9-27. L 23-26+".

842 Seibrich, Wolfgang: **Monastisches Leben zwischen Reform, Reformation und Säkularisation.** In: 035, 470-615. L 474-476+".

843 Seidel, Andrea: **Joachim Greff:** Dramatiker im Dienst der Reformation. In: 058, 11-31.

844 Selderhuis, Herman J.: **Kirche im Aufbau:** das »Pastorale oder Hirtenbuch« des Erasmus Sarcerius. In: 067, 101-113.

845 Steinke, Barbara: **Paradiesgarten oder Gefängnis?:** das Nürnberger Katharinenkloster zwischen Klosterreform und Reformation. TÜ: Mohr, 2006. XII, 427 S.: Ill. (Spätmittelalter und Reformation: N. R.; 30) – Zugl.: Erlangen/Nürnberg, Univ., Theol. Fak., Diss., 2005.

846 Steinmeier, Anne M.: **Wo bist Du, Gott? Wer bin ich, Mensch?:** eine Theologie der Seelsorge im Sterben der Pest; Philipp Nicolai (1556-1608). In: 022, 16-33: Ill. L 20 f. 25.

847 Thomas, Michael: **Wolfgang von Köthen-Bernburg (1492-1566):** zur Politik und Person des ersten lutherischen Fürsten Anhalts. In: 058, 97-118. L".

848 Welz, Wilfried: **Sachsen-Anhalt:** Geschichte in der Mitte Deutschlands. In: Geschichte der deutschen Länder: Entwicklungen und Traditionen vom Mittelalter bis zur Gegenwart/ hrsg. von Werner Künzel; Werner Rellecke. MS: Aschendorff, 2005, 351-365: Ill.

849 Wendehorst, Alfred: **Stadt und Kirche.** In: 027, 308-326: Ill. L 313 f+".

850 Wiersma, Hans Haitze: **The recantation, restoration, and Reformation of Jacob Probst:** a Wittenberg »discipulus« from the Low Countries (Martin Luther). St. Paul, MN, 2005. 236 S. – St. Paul, MN, Luther Seminary, PhD, 2005.

851 Wittstadt, Klaus: **Seelsorge und Frömmigkeit im frühneuzeitlichen Würzburg (1525-1814).** In: 027, 327-348: Ill. L".

852 Wolgast, Eike: **Die Einwirkung der Wittenberger Theologen auf die Reformation in Brandenburg.** HCh 28/29 (2004/05), 89-101.

853 Wolgast, Eike: **Johann Friedrich von Sachsen und das Konzil.** In: 043, 281-294.

854 Wolgast, Eike: **Die Unterdrückung der reformatorischen Bewegung in der kurmainzischen Amtsstadt Miltenberg 1523.** In: 097, 123-140. L 137 f+".

k) Länder und Orte außerhalb des Deutschen Reiches

855 Aarma, Liivi: **Buchaustausch zwischen Deutschland und Reval/Estland im 15.-17. Jahrhundert.** In: 046, 39-57. L 40. 43 f.

856 Ács, Pál: »**Elváltozott idők**«: irányváltások a régi magyar irodalomban (»Veränderte Zeiten«: Richtungswechsel in der alten ungarischen Literatur). BP: Balassi, 2006. 200 S. (Régi Magyar könyvtár: tanulmányok; 6)

857 Ács, Pál: »**Az idő ósága**«: történetiség és történetszemlélet a régi magyar irodalomban (»Die Altertümlichkeit der Zeit«: Geschichtlichkeit und Geschichtsauffassung in der alten ungarischen Literatur). BP: Osiris, 2001. 337 S.

858 Atwood, Craig: **Separatism, ecumenism, and pacifism:** the Bohemian and Moravian Brethren in the confessional age. In: 010, 71-90. L 74-76.

859 **Die Beziehungen Herzog Albrechts von Preußen zu Städten, Bürgertum und Adel im westlichen Preußen (1525-1554):** Regesten aus dem Herzoglichen Briefarchiv und den Ostpreußischen Folianten/ bearb. von Ursula Benninghoven. Teil 1. Köln; Weimar; W: Böhlau, 2006. XV, 830 S. (Veröffentlichungen aus den Archiven Preußischer Kulturbesitz, Unterreihe: Herzog Albrecht von Preußen und Livland; 48 I)

860 **Die Beziehungen Herzog Albrechts von Preußen zu Städten, Bürgertum und Adel im westlichen Preußen (1525-1554):** Regesten aus dem Herzoglichen Briefarchiv und den Ostpreußischen Folianten/ bearb. von Ursula Benninghoven. Teil 2. Köln; Weimar; W: Böhlau, 2006. S. 831-1678, 8 S. Ill. (Veröffentlichungen aus den Archiven Preußischer Kulturbesitz, Unterreihe: Herzog Albrecht von Preußen und Livland; 48 II)

861 Białuński, Grzegorz: **Czy Prusy Książece były krajem tolerancyjnym?:** przypadek Braci Czeskich (War das Herzogtum Preußen ein tolerantes Land?: der Fall der Böhmischen Brüder). Komunikaty Mazursko-Warmińskie 2 (244) (Olsztyn 2004), 131-145. L 139+".

862 Bogucka, Maria: **Gorsza płeć: kobieta w dziejach Europy od antyku po wiek XXI** (Das schlimmere Geschlecht: die Frau in der Geschichte Europas von der Antike bis zum 21. Jahrhundert). WZ: Wydawnictwo Trio, 2005. 380 S. L 151+".

863 Boras, Zygmunt: **Obrzeża nowożytnej Rzeczpospolitej:** kwestie wyznaniowe, społeczne i narodościowe (Grenzgebiete der neuzeitlichen Adelsrepublik Polen: konfessionelle, soziale, nationale Probleme). Poznań: Wydawnictwo Naukowe UAM, 2005. 229 S. L 37+". (Seria historia; 204)

864 Borsa, Gedeon; Perger, Péter: **Heltai »Újtestamentum«-ának kiadásai(i) vízjel nélküli papíron (1561-1562)** (Ausgabe[n] von Heltais Neuem Testament auf Papier ohne Wasserzeichen [1561-1562]). MKSz 122 (2006), 121-145.

865 Buchwald-Pelcowa, Paulina: **Historia literatury i historia książki** (Literaturgeschichte und Buchgeschichte). Kraków: Universitas, 2005. 734 S. L 652+".

866 Christman, Victoria: **Orthodoxy and opposition:** the creation of a secular inquisition in early modern Brabant. Tucson, AZ, 2005. 367 S. – Tucson, AZ, The University of Arizona, PhD, 2005.

867 Csepregi, Zoltán: **Court priests in the entourage of Queen Mary of Hungary.** In: Mary of Hungary: the Queen and her court 1521-1531/ hrsg. von Orsolya Réthelyi ... BP: Budapest History Museum, 2005, 49-61.

868 Csepregi, Zoltán: »**Es laufft auch der Lutter in alle sachen uberall mitt ...**«: Brandenburgi György őrgróf (1484-1543) szerepe Boroszló város reformációjában (Die Rolle Markgraf Georgs von Brandenburg bei der Reformation in Breslau). In: Ünnepi tanulmányok Szigeti Jenő 70. születésnapjára/ hrsg. von Daniel Heinz; Csaba Fazekas; Zoltán Rajki. Miskolc: Bíbor, 2006, 54-62.

869 Csepregi, Zoltán: **A reformáció nyelve:** a ferences hagyomány és a kocsmai antiklerikalizmus között (Die Sprache der Reformation: zwischen der Franziskanerüberlieferung und dem Antiklerikalismus der Taverne). LP 81 (2006), 402-405.

870 Dolański, Dariusz: **Zachód w polskiej myśli historycznej czasów saskich:** nurt sarmacko-teologickny (Der Westen im geschichtlichen Denken der Polen zur sächsischen Zeit: sarmatisch-theologische Strömung). Lielona Góra: Uniwersitet Lièlonogórski, 2002. 286 S. L 69+".

871 Fabiny, Tibor Jr.: **Az angol reformáció és William Tyndale** (Die englische Reformation und William Tyndale). In: A Szentíráshoz vezető ösvény = A pathway into the Holy Scripture (1531)/ übers. von Ágnes Ecsedy. BP: Magyarországi Luther Szövetség, 2005, 68-85. (Magyar Luther füzetek; 9)

872 Gresch, Eberhard: **Die Hugenotten:** Geschichte, Glaube und Wirkung. L: EVA, 2005. 248 S.: Ill., Ktn.

873 Grzywacz, Małgorzata: **Duchowieństwo ewangelickie Małej Litwy w świadectwach autobiograficznych rodziny Ostermeyer** (Die evang. Geistlichkeit Preußisch-Litauens in den Selbstzeugnissen der Familie Ostermeyer). In: 055, 157-166. L 159+".

874 Hatje, Frank: **Reformiertes Konsistorium und städtischer Magistrat in den Niederlanden:** Konflikte um die Vorherrschaft am Beispiel der Stadt Leiden. In: 012, 17-48. L".

875 Heltai, János: **A 16-17. századi magyarországi hitviták adattárának tervezete** (Entwurf einer Datenbank zu den Glaubensstreitigkeiten in Ungarn im 16.-17. Jahrhundert). In: 084, 251-299.

876 Hlaváček, Petr: **Ďábel z Horní Blatné:** anebkbudování luterské konfesní identity v raněnovověkých Čechách (Der Teufel aus Platten oder Zur luth. Konfessions- und Identitätsausbildung im frühneuzeitlichen Böhmen). Lutheranus 1 (PR 2006), 82-96.

877 **Johannes a Lasco (1499-1560):** polnischer Baron, Humanist und europäischer Reformator; Beiträge zum internationalen Symposium vom 14. bis 17. Oktober 1999 in der Johannes a Lasco Bibliothek Emden/ hrsg. von Christoph Strohm. Unv. Studienausgabe. TÜ: Mohr, 2005. VIII, 390 S.: Ill. – Siehe LuB 2002, Nr. 024.

878 Jürgens, Henning P.: **Jan Łaski (1499-1560):** Europejczyk doby reformacji (Johannes a Lasco [1499-1560]: Europäer des Reformationszeitalters ⟨poln.⟩)/ übers. von Genowefa Olejnik. WZ: Semper, 2006. 57 S.

879 Kecskeméti, Gábor: **Pázmány vitapartnerei és a wittenbergi egyetem** (Pázmánys Streitgegner und die Universität Wittenberg). In: 084, 43-66.

880 Kenig, Ewa: **Z dziejów luteranizmu w Bielsku-Białej** (Aus der Geschichte des Luthertums in Bielsko-Biała). Bielsko-Biała: Muzeum Okręgowe, 2000. 70 S. L 10 f+".

881 Kertész, Botond: **Luther kapcsolata Magyarországgal** (Luthers Beziehungen zu Ungarn). In: Luther Márton, a reformátor: kiállításvezető (Martin Luther – the reformer: a companion to the exhibit ⟨ungar.⟩)/ hrsg. von Martin Treu; übers. von Márta Gáncs; Marianne Szentpétery. BP: Luther, 2006, 72-75.

882 Kertész, Botond: **A magyarországi evangélikus konfirmáció története** (Geschichte der luth. Konfirmation in Ungarn). In: 088, 9-16.

883 Kulbaka, Monika: **Konflikty wyznaniowe na obszarze hrabstwa Kłodzkiego w okresie reformacji** (Konfessionelle Konflikte auf dem Gebiet der Grafschaft Glatz im Reformationszeitalter). In: Polacy w dziejach Europy Środkowej i Rosji w XVI-XX wieku. Opole: Uniwersytet Opolski, 2004, 9-26. L 27+".

884 Kuzborska, Alina: **Rozwój litewskiego piśmiennictwa religijnego w Prusach Wschodnich do XVIII wieku, czyli rzecz o narodzie, który przetrwał dzięki filologii** (Die Entwicklung des litauischen religiösen Schrifttums in Ostpreußen bis zum 18. Jahrhundert, oder: Vom Volk, das dank der Philologie überleben konnte). In: 055, 77-91.L".

885 Lotman, Piret: **Heinrich Stahls »Leyenspiegel«:** eine jahrhundertelang schweigende Predigtsammlung. In: 046, 363-374.

886 McEntegart, Rory: **Henry VIII, the League of Schmalkalden and the English Reformation.** Woodbridge; Rochester, USA: Boydell, 2002. X, 244 S. (Royal Historical Society studies in history: N. S.; 25)

887 Maciuszko, Janusz: **Kościoł Luterański w Polsce od XVI do XX wieku** (Die luth. Kirche in Polen vom 16. bis zum 20. Jh.). In: 083, 55-102.

888 Małłek, Janusz: **Polska wobec luteranizacji Prus** (Polens Stellung zur Annahme des Lutherstums in Preußen). ORP 49 (WZ 2005), 7-16. L 8+".

889 Małłek, Janusz: **Życie religijne na Mazurach w czasach nowożytnych** (Das religiöse Leben in Masuren in der frühen Neuzeit). In: Ewangelicy na Warmii i Mazurach/ Redaktion: Erwin Kruk. Olsztyn: MTE, 2001, 9-22. L 10+".

890 Mandziuk, Józef: **Historia Kościoła Katolickiego na Śląsku** (Geschichte der röm.-kath. Kirche in Schlesien). Bd. 1 III: (1417-1520). WZ: VKW, 2005. 471 S. L 99+".

891 Mańko-Matysiak, Anna: **Schlesische Gesangbücher 1525-1741:** eine hymnologische Quellenstudie. Wrocław: Wydawnictwu Uniwersytetu Wrocławskiego, 2005.407 S. L19f+". (Acta Universitatis Wratislaviensis; 2800)–Zugl.: Breslau/Wrocław, Univ., Habil.

892 Mańko-Matysiak, Anna: **Schlesische Gesangbücher 1525-1741:** eine hymnologische Quellenstudie. 2. Aufl. Wrocław: Wydawnictwo Uniwersytetu Wrocławskiego, 2006. 407 S. L 19 f+". (Acta Universitatis Wratislaviensis; 2800)

893 Matulevičius, Algirdas: **Mała Litwa od XVI do XIX wieku** (Preußisch-Litauen vom 16. bis zum 19. Jahrhundert). In: 055, 49-75. L 66+".

894 Meller, Katarzyna: **»Noc przeszła, a dzień się przybliżył«:** studia o polskim piśmiennictwie reformacyjnym XVI wieku (»Die Nacht verging und der Tag nahte«: Studien über das polnische reformatorische Schrifttum des 16. Jahrhunderts). Poznań: Wydawnictwo Uniwersytetu im. A. Mickiewicza, 2004. 300 S. L 14+". (Seria filologia polska; 83)

895 Minke, Hans-Ulrich: **Katholisches Kloster und evangelisches Predigerseminar:** das Magdalenerinnen-Kloster in Naumburg am Queis. Jahrbuch für schlesische Kirchengeschichte 84/85 (2005/06), 145-182: KtII., Ill. L".

896 Nitti, Silvana: **Auctoritas:** l'assertio di Enrico VIII contro Lutero (Auctoritas: die »Assertio ...« Heinrichs VIII. gegen Luther). Roma: Edizioni di Storia et Letteratura, 2005. XVIII, 452 S. (Studi e testi del rinascimento Europeo; 27)

897 Nowak, Zbigniew: **Wczesna faza piśmiennictwa antyreformacyjnego w Polsce (1520-1548)** (Die Frühphase des antireformatorischen Schrifttums in Polen [1520-1548]). In: 011, 175-182. L ".

898 Rominger, Walter: **Geistgewirkt und deshalb trefflich:** Luthers Beurteilung des Islam. Luth. Beiträge 6 (2001), 98-105.

899 Rothkegel, Martin: **Andreas Fischer:** neue Forschungen zur Biographie eines bekannten Unbekannten. JGPrÖ 121 (2005), 325-351: Ill. L".

900 Rothkegel, Martin: **Mährische Sakramentierer des zweiten Viertels des 16. Jahrhunderts:** Mate(h)j Poustevník, Benes(h) Optát, Johannes Zeising (Jan C[h]iz[h]ek), Jan Dubc(h)ansky ze Zdenína und die Habrovaner (Lulc[h]er) Brüder). Baden-Baden; Bouxwiller; Koerner, 2005. 253 S.: Ill. (Bibliotheca Bibliographica Aureliana; 208)(Bibliotheca Dissidentum: Répertoire des non-conformistes religieux du seizième at dixseptième siècles;24

901 Rutiku, Siret: **Über die Rolle des deutschen Kirchenliedes in der estnischen Kulturgeschichte.** In: 046, 245-262. L 246-249. 252 f.

902 Salmonowicz, Stanisław: **W staropolskim Toruniu w XVI-XVIII wieku:** studia i szkice (Im altpolnischen Thorn im 16.-18. Jahrhundert: Studien und Skizzen). Toruń: Dom Organizatora, 2005. 113 S. L 27+".

903 Strohmeyer, Arno: **Konfessionskonflikt und Herrschaftsordnung:** Widerstandsrecht bei den österreichischen Ständen (1550-1650). MZ: von Zabern, 2006. X, 561 S. (VIEG; 201: Abt. Universalgeschichte) (Beiträge zur Sozial- und Verfassungsgeschichte des Alten Reichs; 16) – Zugl.: Bonn, Univ., Philos. Fak., Habil., 2003.

904 Tamm, Ditlev: **Wittenberg und Kopenhagen.** In: 095, 83-93.

905 Tazbir, Janusz: **Polska przedmurzem Europy** (Polen Vormauer Europas). WZ: Twój Styl, 2004. 216 S. L 28+".

906 Vásárhelyi, Judit: **A Vizsolyi Biblia elöljáróbeszéde mint vitairat** (Die Vorrede der Vizsolyer Bibel als Streitschrift). In: 084, 33-41.

907 Weikl, Dietmar: **Die Trostschriften Martin Lodingers.** JGPrÖ 121 (2005), 397-424: Ill. L ».

908 Winiarska, Izabela: **Słownictwo religijne polskiego kalwinizmu o XVI-XVIII wieku** (Religiöser Wortschatz des poln. Calvinismus vom 16.-18. Jh.). WZ: Semper, 2004. 64 S. L 48+".

909 Witkowski, Rafał: **Wilno i Królewiec:** początki drukarstwa w językach bałtyckich do kónca XVI wieku (Vilnius und Königsberg: Anfänge des Buchdrucks in baltischen Sprachen bis zum Ende des 16. Jahrhunderts). In: 055, 93-126. L 90+".

910 Zinnhobler, Rudolf: **Die Entwicklung des Protestantismus in Oberösterreich – Schwerpunkte und Wendepunkte.** JGPrÖ 121 (2005), 443-470. L 443-446.

911 Zwanepol, Klaas: **Realpräsenz im frühen niederländischen Luthertum.** LuJ 72 (2005 [gedr. 2006]), 87-118: Ill. L 89 f+"

6 Luthers Wirkung auf spätere Strömungen, Gruppen, Persönlichkeiten und Ereignisse

a) Allgemein

912 Becker, Frank: **Protestantische Euphorien:** 1870/71, 1914 und 1933. In: 060, 19-44.

913 Bonkhoff, Bernhard H.: **Bildatlas zur Pfälzischen Kirchengeschichte.** Bd. 1.: **Zum 75. Jubiläum des Vereins für Pfälzische Kirchengeschichte.** Speyer: Zechner; Regensburg: Schnell & Steiner, 2000. XI, 628 S.: 1000 Ill. (Veröffentlichungen des Vereins für Pfälzische Kirchengeschichte; 20)

914 Bonkhoff, Bernhard H.: **Quellen und Texte zur Pfälzischen Kirchengeschichte:** Bildatlas zur Pfälzischen Kirchengeschichte. Bd. 2: Textband. Speyer: Zechner; Regensburg: Schnell & Steiner, 2005. XVI, 1366 S.

915 Egler, Anna: **Frömmigkeit – Gelebter und entfalteter Glaube.** In: 035, 773-860. L 804+".

916 Ellingsen, Terje: **Da lutherdommen kom til Norge** (Als das Luthertum nach Norwegen kam). Prismet 56 (Oslo 2005), 118-127.

917 Geldbach, Erich: **Freikirchen:** Erbe, Gestalt und Wirkung. 2., völlig neu bearb. Aufl. GÖ: V&R, 2005. 356 S.: Ill. (Bensheimer Hefte; 70)

918 Graf, Friedrich Wilhelm: **Der Protestantismus:** Geschichte und Gegenwart. M: Beck, 2006. 127 S. (Beck'sche Reihe; 2108)

919 Hölscher, Lucian: **Die Geschichte der protestantischen Frömmigkeit in Deutschland.** M: Beck, 2005. 466 S.

920 Kacprzak, Marta: **Myśl o Bogu i człowieku w »Żywocie Józefa« Mikołaja Reja** (Denken über Gott und Mensch in Mikołaj Rejs »Leben Jo-

sephs«). WZ: Uniwersytet Warszawski, 2003. 336
S. L 15+".

921 Kang, Paul ChulHong: **Justification:** the imputa-
tion of Christ's righteousness from Reformation
theology to the American great awakening and
the Korean revivals. NY; Washington, D.C./Balti-
more; Bern; F; B; Brussels, Vienna, Oxford: Lang,
2006. XII, 313 S. – Zugl.: Stellenbosch, Univ.,
Diss.

922 Kirchhoff, Klaus; Breit-Keßler, Susanne: **Reformationstag.** In: Evangelische Glaubensfibel:
Grundwissen der evangelischen Christen/ hrsg.
von Norbert Dennerlein; Michael Meyer-Blanck;
mit einem Geleitwort von Wolfgang Huber. GÜ:
GVH, 2006, 166-169.

923 Kościelak, Sławomir: **Jezuici w Gdańsku od dru-
giej połowy XVI wieku do końca XVIII wieku**
(Die Jesuiten in Danzig von der 2. Hälfte des 16.
bis zum Ende des 18. Jh.). Kraków: WAM, 2003.
368 S. L 21+".

924 **Liederkunde zum Evangelischen Gesangbuch/** im
Auftrag der Evangelischen Kirche in Deutsch-
land gemeinschaftlich mit Hans-Christian
Drömann ... hrsg von Gerhard Hahn; Jürgen
Henkys. Heft 4. GÖ: V&R, 2002. 96 S. L": Noten.
(Handbuch zum Evang. Gesangbuch; 3 IV)

925 Lønning, Inge: **Ble kirken i Norge noen gang luthersk** (Wurde die Kirche in Norwegen eigentlich
lutherisch)? Prismet 56 (Oslo 2005), 164-171.

926 Natoński, Bronisław: **Humanizm jezuicki i
teologia pozytywno-kontrowersyjna od XVI do
XVIII wieku** (Jesuitischer Humanismus und die
positiv-kontroverse Theologie im 17. und 18. Jh.).
Kraków: WAM, 2003. 282 S. L 24+".

927 Rutz, Andreas: **Bildung – Konfession – Geschlecht:** religiöse Frauengemeinschaften und
die katholische Mädchenbildung im Rheinland
(16.-18. Jahrhundert). MZ: von Zabern, 2006. XI,
505 S.: Kat., Tab. (VIEG; 210: Abt. Abendländische Religionsgeschichte) – Zugl.: Bonn, Univ.,
Philos. Fak., Diss., 2004/05.

928 Sommer, Wolfgang: **Die lutherischen Hofpre-
diger in Dresden:** Grundzüge ihrer Geschichte
und Verkündigung im Kurfürstentum Sachsen.
S: Steiner, 2006. 318 S.: Ill.

929 Track, Joachim: **Luthertum.** In: 019, 1468-1474.

930 Walkusz, Jan: »**Gdyby o Polskę pytali**«: z dzie-
jów duchowieństwa Pomorza i Wielkopolski w
XIX i XX wieku (»Wenn sie nach Polen fragten«:
zur Geschichte der Geistlichkeit Pommerns und
Großpolens (Posen) im 19. und 20. Jahrhundert).
Lublin: Towarzystwo Naukowe KUL, 2004. 215
S. L 43-47+". (Prace Wydziału Teologicznego;
133)

931 Walter, Peter: **Theologie bis zum Ende des 18.
Jahrhunderts.** In: 035, 700-720. L 701 f, 707.

932 Wolgast, Eike: **Säkularisationen und Säkularisa-
tionspläne im Heiligen Römischen Reich Deutscher Nation vom 16. bis zum 18. Jahrhundert.**
BlWKG 104 (2004), 47-71. L 50 f+".

933 Zschoch, Hellmut: »**Was wird aus der Reformation?**«: Katharina Zell, Ludwig Rabus und die
Frage nach der reformatorischen Identität des
nachreformatorischen Protestantismus. Wort
und Dienst 27 (2003), 249-276.

b) Orthodoxie und Gegenreformation

934 Arand, Charles P.; Robinson, Paul W.: **Concordia:**
a reader's edition. CJ 32 (2006), 54-73. L". – Bespr.
zu LuB 2007, Nr. 946.

935 Becker, Winfried: **Der Passauer Vertrag in der
Historiographie.** In: 063, 166-194. L 168. 189.

936 Beeskow, Hans-Joachim: **Paul Gerhardt 1607-1676:**
eine Text-Bild-Biographie. Lübben: Heimat-Ver-
lag Lübben, 2006. 138 S.: Ill.

937 Biagioni, Mario: **La ragione dell' immortalità:**
la disputa tra Francesco Pucci e Fausto Sozzini
»De statu primi hominis ante lapsum (Die ratio
der Unsterblichkeit: die Disputation zwischen
Francesco Pucci und Fausto Sozzini »De statu
primi hominis ante lapsum«). In: Faustus Soci-
nus and his heritage/ hrsg. von Lech Szezucki.
Kraków: Polisk Academy of Arts and Sciences,
2005, 53-89. L 70+". – Bespr.: Małłek, Janusz: ORP
50 (2006), 323-325.

938 Bideau, Alain: **Paul Gerhardt (1607-1676):** un
pasteur-poète entre tradition et innovation. In:
01, 143-160.

939 Bottigheimer, Ruth B.: **Sebastian Castellio and
his Dialogi sacri.** In: 04, 331-346.

940 Bräuer, Siegfried: **Cyriakus Spangenberg als
mansfeldisch-sächsischer Reformationshistoriker.** In: 067, 171-189. L 173. 183-186.

941 Brecht, Martin: **Johann Valentin Andreaes Beziehungen zu den süddeutschen Städten.** ZBKG
75 (2006), 31-43.

942 Bröer, Ralf: **Antiparacelsismus und radikale
Reformation:** Ernst Soner (1573-1612) und Sozi-
nianismus in Altdorf. ORP 48 (2004), 117-147. L
142+".

943 Bunners, Christian: **Paul Gerhardt:** Weg – Werk
– Wirkung. Überarb. und erg. Neuausgabe. GÖ:
V&R, 2006. 320 S.: Ill.

944 Carl, Horst: »**Wider die Verächter und Lästerer
dieses Ehrenstandes**«: Cyriakus Spangenberg als
Verteidiger und Kritiker des Adels. In: 067, 135-154.
L 147 f+".

945 Christman, Robert J.: »Do haben sie auch jedes mal [...] Antwort gegeben, was gutt gewesen, gelobt, und was Bose gewesen, widerlegt und vorworffen«: das Ende der Einigkeit innerhalb der Gnesiolutheraner in der Grafschaft Mansfeld (1572). In: 067, 297-307.

946 **Concordia:** the Lutheran confessions; a reader's edition of the Book of Concord/ hrsg. von Paul Timothy McCain ... auf der Grundlage der Übers. von William H. T. Dau ... 41., durchges., aktualisierte und kommentierte Aufl. StL: Concordia, 2005. 761 S.: Ill. – Bespr. siehe LuB 2007, Nr. 934.

947 Davis, Thomas J.: **Discerning the body:** the eucharist and the Christian social body in sixteenth century Protestant exegesis. Fides et historia 37/38 (Terre Haute, IN 2005/2006), 67-81.

948 Deichgräber, Reinhard: **Nichts nimmt mit meinen Mut:** Paul Gerhardt als Meister christlicher Lebenskunst. GÖ: V&R, 2006. 160 S. L 137 f.

949 Deuschle, Matthias A.: **Brenz als Kontroverstheologe:** die Apologie der Confessio Virtembergica und die Auseinandersetzung zwischen Johannes Brenz und Pedro de Soto. TÜ: Mohr, 2006. XIII, 343 S. (Beiträge zur historischen Theologie; 138) – Zugl.: B, Humboldt-Univ., Theol. Fak., Diss., 2005.

950 Dingel, Irene: »Der rechten lehr zuwider«: die Beurteilung des Interims in ausgewählten theologischen Reaktionen. In: 042, 292-311. L 303 f+".

951 Facca, Danilo: **Bartłomiej Keckermann (1572-1609) teologia reformacji i logika** (Bartholomäus Keckermann [1572-1609] – Theologie der Reformation und Logik). ORP 45 (2001), 99-115. L 105+".

952 Facca, Danilo: **Bartłomiej Keckermann i filozofia** (Bartholomäus Keckermann und die Philosophie). WZ: Polska Akademia Nauk, Instytut Filozofii i Socjologii, 2005. 291 S. L 70+". (Renesans i reformacja; 26)

953 Fätkenheuer, Frank: **Lebenswelt und Religion:** mikro-historische Untersuchungen an Beispielen aus Franken um 1600. GÖ: V&R, 2004. 395 S. (Veröffentlichungen des Max-Planck-Instituts für Geschichte; 198) – Zugl.: GÖ, Univ., Philos. Fak., Diss., 2001/02.

954 Fechner, Jörg-Ulrich: **Martin Opitz und der Genfer Psalter.** In: 025, 295-315.

955 Fejtová, Olga: **Reformierte Literatur in Prager bürgerlichen Privatbibliotheken im 17. Jahrhundert.** Zw 32 (2005), 71-88. L 73-77. 79-81.

956 Feld, Helmut: **Ignatius von Loyola:** Gründer des Jesuitenordens. Köln; Weimar; W: Böhlau, 2006. IX, 483 S.: Ill.

957 Fischer, Michael: **Christus, der ist mein Leben** (Nr. 516). In: 052, 57-62.

958 Frank, Günter: **Fragmentierung und topische Neuordnung der aristotelischen Ethik in der frühen Neuzeit:** Ethik bei Viktorin Strigel und Abraham Scultetus. In: 080, 153-167.

959 Friedeburg, Robert von: **Magdeburger Argumentationen zum Recht auf Widerstand gegen die Durchsetzung des Interims (1550-1551) und ihre Stellung in der Geschichte des Widerstandsrechts im Reich, 1523-1626.** In: 042, 389-437. L 404 f+".

960 Friedrich, Markus: **Johannes Olearius (1546-1623):** ein strenger Lutheraner als Superintendent Halles. In: 058, 201-234. L 206-208+".

961 Gehrt, Daniel: **Kurfürst Johann Friedrich I. und die ernestinische Konfessionspolitik zwischen 1548 und 1580.** In: 043, 307-326. L 316-318+".

962 Gelderen, Martin van: **Antwerpen, Emden, London 1567:** der Streit zwischen Lutheranern und Reformierten über das Widerstandsrecht. In: 042, 105-116.

963 Gößner, Andreas: **Die Augsburger Pfarrerschaft um 1555:** das Predigerministerium vom Interim bis zum Kalenderstreit 1548-1582 und der Wiederaufbau der evangelischen Kirche. ZBKG 75 (2006), 44-55.

964 Golik-Prus, Aleksandra: **Rożnorodność formuły »non omnis moriar« w łacińskich wpisach sztambuchowych przełomu XVI i XVII wieku** (Die Vielfalt der Formel »non omnis moriar« in lateinischen Stammbucheintragungen um die Wende des 16. zum 17. Jh.). Katowice: Wydawnictwo Uniwersytetu Śląskiego, 2004. 135 S. L 100 f. 107+".

965 Goodale, Jay: **Intimidation, intolerance, and injury:** religious conflict in Saxony, 1587-1592. In: 072, 195-219. L 212 f+".

966 Gummelt, Volker: **Der Maßlose:** Johann Friedrich Mayer – Wächter der Orthodoxie, virtuoser Prediger, Bibliomane. In: 032, 45-56: Ill.

967 Haug-Moritz, Gabriele: »Ob wir uns auch mit Gott / Recht und gutem Gewissen / wehren mögen / und Gewalt mit Gewalt vertreiben?«: zur Widerstandsdiskussion des Schmalkaldischen Krieges 1546/47. In: 042, 488-509. L 500 f+".

968 Hauptmann, Peter: **Einig in der Wahrheit.** Evang.-luth. Volkskalender 116 (2006), 63-74: Ill.

969 Haustein, Jörg: **Das Verhältnis der Konfessionen um die Mitte des 16. Jahrhunderts:** ein europäischer Vergleich. In: 063, 151-165.

970 Heckel, Martin: **Deutschland im konfessionellen Zeitalter.** 2. Aufl. GÖ: V&R, 2002. 298 S. (Kleine Vandenhoeck-Reihe; 1490) (Deutsche Geschichte; 5)

971 Hegeler, Hartmut: **Anton Praetorius:** Kämpfer

gegen Hexenprozesse und Folter; zum 400jähri-
gen Gedenken an das Lebenswerk eines protestantischen Pfarrers. Unna: Eigenverlag Hartmut
Hegeler, 2002. 264 S.: Ill.

972 Heltai, János: **A nyomtatott vallási vitairatok
Magyarországon a 17. század első felében (1601-
1655)** (Gedruckte Religionsstreitschriften in
Ungarn in der 1. Hälfte des 17. Jahrhunderts). In:
084, 115-174.

973 Hund, Johannes: **Die Debatte um die Wittenberger Christologie und die konsequent-philippisti-
sche Abendmahlslehre Caspar Peucers.** In: 031,
85-109. L 87 f+".

974 Hund, Johannes: **Das Wort ward Fleisch:** eine
systematisch-theologische Untersuchung zur
Debatte um die Wittenberger Christologie und
Abendmahlslehre in den Jahren 1567 bis 1574. GÖ:
V&R, 2006. 744 S.: Tab. (Forschungen zur syste-
matischen und ökumenischen Theologie; 114)
– Zugl.: MZ, Univ., Theol. Fak., Diss., 2004/05.

975 [Hutter, Leonhart] Hütter, Leonhart: **Compendium locorum theologicorum ex Scripturis
sacris et Libro concordiae:** lateinisch – deutsch
– englisch/ kritisch hrsg., komm. und mit einem
Nachwort sowie einer Bibliographie sämtlicher
Drucke des Compendium vers. von Johann
Anselm Steiger. 2 Teilbde. S-Bad Cannstatt:
Frommann-Holzboog, 2006. 882 S.: Ill.; S. 888-
1143: Ill. (Doctrina et pietas: Abt. 2: Varia; 3)

976 Jesse, Horst: **Die Entwicklung zu dem Augsburger Religions-Friede von 1555.** DPfBl 105 (2005),
466-468.

977 Kaczmarzyk, Izabela: **Adam Gdacjusz:** z dziejów
kaznodziejstwa śląskiego (Adam Gdacjusz: über
die Geschichte der schlesischen Predigt). Katowice: Biblioteka Śląska, 2003. 274 S. L 21+".

978 Kamieniecki, Jan: **Szymon Budny:** zapomniana
postać polskiej reformacji (Szymon Budny: eine
vergessene Gestalt der polnischen Reformation). Wrocław: Wydawnictwo Uniwersytetu
Wrocławskiego, 2002. 192 S. L 22+". – Bespr.:
Tazbir, Janusz: ORP 47 (2003), 229 f.

979 Kauertz, Claudia: **Das Meinungsspektrum über
Zauberei und Hexenverfolgung in der lutherischen Theologie:** Visitationspredigten aus
der Grafschaft Waldeck (1585). JWKG 102 (2006),
19-49. L 45-48+".

980 Kaufmann, Thomas: **Die Anfänge der Theologischen Fakultät Jena im Kontext der »inner-
lutherischen« Kontroversen zwischen 1548 und
1561.** In: 043, 209-258. L 214 f. 248 f+".

981 Kaufmann, Thomas: **Johann Gerhard (1582-1637).**
In: 045, 7-25.

982 Kaufmann, Thomas: **Konfession und Kultur:** lu-

therischer Protestantismus in der zweiten Hälfte
des Reformationsjahrhunderts. TÜ: Mohr, 2006.
XVI, 522 S. (Spätmittelalter und Reformation: N.
R.; 29)

983 Kaufmann, Thomas: **Matthias Flacius Illyricus:**
lutherischer Theologe und Magdeburger Publi-
zist. In: 058, 177-199. L 177-182+".

984 Kempa, Tomasz: **Wobec kontrreformacji:** protes-
tanci i prawosławni w obronie swobód wyznaniowych w Rzeczypospolitej w końcu XVI i w
pierwszej połowie XVII wieku (Im Angesicht der
Gegenreformation: Protestanten und Orthodoxe
im Ringen um die Religionsfreiheit in der Adelsrepublik am Ende des 16. und in der ersten Hälfte
des 17. Jahrhunderts). Toruń: Adam Marszałek,
2007. 624 S. L 19+".

985 Kessner, Lars: **Ambrosius Lobwasser:** Humanist,
Dichter, Lutheraner. In: 025, 217-228.

986 Kessner, Lars: **Lutherische Reaktion auf den Lob-
wasser-Psalter:** Cornelius Becker und Johannes
Wüstholtz. In: 025, 283-293.

987 Kisiel, Dariusz: **Recepcja reformy trydenckiej w
diecezji płockiej** (Die Aufnahme der Reform von
Trient in der Diözese Płock). Pułtusk: Wyższa
Szkoła Humanistyczma im A. Gieysztora, 2004.
256 S. L 24+".

988 Klärner, Hans-Joachim: **Der Kantor und sein
Glaube:** zum 250. Todestag von Johann Sebastian
Bach. Evang.-luth. Volkskalender III (2000), 61-66:
Ill.

989 Koch, Ernst: **Theologische Aspekte der ernes-
tinischen Reaktionen auf das Interim.** In: 042,
312-330. L 328 f+".

990 Kolb, Robert: **The Formula of concord as a model
for discourse in the church.** CJ 32 (2006), 189-210.
L 189-195. 207-210+".

991 Kolb, Robert: **Jeder Christ ist in die Pflicht
genommen, Zeugnis vom Glauben abzulegen:**
die Verkündigung der Lutheraner in der Spätre-
formation zu Mission und Bekenntnis. In: 031,
127-142.

992 Kolb, Robert: **Late Reformation Lutherans on
mission and confession.** LQ 20 (2006), 26-43. L
26-30+".

993 Kühne, Hartmut: **Der Prediger als Augur:**
Prodigien bei Cyriakus Spangenberg. In: 067,
229-244.

994 Kümmerle, Julian: **Wissenschaft und Verwandtschaft:** protestantische Theologenausbildung
im Zeichen der Familie vom 16. bis zum 18.
Jahrhundert. In: 06, 159-210: Ill. L 167-171+".

995 Łaski, Jan: **Forma i całkowity porządek kościel-
nego posługiwania w kościele cudzoziemskim
ustanowionym w Londynie, w Anglii ... w roku**

1550 (Forma ac ratio tota ecclesiastici ministerii, in perigrinorum Ecclesia instituta in Londini, in Anglia ... Anno 1555. Autore Joanne a Lasco ⟨poln.⟩)/ aus dem Lat. übers. von Tomasz Płóciennik; eingel. von Janusz T. Maciuszko; Nachwort Judith Becker. WZ: Semper, 2004. 290 S. L 14+".

996 Leppin, Volker: **Bekenntnisbildung als Katastrophenverarbeitung:** das Konfutationsbuch als ernestinische Ortsbestimmung nach dem Tode Johann Friedrichs I. In: 043, 295-306.

997 Maciuszko, Janusz Tadeusz: **Mikołaj Rej:** zapomniany teolog ewangelicki z XVI wieku (Mikołaj Rej: ein vergessener evang. Theologe aus dem 16. Jahrhundert). WZ: 2002. 680 S. L 68+". – Bespr.: Kacprzak, Marta: ORP 47 (2003), 217-222; Jaskóła, Piotr: Studia oecumenica 4 (Opole 2004), 245-249.

998 Mahlmann, Theodor: **Die Prädestinationslehre Georg Sohns (1551-1589) juristisch gelesen.** In: 080, 255-291. L".

999 Meerhoff, Kees: **Bartholomew Keckermann and the anti-Ramist tradition at Heidelberg.** In: 080, 169-205. L".

1000 Neval, Daniel A.: **Die Macht Gottes zum Heil:** das Bibelverständnis von Johann Amos Comenius in einer Zeit der Krise und des Umbruchs. ZH: Theol. Verlag, 2006. XXXII, 604 S.: Porträt. (Zürcher Beiträge zur Reformationsgeschichte; 23) – Zugl.: ZH, Univ., Diss., 2004.

1001 Niekus Moore, Cornelia: **Die Leichenpredigten des Cyriakus Spangenberg in der Leichenpredigttradition seines Umfeldes.** In: 067, 217-227.

1002 Nischan, Bodo: **Die Interimskrise in Brandenburg.** In: 042, 255-273. L 255+".

1003 Oláh, Szabolcs: **A tanúságra hívás retorikája és a vita dialektikai elvű elutasítása** (Bornemisza Fejtegetése és Telegdi Felelete) (Die Rhetorik der Einladung zum Zeugnis und die Ablehnung des Streites aus dialektischen Gründen [Bornemisza Fejtegetés und Telegdi Felelet]). In: 084, 13-31.

1004 Petkunas, Darius: **Wilno 1585:** Colloquium Lutheran and Reformed discord over sacramental theology in Lithunia. ORP 49 (2005), 17-34. L 28+".

1005 Petzoldt, Martin: **Immanuel Webers »Orgell-Predigt« vom Palmsonntag 1671 in Pomßen.** In: Die Orgel zu Pomßen: Festschrift zur Wiederweihe/ im Auftrag des Fördervereins Renaissance-Orgel Pomßen hrsg. von Klaus Gernhardt; Roland Börger. Redaktion: Rainer Behrends; Roland Börger. Beucha: Sax, 2006, 70-87. L 73. 84.

1006 Pietz, Hans-Wilhelm: **Martin Moller und die »neue« Frömmigkeit im späten 16. Jahrhundert:**

»Schöne, andächtige Gebete, tröstliche Sprüche, gottselige Gedanken ...«. In: 078, 120-140: Ill. L".

1007 Przymuszała, Lidia: **Struktura i pragmatyka Postylli Samuela Dambrowskiego** (Struktur und Pragmatik der Postille von Samuel Dambrowski). Opole: Uniwersytet Opolski, 2003. 168 S. L 35+". (Studia i monografia; 327)

1008 Rohls, Jan: **»Historia von D. Johann Fausten«:** der lutherische Roman und seine literarische Wirkung. In: 065, 27-53. L 32-35. 39-43+".

1009 Schindling, Anton: **Der Passauer Vertrag und die Kirchengüterfrage.** In: 063, 105-123: Kat. L".

1010 Schlette, Magnus: **Zwang und Freiheit der Erzählung:** Johann Arndts Frömmigkeitstheologie als Quelle narrativer Individuierung in der Moderne. In: 021, 65-98. L 67 f. 96 f+".

1011 Schmidt, Georg: **Der Kampf um Kursachsen, Luthertum und Reichsverfassung (1546-1553):** ein deutscher Freiheitskrieg? In: 043, 55-84.

1012 Schneider, Hans: **Johann Arndt und die Mystik.** In: Zur Rezeption mystischer Traditionen im Protestantismus des 16. bis 19. Jahrhunderts: ... [LuB 2004, Nr. 089] , 59-90. L".

1013 Schneider, Hans: **Johann Arndt und die Mystik.** (2002). In: 074, 216-246. L 230 f+".

1014 Schneider, Hans: **Johann Arndts »verschollene« Frühschriften.** (1995). In: 074, 156-196. L".

1015 Schneider, Hans: **Johann Arndts »Vier Bücher von wahrem Christentum«:** offene Fragen der Quellen- und Redaktionskritik. (1998). In: 074, 197-215. L 197. 209-212.

1016 Sinnema, Donald: **Johann Jungnitz on the use of Aristotelian logic in theology.** In: 080, 127-152. [Melanchthon 149 f+"]

1017 Spijker, Willem van 't: **Heidelberger Gutachten in Sachen Vorstius.** In: 080, 207-225. L".

1018 Strohm, Christoph: **Weltanschaulich-konfessionelle Aspekte im Werk Heidelberger Juristen.** In: 080, 325-358. L".

1019 Vaahtoranta, Martti: **Ist Isa gleich Christus?:** die theologischen Intentionen von Johann Gerhard mit einem Blick auf den modernen christlich-islamischen Dialog. Luth. Beiträge 8 (2003), 139-172. L 141 f. 157 f+".

1020 Vaahtoranta, Martti: **Johann Gerhard und die aktuelle Rechtfertigungslehre:** Lectio praecursoria bei der Promotion am 28. März 1998 in Helsinki. Luth. Beiträge 6 (2001), 237-242.

1021 Vaahtoranta, Martti: **Restauratio imaginis divinae:** die Vereinigung von Gott und Mensch, ihre Voraussetzungen und Implikationen bei Johann Gerhard. Helsinki: Luther-Agricola-Gesellschaft, 1998. 350 S. (Schriften der Luther-Agricola-Gesellschaft; 41) – Zugl. Helsinki, Univ., Diss., 1998.

1022 Wartenberg, Günther: **Zwischen Kaiser, Konfession und Landesherrschaft**: das Interim in Mitteldeutschland. In: 042, 233-254. L 234 f+".

1023 Washburn, Christian David: **St. Roberto Cardinal Bellarmino's defense of Catholic Christology against the Lutheran doctrine of ubiquity** (Martin Luther, Johannes Brenz, Martin Chemnitz). Cambridge: ProQuest; AnA: UMI, 2006. 344 Bl. – Washington, DC, Catholic University of America, PhD, 2005. [Auch als E-book]

1024 Wefers, Sabine: **Wissen in Fässern und Kisten**: von Wittenberg nach Jena. In: 043, 191-207.

1025 Wengert, Timothy J.: **A formula for parish practice**: using the Formula of concord in congregations. Grand Rapids, MI; Cambridge, U. K.: Eerdmans, 2006. XII, 234 S. (Lutheran quarterly books)

c) Pietismus und Aufklärung

1026 Anstadt, Peter: **Luther, Zinzendorf, and Wesley**: an account of John Wesley's conversion throught hearing Luther's Preface to the Epistle to the Romans read in a Moravian prayer meeting in London, England: to which is added a new translation of Luther's preface. Nachdruck der Ausgabe York, PA [um 1900]. Fort Worth, TX: RDMc, 2005. V, 61 S.

1027 Austad, Torleiv: **Dåp og omvendelse i lys av brytningen mellom lutherdom og pietisme** (Taufe und Umkehr im Licht des Unterschieds zwischen Luthertum und Pietismus). TTK 77 (2006), 271-280.

1028 Beutel, Albrecht: **Philipp Jakob Spener (1635-1705) und Johann Joachim Spalding (1714-1804)**. In: 045, 37-57. L 39 f. 49.

1029 Bunners, Christian: **Orgelstreit in Otterndorf um 1660 und die Folgen für das Alte Land und die lutherische Orgelkultur**. Jahrbuch des Altländer Archives (Jork 2005), 20-44. L 25+".

1030 Cordes, Harm: **Hilaria evangelica academica**: das Reformationsjubiläum von 1717 an den deutschen lutherischen Universitäten. GÖ: V&R, 2006. 361 S. (Forschungen zur Kirchen- und Dogmengeschichte: 90) – Zugl.: MZ, Univ., Theol. Fak., Diss., 2003.

1031 Dierken, Jörg: **Freiheit als religiöse Leitkategorie**: protestantische Denkformen zwischen Luther und Kant. In: 021, 119-144.

1032 Dierken, Jörg: **Selbstbeurteilung und Selbstbestimmung**: protestantisches Freiheitsdenken zwischen Luther und Kant. (2005). In: 013, 197-220.

1033 Drese, Claudia: **Der Berliner Beichtstuhlstreit** oder Philipp Jakob Spener zwischen allen Stühlen? Pietismus und Neuzeit 31 (2005), 60-97. L 62 f.

1034 Gassmann, Lothar: **Pietismus – wohin?**: Neubesinnung in der Krise der Kirche. Wuppertal: Verlag für Reformatorische Erneuerung, 2004. 190 S.

1035 Goebel, Karl Gottfried: **Johann Christian Lange (1669-1756)**: seine Stellung zwischen Pietismus und Aufklärung. DA; Kassel: Verlag der Hessischen Kirchengeschichtlichen Vereinigung, 2004. IX, 375 S.: Ill. (Quellen und Studien zur hessischen Kirchengeschichte; 9) – Zugl.: Marburg, Univ., Theol. Fak., Diss., 2001.

1036 Grutschnig-Kieser, Konstanze: **Der »Geistliche Würtz= Kräuter= und Blumen=Garten« des Christoph Schütz**: ein radikalpietistisches »Universal-Gesang=Buch«. GÖ: V&R, 2006. 346 S. (Arbeiten zur Geschichte des Pietismus; 49) – Zugl.: MZ, Univ., Diss., 2003.

1037 Grzywacz, Małgorzata: **Problematyka litewska w kontekśie ekspansji pietystycznej**: uwagi na marginesie listów Jerzego Fryderyka Rogalla do Augusta Hermanna Franckego [Litauische Problematik im Kontext der pietistischen Expansion: Bemerkungen am Rande des Briefwechsels Georg Friedrich Ragalls mit August Hermann Francke] In: 055, 127-137.

1038 Heit, Alexander: **Versöhnte Vernunft**: eine Studie zur systematischen Bedeutung des Rechtfertigungsgedankens für Kants Religionsphilosophie. GÖ: V&R, 2006. 288 S. (Forschungen zur systematischen und ökumenischen Theologie; 115) – Zugl.: GÖ, Univ., Theol. Fak., Diss., 2005.

1039 Henkys, Jürgen: **Die deutsche Neutextuierung des Genfer Psalters durch Matthias Jorissen (1798)**: hymnodisches Erbe und Geist der Zeit. In: 025, 331-346.

1040 Herder, Johann Gottfried: **Briefe**: Gesamtausgabe 1763-1803. Bd. 11: **Kommentar zu den Bänden 1-3**/ bearb. von Günter Arnold. Weimar: Böhlau, 2001. 664 S.

1041 Jensen, Oddvar Johan: **Luther – prekener på norsk** (Luther – Predigten auf norwegisch). TTK 77 (2006), 40-58.

1042 Kotarski, Edmund: **Gdańskie spory wokół pietyzmu w XVII wieku** (Danziger Streitigkeiten um den Pietismus im 17. Jh.). In: 011, 303-317. L 307+".

1043 Krauter, Stefan: **Römer 7 in der Auslegung des Pietismus**. KD 52 (2006), 126-150. L 128-131.

1044 Neuser, Wilhelm H.: **Die Bildung der reformierten Gemeinden in Lippe im Spiegel der Kirchenvisitationen zu Beginn des 17. Jahrhunderts**. JWKG 101 (2006), 15-161. L 31. 41-45.

1045 Nordbäck, Carola: **The conservative pietism and the Swedish confessional state, 1720-1740.** In: 010, 213-229. L 217-219. 227.

1046 Scheitler, Irmgard: **Der Genfer Psalter im protestantischen Deutschland des 17. und 18. Jahrhunderts.** In: 025, 263-281. L 264-266. 277.

1047 Schneider, Hans: **»Philadelphische Brüder mit einem lutherischen Maul und mährischen Rock«:** zu Zinzendorfs Kirchenverständnis. In: Neue Aspekte der Zinzendorf-Forschung/ hrsg. von Martin Brecht; Paul Peucker. GÖ: V&R, 2006, 11-36. (Arbeiten zur Geschichte des Pietismus; 47)

1048 Schuster, Susanne: **Aemilie Juliane von Schwarzburg-Rudolstadt und Ahasver Fritsch:** eine Untersuchung zur Jesusfrömmigkeit im späten 17. Jahrhundert. L: EVA, 2006. 240 S.: Ill. L 50-54+". (Arbeiten zur Kirchen- und Theologiegeschichte; 18) – Zugl.: Jena, Univ., Theol. Fak., Diss., 2005.

1049 Sommer, Wolfgang: **Arndt und Spener:** die Predigten Philipp Jakob Speners über die Leittexte von Johann Arndts »Wahrem Christentum«. Pietismus und Neuzeit 31 (2005), 98-136. L 116-120+".

1050 Spener, Philipp Jakob: **Briefe aus der Frankfurter Zeit 1666-1686.** Bd. 4: 1679-1680/ hrsg. von Johannes Wallmann in Zsarb. mit Martin Friedrich; Peter Blastenbrei. TÜ: Mohr, 2005. XXX, 822 S.

1051 Spener, Philipp Jakob: **Briefwechsel mit August Hermann Francke: 1689-1704/** hrsg. von Johannes Wallmann; Udo Sträter in Zsarb. mit Veronika Albrecht-Birkner. TÜ: Mohr, 2006. XXXVI, 891 S.

1052 [Spener, Philipp Jakob] Spener, Filip Jakub: **Pia desideria** (Pia desideria ⟨poln.⟩)/ übers. von Małgorzata Platajs; Einl. und Redaktion: Janusz T. Maciuszko. Bielsko-Biała: Augustana, 2002. 93 S. (Biblioteka klasyki Eewangelickiej)

1053 Stegmann, Andreas: **Johann Friedrich König:** seine »Theologia positiva acroamatica« (1664) im Rahmen des frühneuzeitlichen Theologiestudiums. TÜ: Mohr, 2006. X, 318 S. (Beiträge zur historischen Theologie; 137) – Zugl.: B, Humboldt-Univ., Theol. Fak., Diss., 2005.

1054 Steiger, Johann Anselm: **Meditation und Frömmigkeit:** lutherische Erbauungsliteratur der Barockzeit. Jahrbuch des Altländer Archives (Jork 2005), 79-97: Ill. L 88. 90 f.

1055 Urban, Hans Jörg: **Philipp Jakob Spener:** zum dreihundertsten Todestag. ThRe 101 (2005), 179-188.

1056 Venables, Mary Noll: **Pietist fruits from orthodox seeds:** the case of Ernst the Pious of Saxe-Gotha-Altenburg. In: 010, 91-109. L".

1057 Wallmann, Johannes: **Der Pietismus.** GÖ: V&R, 2004. 243 S. (UTB; 2598)

d) 19. und 20. Jahrhundert bis 1917

1058 Ackva, Friedhelm: **Kirche oder Reich Gottes?:** der Konflikt des Nonweiler-Sohnes mit der katholischen Kirche in Mainz (1855-1857). In: 097, 239-253.

1059 Ackva, Friedhelm: **Otto Friedrich Nonweilers Auseinandersetzungen:** evangelisch-katholische Konfrontation in Mainz vor 150 Jahren. JHKV 56 (2005), 129-145. L".

1060 Barth, Roderich: **Das Psychologische in Rudolf Ottos Religionstheorie.** In: Protestantismus zwischen Aufklärung und Moderne: Festschrift für Ulrich Barth/ hrsg. von Roderich Barth; Claus-Dieter Osthöver; Arnulf von Scheliha. F; B; Bern; Bruxelles; NY; Oxford; W: Lang, 2005, 371-388. L 378-382+". (Beiträge zur rationalen Theologie; 16)

1061 Beutel, Albrecht: **Das Lutherbild Friedrich Nietzsches.** LuJ 72 (2005 [gedr. 2006]), 119-146.

1062 Boomgaarden, Jürgen: **Amor iustitiae:** eine kritische Vergegenwärtigung der Lutherischen Lehre vom Rechtsverzicht und Rechtsgewinn. ThZ 61 (2005), 346-363.

1063 Brand, Eugene L.: **The Lord's supper according to the Lutheran tradition in North America.** In: 09, 355-420. L 357 f.

1064 Brunn, Frank Martin: **Union oder Separation?:** eine Untersuchung über die historischen, ekklesiologischen und rechtlichen Aspekte der lutherischen Separation in Baden in der Mitte des 19. Jahrhunderts. Karlsruhe: PV Medien, 2006. XI, 453 S.: Ill. (Veröffentlichungen des Vereins für Kirchengeschichte in der Evang. Landeskirche Baden; 64) – Zugl.: HD, Univ., Theol. Fak., Diss., 2004.

1065 Claussen, Johann Heinrich: **Adolf von Harnack (1851-1930).** In: 045, 141-154.

1066 Dierken, Jörg: **»Protestantisches Prinzip«:** religionsphilosophische Implikationen einer geschichtsphilosophischen Denkfigur Hegels. (1998). In: 013, 259-280. L 274 f+".

1067 Fenske, Wolfgang: **Das Abendmahl nach den Ordnungen der Selbständigen Lutherischen Kirchen.** In: 09, 218-237. L 220.

1068 Fenske, Wolfgang; Raschzok, Klaus: **Das Abendmahl nach den Ordnungen von Privatagenden.** In: 09, 192-217. L 194 f. 214.

1069 Geiger, Erika: **Wilhelm Löhe (1808-1872):** Leben

– Werk – Wirkung; mit einem Geleitwort von Claus-Jürgen Roepke. Neuendettelsau: Freimund, 2003. 359 S.: Ill. (Testes et testimonia veritatis: Zeugen und Zeugnisse der Wahrheit; 3)

1070 Gutmann, Hans-Martin: **Der Schatten der Liebe:** Johann Hinrich Wichern (1808-1881). In: 022, 154-188: Ill. L 168 f. 174.

1071 Hennig, Gerhard: **Das Gebet in der Seelsorge:** eine Erinnerung an und durch Johann Christoph Blumhardt. Theol. Beiträge 37 (2006), 119-130.

1072 Jasiński, Grzegorz: **Kościół Ewangelicki na Mazurach w XIX wieku (1817-1914)** (Evang. Kirche in Masuren im 19. Jahrhundert [1817-1914]). Olsztyn: Ośrodek Badań Naukowych im. Wojciecha Kętrzyńskiego, 2003. 504 S. L 85+". – Bespr.: Wachowiak, Bogdan: Komunikaty Mazursko-Warmińskie 4 (246) (Olstyn 2004), 581-587.

1073 Jørgensen, Theodor: **Grundtvig and Luther: how was Grundtvig influenced by Luther?** In: 029, 194-204.

1074 Kemler, Herbert: **Gott mehr gehorchen als den Menschen:** christlicher Glaube zwischen Restauration und Revolution – dargestellt an der kurhessischen Renitenz. Gießen: Brunnen, 2005. 192 S.: Ill (Kirchengeschichtliche Monographien; 13)

1075 Kerner, Hanns: **Die bayrische Abendmahlsordnung.** In: 09, 119-134. L 122.

1076 Langer, Hanna: **Polskie historyczne księgozbiory domowe na Śląsku Cieszyńki Cieszyńkim** (XX wiek) (Polnische historische Hausbibliotheken im Teschener Schlesien [20. Jh.]). Katowice: Wydawnictwo Uniwersytetu Śląskiego, 2006. 171 S. L 23+" (Prace Naukowe; 2421)

1077 Lax, Doris: **Rechtfertigung des Denkens:** Grundzüge der Genese von Paul Tillichs Denken dargestellt und erläutert an vier frühen Schriften aus den Jahren 1911-1913. GÖ: V&R, 2006. 291 S. – Zugl.: M, Univ., Theol. Fak., Diss., 2005.

1078 Lehmann, Hartmut: **Die Entscheidung des Jahres 1803 und das Verhältnis von Säkularisation, Säkularisierung und Säkularismus.** BlWKG 104 (2004), 11-25.

1079 Leonhardt, Stefan: **»Zwei schlechthin unausgleichbare Auffassungen des Mittelpunktes der christlichen Religion«:** Ignaz Döllingers Auseinandersetzung mit der Reformation, ihrer Lehre und deren Folgen in seiner ersten Schaffensperiode. GÖ: Duehrkohp und Radicke, 2004. IX, 328, XXIII S. (Göttinger Beiträge zur Theologie; 1)

1080 Leonhardt, Stefan: **»Zwei schlechthin unausgleichbare Auffassungen des Mittelpunktes der christlichen Religion«:** Ignaz Döllingers Auseinandersetzung mit der Reformation, ihrer Lehre undderenFolgeninseinererstenSchaffensperiode. Elektron. Ressource. GÖ: Duehrkohp und Radicke, 2004. 1 CD-ROM & Beil. ([1] Bl.). (Göttinger Beiträge zur Theologie; 1)

1081 Mager, Inge: **Weibliche Theologie im Horizont der Hamburger Erweckung:** Amalie Sieveking (1794-1859) und Elise Averdieck (1808-1907). In: 022, 189-223: Ill. L 199 f+".

1082 Markert-Wizisla, Christiane: **Elisabeth Malo (1855-1930).** In: 020, 34-46.

1083 Marszałek, Robert: **Luter i idealizm niemiecki** (Luther und der deutsche Idealismus). Przegląd filozoficzny-literacki 11 (WZ 2005) Heft 1/2, 227-240.

1084 Pasek, Zbigniew: **Topika zbawienia w polskich kancjonałach ewangelikalnego protestantyzmu** (Die Topik des Heils in poln. Gesangbüchern des evangelikalen Protestantismus). Kraków: Wydawnictwo Uniwersytetu Jagiellońskiego, 2004. 228 S. L 69+".

1085 Rivinius, Karl Josef: **Das Bistum von der Säkularisation bis zum Kulturkampf.** In: 035, 907-1141. L 1021-1025.

1086 Roberts, F. Corey: **Heine's Lutherbild and the singularity of the historical moment.** German studies review 28 (Tempe, AZ 2005), 579-594.

1087 Rohls, Jan: **»Parsifal«:** Richard Wagners Musikdrama und die Erlösungsreligion. In: 065, 215-251. L 215 f. 237.

1088 Schramm, Gabriele: **Evangelische Kirche im 19. Jahrhundert vor der Herausforderung durch die soziale Frage.** In: 089, 293-321: Ill. L".

1089 Siegwalt, Martin: **Hermannsburg et Paris:** les rapports entre Louis Harms et l'Église évangélique-luthérienne de Paris. In: 02, 437-452. L".

1090 Timm, Hermann: **»Halten wir fest, aber auf eigene Weise«:** Goethe und die Ehrfurchtsreligion in »Wilhelm Meisters Wanderjahre«. In: 065, 145-166. L 147 f. 151.

1091 Troeltsch, Ernst: **The absoluteness of Christianity and the history of religions** (Der Absolutheitsanspruch des Christentums und die Religionsgeschichte ⟨engl.⟩)/ mit einer Einführung von James Luther Adams; übers. von David Reig. Nachdruck der Auflage Richmond, VA 1971. Louisville, KY: Westminster John Knox, 2005. 173 S.

1092 Völker, Andreas: **Die Abendmahlsordnung der Preußischen Unionsagende.** In: 09, 92-118. L".

1093 Völker, Andreas: **Die Abendmahlsordnungen der Braunschweigischen, der Sächsischen und weiterer Landeskirchen.** In: 09, 173-191. L 173-175+".

1094 Weber, Max: **Wirtschaft und Gesellschaft:** Grundriss der verstehenden Soziologie; zwei Teile in einem Band. F: Zweitausendeins, 2005. XIV, 1138 S.

1095 Weber, Max: **Wirtschaft und Gesellschaft:** die Wirtschaft und die gesellschaftlichen Ordnungen und Mächte; Nachlaß/ hrsg. von Hans G. Kippenberg in Zsarb. mit Petra Schilm unter Mitarb. von Jutta Niemeier. Teilband 2: **Religiöse Gemeinschaften.** TÜ: Mohr, 2005. 288 S. (Max Weber Studienausgabe: Abt. I; 22 II)

1096 Wüstenberg, Ulrich: **Die badische und die pfälzische Abendmahlsordnung.** In: 09, 135-160. L 152.

e) 1918 bis 1983

1097 Alabrudzińska, Elźbieta: **Protestantyzm w Polsce w latach 1918-1939** (Protestantismus in Polen 1918-1939). Toruń: Adam Marszałek, 2004. 390 S. L 22.

1098 Anderson, Mary Elizabeth: **Gustaf Wingren and the Swedish Luther renaissance.** NY; Washington, D.C.; Baltimore; Bern; F; B; Brussels, Vienna, Oxford: Lang, 2006. VIII, 171 S. (American University studies: series 7, Theology and religion; 243)

1099 Barth, Karl: **Predigten 1920/** hrsg. von Hermann Schmidt. ZH: Theol. Verlag, 2005. XIV, 431 S. (Karl Barth: Gesamtausgabe: Abt. I, Predigten, GA; 42)

1100 Barz, Paul: **Ich bin Bonhoeffer:** Roman eines glaubwürdigen Lebens. GÜ: GVH, 2006. 319 S.

1101 Bauer, Gisa: **Kulturprotestantismus und frühe bürgerliche Frauenbewegung in Deutschland:** Agnes von Zahn-Harnack (1884-1950). L: EVA, 2006. 417 S. L". (Arbeiten zur Kirchen- und Theologiegeschichte; 17) – Zugl.: L, Univ., Theol. Fak., Diss., 2004/05.

1102 Becker, Matthew: **Werner Elert in retrospect.** LQ 20 (2006), 249-302. L".

1103 Böhm, Johann: **D. Dr. Viktor Glondys (1882-1949):** sein Wirken als Bischof der evangelischen Landeskirche A. B. in Rumänien von 1932 bis 1941. In: »Kirchengeschichte in Lebensbildern«: Lebenszeugnisse aus den evangelischen Kirchen im östlichen Europa des 20. Jahrhunderts/ hrsg. im Auftrag des Vereins für Ostdeutsche Kirchengeschichte und in Verbindung mit dem Ostkirchen-Institut Münster von Peter Maser; Christian-Erdmann Schott. MS: Verein für Ostdeutsche Kirchengeschichte, 2005, 147-175. (Beiträge zur ostdeutschen Kirchengeschichte; 7)

1104 Bräuer, Siegfried: **»Kein Freund unserer Republik, sagt aber, was er meint«:** der Berliner Kirchenhistoriker Walter Elliger (1903-1985). ZThK 102 (2005), 435-471. L 445 f+".

1105 Brakelmann, Günter: **Yorck von Wartenburg, Peter Graf, Dr. jur.** In: 039, 477-479: Ill.

1106 Brennecke, Hanns Christof: **Der sog. germanische Arianismus als »arteigenes« Christentum:** die völkische Deutung der Christianisierung der Germanen im Nationalsozialismus. In: 018, 310-329. L".

1107 Bülow, Vicco von: **Der Mann mit dem »Bombenschuss«:** Hand Joachim Iwand (1899-1960) – Lutherforscher und Theologe im Widerstand der Bekennenden Kirche. Wort und Dienst 26 (2001), 249-269.

1108 Carbone, Raffaele: **Temporalità, relazione e angustia nell'esperienza effettiva della vita:** Heidegger a confronto con Paolo e Lutero (Zeitlichkeit, Beziehung und Enge in der tatsächlichen Lebenserfahrung: Heidegger im Vergleich mit Paulus und Luther). Pro 61 (2006), 123-152.

1109 Chalamet, Christophe: **Dialectical theologians:** Wilhelm Herrmann, Karl Barth and Rudolf Bultmann. ZH: Theol. Verlag, 2005. 327 S. – Zugl.: Genf, Univ., Diss., 2002.

1110 Danzeglocke, Klaus: **Vorwärts in die Vergangenheit:** liturgische Entwicklungen in den fünfziger und sechziger Jahren des 20. Jahrhunderts. MEK-GR 55 (2006), 87-102.

1111 Dębowski, Tomasz: **Zarys myśli społecznej kościołów protestanckich w Polsce w latach 1945-1995** (Grundriss des sozialen Denkens in den protestantischen Kirchen in Polen 1945-1995). Wrocław: Arboreum, 2002. 172 S. L 76+".

1112 Deuser, Hermann: **Kierkegaard and Luther:** Kierkegaard's »One thesis«. In: 029, 205-212.

1113 Dierken, Jörg: **Karl Barth (1886-1968).** In: 045, 223-257. L 228+".

1114 Dietrich Bonhoeffer Auswahl/ hrsg. von Christian Gremmels; Wolfgang Huber. Bd. 1: **Universität, Pfarramt, Ökumene 1927-1932.** GÜ: GVH, 2006. 240 S.: Ill.

1115 Dietrich Bonhoeffer Auswahl/ hrsg. von Christian Gremmels; Wolfgang Huber. Bd. 2: **Gegenwart und Zukunft der Kirche 1933-1935.** GÜ: GVH, 2006. 236 S.: Ill.

1116 Dietrich Bonhoeffer Auswahl/ hrsg. von Christian Gremmels; Wolfgang Huber. Bd. 3: **Entscheidungen 1936-1939.** GÜ: GVH, 2006. 238 S.: Ill.

1117 Dietrich Bonhoeffer Auswahl/ hrsg. von Christian Gremmels; Wolfgang Huber. Bd. 4: **Konspiration 1939-1943.** GÜ: GVH, 2006. 239 S.: Ill.

1118 Dietrich Bonhoeffer Auswahl/ hrsg. von Christian Gremmels; Wolfgang Huber. Bd. 5: **Briefe aus der Haft 1943-1945.** GÜ: GVH, 2006. 240 S.: Ill.

1119 Dietrich Bonhoeffer Auswahl/ hrsg. von Christian Gremmels; Wolfgang Huber. Bd. 6: **Aufzeichnungen aus der Haft 1943-1945**. GÜ: GVH, 2006. 246 S.: Ill.

1120 **Die Evangelische Landeskirche in Baden im »Dritten Reich«**: Quellen zu ihrer Geschichte/ im Auftrag des Evang. Oberkirchenrats Karlsruhe gemeinsam mit einer Fachkommission hrsg. von Gerhard Schwinge. Bd. 6: **Generalregister**: mit Zeittafel und Bibliographie, Rückblicken und Biogrammen und einem Beitrag von Jörg Thierfelder. Karlsruhe: PV Medien, 2005. VI, 501 S. (Veröffentlichungen des Vereins für Kirchengeschichte in der Evang. Landeskirche in Baden; 62)

1121 Fielmann, Heike: **Ricarda Huch (1864-1947)**. In: 020, 73-98: Ill. L 80-97.

1122 Gailus, Manfred: »**Nationalsozialistische Christen« und »christliche Nationalsozialisten«**: Anmerkungen zur Vielfalt synkretistischer Gläubigkeiten im »Dritten Reich«. In: 060, 223-261. L 245 f+".

1123 Gerber, Stefan: **Die Stadtkirche St. Michael und die bürgerliche Öffentlichkeit Jenas im 19. Jahrhundert**. In: 041, 163-193: Ill. L 188-192+".

1124 Hauschild, Wolf-Dieter: **Kirche und Wort Gottes**: die Barmer Theologische Erklärung als lutherisches Bekenntnis. (1984). In: 036, 201-220. L 212+".

1125 Hauschild, Wolf-Dieter: **Zur Erforschung der Barmer Theologischen Erklärung von 1934**. (1986). In: 036, 141-179. L 156 f+".

1126 Henkys, Jürgen: **Geheimnis der Freiheit**: die Gedichte Dietrich Bonhoeffers aus der Haft; Biographie – Poesie – Theologie. GÜ: GVH, 2005. 302 S.: Tab., Noten.

1127 Herrmann, Christian: **Postlapsarische Schöpfungslehre und Ethik**: zur Systematisierung des Kompromisses in der theologischen Ethik Helmut Thielickes (1908-1986). In: 022, 335-359. L 339, 358 f.

1128 Hildebrandt, Bernd: **Abschied von der Religion**: Christsein in der Neuzeit bei Hellmut Bandt. In: 032, 275-292: Ill. L 286-288+".

1129 Jehle, Frank: **Emil Brunner**: Theologe im 20. Jahrhundert. ZH: Theol. Verlag, 2006. 637 S.: Ill.

1130 Junker, Thomas: **Paulus und Luther**: Röm. 6, 7 in der Rechtfertigungslehre Werner Elerts. Luth. Beiträge 9 (2004), 217-223.

1131 **Karl Barth – Willem Adolph Visser't Hooft**: Briefwechsel 1930-1968; einschließlich des Briefwechsels von Henriette Visser't Hooft mit Karl Barth und Charlotte von Kirschbaum/ hrsg. von Thomas Herwig. ZH: Theol. Verlag, 2006. XXXI, 433 S. (Karl Barth: Gesamtausgabe: Abt. V, Briefe; GA 43)

1132 Karttunen, Tomi: **Bonhoeffer Lutherin tulkitsijana** (Bonhoeffer als Ausleger Luthers). TA 111 (2006), 587-600.

1133 Kaufmann, Thomas: »**Anpassung« als historiographisches Konzept und als theologiepolitisches Programm**: der Kirchenhistoriker Erich Seeberg in der Zeit der Weimarer Republik und des »Dritten Reiches«. In: 018, 122-272. L 175-177. 179-181. 204-226+".

1134 Kaufmann, Thomas: **Die Harnacks und die Seebergs**: »nationalprotestantische Mentalitäten« im Spiegel zweier Theologenfamilien. In: 060, 165-222. L 176-178. 201-203+".

1135 Knuth, Anton: **Der Protestantismus als Religion der gläubigen Freiheit**: der Beitrag Kurt Leeses (1887-1965) zur modernen Christentumstheorie. In: 021, 99-118. L 112 f+".

1136 Lehmann, Hartmut: **Heinrich Bornkamm im Spiegel seiner Lutherstudien von 1933 und 1947**. In: 018, 367-380.

1137 Lestringant, Frank: **Stefan Zweig contre Calvin (1936)**. Revue de l'histoire des religions 223 (P 2006), 71-94. L 76 f.

1138 McCormack, Bruce L.: **Theologische Dialektik und kritischer Realismus**: Entstehung und Entwicklung von Karl Barths Theologie 1909-1936/ aus dem Engl. von Matthias Gockel. ZH: Theol. Verlag, 2006. 407 S. – Zugl.: Edinburgh, Univ., Diss., 1989.

1139 McGrath, Sean J.: **The facticity of being God-forsaken**: the young Heidegger and Luther's theology of the cross. American Catholic philosophical quarterly 79 (Irving, TX 2005), 273-290.

1140 Matuska, Peter: **Natürliche Theologie in politischer Verstrickung**: die »Deutschen Christen« und die theologische Erklärung von Barmen. HH: Kovač, 2005. 82 S.: Ill. (Studien zur Religionspädagogik und Pastoralgeschichte; 10)

1141 Mikosch, Hans: **Trotz Hakenkreuz und Ährenkranz**: der Weg der Luther-Akademie Sondershausen in den Jahren 1932 bis 1962/ mit einem Vorwort von Horst J. Eduard Beintker. Neuendettelsau: Freimund, 2005. 201 S.: Ill.

1142 Moses, John A.: **Dietrich Bonhoeffer's repudiation of Protestant German war theology**. Journal of religious history 30 (Oxford 2006), 354-370.

1143 Moxter, Michael: **Menschsein zwischen Natur und Interpretation**: eine Erinnerung an die Anthropologie Helmut Thielickes (1908-1986). In: 022, 316-334: Ill. L 327-329+".

1144 Müller, Gerhard: **Hermann Sasse als Mitglied und als Kritiker der Theologischen Fakultät der**

Universität Erlangen 1933-1949. ZBKG 75 (2006), 176-217. L".

1145 Neddens, Christian: **Gerechtigkeit und Umkehr:** theologische Grundlagen der Rechtsethik bei W. Elert und H. J. Iwand. In: 031, 359-380. L 360-362+".

1146 Patterson, James A.: **Christ and politics in paradox:** Martin Luther and Charles Colson. PO: TREN, 2005. 19 S. (Evangelical Theological Society papers; ETS-0423)

1147 Raßloff, Steffen: **Luther im Fadenkreuz der SED-Politik:** der Erinnerungsort Erfurt und das Lutherjahr 1983. Mitteilungen des Vereins für die Geschichte und Altertumskunde von Erfurt 65 (2004), 61-96.

1148 **Rechtfertigung und Kirchengemeinschaft:** die Lehrgespräche im Bund der Evangelischen Kirchen in der DDR/ hrsg. im Auftrag des Präsidiums der Union Evang. Kirchen in der EKD von Wilhelm Hüffmeier. L: EVA, 2006. 231 S.

1149 Rickers, Folkert: »**Widerstand im Verborgenen«?:** der kirchliche Unterricht bei Oskar Hammelsbeck im zeitgeschichtlichen Kontext des Dritten Reiches. MEKGR 55 (2006), 31-50. L 42. 44-47.

1150 Schild, Maurice E.: **Temporal power and Christian limits:** reflections on Hermann Kunst on Luther and politics. LThJ 40 (2006) Nr. 2, 80-87.

1151 Schlink, Edmund: **Schriften zu Ökumene und Bekenntnis**/ hrsg. von Klaus Engelhardt ... Bd. 1: **Der kommende Christus und die kirchlichen Traditionen:** nach dem Konzil; mit einer biografischen Einleitung von Jochen Eber/ hrsg. und mit einem Register vers. von Klaus Engelhardt. GÖ: V&R, 2004. XXII, 253, XXIX S.

1152 Tazbir, Janusz: **Łyżka dziegciu w ekumenicznym miodzie** (Ein Löffel Teer im ökumenischen Honig). WZ: Twój Styl, 2004. 219 S. L 59+«.

1153 Urban, Kazimierz: **Zbory niemieckie Kościoła Ewangelicko-Augsburskiego w Polsce, 1948-1970** (Deutsche Gemeinden der Evang.-Augsburgischen Kirche in Polen, 1948-1970). Kraków: Nomos, 2003. 655 S. L 312. 330+".

1154 Vogel, Bernd: **Glauben lernen:** auf Spurensuche bei Dietrich Bonhoeffer. NK: NV, 2006. 256 S.

1155 Walinski-Kiehl, Robert: **Reformation history and political mythology in the German Democratic** Republic, 1949-89. European history quarterly 34 (2004) Nr. 1, 43-67.

1156 Walter, Peter: **Theologie im 19. und 20. Jahrhundert.** In: 035, 1419-1433. L 1430.

1157 Wandel, Lee Palmer: **In memoriam:** Hans-Christoph Rublack (14 May 1932 – 26 February 2006). SCJ 37 (2006), 423 f.

1158 Wenz, Armin: **Die Autorität der Heiligen Schrift bei Hermann Sasse. (1993).** In: 093, 121-145. L 124 f+".

1159 Wenzel, Catherina: **Ill. Liselotte Richter** (1906-1968). In: 020, 535-557: Ill. L 535-538+".

1160 Wilke, Matthias: **Die Kierkegaard-Rezeption Emanuel Hirschs:** eine Studie über die Voraussetzungen der Kommunikation christlicher Wahrheit. TÜ: Mohr, 2005. XVII, 568 S. (Hermeneutische Untersuchungen zur Theologie; 49) – Zugl.: GÖ, Univ., Theol. Fak., Diss., 2004.

1161 Wind, Renate: **Dem Rad in die Speichen fallen:** die Lebensgeschichte des Dietrich Bonhoeffer. 4. Aufl. GÜ: GVH, 2006. 233 S., Ill.

1162 Winter, Friedrich: **Winter, Annemarie.** In: 039, 470-472.: Ill.

1163 Wolff-Powęska, Anna: »**A bliźniego swego ...«:** kościoły w Niemczech wobec »problemu żydowskiego« (»Und deinen Nächsten ...«: die Kirchen in Deutschland und die »Judenfrage«). Poznań: Instytut Zachodni, 2003. 463 S. L 84+".

1164 Wüthrich, Matthias D.: **Gott und das Nichtige:** eine Untersuchung zum Nichtigen ausgehend von § 50 der Kirchlichen Dogmatik Karl Barths. ZH: Theol. Verlag, 2006. 400 S. – Zugl.: Bern, Univ., Christkath. Evang. Theol. Fak., Diss., 2005/06.

1165 Zeuch, Manfred: **Einheit und Pluralität, Katholizität und Partikularität:** zu Wolfhart Pannenbergs ökumenischem Denken. In: 031, 381-397: Ill.

1166 Zimmerling, Peter: **Bonhoeffer als Praktischer Theologe.** GÖ: V&R, 2006. 231 S.

1167 Zimmermann, Béatrice Acklin: »**Gerecht und Sünder zugleich?«** – Hans Urs von Balthasars Annäherungsversuch an eine Lieblingsformel Luthers. In: Karl Barth – Hans Urs von Balthasar: eine theologische Zwiesprache/ hrsg. von Wolfgang W. Müller. ZH: Theol. Verlag, 2006, 173-190. (Schriften Ökumenisches Institut Luzern; 3)

1168 Adam, Gottfried: **Lernen an außerschulischen Lernorten.** In: 071, 257-382. L".

1169 Adamiak, Elżbieta; Czaja, Andrzej: **Dogmatyka** (Dogmatik)/ eingel. von Henryk Muszyński. Bd. 2. WZ: Biblioteka »Więzi«, 2006. 574 S. L 130-133+".

1170 Ahrens, Theodore: **Lutheran mission and other culture.** Studia missionalia 55 (Roma 2006), 85-99.

1171 Andrée, Uta: **Theologie des Lebens:** die lutherische Kirche in El Salvador auf dem Weg des Friedens und der Gerechtigkeit. F: Lembeck, 2005. 524 S.: Ill.: Kt. – Zugl.: HD, Univ., Diss., 2004.

1172 Arand, Charles P.: **Die Zukunft der Kirchengemeinschaft:** ein konfessioneller Vorschlag. Luth. Beiträge 8 (2003), 18-33.

1173 Beckmann, Klaus: **Von des Herrn getrennten Tischen:** Schlaglichter zu Abendmahl und Ökumene. DPfBl 105 (2005), 14-19.

1174 Bedford-Strohm, Heinrich: **Geschenkte Freiheit:** Von welchen Voraussetzungen lebt der demokratische Staat? ZEvE 49 (2005), 248-265. L 258 f.

1175 Behrens, Achim: **Verstehen des Glaubens:** eine Einführung in die Fragestellung evangelischer Hermeneutik. NK: NV, 2005. 242 S.: Ill., Tab.

1176 Berger, Peter L.: **Erlösender Glaube?:** Fragen an das Christentum. B; NY: de Gruyter, 2006. XV, 220 S.

1177 Beutel, Albrecht: **Lutherische Theologie in den Unübersichtlichkeiten unsrer Zeit:** ein Vorschlag zur Orientierung. ZThK 103 (2006), 344-361.

1178 Bienert, Wolfgang A.: **Rechtfertigung im Dialog der Evangelischen Kirche in Deutschland mit Orthodoxen Kirchen.** In: 090, 255-270. L".

1179 Błachut-Kowalczyk, Aleksandra: **Miejsce Eucharystii w pobożności luterańskiej-wymiar praktyczny** (Der Ort der Eucharistie in der luth. Frömmigkeit – praktische Dimension). In: Wspólna Eucharystia – cel ekumeni/ Redakcja: Piotr Jaskóła; Rajmund Porada; eingel. von Alfons Nossol. Opole: Uniwersytet Opolski, 2005, 13-20. L 16+".

1180 Boehme, Armand J.: »**And to my heirs I bequeath«:** Martin Luther and the American Lutherans on diatheke. Logia: a journal of Lutheran theology 14 (Cresbard, SD 2005) Nr. 4, 27-32.

1181 Bölcskei, Gusztáv: **A reformátori teológiai gondolkodás aktualitása a XXI. században** (Die Aktualität des reformatorischen theol. Denkens im 21. Jahrhundert). ThSz N. F. 49 (2006), 12-18.

1182 Böttigheimer, Christoph: **Herrenmahl und Realpräsenz Christi:** Verständnis und Zustandekommen der Gegenwart Christi beim Abendmahl kirchentrennend? Kath. Nachrichten-Agentur: ökumenische Informationen (KNA-ÖKI) (2006) Heft 8/9, 1-5.

1183 Brandt, Hermann: **Lutherische Identität: Ethik, Mission, Dialog der Religionen.** Luth. Kirche in der Welt 53 (2006), 44-67.

1184 Brecht, Martin: **Luther speaks to us today.** Logia: a journal of Lutheran theology 14 (Cresbard, SD 2005) Nr. 4, 5-13.

1185 Brüke, Gunda: »**Alles ist an Gottes Segen und an seiner Gnad gelegen«:** die Wiederentdeckung des Segens als Thema evangelischer Theologie. ALW 45 (2003), 66-75.

1186 Carroll, John: **The wreck of western culture:** humanism revisited. Melbourne: Scribe, 2004. VII, 278 S.

1187 Chung, Paul S.: **An ecumenical legacy of Martin Luther and Asian spirituality.** In: 029, 291-304.

1188 Chwastek, Dariusz: **Wieczerza Pańska – perspektywa luterańska** (Das Abendmahl – luth. Perspektive). In: 087, 100-117. L 103+".

1189 Dam, Harmjan: **Mit Kirchengestalten Kompetenzen vermitteln – am Beispiel Reformation.** Jahrbuch der Religionspädagogik 22 (2006), 215-228.

1190 Ebeling, Gerhard: **La théologie dans les oppositions de la vie** (Theologie in den Gegensätzen des Lebens [1985] ⟨franz.⟩)/ übers. von Frédéric Chavel. In: 02, 363-388. L".

1191 Ekka, Jhakmak Neeraj: **Luther's theology of the cross and its relevance for a contextual theology in South Asia.** St. Paul, MN, 2005. XI, 303 S. – St. Paul, MN, Luther Seminary, PhD, 2005.

1192 **Evangelischer Erwachsenenkatechismus:** glauben – erkennen – leben/ im Auftrag der Katechismuskommission der Evang.-Luth. Kirche Deutschlands. 6., völlig neu bearb. Aufl./ hrsg. von Manfred Kießig ... unter Mitarb. von Gerhart Herold. GÜ: GVH, 2000. 865 S.: Ill., Tab.

1193 **Evangelischer Erwachsenenkatechismus:** glauben – erkennen – leben/ im Auftrag der Katechismuskommission der Evang.-Luth. Kirche Deutschlands. 7., aktualisierte Aufl./ hrsg. von Manfred Kießig ... unter Mitarb. von Gerhart Herold. GÜ: GVH, 2000. 866, [66] S.: Ill., Tab.

1194 Felmy, Karl Christian: **Współczesna teologia prawosławna** (Die orthodoxe Theologie der Gegenwart ⟨poln.⟩)/ übers. von Henryk Paprocki. Białystok: Prawosławna Diecezja Białostocko-Gdańska, 2005. 305 S. L 166. 171+".

1195 Gaál, Botond: **Új kilátások az evangélikus-refor-**

mátus párbeszédben: Nagygeresd, Leuenberg – Elértünk-e valamit, várhatunk-e valamit? (Neue Aussichten im luth.-ref. Dialog: Nagygeresd, Leuenberg – Ist etwas erreicht? Ist etwas zu erwarten?) ThSz N. F. 49 (2006), 28-32.

1196 Góźdź, Krzysztof: **Teologia człowieka:** z najnowszej antropologii niemieckiej (Theologie des Menschen: Ansätze zur neueren deutschen Anthropologie). Lublin: KVL, 2006. 565 S. L 32+".

1197 Grethlein, Christian; Lück, Christhard: **Religion in der Grundschule:** ein Kompendium. GÖ: V&R, 2006. 210 S.: Ill., 4 Tab.

1198 Gulliksen, Øyvind T.: **Skriften aleine:** et dilemma i dagens norske lutherdom (Allein die Schrift: das Dilemma im norwegischen Luthertum heute). Kirke og kultur 111 (Oslo 2006), 207-218.

1199 Haas, Hanns-Stephan: **Theologie und Ökonomie:** ein Beitrag zu einem diakonierelevanten Diskurs. GÜ: GVH, 2006. 577 S.: Ill., Tab. (Leiten, Lenken, Gestalten; 19)- Zugl.: Bethel, Theol. Hochschule; Habil., 2005.

1200 Härle, Wilfried: **Ökumene in der Sackgasse?:** über die Gemeinsame Erklärung zur Rechtfertigungslehre (GER). In: 033, 39-51.

1201 Härle, Wilfried: **Zur Gegenwartsbedeutung der »Rechtfertigungs-Lehre«:** eine Problemskizze. (1998). In: 033, 67-105. L 78-80+".

1202 Hagesæther, Alf Petter: **Marines don't do that!:** et kritisk og konstruktivt søkelys på dydsetikken som militær profesjonsetikk, sett i et luthersk perspektiv (Das tun Marines nicht!: ein kritisch-konstruktives Licht auf die Tugendethik als Militärethik aus luth. Perspektive). Pacem 10 (Oslo 2007), 41-50.

1203 Hanc, Wojciech: **Ekumeniczny wymiar sakramentów chrześcijanskiej inicjacji w świetle międzywyznaniowych dialogów doktrynalnych:** studium ekumeniczne (Ökumenische Dimension der christlichen Initiationssakramente im Lichte der interkonfessionellen Lehrgespräche: eine ökumenische Studie). Włocławek: Wydawnictwo Diecezjalne, 2003. 967 S. L 218+".

1204 Hauschild, Wolf-Dieter: **Grundprobleme der Kirchlichen Zeitgeschichte.** (2004). In: 036, 15-72. L 24 f+".

1205 Hauschild, Wolf-Dieter: **Volkskirche und Bekenntniskirche:** ekklesiologische Probleme einer säkularisiert-christlichen Volksreligiosität. (1980). In: 036, 85-98.

1206 Hendrix, Scott H.: **In memoriam Robert H. Fischer.** LuJ 72 (2005 [gedr. 2006]), 7-9.

1207 Herms, Eilert: **Evangelisch aus gutem Grund.** In: 048, 155-172. L 156-158, 170.

1208 Herms, Eilert: **Evangelisch aus gutem Grund.** (2001). In: 037, 476-497. L 478-480. 494.

1209 Hintz, Marcin: **Chrześcijańskie sumienie:** rozważania o etyce chrześcijańkiej (Das christliche Gewissen: Betrachtungen über die evangelische Ethik). Katowice: Głos życia, 2006. 204 S. L 24+".

1210 Hintz, Marcin: **Reformacyjne podstawy ewangelickiej etyki społecznej** (Reformatorische Grundlagen der evang. Sozialethik). Kalendarz ewangelicki 120 (Bielsko-Biała 2006), 146-162. L 147+".

1211 Hüttenhoff, Michael: **Die Möglichkeit einer am Rechtfertigungsgedanken orientierten pluralistischen Theologie der Religionen.** In: 085, 121-150. L 128-130+".

1212 Jaskóła, Piotr: **Ofiarniczy charakter Eucharystii jako temat dialogów ekumenicznych** (Opfercharakter der Eucharistie als Thema ökumenischer Dialoge). In: 061, 61-70.

1213 Jaskóła, Piotr: **Opfercharakter der Eucharistie als Thema ökumenischer Dialoge.** In: 061, 49-60.

1214 Ji, Won Yong: **Lutherstudien in der ostasiatischen Kulturregion.** Luth. Beiträge 8 (2003), 173-191: Ill.

1215 Jonkers, Peter: **Theologie und (Post)modernität:** philosophische Fragen zu Oswald Bayers Luther-Buch. NZSTh 48 (2006), 4-17.

1216 Josuttis, Manfred: **Segenskräfte:** Potentiale einer energetischen Seelsorge. GÜ: Kaiser/GVH, 2000. 266 S.

1217 Jüngel, Eberhard: **Esultanza eucaristica:** in cammino verso la comunione nella Cena del Signore (Eucharitischer Jubel: auf dem Weg zur Gemeinschaft im Herrenmahl). Pro 59 (2004), 3-16.

1218 Junker, Thomas: **Zur Frage der Abendmahlszulassung in der SELK im Kontext des Allgemeinen Pfarrkonvents von Hofgeismar 1989.** Luth. Beiträge 6 (2001), 15-56. L 17 f. 38 f. 44 f+".

1219 Karski, Karol: **Od Edynburga do Porto Alegre:** sto lat dążeń ekumenicznych (Von Edinburgh nach Porto Alegre: hundert Jahre ökumenische Bewegung). WZ: 2007. 414 S. L 15+".

1220 Karski, Karol: **Problem prymatu w Kościele w dialogu luterańsko-rzymskokatolickim** (Das Problem des Papstprimats in der Kirche im luth./röm.-kath. Dialog: Pojednanie drogą Kościoła: dziesięciolecie Encykliki »Ut unum sint«/ Redaktion: Józef Budniak. Katowice: Wydawnictwo Uniwersytetu Śląskiego, 2006, 191-112. L 102-104.

1221 Kim, Cheol-Ryun: **Die Bedeutung Martin Luthers, insbesondere seiner Lieder, für das protestantische Christentum Koreas.** F; B; Bern;

Bruxelles; NY; Oxford; W: Lang, 2005. 266 S.: Ill., Tab. (EHSch: Reihe 23, Theologie; 807) – Zugl.: Regensburg, Univ., Diss., 2005.

1222 Kirchengemeinschaft nach evangelischem Verständnis: ein Votum zum geordneten Miteinander bekenntnisverschiedener Kirchen; ein Beitrag des Rates der Evangelischen Kirche in Deutschland/ hrsg. vom Kirchenamt der Evang. Kirche in Deutschland (EKD). Hannover: Kirchenamt der EKD, 2001. 27 S. (EKD-Texte; 69)

1223 Kirchengemeinschaft nach evangelischem Verständnis: ein Votum zum geordneten Miteinander bekenntnisverschiedener Kirchen = EKD-Texte Nr. 69. (2001). Luth. Beiträge 8 (2003), 43-52.

1224 Klän, Werner: Einig in der Rechtfertigungslehre?: Anfragen an die »Gemeinsame Erklärung zur Rechtfertigungslehre« aus konkordienlutherischer Sicht. In: 090, 95-124. L".

1225 Körtner, Ulrich H. J.: Offene Fragen einer ökumenischen Hermeneutik der Verschiedenheit: zur Diskussion über eine Hermeneutik der Symbole, Riten und Bräuche. KD 51 (2005), 230-252. L 232.

1226 Körtner, Ulrich H. J.: Wiederkehr der Religion?: das Christentum zwischen neuer Spiritualität und Gottvergessenheit. GÜ: GVH, 2006. 173 S.

1227 Korsch, Dietrich: Religionsbegriff und Gottesglaube: dialektische Theologie als Hermeneutik der Religion. TÜ: Mohr, 2005. XI, 399 S.

1228 Kowalik, Krzysztof: Eklezjologia communio Dietricha Bonhoeffera (Communio-Ekklesiologie bei Dietrich Bonhoeffer). In: Communio w chrześcijańskiej refleksji o Kościele/ Redaktion: Andrzej Czaja; Marek Marczewski. Lublin: Towarzystwo Naukowe KUL, 2004, 188-196. L 193.

1229 Kroeger, Matthias: Im religiösen Umbruch der Welt: der fällige Ruck in den Köpfen der Kirche; über Grundriss und Bausteine des religiösen Wandels im Herzen der Kirche. 2. Aufl. S: Kohlhammer, 2005. 420 S.: Ill.

1230 Kumpf, Herbert: Freiheit – Arbeit an sich selbst und ein Geschenk: Unterrichtsanregungen für die Oberstufe. Glaube und Lernen 21 (2006), 160-173: Ill.

1231 Leicht, Robert: In Wahrheit frei: protestantische Profile und Positionen. TÜ: Mohr, 2006. 240 S.

1232 Link, Hans-Georg: Die ökumenische Bedeutung der Gemeinsamen Erklärung zur Rechtfertigungslehre. In: »Jest-że dla prawdy przyszłość jaka?«: prace dedykowane Profesorowi Karolowi Toeplitzowi/ hrsg. von Adam A. Korzus. Toruń: Adam Marszałek, 2001, 207-224. L 208+". (Pomorska Akademia Pedagogiczna)

1233 Link-Wieczorek, Ulrike: Auf keinen Fall ein Heilsprozess?: Überlegungen zur kritischen lutherischen Rezeption der »Gemeinsamen Erklärung zur Rechtfertigungslehre« in Deutschland. In: 090, 66-94. L".

1234 Lo, Pilgrim W. K.: »Lùdé shénglíngguān de dāngdài yìyí« (The significance of Luther's pneumatology for our time). Theology & life 29 (Hong Kong 2006), 145-166.

1235 Lo, Pilgrim W. K.: Zhōndào shènglínglùn – Lùdé shénglíngguān de xiàndài yìyí (Pneumatologie des Mitwegs – die Bedeutung von Luthers Pneumatologie für die Gegenwart = The significance of Luther's pneumatology for our time). In: Pneumatology of Luther and Calvin: essays from the Seminar of Religious Dialogue. Hsinchu: China Lutheran Seminary, 2006, 3-43.

1236 Lu, Abraham Cheng Shin: Chinese ministry and Martin Luther's teaching on prayer. Phil, 2005. 150 Bl. – Phil, Lutheran Theological Seminary, Diss., 2005.

1237 Lunde, Nils Terje: Feltpresttjenesten i lys av luthersk toregimentsl`re (Der Dienst als Militärseelsorger im Licht der luth. Zweiregimentenlehre). Pacem 9 (Oslo 2006), 49-64.

1238 Majewski, Józef; Czaja, Andrzej: Dogmatyka (Dogmatik)/ eingel. von Henryk Muszyński. Bd. 1. WZ: Biblioteka »Więzi«, 2005. 499 S. L 382 f+".

1239 Marcocchi, Massimo: Ricordo di Attilio Agnoletto (Gedenken an Attilio Agnoletto). Studia Borromaico 20 (Milano; Roma 2006), 13-15.

1240 Maron, Gottfried: In memoriam Jörg Haustein. LuJ 72 (2005 [gedr. 2006]), 10-12.

1241 Martens, Gottfried: Die Teilnahme von Kindern an der Heiligen Kommunion nach dem Urteil der Lutherischen Bekenntnisschriften. Luth. Beiträge 7 (2002), 97-198.

1242 Mattes, Mark C.: A future for Lutheran theology?: review essay. LQ 19 (2005), 439-457. L 441 f+".

1243 Meyjes, G. H. M. Posthumus: The life of Heiko Augustinus Oberman, 15 october 1930 – 22 april 2001/ übers. von Julian Deahl. In: LuB 2004, Nr. 085, 195-202.

1244 Miesel, Richard L. C.: The adult catechumenate: divine courtship and tryst. Worship 79 (Collegeville, MN 2005), 237-257.

1245 Milerski, Bogusław: Etos miłosierdzia i prawa człowieka w kontekście ewangelickiej działalności diakonijnej i edukacyjnej (Das Ethos von Gnade und Menschenrechten im Kontext von diakonischer und Bildungsaktivität der evang. Kirche. Edukacja, teologia i dialog 2 (Poznań 2005), 67-80. L 68+".

1246 Möller, Christian: Einführung in die Praktische

263

Theologie. TÜ; BL: Francke, 2004. XII, 286 S.: Tab. (UTB; 2529)

1247 Möller, Christian: Erfolgreich im Schlaf. ZZ 7 (2006) Heft 11, 29 f: Ill.

1248 Mokrosch, Reinhold: Die Bibel – Norm oder gar Normierung des Glaubens?: Hat das sola scriptura noch irgendeine Bedeutung? In: 04, 379-391.

1249 Müller, Hans Martin: Diakonie in Deutschland. ZEvKR 47 (2002), 475-491. L".

1250 Müller, Hans Martin: Diakonie in Deutschland. (2002). In: 059, 416-431.

1251 Napiórkowski, Andrzej Adam: Misterium communionis: eklezjalny paradygmat dziejów zbawienia (Mysterium communionis: das ekklesiale Paradigma der Heilsgeschichte). Kraków: WAM, 2006. 319 S. L 90+".

1252 Neijenhuis, Jörg: Die Gestaltung des Friedhofs als seelsorgerliche Aufgabe. PTh 95 (2006), 231-246.

1253 Nelson, Derek: The indicative of grace and the imperative of freedom: an invitation to the theology of Eberhard Jüngel. Dialog 44 (Oxford 2005), 164-180.

1254 Neumann, Burkhard: Das kirchliche Amt in apostolischer Nachfolge: katholische Fragen und Impulse zum Amtsverständnis in den evangelischen Kirchen. Kath. Nachrichten-Agentur: ökumenische Informationen (KNA-ÖKI) (2005) Heft 41, 1-12.

1255 Nowak, Dominik: Nauka o Duchu Świętym w świetle teologii Ks. Dra Marcina Lutra i Ksiąg Symbolicznej (Die Lehre vom Heiligen Geist im Lichte der Theologie Luthers und der Bekenntnisschriften). Studia humanistyczno-teologiczne 1 (Bielsko-Biała 2003), 161-191. L".

1256 Olgun, Hakan: Religion – state relations in Turkey, the prospect of European Union membership and the Lutheran doctrine of the »two kingdoms«. Religion, state and society 33 (Abingdon 2005), 339-346.

1257 Ovando-Gibson, Maria: Re-visioning a contemporary protestant spirituality: a critical exercise in practical theology. Pasadena, CA, 2005. VII, 184 Bl. – Pasadena, CA, Fuller Theological Seminary, School of Theology, PhD, 2005.

1258 Pless, John T.: The use and misuse of Luther in contemporary debates on homosexuality. Lutheran forum 39 (NY 2005) Nr. 2, 50-57.

1259 Pracki, Roman: Sakrament Ołtarza w Kościele ewangelicko-augsburskim (Das Altarsakrament in der evang.-augsburgischen Kirche). In: 087, 118-128. L".

1260 Preul, Reiner: Religionspädagogik zwischen Theologie und Psychologie. In: 030, 240-256.

1261 Preus, Herman A.: A theology to live by: the practical Luther for the practicing Christian. Rev. Neuauflage. StL: Concordia, 2005. 252 S.

1262 Ratzinger, Joseph: Wie weit trägt der Konsens über die Rechtfertigungslehre? Communio 29 (2000), 425-437.

1263 Rorem, Paul: Augustine and Luther for and against contemporary »spirituality«/ Kurzfassung von Richard A. Krause. LuD 14 (2006), 104-107. [Vgl. LuB 2004, Nr. 1636]

1264 Rüegger, Heinz: Das eigene Sterben: auf der Suche nach einer neuen Lebenskunst. GÖ: V&R, 2006. 128 S.

1265 Sahayadoss, Santhosh J.: Martin Luther on social and political issues: his relevance for church and society in India. F; B; Bern; Bruxelles; NY; Oxford; W: Lang, 2006. 250 S. (Untersuchungen zum christlichen Glauben in einer säkularen Welt; 3) – Zugl.: Regensburg, Univ., Diss., 2006.

1266 Sauter, Gerhard: Być człowiekiem – człowiekiem pozostać (Mensch sein – Mensch bleiben (poln.))/ übers. und eingel. von Marcin Hintz; Łukasz Barański ... WZ: 2005. 119 S. L 30+". – Bespr.: Porada, Rajmund: Przegląd piśmiennictwa teologicznego 12 (Opole 2006), 22-25.

1267 Schröder, Bernd: Die Religion der Schülerinnen und Schüler – Jugendkultur und Religionsunterricht. In: 071, 146-166. L 162 f.

1268 Schuegraf, Oliver: Czy »dosyć wystarcza« uwarunkowania wspólnoty kościelnej z perspektywy luterańskiej (Enough is enough?: preconditions of church communion from a Lutheran perspective). In: 082, 57-70. L 67+".

1269 Schütte, Heinz: Protestantismus heute: ökumenische Orientierung. PB: Bonifatius, 2004. 156 S. – Bespr.: Nüssel, Friederike: ThLZ 131 (2006), 237-239.

1270 Schumacher, William Wallace: »Who do I say that you are?«: anthropology and the theology of theosis in the Finnish school of Tuomo Mannermaa. StL, 2003. 280 Bl. – StL, Concordia Seminary, PhD, 2003.

1271 Schumacher, William Wallace: »Who do I say that you are?«: anthropology and the theology of theosis in the finnish school of Tuomo Mannermaa. PO: TREN, 2005. 280 Bl. – STL, Concordia Seminary, PhD, 2005.

1272 Schwöbel, Christoph: Solus Christus?: zur Frage der Einzigartigkeit Jesu Christi im Kontext des interreligiösen Dialogs. In: 048, 79-106. L 99-101.

1273 Söding, Thomas: Rettung durch Rechtfertigung: die exegetische Diskussion der paulinischen

Soteriologie im Kontext der Ökumene. In: 090, 299-330. L".

1274 Steinacker, Peter: **Die Bedeutung der christlichen Kirche im Dialog der Religionen.** (1997). In: 081, 83-119. L".

1275 Steinacker, Peter: **Mission in einer pluralistischen Gesellschaft.** (1997). In: 081, 157-166.

1276 Steinacker, Peter: **Vom rechten Umgang mit den Schriften:** Bibel und Koran als Elemente interreligiösen Dialogs. (2003). In: 081, 67-82. L 78-80+".

1277 Sturm, Erdmann: **Ökumenische Theologie.** In: 073, 283-315. L 307 f+".

1278 Sturm, Erdmann: **Systematische Theologie – Dogmatik.** In: 073, 211-247. L".

1279 Szczepański, Jan: **Społeczna rzeczywistość protestantyzmu** (Soziale Wirklichkeit des Protestantismus). Ewangelik 4 (Bielsko-Biała 2004), 34-42. L 36.

1280 Szymik, Jerzy; Paluch, Michał: **Dogmatyka** (Dogmatik)/ eingel. von Henryk Muszyński. Bd. 3. WZ: Biblioteka »Więzi«, 2006. 526 S. L 277-282+".

1281 Szymik, Jerzy: **W światłach Wcielenia:** Chrystologia kultury (Im Lichte der Menschwerdung: Christologie der Kultur). Katowice: Apostolicum, 2004. 269 S. L 105+".

1282 Trueman, Carl R.: **Is the Finnish line a new beginning?:** a critical assessment of the reading of Luther offered by the Helsinki circle. Westminster theological journal 65 (Phil 2003), 231-244.

1283 Trueman, Carl R.: **Is the Finnish line a new begin-**ning?: a critical assessment of the reading of Luther offered by the Helsinki circle/ Kurzfassung von Paul Lehninger. LuD 14 (2006), 150-153.

1284 Tykfer, Mirosław: **Reinterpretacja teologiczna dogmatu w dialogu ekumenicznym na przykładzie Wspólnej Deklaracji w sprawie nauki o usprawiedliwieniu** (Theol. Reinterpretation des Dogmas im ökumenischen Dialog am Beispiel der Gemeinsamen Erklärung zur Rechtfertigungslehre). Poznań: Uniwersytet im. Adama Mickiewicza, 2002. 96 S. L 43-47+".

1285 Uglorz, Manfred: **Zarys nauki Kościoła Luterańskiego** (Die Lehre der luth. Kirche im Grundriss). In: 083, 35-53. L 34+".

1286 **Von Gott angenommen – in Christus verwandelt:** die Rechtfertigungslehre im multilateralen ökumenischen Dialog; Studie des DÖSTA zur Rechtfertigungslehre. In: 090, 13-54. L".

1287 Weinrich, Michael: **Die Ökumene in der Rechtfertigungslehre in evangelisch-reformierter Perspektive.** In: 090, 125-154. L".

1288 Wenz, Armin: **Die »Gemeinsame Erklärung zur Rechtfertigungslehre« und die Selbständig Evangelisch-Lutherische Kirche.** In: 038, 231-247. L 234 f+".

1289 Wenz, Armin: **Kirche und Christsein in der Erlebnisgesellschaft.** (1997). In: 093, 185-212. L 186. 189-191, 210-212.

1290 Willems, Joachim: **Lutheraner und lutherische Gemeinden in Russland:** eine empirische Studie über Religion im postsowjetischen Kontext. Erlangen: Luther, 2005. 471 S.: Ill., Tab. – Zugl.: HH, Univ., Diss., 2003.

8 Romane, Schauspiele, Filme, Varia

1291 Albert, Stefan: **Specklock Holmes rettet Martin Luther:** und sieben weitere spektakuläre Fälle aus den geheimen Notizen des Dr. Knabberson. Gießen; BL: Brunnen, 2005. 236 S.: Ill.

1292 Dieckmann, Guido: **Luther** (Luther ⟨ungar.⟩)/ übers. von Viktória Paulinusz; Gábor Kövér; Klára Benczédi. [BP]: Superbook Alapítvány, 2005. 304 S.

1293 Eberlein, Hermann-Peter: **Luther-Szenen.** Lu 76 (2005), 155-163.

1294 Engelmann, Wilfried: **Das Theologen-Quartett.** L: EVA, 2006. 48 Spielkarten.

1295 **Giganten:** Luther/ ein Film von Günther Klein; Darsteller: Ben Becker ... Sendedatum: 27. Juni 2007; ZDF. [Genève]: IFAGE Filmproduktion, [2005]. 1 DVD (60 min).

1296 Jäckel, Karin: **Die Frau des Reformators:** das Leben der Katharina von Bora; historischer Roman. Originalausgabe. Reinbek bei HH: Rowohlt-Taschenbuch, 2006. 604 S. (rororo; 23946)

1297 Knellwolf, Ulrich: **Doktor Luther trifft Miss Highsmith.** (1998). In: Ders.: Doktor Luther trifft Miss Highsmith: makabre Geschichten. F: Fischer, 2000, 7-12.

1298 [Luther, Martin]: **Luther kurz & knackig:** seine originellsten Sprüche/ zsgst. von Gundula Dittrich; mit Ill. von Mathias Wedel. L: EVA, 2006. 55 S.: Ill.

1299 **Martin Luther:** 2-teiliger dokumentarischer Spielfilm auf 2 DVDs/ hrsg. von Theodor Schübel. MZ: ZDF, 2004. 2 DVD. [Vgl. LuB 1997, Nr. 1254]

1300 Scheib, Asta: **Kinder des Ungehorsams:** Roman. Taschenbuchausgabe. 6. Aufl. M: dtv, 2001. 285 S.: Ill. (dtv; 12231)

1301 Scheib, Asta: **Kinder des Ungehorsams:** Roman. Lizenzausgabe. Augsburg: Weltbild, 2002. 285 S.

1302 Scheib, Asta: **Kinder des Ungehorsams:** die Liebesgeschichte des Martin Luther und der Katharina von Bora. Taschenbuchausgabe. 8. Aufl. M: dtv, 2003. 285 S.: Ill. (dtv; 12231)

1303 Scheib, Asta: **Kinder des Ungehorsams:** Martin Luther und Katharina von Bora. Lizenzausgabe. Augsburg: Weltbild, 2003. 285 S.

1304 Scheib, Asta: **Kinder des Ungehorsams.** Sonderausgabe. Augsburg: Weltbild, 2005. 285 S.

1305 Scheib, Asta: **Kinder des Ungehorsams.** Sonderausgabe. Augsburg: Weltbild, 2006. 285 S.

1306 Scheib, Asta: **Children of disobedience:** the love story of Martin Luther and Katharina von Bora; a novel (Kinder des Ungehorsams ⟨engl.⟩)/ übers. von David Ward. NY: Crossroad, 2000. X, 242 S. (A Crossroad book)

C Forschungsberichte, Sammelbesprechungen, Bibliographien

1307 **Auswahlbibliographie Peter F. Barton 1995-2005.** JGPrÖ 121 (2005), 31-33.

1308 Bächtold, Hans Ulrich; Haag, Hans Jakob: **Neue Literatur zur zwinglischen Reformation.** Zw 32 (2005), 133-160. L 141-143. 152.

1309 **Bibliographie Dieter Knall.** JGPrÖ 121 (2005), 11-30.

1310 **Bibliographie Hans-Georg Geyer/** zsgest. von Hartmut Ruddies. In: 028, 481-492.

1311 **Bibliographie Heribert Smolinsky.** In: 079, 443-453.

1312 **Bibliographie Volker Stolle/** zsgst. von Siegfried M. Schwertner. In: 031, 533-609.

1313 Drury, John: **Luther and Wesley on union and impartation in light of recent Finnish Luther research.** Wesleyan theological journal 40 (Nampa, ID 2005), 58-68.

1314 Forsberg, Juhani: **Die finnische Lutherforschung seit 1979.** LuJ 72 (2005 [gedr. 2006]), 147-182: Ill.

1315 Greś, Stanislał: **Polska bibliografia mariologiczna (1945-2003)** (Bibliographie der poln. Mariologie [1945-2003]). Niepokalanów: Wydawnictwo Ojców Franciszkanów, 2004. 939 S. L 279+".

1316 Grube, Dirk-Martin: **Zur Utrechter Konferenz über Oswald Bayers »Martin Luthers Theologie. Eine Vergegenwärtigung«:** Geleitwort des Organisators. NZSTh 48 (2006), 1-3.

1317 Junghans, Helmar: **Martin Luther und die Welt der Reformation.** LuJ 72 (2005 [gedr. 2006]), 183-198.

1318 Koch, Ernst: **»Theology«:** thoughts on the roots of the Wittenberg Reformation. CJ 32 (2006), 296-300.

1319 **Lutherbibliographie 2005/** mit ... bearb. von Helmar Junghans; Michael Beyer; Cornelia Schnapka-Bartmuß. LuJ 72 (2005 [gedr.2006]), 209-267.

1320 Małłek, Janusz: **Probelmatyka dziejowa pruskiej reformacji** (Die geschichtliche Problematik der preußischen Reformation). ORP 50 (2006), 273-281.

1321 Maschke, Timothy H.: **Luther academy's lasting legacy for Luther's scholarship.** Logia: a journal of Lutheran theology 14 (Cresbard, SD 2005) Nr. 4, 47-50.

1322 Maurer, Ernstpeter: **Monographien zur Lehre von Gott (I).** ThR 71 (2006), 219-246. L 230f.

1323 Ostański, Piotr: **Bibliografia biblistyki polskiej 1945-1999** (Bibliographie der polnischen Bibelwissenschaft 1945-1999). Bd. 2. Poznań: Uniwersytet im. Adama Mickiewicza, 2002. 1714 S. L 1222+".

1324 Rizzi, Marco: **Patristische Exegese und politische Theologie im sechzehnten Jahrhundert:** eine Forschungsperspektive. In: 064, 327-349. L 340-346+".

1325 **Schriftenverzeichnis von Professor Doktor Wilfried Härle.** In: 048, 375-381.

Berichtigung

Zu meinem Bedauern sind im Zusammenhang mit meiner Erkrankung 2006 durch die Verwechslung einer Datei Korrekturen verloren gegangen. Es muss LuJ 73 (2006), 139, 3 »schwer« statt »schwere«; 140, 16 »Jahrhundert« statt »Jahrhunderten«; 140, 34 »chinesischen« statt »chinesisch«; 141, 12 »der« statt »die«; 141, 34 »Kleinem« statt »Kleinen«; 142, 11 »etwa« statt »etwas«; 142, 12 »in« statt »über«; 143, 10 »China auf« statt »China«; 143, 11 »zusammenhingen« statt »zusammenhing«; 143, 28 »Weisen« statt »Weise«; 144, 7 »Revolutionäre« statt »Revolutionären«; 147, 12 »wesentlicher« statt »wesentlichen«; 147, 18 »Tatsachen« statt »Tatsache«; 155, 14 »Eine« statt »Ein«; 163, 24 »die« statt »der«; 170, 4 »Stillmesse« statt »Stillmesser« heißen. Herrn Professor Dr. Wilfried Härle danke ich für seinen Hinweis auf diese Fehler, für die ich den Autor um Entschuldigung bitte.

NACHTRÄGLICHE BESPRECHUNGEN

LuB 2001

7   Otto, Henrik. – Siehe LuB 2007, Nr. 4.
277 Pawlas, Andreas. – Stübinger, Ewald: ZEvE 49 (2005), 297 f.

LuB 2002

01   Ad fontes Lutheri. – Bell, Th. M. M. A. C.: LuBu 15 (2006), 99 f.
359 Sundkvist, Bernice. – Kärkkäinen, Pekka: TA III (2006), 314 f.
447 Schwarzwäller, Klaus. – Wenz, Armin: Luth. Beiträge 8 (2003), 126-128.
618 Melanchthon, Philipp. – Elmer, Hermann: Zeitschrift für die Geschichte des Oberrheins 154 (2006), 567 f.

LuB 2003

028 Leder, Hans-Günter. – Hasse, Hans-Peter: LuJ 72 (2005), 201 f.
035 Lutherinszenierung ... – Pauli, Frank: JBrKG 65 (2005), 387-389.
34   Luther, Martin. – Diedrichs, Christof L.: Zeitschrift für Germanistik N. F. 14 (2004), 637-639.
190 Hiebsch, Sabine. – Dobschütz, Detlef von: Lu 76 (2005), 167; Feld, Helmut: ThLZ 131 (2006), 415-417.
565 Stolle, Volker. – Landmesser, Christof: NZSTh 48 (2006), 222-238; Slenczka, Reinhard: CJ 32 (2006), 301-311; ders.: Luth. Beiträge 8 (2003), 253-261.
780 Osten-Sacken, Peter von der. – Stöhr, Martin: ThLZ 131 (2006), 183-186.
927 Olson, Oliver K. – Wenz, Armin: Luth. Beiträge 8 (2003), 262-266.
1120 Pawlas, Andreas. – Stübinger, Ewald: ZEvE 49 (2005), 297 f.

LuB 2004

09   The Cambridge companion ... – Gockel, Matthias: ThLZ 131 (2006), 62-64.
053 M. Bucer zwischen ... – Selderhuis, Herman: ThLZ 130 (2005), 1080 f.
054 Melanchthon und die Neuzeit. – Junghans, Helmar: LuJ 72 (2005), 196 f.
060 Pietismus und Liedkultur. – Merzbacher, Dieter: Zeitschrift für Germanistik 13 (2003), 691-693.
063 Querdenker der Reformation. – Schröder, Tilman M.: BlWKG 104 (2004), 375-377.
116 Laube, Stefan. – Rieske, Uwe: Lu 77 (2006), 131 f.

174 Markwald, Rudolf K. – Dost, Timothy: CJ 31 (2005), 468.
189 Münkler, Herfried. – Kandler, Karl-Hermann: LThK 30 (2006), 147 f.
198 Bayer, Oswald. – Beutel, Albrecht: ThLZ 130 (2005), 1100-1102; siehe auch LuB 2007, Nr. 126.
315 Karski, Karol. – Napiórkowski, Stanisław Celestyn: Roczniki Teologiczne 50 (Lublin, 2003), Heft 7, 195-199.
369 Simon, Wolfgang. – Bräuer, Siegfried: ThLZ 130 (2005), 1089-1091.
380 Bennethum, Michael. – Maschke, Timothy: CJ 32 (2006), 340-342.
540 Bucher, Richard P. – Junghans, Helmar: LuJ 72 (2005), 197 f.
601 Marty, Martin E. – Maschke, Timothy: CJ 31 (2005), 464 f.
611 Íberg, Ingemar. – Johansson, Torbjörn: ThLZ 130 (2005), 1083-1085.
824 Otto, Henrik. – Leppin, Volker: ThLZ 130 (2005), 1085-1087.
830 Posset, Franz. – Junghans, Helmar: LuJ 72 (2005), 189-191.
872 Kohnle, Armin. – Haag, Norbert: BlWKG 104 (2004), 373 f.
924 Melanchthon, Philipp. – Beyer, Michael: ThLZ 131 (2006), 181-183.
1119 Höhle, Michael. – Winterhager, Wilhelm Ernst: JBrKG 65 (2005), 401-403.
1158 Kaim, Andrzej. – Dyl, Janusz: Roczniki Teologiczne 50 (Lublin, 2003), Heft 4, 285-287.
1202 Oberman, Heiko Augustinus. – Klueting, Harm: HZ 278 Heft 3 (Juni 2004), 760 f.

LuB 2005

09   D. M. Luthers Werke: Sondered. (WA, Begleitheft). – Junghans, Helmar: LuJ 72 (2005), 183.
026 Im Licht ... – Beutel, Albrecht: LuJ 72 (2005), 207 f.
041 Luther zwischen den Kulturen. – Lexutt, Athina: ThLZ 131 (2006), 886-888.
054 Reformer als Ketzer. – Junghans, Helmar: LuJ 72 (2005), 191 f.
058 Ringleben, Joachim. – Mikoteit, Matthias: Lu 77 (2006), 190 f.
062 Staats, Reinhart. – Haendler, Gert: ThLZ 130 (2005), 1103-1106.
071 Wolf, Gerhard Philipp. – Ehmer, Hermann: ThLZ 131 (2006), 389-391.

34 Luther, Martin. – Schilling, Johannes: Lu 75 (2004), 108.

59 Glaube und Macht. – Junghans, Helmar: LuJ 72 (2005), 185-187.

76 Torgau – Stadt ... – Junghans, Helmar: LuJ 72 (2005), 185-187.

109 Bayer, Oswald. – Korsch, Dietrich: Lu 77 (2006), 117 f.

154 Schwanke, Johannes. – Junghans, Helmar: LuJ 72 (2005), 188 f; Müller, Gerhard: Lu 77 (2006), 181 f.

201 Hendrix, Scott H. – Venables, Mary Noll: ThLZ 131 (2006), 391 f.

279 Asendorf, Ulrich. – Rolf, Sybille: LuJ 72 (2005), 199-201.

622 Stolle, Volker. – Siehe LuB 2007, Nr. 596.

649 Oberman, Heiko A. – Fischer, Mario: JHKV 56 (2005), 243-245.

666 Diestelmann, Jürgen. – Koch, Ernst: Luth. Beiträge 9 (2004), 45-47.

688 Melanchthon, Philipp. – Beyer, Michael: ThLZ 131 (2006), 181-183.

742 Quellen zu Th. Müntzer. – Elkar, Rainer S.: JRG 24 (2006), 126-128; Lindberg, Carter: LuJ 72 (2005), 202 f.

912 Appold, Kenneth G. – Wolff, Jens: LuJ 72 (2005), 204-207.

1197 Wolf, Manfred. – Lepp, Michael: Lu 77 (2006), 191 f.

LuB 2006

020 Georg Major ... – Leppin, Volker: Lu 77 (2006), 124 f.

022 Glaube und Macht. – Junghans, Helmar: LuJ 72 (2005), 185-187; Kruse, Joachim: HCh 28/29 (2004/05), 334-337.

043 Konfessionsbildung und Konfessionskultur ... – Beyer, Michael: EvD 75 (2006), 175 f.

049 Luther Handbuch. – Adam, Gottfried: Amt und Gemeinde 56 (2005), 278 f; Fleischer, Dirk: Kirchliches Amtsblatt der Evang. Kirche von Westfalen 12 (2005), 322; Fuchs, Gotthard: Theologie und Glaube 96 (2006), 113 f; Hahn, Gerhard:

Germanistik 47 (2006), 247; Müller, Hans Martin: ThRe 102 (2006), 334-338.

054 Melanchthon und der Calvinismus. – Junghans, Helmar: LuJ 72 (2005), 194-196.

78 Kammer, Otto. – Böcher, Otto: JHKV 56 (2005), 372-374; Gößner, Andreas: Lu 77 (2006), 188 f; Junghans, Helmar: LuJ 72 (2005), 184 f.

123 Miegge, Giovanni. – Siehe LuB 2007, Nr. 129.

135 Adelmeyer, Annette. – Basse, Michael: Lu 77 (2006), 192 f.

146 Paulson, Steven D. – Rosin, Robert: LQ 20 (2005), 362-364.

151 Waibel, Paul R. – McAlhaney, Timothy M.: SCJ 37 (2006), 523 f.

162 Kolb, Robert. – Trigg, Jonathan: The journal of theological studies 57 (2006), 781-784.

341 Städtler-Mach, Barbara. – Klessmann, Michael: ThLZ 130 (2005), 1363-1365.

391 Schwambach, Claus. – Stümke, Volker: Lu 77 (2006), 120 f.

422 Mantey, Volker. – Simon, Wolfgang: ZBKG 75 (2006), 301-305.

492 Mikoteit, Matthias. – Nicolaus, Georg: ThLZ 131 (2006), 419-422.

526 Zimmermann, Béatrice Acklin. – Löser, Werner: ThPh 81 (2006), 465-467.

568 Nicolaus, Georg. – Rolf, Sybille: Lu 77 (2006), 118-120.

622 Ghiselli, Anja. – Peura, Simo: TA III (2006), 206-209.

631 Kreitzer, Beth. – Trigg, Jonathan: The journal of theological studies 57 (2006), 369-372.

687 Westerholm, Stephen. – Hermann, Erik: CJ 32 (2006), 342 f.

750 Melanchthon, Philipp. – Beyer, Michael: ThLZ 131 (2006), 181-183; Elmer, Hermann: Zeitschrift für die Geschichte des Oberrheins 154 (2006), 568 f; Junghans, Helmar: LuJ 72 (2005), 192 f.

751 Melanchthon, Philipp. – Beyer, Michael: ThLZ 131 (2006), 181-183; Junghans, Helmar: LuJ 72 (2005), 193 f.

1344 Gavigan, Bart. – Arffman, Kaarlo: Suomen kirkkohistoriallisen seuran vuosikirja 96 (Helsinki 2006), 329 f.